대학자치의 역사와 지향 Ⅱ

이 책의 저작권은 저자와 독점 계약한 내일의 나에 있습니다.
저작권법에 의해 한국 내에서 보호를 받는 저작물이므로 무단 전재와 복제를 금합니다.

대학자치의 역사와 지향 Ⅱ

2020년 12월 20일 초판 1쇄 발행

지은이 유원준
편　 집 유해민
디자인 유해민
인　 쇄 청솔디자인

펴낸곳 내일의 나
펴낸이 유해민
등　 록 2020년 11월 05일 제439-76-00260호
주　 소 서울특별시 강북구 도봉로 369 3층
전　 화 (02) 997-0140
이메일 toyourmorrow@gmail.com
인스타그램 www.instagram.com/publisher_tomorrow

ISBN 979-11-969952-2-5 (93900)
값 30,000원

대학자치의 역사와 지향 II

유원준 지음

내일의 나

|일러두기|

1) 사립대학 위주로 서술하였으나 국·사립 공통 사항은 국립을 먼저 서술하는 것을 원칙으로 하였다.

2) 교원은 교직에 종사하는 교사와 행정직을 포괄하는 총칭이고 교사·교수는 직접 교육을 담당하는 직칭職稱이지만, 명확하게 구분되지는 않는다. 총칭은 교원, 그렇지 않으면 교사·교수로 표기함을 원칙으로 하였다.

3) 고등교육에는 전문대·일반대·대학원을 포함한다. 다만 '대학교육' 등의 관습적 용어는 주로 일반대학을 뜻한다.

4) 법명을 헌법과 민법처럼 보통명사로 쓸 때는 별도 표기하지 않고 법령 자체를 가리킬 때만 「헌법」, 「민법」 등으로 표기하였다.

5) 기원전은 前으로 표기하되, 인물은 주로 앞에만 표기하였다.

6) 19세기 이전 인물만 생몰 연도를 표기하고 20세기 인물은 특별한 경우에만 표기하였다.

7) 특별한 경우가 아니면 참고자료에 포털검색은 별도 표기하지 않았다.

8) 법률조항은 색인에서 제외하였다.

목차_대학자치의 역사와 지향 Ⅱ

제4장 교수노조의 설립과 과제

제1절 사회적 권리: 시민권의 성장과 수입된 노동법 685

사회적 권리로서의 시민권 / 인간권으로서의 노동법 / 노동법과 민법의 관계 / 노동법의 의의 / 바이마르의 선물 / 시민 없는 시민법 사회 / 노동3권과 「근로기준법」 / 정당의 보수성 / 노동조합의 역할 / 노동법의 과제

제2절 한국의 노조: 노동운동의 역사와 과제 716

일제강점기 노동운동 / 미군정기 노동조합 / 이승만 정권과 노동조합 / 박정희 정권의 노동정책 / 1980년대 이후의 노동운동 / 노조에 대한 비판 여론 / 노동조합의 정치성 논란 / 코포라티즘에 대하여 / 한국형 노동회의소 구상

제3절 노동의 현실: 지식노동의 과제와 전망 747

근대의 해체와 액체사회의 도래 / 노동환경의 변화와 과제 / 노동자 권리지수 / 생존권과 자기결정권 / 「노동계약법」 / 재임용제도 / 이익균점권과 사학법인 / 오바마의 권고 / 정보 교류와 개혁의 플랫폼

제4절 개별과 산별: 노조의 형태와 설립 절차 774

조직 형태와 그 변화 / 개별노조의 특성과 장단점 / 산별노조의 특성과 장단점 / 한국노총과 민주노총 / 한국사립대학교수노동조합 / 교수연맹과 교사연맹 / 국공립대학교수노조 / 다양한 교원노동조합 / 노동조합 명칭 사용 / 설립 및 가입 절차 / 조합비 징수 및 관리 / 노동조합 가입과 9 to 5 논란 / 부당노동행위에 관한 처벌 / 가입에 따른 권익 증대 / 정교수와 노동조합

제5절 협상과 조정: 노사협의회와 단체협상 809

노사협의회 설치 목적과 성격 / 노사협의회의 불법적 구성과 운영 관행 / 법령체계와 취업규칙 / 취업규칙의 내용, 작성·변경권 / 단체협약의 의미 / 교섭창구 단일화와 교섭의 구속력 / 교섭요구 및 예비

교섭 / 본교섭 / 잠정합의서 작성 / 단체협약 체결 / 교섭 결렬과 조정, 중재

제6절 경쟁과 상생: 구성단체와의 관계와 과제 834

법인과의 관계 / 대학본부와의 관계 / 교수협의회와의 관계 / 대학평의원회와의 관계 / 직원노조와의 관계 / 교수노조의 정치참여

제5장 교수노조의 법적 근거와 쟁점

제1절 헌법 851

국민의 권리와 의무(제2장) / 헌법적 가치와 대학 / 교육의 자주성과 대학의 자율성 / 사립대학 교수의 모순된 법적 지위 / 교원의 노동3권 제한

제2절 교육기본법 861

주요 조문 / 「교육기본법」의 출현과 성격 / 교육이념, 자주성과 중립성 / 고등교육에 대한 국가 책임의 부재 / 교원단체의 법적 근거 불비 / 법을 위배하는 평가 방향

제3절 교원지위법 871

주요 조문 / 「교원지위법」의 출현과 성격 / 교원단체 교섭권 / 교원지위향상심의회 / 선언적 법률의 존재 의미 / 교원소청심사위원회

제4절 교육공무원법 881

주요 조문 / 「교육공무원법」과의 종속관계 / 명목과 실질의 불일치

제5절 고등교육법 886

주요 조문 / 「고등교육법」의 성격 / 「고등교육법」의 빈틈과 모순

제6절 사립학교법 892

주요 조문 / 「사립학교법」의 제정 / 「사립학교법」 개정 논란 / 사립학교의 특수성 / 「사립학교법」의 논리적 모순 / 「사립학교법」의 개정 방향

제7절 일반노조법 901
주요 조문

제8절 근로자참여법 905
주요 조문 / 「근로자참여법」의 제정 목적 / 노동조합과 노사협의회 / 근로자위원 선정과 노사협의회 설치

제9절 서울행정법원 결정문 913
위헌법률심판제청 결정문 / 교수의 노동권과 대학생의 교육권

제6장 교수노조에 관한 국제 협약

제1절 ILO의 노동자 기본권과 핵심협약 917
ILO의 출범과 목표 / ILO의 노동인권 향상과 우리의 상황 / ILO의 주요 노동협약 목록 / 기본권 보장을 위한 핵심협약 / 교원노조에 대한 ILO의 협약 및 권고

제2절 UNESCO와 EI의 권고 933
UNESCO의 「교원 지위에 관한 권고」 / UNESCO와 EI의 권고

제3절 OECD와 EU의 권고 및 압력 937
OECD의 교육 및 노동정책 / EU의 노동 관련 법령 개정 요구

제4절 정부의 핵심협약 비준 준비와 전망 942
국가인권위원회의 협약 가입 권고 / 정부의 핵심협약 비준 준비 / 비준 전망과 과제

제7장 교원노조법 조문과 해설

제1절 입법 과정과 주요 내용 951
교원노조법과 시행령의 입법 / 국회의 개정안 발의 / 교원노조법의 주요 내용

제2절 교원노조법 전문과 시행령 956
「교원노조법」/「교원노조법」시행령

제3절 목적(제1조) 971
조문 / 조문 해석 / 관련 법령 / 입법 취지와 제정 과정

제4절 정의(제2조) 977
조문 / 조문 해석 / 관련 법령 / 입법 취지와 쟁점 / 교수 노동에 관한 헌법재판소의 입장

제5절 정치활동의 금지(제3조) 985
조문 / 조문 해석 / 관련 법령 / 입법 취지와 쟁점 / 대학의 정치교육 문제

제6절 노동조합의 설립(제4조) 999
조문 / 조문 해석 / 관련 법령 / 입법 취지와 쟁점

제7절 노동조합 전임자의 지위(제5조) 1007
조문 / 조문 해석 / 관련 법령 / 입법 취지와 쟁점 / 눈속임 개정과 차별의 문제

제8절 교섭 및 체결 권한 등(제6조) 1016
조문 / 조문 해석 / 관련 법령 / 입법 취지와 쟁점 / 교섭창구 단일화 문제

제9절 단체협약의 효력(제7조) 1036
조문 / 조문 해석 / 관련 법령 / 입법 취지와 쟁점

제10절 쟁의행위의 금지(제8조) 1042
　　　조문 / 조문 해석 / 관련 법령 / 입법 취지와 쟁점

제11절 노동쟁의의 조정신청 등(제9조) 1048
　　　조문 / 조문 해석 / 관련 법령 / 입법 취지와 쟁점

제12절 중재의 개시(제10조) 1056
　　　조문 / 조문 해석 / 관련 법령 / 입법 취지와 쟁점

제13절 교원노동관계조정위원회의 구성(제11조) 1061
　　　조문 / 조문 해석 / 관련 법령 / 입법 취지와 쟁점

제14절 중재재정의 확정 등(제12조) 1067
　　　조문 / 조문 해석 / 관련 법령 / 입법 취지와 쟁점

제15절 교원소청심사 청구와의 관계(제13조) 1072
　　　조문 / 조문 해석 / 관련 법령 / 입법 취지와 쟁점

제16절 다른 법률과의 관계(제14조) 1078
　　　조문 / 조문 해석 / 관련 법령 / 입법 취지와 쟁점

제17절 벌칙(제15조) 및 부칙 1085
　　　조문 / 조문 해석 / 입법 취지와 쟁점 / 부칙

제8장 교원노조법 헌법불합치 결정과 그 의의

제1절 헌법불합치 결정 사유와 주된 내용 1089
　　　전국교수노조의 헌법소원 / 헌법재판소의 판단 / 헌법재판소 판단의 주요 내용

제2절 헌법불합치결정문(요지) 1094

    사건개요 / 심판대상 / 결정주문 / 이유의 요지 / 반대의견 / 결정의 의의

제3절 헌법불합치결정문(원문) 1104

    판시사항 / 결정요지 / 반대의견 / 주문

제9장 교원노조법 개정안과 입법 추진

제1절 고용노동부 개정안 입법 예고 1147

제2절 고용노동부 개정안에 대한 사교련·서교련의 의견 1151

제3절 고등교원과 초·중등교원을 달리해야 하는 사유 1155

제4절 설립 준비위 발의 일부개정법률안(의원 대표 발의용) 1160

제5절 설립 준비위 발의 일부개정법률안 1165

제6절 설립 준비위 발의 일부개정법률안 신·구 조문 대비표 1170

제7절 설립 준비위 개정 발의 최종안 1179

결론 1184

표 목차 1202

참고문헌 1204

찾아보기 1223

목차_대학자치의 역사와 지향 I

서문 17

제1장 자유와 노동의 역사적 변천

제1절 우주와 자연: 법적 정의의 기원 31

밤하늘의 별, 우주의 조화 / 천명天命, 정통성의 근원 / 로고스, 우주의 원리 / 황제의 권력과 정의의 원천 / 자연법사상의 출현 / 중국의 종교반란

제2절 사회계약론: 자연법과 계몽주의 46

홉스의 사회계약론 / 수신제가-치국평천하 / 로크의 노동소유설 / 그로티우스의 자연법과 푸펜도르프의 '사회성' / 자연법과 계몽주의의 결합 / 도덕과 법의 분리

제3절 법전의 편찬: 민법전과 기본권의 탄생 60

국가와의 계약 요건 / 부르주아 권력의 정당화 / 프로이센의 형사사법 개혁 / 『프로이센 일반국법』의 편찬 / 프랑스 『민법전』 편찬 / 기본권의 탄생 / 자유권적 기본권 / 사회권적 기본권

제4절 자유의 허구: 예정조화론의 파탄 75

농노에서 노동자로 / 비참한 노동환경 / 자유노동의 실상 / 칸트의 자유론 / 자기결정권의 허구 / 자유권과 재산권 / 루소의 불평등론 / 헤겔의 노동관

제5절 극단의 대립 : 자본주의의 치유능력 89

막스, 노동의 소외 / 권리능력과 생존능력의 부조화 / 절망과 분노의 폭발 / 제1차 세계대전 / 러시아 혁명 / 아름다운 시절과의 이별 / 사회주의 이상과 실상 / 극단의 종말 / 자본주의의 치유 능력 / 공화정과 민주정 / 공화정에서 민주정으로 / 참정권과 민주주의 / 슘페터의 민주주의 / 아테네의 시민공화주의

제6절 자유의 진화 : 행복과 존엄으로 116

    자유에서 행복으로 / 행복과 존엄 / 존엄의 본질 / 존엄과 인격, 기본권 / 존엄의 헌법적 가치 / 존엄의 헌법적 구속력 / 존엄과 민법의 괴리

제7절 자유의 기획 : 생존권과 노동권의 출현 130

    기획된 양보정책 / 노동권 개념의 출현 / 초기 노동 관련법 / 노동조합의 출현과 탄압 / 비스마르크의 복지정책 / 맹거의 노동수익권

제8절 협약과 중재 : 사회법의 출현 144

    사회국가 개념의 출현 / 사회국가 건설의 과제 / 브렌타노의 중재제도 / 기르케의 단체법론 / 진쯔하이머의 종속노동 / 진쯔하이머의 단체협약 / 진쯔하이머의 노동평의회

제2장 지식노동의 역사적 변화

제1절 노동과 근로 : 전도된 의미 161

    노동과 근로의 어원 / 하타라쿠働く / 근로의 편향성 / 노동과 근로의 줄다리기 / labour, work, activity

제2절 노력과 노심 : 지식노동의 절대 선호 170

    에덴동산의 노동계약 / 노동에 관한 생각의 차이 / 정신노동과 육체노동 / 농자천하지대본의 허구 / 사농공상의 실상 / 경쟁사회와 노동의 가치

제3절 예법과 형법 : 인정과 정의의 상대성 185

    탈리오의 법칙과 능지처참 / 예치와 법치 / 유가와 예치 / 상식이성의 지배 / 개인이 없는 사회 / 복수의 뿌리, 효도 / 금각金角과 인지상정 / 정리법情理法사회의 정의 / 계약사회와 인정사회

제4절 과거와 선비 : 과거제도와 사대부의 사명 206

    대부의 법적 특권 / 사대부의 사명감 / 친민親民과 신민新民 / 조식의 「을묘사직소」 / 중국의 과거제도와 공교육

제5절 관념과 현실 : 상아탑의 이상과 교양주의 216

　　에도시대의 데라코야寺子屋 / 일제강점기 교원 / 일본의 교수상 / 상아탑과 학생부군신위 / Bildung과 교양 / 계보학적 교양주의 / 우리의 교양교육

제6절 민주와 봉건 : 대학 거버넌스의 문제와 과제 235

　　미국 대학의 성립과 발전 / 대학 거버넌스의 유형과 그 변화 / 총장 독임제 문제 / 총장직 대물림의 문제 / 「사립학교법」 개정의 좌절과 역풍 / 교육부 폐지론의 비애

제3장 대학과 대학자치의 역사

제1절 대학의 태동 : 근대대학 모델과 일제의 강압 263

　　근대대학의 탄생 / 베를린대학 모델 / 일본의 대학 설립 모색 / 제국대학체제의 수립 / 제국대학의 총장과 평의회 / 근대학교의 출발과 성균관의 쇠락 / 사학 설립 열기 / 일본의 교육차별과 민립대학 설립 운동 / 경성제대의 설립 / 경성제대의 운영과 그 의의 / 일제강점기의 사학

제2절 승격과 팽창 : 해방정국의 사학 설립 288

　　미군정의 대학정책 / 대학 승격과 설립 / 편법에 의한 대학의 팽창 / 교수와 교재의 부족 / 국대안 파동 / 국·사립의 불균형 성장 / 정부의 사학 설립 장려 / 토지개혁과 사립대학 / 「교육법」 제정과 초급대학 설립

제3절 재건과 혁명 : 대학망국론과 4.19혁명 311

　　전시연합대학과 징집연기 / 지역 국립대학의 설립 / 미국의 교육원조 / 대학의 미국화와 유학 붐 / 전후의 팽창과 「대학교원자격기준」 / 「대학설치기준령」을 둘러싼 줄다리기 / 등록금의 사회문제화 / 반공의 물결과 군사문화 / 4.19혁명과 대학의 참여 / 학생의 대학 민주화 요구 / 교수평의회와 교원노조의 설립

제4절 개편과 통제 : 군사정부의 대학 정비와 대학의 저항 339

사학개혁에 관한 공감대 / 총장과 이사의 자격 논란 / 교수의 자질과 복지 / 등록금과 보결생 문제 / 군부의 '조국근대화'와 대학 / 제1차 대학정비안 / 제2차 대학정비안 / 「임시특례법」과 구조조정 / 「임시특례법」과 교수의 신분 / 입학 및 학위 자격 국가고시 / 교육대학의 발전 / 실업고등전문학교와 전문대학 / 「사립학교법」 제정 / 한일협정 체결과 대학의 저항 / 부정 입학과 학위등록제 / 과중한 등록금 인상 / 정원 통제정책 / 대학입학예비고사의 시행 / 사학특감과 우골탑 논쟁 / 박정희와 영남대 / 지원과 자율을 둘러싼 논쟁

제5절 유신과 폭력 : 교과 개편과 대학자치의 실종 396

냉전, 3선개헌과 유신쿠데타 / 정부의 실태조사와 서울대 이전 / 『실태조사보고서』 / 『장기종합교육계획안』 / 고등교육개혁안 / 실험대학의 도입과 변화 / 실험대학의 이상과 현실 / 이공계 육성정책 / KAIST · POSTECH의 설립과 특성화 공대 / 수출증대와 경영학과 신설 / 대학원과 연구소의 성장 / 대학 정원 논란 / 대학진학률과 입시 경쟁 / 여학생 비율의 변화 / 대학 이전과 제2캠퍼스 / '제2경제론'과 「국민교육헌장」 / 긴급조치와 민주화 투쟁 / 어용교수 논란과 「학교경영재산기본령」 / 「학원자주화선언」과 교수재임용제도 / '마지막 강의'와 「우리의 교육지표」

제6절 억압과 저항 : 5공 정권과 민주화 투쟁 467

서울의 봄과 광주의 비극 / 대학진학률과 재수생 문제 / 7.30조치와 입시의 대혼란 / 졸업정원제 도입과 논란 / 교육대학 승격과 중등 교직 이수 / 방송통신대학 / 산업대학과 폴리텍대학 / 「학술진흥법」과 「교육세법」 / 「사학운영기본시책」 / 대통령 직속 교육자문위원회 / 대교협과 대학평가 / 학생시위와 「학원안정법」 파동 / 민주화 투쟁과 87체제 / 교육부의 대학자율화 정책 / 교수협의회와 교수단체 / 대학의 공헌과 내실화의 지체

제7절 전환과 반동 : 좋은 헌법과 악법의 동거 520

춘래불사춘의 시절 / 1989년, 역사적 전환기 / 학원안정 4단계 방안과 5.6조치 / 전국교직원노동조합의 출범 / 대교협의 '학원안정화대책' / 「사립학교법」 개정 / 연이은 입시비리와 재정 문제 / 등록금 자율화 / 기여입학제 논란 / 「재무회계 특례규칙」과 적립금 / 발전기금 모금과 논란 / 총교육비와 1인당 교육비 / 교육비 환원율 / 법인전입금

제8절 시장과 위기 : 신자유주의, 총체적 위기 574

즉흥적 세계화와 국제대학원 설립 / 대학설립준칙주의와 증원 / 대학설립준칙주의의 문제점 / 자율 없는 자율화 정책 / 기업의 대학지배와 대학의 위기 / 신자유주의와 대학역량진단평가 / 언론사 대학평가 / 대학평가에 대한 개선책 / 국제교류의 활성화 / 교육개혁과 평생학습, 사이버대학 / 대학원 발전과 BK21 / 대학특성화 사업 / 정부 지원과 대학의 공공성 / 반값 등록금 / 대학 기업화의 우려와 대학 민주화

제4장

교수노조의 설립과 과제

| 제1절 | 사회적 권리: 시민권의 성장과 수입된 노동법

1. 사회적 권리로서의 시민권

근대 시민의 권리를 가늠하는 가장 중요한 기준은 참정권이다. 하지만 보다 적극적인 의미에서의 시민권은 생존권과 존엄성을 보장받는 것이다. 이를 가리켜 토마스 마샬Thomas Humphrey Marshall(1893~1981)은 시민권이 시민적 권리(18세기), 정치적 권리(19세기)를 거쳐 사회적 권리(20세기)로 발전하였으며, 사회권이란 '일정한 정도의 경제적 복지부터 사회적 유산을 누리는 데 온전히 참여하고, 문명화된 존재의 삶을 영위하는 등의 제반 권리'라고 정리하였다(김준수, 2018, 66).

시민권의 이런 진보와 발전은 헌법에 수용되어 프랑스대혁명 이후 실재의 개념에서 당위의 개념으로 이행되었다. 그것은 헌법이 인위적인 정치적 결단의 산물이 아니라 정치·경제·사회적 결과로서 형성된 것이기 때문인데, 헌법에 대한 사전적 의미 해석을 넘어서 현재의 가치판단에 따라 의미를 부여하게 된 것이다. 그래서 기본권은 고정된 것이 아니라 끊임없는 노력과 쟁취의 대상이며, 항상 새로운 차원에서 새로운 문제로 반복되는 진행형이다. 그래서 헌법은 국가권력의 설정과 행사, 국가와 사회와의 관계를 근저에서 규율하는 규범복합체와 동일시된다.

따라서 "모든 국민은 인간으로서 존엄과 가치를 가진다(제10조

제1항)"는 헌법의 자기결정권을 노동법에 그대로 적용한 것이 "근로조건은 근로자와 사용자가 동등한 지위에서 자유의사에 의해 결정되어야 한다"는 「근로기준법」 제4조이다. "모든 국민은 법 앞에 평등하다(제11조 제1항)"고 한 헌법의 평등권을 노동법에 그대로 적용한 것이 "사용자는 근로자에 대하여 남녀의 성을 이유로 차별적 대우를 하지 못하며, 국적·신앙 또는 사회적 신분을 이유로 근로조건에 대하여 차별적 처우를 하지 못한다"는 「근로기준법」 제6조이며, 「남녀고용평등법」 역시 헌법의 평등권 보장에 근거하였다(이상 강희원, 2011b, 10, 13, 196~198, 305~306, 331~332).

「국제인권규약」(1966)에서 '시민적·정치적 권리'만이 아니라 '경제적·사회적·문화적 권리'도 "인간의 고유한 존엄성에서 유래"한다고 그 권리 원천을 선언하고, 모든 사람이 "자유로이 선택하거나 수락하는 노동에 의하여 생계를 영위할 권리(「경제적·사회적·문화적 권리에 관한 국제규약」 제6조 제1항)", "사회보험을 포함한 사회보장에 대한 권리(동 제9조)", "자기 자신과 가정을 위한 적당한 생활 수준을 누릴 권리와 생활 조건을 지속적으로 개선할 권리(동 제11조 제1항)" 등을 명시하고 있다. 우리나라도 1990년에 이 규약에 가입했기 때문에 이러한 조항들은 국내법에 준하는 효력을 가지고 있다(김준수, 2018, 98).

이렇게 헌법적 가치는 그 원칙과 현실 속에서 '갈등 속에서의 조화' 또는 '조화 속에서의 갈등'을 통해서 그때그때 가치적 합을 도출해 내는 것이 중요하다. 이처럼 기본권 보장과 실현은 항상 진행 중인 과제이다. 따라서 노동법도

① 기본권적 차원: 노동의 기본권 보장
② 국가 권능의 차원: 국가의 사회적 공공복지과제로서 노동에 대한 책임
③ 사회계약으로서의 문화적 차원: 헌법적 합의기초와 헌법국가적 보장 의무로서의 자유, 소유권 및 노동

에서 파악할 수 있다(강희원, 2011b, 195, 283).

기본권 개념을 대학에 적용할 경우, 교권academic freedom의 개념이 그에 상응할 것으로 보인다. 하지만 대학교수의 교권, 특히 사립대학 교수의 교권이 과연 어떤 것인지에 관해 당사자인 교수들의 활발한 논의를 통해 대학 구성원은 물론 사회와 공감대를 쌓아가는 노력이 부족하지 않았나 싶다. 그동안의 대학 환경은 굳이 그런 문제를 고민하지 않아도 교수로서 생활하는 데 지장이 없었기 때문일 것이다. 하지만 급변하는 대학의 제반 환경을 고려해보면 이 문제는 좀 더 진지하게 논의되어야 한다. 앞으로 교수협의회와 교수노조를 비롯한 교수단체들이 중심이 되어 교수들의 교권에 관한 논의를 진행하고 그 결과를 「대학교수헌장」으로 제정하는 것도 한 가지 대안이 될 수 있을 것이다.

2. 인간권으로서의 노동법

모든 인간이 존엄하다는 것은 모든 법 영역에 공통으로 전제된 명제다. 그런데 근대법은 개인의 자유경쟁을 최대한 허용하면서 개인의 능력 차이를 고려하지 않은 동등한 자유를 허용함으로써 형식적 자유는 공유했지만, 그로 인한 사회적 문제까지 개

인의 책임으로 돌리고 말았다. 그러나 노동법은 권리능력과 함께 생존능력을 인간의 본질적 문제로 파악하고 해결하려고 한다. 따라서 노동법에서의 인간은 사회적 개념으로서의 인간이며, 노동법은 노동자의 인간으로서 존엄성을 확보하는 것을 목적으로 한다. 이것이 노동법의 독자적인 존재 근거이자 현실적 휴머니즘인 까닭이다.

또 공법은 공익과 사익을 조정하고, 공권력의 주체인 국가의 권한을 확정·제한하는 것이며, 사법은 개인 간의 이익 충돌에 대한 조정과 해결을 위한 것이다. 그런데 노동 및 경제문제는 공법과 사법의 두 영역에 걸쳐있으므로 본래 사법에 속하였던 일부 법이 공법과 사법을 융합한 사회법으로 변하였다.

사법을 대표하는 민법이 무제한의 이윤추구 가능성을 보장하는 법이라면 사회법을 대표하는 노동법은 민법에 전면 배치하는 것처럼 보이기도 한다. 하지만 노동법은 일방적이기 쉬운 노동조건의 최저 수준을 규제하고, 개인 계약을 단체협약으로 보완해줌으로써 민법의 형식적 자유를 실질적·구체적 자유로 고양시켜 준다는 점에서 연속성을 찾을 수 있다는 것이 노동법의 대가인 진쯔하이머의 견해다. 진쯔하이머는 민법적 자유, 즉 형식적 자유에서 상실된 노동자의 인간성을 회복시킨다는 점에서 노동법의 기본권을 '인권' 또는 '인간권'이라고 하였다.

최초의 노동 입법은 노동력 착취를 제한하는 근로자보호법이었다. 당시 여성 및 미성년 노동자는 자유의지가 아니라 친권에 의해 계약이 체결된 것이므로 이를 제한하는 노동법은 사적 자치란 명분으로 강자에게 방임되었던 노사관계를 법적으로 통제한다는 점에서 공법의 성격을 지니게 되었다. 이렇게 노동계약이란 사적 영역을 국가 차원에서 보호의 대상으로 삼는 것은 국가가 적극적인 사회 형성자·경영자로서의 역할을 맡는다는 말이다.

또 사회적 기본권에 관한 조항을 헌법에 명문화한 공법적 성향을 지닌 '사회적 국가'는 노동재해에 대한 보호, 노동자 해고 제한, 노동시간 제한, 최저임금 보장 등을 실현하는 진보된 국가이다. 따라서 사회적 국가는 이런 '노동관계로부터의 자유'를 보장하는 기본 단계에서 시작해 나아가 노동자의 경영 참여를 인정하는 '노동관계에 있어서의 자유'도 추구한다.[1] 그 대표적인 예가 독일의 「사업장조직법」이며, 우리나라에서도 비록 제한된 범위지만 노동자의 경영 참여를 부분적으로 허용한 것이 노사협의회 설치를 의무화한 「근로자참여법」(1997)이다.

이처럼 노동법은 산업사회의 정치적·사회적 문제에 대한 근대국가의 처방이자 자기혁신 그 자체였다. 노동법은 노동자를 위한 법인 동시에 노동자에 관한 법이며, 오늘날 인간적 실존의 가장 중요한 영역을 규제하는 법이다. 따라서 노동법의 질이 곧 산업사회의 질이라고 할 수 있다(이상 강희원, 2011a, 108~109, 116~117, 171~173, 179~180, 183, 339~341).

우리나라에서 30인 이상의 모든 사업장에 노사협의회 설치를 의무화한 「근로자참여법」이 제정된 것이 1997년이다. 그리고 교

---

[1] 독일의 「공동결정법Mitbestimmungsgesetz」(1976)은 노사 갈등을 해소하기 위해 제정된 「사업장협의회법」(1920)에 뿌리를 두고 있다. 2,000명 이상의 사업장에는 노사 동수로 구성되어 경영 전반에 걸쳐 총괄적 기능을 하는 최고의 기관인 감사위원회에서 기업의 주요 사항을 폭넓게 공동 결정하게 하는 제도이다(전삼현, 2004, 43~52). 하지만 경영에 대한 노동자의 집단적 의사결정권은 노동의 자유권적 발전에 속한 것이지 공동체법적 발전에 속하는 것은 아니라는 점에서 그 권리는 매우 제한적이다(강희원, 2011a, 121).

수의 노동자성이 법적으로 공인된 것[2])이 2015년이므로 늦어도 2015년부터 대학의 노사협의회에 교수가 참여하고――그것도 다수가 참여하여 주류로 활동하는 것은――당연한 일이었다. 하지만 전국 모든 사학법인은 노사협의회 근로자위원 선출을 교수들에게 공고하지도 않았고, 직원노조와 적당히 운영하였다. 전국의 사립대학 가운데 「근로자참여법」을 준수한 대학이 하나도 없었던 셈이다. 하지만 그에 대해 교수들이 알지도 못했고, 공식적으로 문제를 제기한 일도 없으니 교수들이야말로 권리 위에서 잠을 잔 셈이다.

노동법은 근육질의 갈등을 상징하는 법이 아니다. 인권을 보호하고 공존의 가치를 중시하는 인간적인 법이다. 물론 이런 노동법의 가치가 현실에서 온전하게 발휘되지 못한 것이 노동법에 대한 부정적 선입견을 낳게 한 요인이기도 하다. 하지만 그렇다고 해서 노동법의 본질을 흐려서는 안 된다.

3. 노동법과 민법의 관계

전근대 법은 봉건적 신분 질서를 강제하기 위한 법이었다. 반면 그에 대한 안티테제Antithese로 등장한 근대법은 모든 인간이 합리적·이성적이고 평등하고 자유롭다는 것을 전제로 하고, 모

---

[2] "근로자라 함은 직업의 종류를 불문하고 임금·급료 기타 이에 준하는 수입에 의하여 생활하는 자를 말한다(「노동조합법」 제2조 제1호)"; "교원도 학생들에 대한 지도·교육이라는 노무에 종사하고 그 대가를 받는 임금, 급료 그밖에 이에 준하는 수입으로 생활하는 사람이므로 근로자에 해당한다(헌재 2015.5.28. 2013헌마671등)."

든 행위에 대한 책임은 개인에게 귀속된다고 하였다. 이처럼 '인간은 평등하다'라는 주장은 봉건적 신분 질서를 무너뜨리는 안티테제로는 효과적이었으나 소유의 불평등을 해소하지 않은 채 평등을 제도화 한 결과, 부르주아를 중심으로 한 새로운 신분 질서를 만드는 데 그쳤다. 이렇게 관념적 이상에 근거해 개인의 자유만 극단적으로 중시하고, 형식적인 법적 평등만 강요한 것은 사실상 부르주아의 억지 논리에 불과하였다. 따라서 시민법의 전제인 인격의 평등이 제대로 구현되기 위해서는 '가진 것의 평등'이 함께 이루어져야 했다.

그래서 현대법은 자유주의 시대의 개인주의적·주지주의적 인간상과 달리 '사회에서의 인간'을 중시하며, 사회구성원 모두에게 각자가 맡은 사회적 역할에 대한 책임을 묻는 방향으로 통합되고 있다. 이에 대하여 라살레Ferdinand Lassalle(1825~1864)는 "모든 법의 문화사적 행보는 사적 개인주의의 소유권 영역을 점차 제한하는 것"이라고 하였다(이상 강희원, 2011a, 107, 146).

노동법은 개인의 자유를 최대한 확보하면서도 사회공동체를 유기적으로 구성한다는 상충된 가치를 조화시키는 것을 그 목적으로 한다는 점에서 사법을 넘어선 규범 계약의 개념이 강하다.[3] 그래서 민법·형법과 달리 노동법은 귀책사유에 대한 개념이 명확하게 정립되지 않은, 공법과 사법이란 이분법적으로 파악할 수

---

[3] 강희원은 인간의 존엄성 보장이라는 윤리적 요청을 기반으로, 그리고 인간의 실질적 자유의 실현이라는 보다 높은 차원을 전제로 하여, 민법적 구성원리인 형식적 자유를 일정 부분 후퇴시키고 근로자의 실질적 자유를 실현하는 노동운동이 적극적으로 보장되는 규범적 공간을 마련할 때, 비로소 민법과 노동법의 체계적인 접합을 시도할 수 있게 된다고 강조하였다(강희원, 2011a, 341).

없는 영역에 존재한다. 그래서 처음에는 시민법을 일부 수정한 특별사법으로 분류하였다가 점차 헌법 이념에 따른 공법으로, 다시 단체협약의 공공성을 고려한 공법적 차원으로 노동법에 대한 개념이 바뀌었지만 결국 그 독자적 영역을 인정하는 쪽으로 귀결되었다.

이렇게 공법의 주체도, 사법의 주체도 아닌 노동운동의 주체가 법인法認될 수 있었던 것은 단결권을 인정한 집단법 사상 덕분이었다. 개인은 자기 자신에만 의존해 자기의 일을 스스로 결정하고, 그 결정에 따라야 한다는 자기 결정론이 갑을관계이며 복합적인 이해관계가 얽힌 사업장에서는 작동되기 어려웠다. 법의 이상과 달리 현실은 언제나 사업자의 일방적 명령을 따라야 했고, 그것을 극복하려면 반드시 단결권이 필요하다는 것을 뒤늦게 알게 되었다. 그래서 노동자의 단결은 노동자 개인의 자유의사에 근거한 결합이라기보다는 단결하지 않으면 안 되는 사회적 필연에 근거한 것이었다. 개별적인 노동자가 지닌 무력함은 단체의 집단력에 의해 비로소 완화될 수 있으므로 노동법에서는 개인 의사보다 단체의 의사를 우선시한다. 이 단결권은 「바이마르 헌법」 제159조를 통해 근로자의 기본권으로 선언되었다.

그래서 전후 노동법의 최대 특질로 이러한 집단주의를 꼽는다. 본래 복지국가체제가 국가통제, 대기업의 산업 규제력, 노동조합의 조직적 통제력 등 집단적 권력을 지주로 하는 체제이고 노동법도 이런 구조 속에서 발전할 수 있었다. 특히 강대한 산별노조와 집권적 노사관계는 집단의 권리와 자유를 중시하는 법제도와 연결되었다. 하지만 그렇다고 해서 노동법과 민법이 대치되는 것은 아니다.

민법의 자유·평등권이 봉건사회의 모순에 대한 반발로 나온 것처럼 노동법의 인간상도 민법의 추상적 성격에서 야기된 모순을 극복하기 위해서 나온 것은 분명하다. 하지만 민법에 사회적 작용이라는 점을 추가하여 성립된 것이 노동법이기 때문에 노동법도 민법의 개인주의적 인격 질서를 전제로 한다. 노동법의 법률해석이 민법적 전제에 대하여 대치적인 입장을 견지하므로 민법의 이익 주체인 부르주아로서는 노동법이 사적 자치에 대한 제한이자 원칙과 예외를 뒤바꿔 사회적 자율을 말살하는 것이라고 주장할 수도 있다.

하지만 노동법에 규정되지 않은 사안에 대해서는 민법의 고용계약에 관한 규정, 신의성실의 원칙, 권리남용 금지, 공서양속 公序良俗 등을 따라야 하고, 회사법·특허법·저작권법·국제사법·부정경쟁방지법 등이 노동관계의 준거법을 결정하는 규범으로 노동법의 법원이 된다는 점에서 민법과의 밀접한 연관성을 찾아볼 수 있다. 이처럼 시민법의 이상을 달성하려면 사회법을 통한 조정이 전제되어야 한다는 점에서 노동법은 시민법의 합리성을 실질적으로 보장하는 수단이며 시민법을 완성하는 의미를 지닌다고 할 수 있다(이상 강희원, 2011a, 117~119, 145~146, 161, 166~167, 226~227, 253, 275, 321~322, 326, 337~338, 391).

노동이란 단어에 대한 막연한 거부감, 노동권 획득을 위한 치열한 투쟁의 이미지 때문에 대다수 교수는 노동법의 본질과 무관하게 일정한 거리감이나 거부감을 가지고 있다. 하지만 노동법이야말로 계산적인 시민법에 결여된 실질적인 휴머니즘을 완성하기 위한 최소한의 법적 장치라는 점에서 가장 따뜻한 법이라고 할 수 있다.

4. 노동법의 의의

노동의 역사는 노동력과 노동의 결과물을 어떻게 확보하고 배분하는가에 관한 치열한 투쟁으로 점철되었다. 따라서 노동법은 이를 둘러싼 지배자와 피지배자 간의 투쟁이 남긴 법적 흔적이자 전선戰線의 기록이다. 또 오랜 대립과 대치를 거치면서 체득한 경험을 통해 불신과 갈등을 최소화하기 위한 타협의 기록이기도 하다. 그래서 노동법은 노동권 쟁취를 위한 노동자의 투쟁을 규범적 차원에서 파악하며, 사회적 안정의 추구를 법적 정의로 중시한다(강희원, 2011a, 148, 245; 2011b, 서언3).

지난 역사를 되돌아볼 때 합리적인 노동법의 제정과 적극적인 노동조합의 활동은 자본의 무한 이윤추구 경향을 제어함으로써 불필요한 사회적 갈등을 해소하고 체제혁명의 혼란을 방지하였으며, 나아가 사회의 안정적 발전에 기여하였음을 확인할 수 있다. 이처럼 전근대에 사적으로 운용되던 정치 권력이 근대에는 국가공동체의 공권력으로 이양된 것처럼 사적 경제권이 경제 공동체에 이양될 때 비로소 정치적 민주주의와 경제적 민주주의가 동시에 달성될 수 있다는 점에서 노동법은 미래의 경제공동체를 지향한다고 할 수 있다. 그래서 노동권을 성문화한 노동법을 가리켜 "자본주의의 예지叡智가 낳은 적자嫡子다"라고 하는 것이다 (한국노총, 2013, 11).

시민법은 자본주의 속에서 태어났고, 자본주의를 위해서 존재하는 법이다. 그래서 자본주의는 무한한 사익추구를 허용하는 시민법을 발판삼아 급속도로 발전하였고, 19세기 말부터 독점단계로 진입하였으며, 20세기 초에는 통제할 수 없을 정도로 그 모순이 심화·확대되었다. 결국 독점자본주의는 제1차대전을 야기시켰고, 최소한의 정의도 찾아볼 수 없는 맹목적이고 끔찍한 상호 파괴가 자행되었다.

독점자본주의의 모순 때문에 발생한 전쟁에서 정작 가장 큰 피해를 본 계급은 자본가가 아니고 노동자였다. 이에 노동자들은 시민법에 대항하기 위해서 자신들의 규범의식에 기초한 노동법 제정을 주장하였다. 마침 전후 유럽 각국 정부도 기존의 법적 질서를 고수해서는 노사 갈등으로 말미암은 혼란을 막을 수 없고, 나아가 사회주의 혁명의 불길을 제어할 수 없다고 보았다. 특히 대공황(1929~1939)이 불러온 경제적 위기는 민법의 개인주의적 질서와 노동법의 사회법적 질서 간의 긴장 관계를 급속히 노출시키는 촉진제 구실을 하였다(이흥재, 1991, 21).

이에 정치적 영역을 제외한 모든 영역에서 부르주아의 자유를 무한정 보장하고, 노동문제를 노사 자율의 영역에 맡긴 것에 대한 반성에서 시작된 노동법은 형식적인 자유 노동계약을 규제하는 것부터 손을 대었다. 즉 노동이란 사적 생활영역이 국가의 공적 보호 대상이 된 것이다. 또 노동법은 독점자본주의로 인해 발발한 제1차대전에 대한 반성과 1919년에 성립된 ILO에 의해 발전이 촉진되고 국제화되었다. 하지만 노동법이 독자적인 분야로 성장할 수 있었던 더욱 결정적인 계기는 1차대전과 대공황이라는 자본주의의 실패를 직접 경험하고도 문제를 해결하지 못해 다시 터진 제2차 대전을 겪고 난 뒤였다.

노동문제는 더 이상 방관할 수 없는 세계적인 문제가 되었고, 특히 소련을 위시한 공산주의 국가의 대거 출현으로 자본주의는 생존을 위해서라도 노동문제에 대한 해결에 나서야 했다. 이에 노동법이 본격적으로 정비되었다. 우선 노동자 보호를 위한 법과 단결보장을 위한 법이 갖춰졌다. 우리도 독일 노동법의 견해를 그대로 받아들여 노동법을 개별・집단법으로 구분하는데, 산업재해에 대한 보호, 해고에 대한 엄격한 제한 등을 포함한 「근로기준법」은 노동자 보호를 위한 대표적인 법이다. 이는 생존권이라고 하는 인간의 존엄 개념을 바탕으로 기존의 사적인 노동조건 보장을 국가가 관여하는 공법으로 전환한 것이다.

노동자가 노동조합을 결성하고 가입할 수 있는 단결권, 노동자가 노동조합을 이용하여 단체교섭을 요구할 수 있는 단체교섭권, 사용자의 노무지휘권을 저지하기 위한 단체행동권은 대표적인 단체보장법이다. 단결보장법은 임금과 노동조건이 개인보다는 단체에 의해서 결정되어야 한다는 것을 골자로 한다. 또 노동법은 기능적으로는 노동보험법, 노동보호법, 노동단체법 등으로 나누어진다.

현대법은 사회에 대한 영향을 증대하는 방향으로 그 중심이 이동하였다. 법사회학에서는 이를 통상 '사회적 통제'라고 하는데,[4] 법이 직접적인 기능 외에도 간접적인 사회적 기능을 다양하게 담당하는 방향으로 확대되고 있다는 말이다.[5] 그래서 법은 사회적 요구에 순응하기 위한 인지적 개방성이 강화되어야 하며,

---

4) 칼 르웰린Karl Liewellyn(1893~1962)은 법의 사회적 기능에 대하여 "법은 대립하는 이해의 조정에 의해 공동체의 결합을 유지하고 촉진하는 사회적 지배수단이다. … 법은 사회학이 사회적 통제라고 부르는 사회적 통합과정의 중요한 구성요소이다. 그러므로 법의 사회적 기능은 집단통합에 있다"라고 하였다 (강희원, 2011a, 131).
5) 일정한 도덕적 신념, 가치의 강화, 권위 일반에 대한 존중심의 함양, 국가적 통합의 고양, 사회적 계층 분화의 촉진 등 다양하다(강희원, 2011a, 132).

이런 내적 자기 유지 기능과 그 상호관계는 법체계의 자기조직 내지 자기 창발을 강조하는 사회체계 이론에서 중요한 논의 대상이 된다.6)

노동법은 사회적 안정과 신뢰에 관한 욕구에서 나온 관습법이 아니라 인간적 목적과 정치적 요청에서 출발하였다. 하지만 관행을 비롯한 사회규범에 대한 충분한 배려가 없으면 노동법을 사회적 정의에 합치하도록 운영하거나 재판의 공정 타당성을 확보하기 힘들다. 따라서 우리 나름의 합리적 관행을 만들어 갈 필요성이 매우 절실하다(이상 강희원, 2011a, 119, 131~132, 171, 268, 278~279, 334, 388, 392~395).

2020년 「교원노조법」 개정을 통해 교수노조의 설립이 비로소 가능해졌고, 전국단위와 개별단위 교수노조가 설립되기는 했지만, 겨우 첫걸음만 떼었을 뿐 법인과 교수노조 모두 단체협상 등 노사관계로서의 경험이 전무하다. 따라서 노동조합 간의 긴밀한 소통과 공통 대응을 통해 좋은 관행을 만들 수 있도록 준비해야 하며, 나아가 서로 신뢰할 수 있는 바람직한 관행을 수립하는 데 노력해야 할 것이다.

---

6) 강희원은 현대 노동법에서 노동절차법과 노동법원法源을 만들 필요가 있으며, 특히 자유방임적 이념에 근거한 민사소송법 때문에 노동법의 사회적 이념이 실종되기 쉬우므로 독자적인 노동소송법 제정도 고려할 만하다고 주장한다(강희원, 2011a, 105).

5. 바이마르의 선물

기억은 생각보다 정확하지 않다. 무심결에 적어 놓은 것일지라도 기록만이 세월을 이길 수 있음을 거듭 확인하게 된다. 헌법에 적힌 대한민국의 정체성 또한 그러하다. 지금 대다수 국민이 품고 있는 대한민국 건국에 대한 기억은 1948년의 실상이라기보다는 그 후 전개된 세월의 풍상을 거치면서 탈색되고 변형된 것이며, 특히 박정희 대통령이 만들어 준 또 다른 기억이다.

1948년에 제정된 제헌헌법은 전문에서 '민주주의에 관한 각종 제도를 수립하여 모든 영역에서의 기회균등과 생활의 균등한 향상을 기해야' 한다고 하여 기회의 균등과 생활의 균등한 향상을 동시에 강조하였다. 그리고 경제를 독립된 장으로 만들고, "대한민국의 경제질서는 모든 국민에게 생활의 기본적 수요를 충족할 수 있게 하는 사회정의의 실현과 균형 있는 국민경제의 발전을 기함을 기본으로 삼는다(제84조)"고 하여 경제질서의 기본을 사회정의 실현에 둠으로써 개인의 경제적 자유보다 국민경제의 균형 발전을 우선적 가치로 삼았다.

또 "근로자의 단결, 단체교섭과 단체행동의 자유는 법률의 범위 내에서 보장된다(제18조)"고 하여 노동권을 절대적 권리인 자유권의 하나로 파악하였을 뿐 아니라 "영리를 목적으로 하는 사기업에 있어서는 근로자는 법률의 정하는 바에 의하여 이익의 분배에 균점할 권리가 있다(제18조)"라고 하여 이익분배균점권利益分配均霑權(이익균점권)을 보장하였다. 물론 이익균점권은 당시 공산주의 세력에 대한 적극적 방어의 의미를 지닌 것으로서 명목적인 것에 불과하였음이 사실이다(양건, 2007, 4).

하지만 제헌헌법이 그린 대한민국의 미래상은 자본주의도 사회주의도 아닌 제3의 길인 사회민주주의를 지향하였고, 노동권에 대해서도 매우 진보적 입장을 취하였음을 확인할 수 있다. 그리고 헌법정신을 구현하고 사회주의의 성장을 막기 위해 한국전쟁 중인 1953년에 「노동조합법」, 「노동쟁의조정법」, 「노동위원회법」, 「근로기준법」 등 노동 4법을 제정하여 현대적인 노동법제를 마련하였다.

그렇다면 적어도 헌법에서의 노동권은 60년 동안 발전 대신 역행을 한 셈이다. 이런 역행이 이루어진 것은 진정한 의미에서 헌법이란 그 헌법에 규정하고자 하는 정체政體의 역사적 체험에서 우러나오는 근본법적 현상인 데 반해 우리의 진보적인 제헌헌법의 노동권 규정은 노동자들의 오랜 투쟁을 통해 획득한 것이 아니라 프랭켈[7]과 전진한錢鎭漢[8] 등 특정인이 주도하여 만든 것이기 때문이다. 게다가 한국전쟁으로 인한 참혹한 파괴와 대립,

---

[7] 독일법에 근거한 일본법 체계에 있던 조선의 법률 개혁 전문가로 미군정에 의해 고용된 프랭켈은 헌법 초안 작성에 참여하여 「바이마르헌법」의 사회민주주의적 원리를 대거 수용하게 하였다. 또 강력한 반공주의자였던 프랭켈은 나치의 사례를 들어 노동자에 대한 권리보호가 민주주의 체제 안정에 결정적이라는 점을 강조하며 미군정으로 하여금 노동조합 결성을 지지하게 하였고, 토지개혁에도 적극적으로 개입하였다(그린버그, 2018, 133~191).

[8] 전진한(1901~1972)은 일제강점기 민족주의 계열의 좌파운동가로서 협동조합을 중심으로 항일·노동운동에 종사하다가 투옥되었다. 광복 이후 다양한 정치활동에 참여하였으며 1946년에 대한노총총연맹 위원장이 되고, 1948년 제헌국회의원에 당선되어 노동자 경영 참여권과 이익균점권을 헌법에 포함시킬 것을 주장하였다. 이승만 정부 초대 내각의 사회부 장관이 되었으며 1949년 국제자유노동조합연맹을 창립하고 국제노동운동에 참여하였다. 1952년부터 이승만과 결별하고 노농당勞農黨과 한국사회당 등을 결성하였으며, 박정희 정권 때도 야당 정치인으로 활동하였다.

이승만 정권의 독재와 부패, 세계적 냉전구조의 최첨단에 서게 된 현실 등이 제헌헌법의 이상을 실현할 수 있는 여지를 더욱 좁혔다.9)

그래서 제헌헌법의 상당 부분은 우리의 역사와 현실을 반영하는 것이라기보다는 대한민국의 미래지향적 청사진으로서의 성격을 더 강하게 지니긴 했지만 이런 비전으로서의 성격마저 완전히 탈색시키고 잊게 한 것은 박정희 정권이었다(이상 강희원, 2011b, 서언3, 281~282). 박정희 정권은 3공화국 「헌법」에서 "대한민국 경제질서는 개인의 경제상 자유와 창의를 존중함을 기본으로 한다(제111조 제1항)"고 명시하여 경제적 자유와 창의를 최우선 가치로 삼고, 제헌헌법에서 앞 순위였던 '경제에 관한 국가의 규제와 조정' 조항을 제2항으로 옮겼다. 자유권으로서의 노동권도 "근로자는 근로조건의 향상을 위하여 자주적인 단결권·단체교섭권 및 단체행동권을 가진다(제33조 제1항)"고 하여 여러 기본권 가운데 하나로 축소하였고, 제18조 제2항은 국가 주도 경제발전에 걸림돌이 될 것이라고 여겨 완전히 삭제하였다.

이어서 정부 주도의 산업화가 진행되고, 가부장적 전통이 강했던 농촌이 노동력의 공급원이 되면서 가부장적·가족주의적 노사관계가 그대로 고착되어 노동의 근대화는 크게 지체되고 말았

---

9) 권녕성 교수는 제헌헌법이 제정 당시 여러 가지 국내외적 제약 요인, 즉 민주주의적 전통의 결여와 국민 일반의 헌법의식의 빈곤 때문에 헌법의 내용에 대한 국민적 합의가 형성될 수 없었고, 남북분단과 그로 인한 이데올로기적 대립으로 말미암아 개방적인 헌법이 되지 못하였다고 보았다. 특히 경제적 낙후성과 시민 민주주의적 자본주의 경제조차 경험하지 못한 단계에서 「바이마르 헌법」의 사회국가성을 맹목적으로 지향함으로써 현실을 외면한 헌법이라는 한계를 벗어나지 못하였다고 지적하였다(권녕성, 1998, 116).

다(강희원, 2011a, 424). 1995년에 헌법재판소가 내린 다음과 같은 판례는 지체된 노동권의 현실을 말해준다.

> 사회보장수급권은 … 구체적 법률에 의하여 비로소 부여되는 권리라고 할 것이고, 보상금 수급권의 내용, 그 발생 시기 등도 입법자의 광범위한 입법 형성의 자유 영역에 속하는 것으로서 기본적으로 국가의 입법정책에 달려 있는 것이다.

이렇게 헌법재판소는 사회적 권리가 헌법에 명시되어 있는 기본권이라고 인정하면서도 헌법상의 규정은 국가 정책의 목표와 방향을 선언한 것에 불과하며 그 현실적인 실행은 광범위한 재량을 지닌 국가 기관의 입법 및 집행에 위임한 객관적 권리여서 그 부작위에 맞서 사법적 소구나 구제를 청구할 수 있는 개인의 구체적이고 적극적인 권리는 아니라는 것이다(김준수, 2018, 100).

강희원은 이런 노동권의 위축에 대하여 '우리의 노동헌법은 빛나는 비전이었지만 신체가 의복에 맞을 정도로 성장할 때까지 서랍 속에 보관된, 아무도 입지 않는 화려한 예복 같은 것이고, 그 옷을 입을 만큼 성숙하면 그때 주겠다고 달래면서 노동자를 무시하고 있다'면서도 기본권을 모두가 준수해야 할 법 공동체의 기본적 가치로 보기보다는 '국가에 대한' 또는 '국가를 향한' 권리로 이해하는 매우 보수적인 우리 사회에서 제헌헌법 제17조와 제18조가 그 명목만이라도 살아남을 수 있었던 것은 그나마 다행스러운 일이라고 평하였다(강희원, 2011b, 서언4, 281~282).

그래도 역사의 진보와 함께 헌법도 점차 변하여 제헌헌법에 별도 규정이 없던 공무원의 노동권에 관한 규정이 제3공화국「헌법」제29조에 처음 등장하고, 유신헌법에서 '공무원을 비롯한 공익사업체, 국민경제에 중대한 영향을 미치는 사업체 근로자'의 단체행동권에 대한 제한 규정이 강화되었지만, 다시 87헌법을 통해 단체행동권 제한이 크게 풀어졌다(양건, 2007, 854). 특히 87헌법은 "경제의 민주화를 위하여 경제에 관한 규제와 조정을 할 수 있다(제119조 제2항)"고 규정하여 제헌헌법에서 밝힌 '사회정의'를 보다 구체화하였다.

역사가 항상 긍정적인 방향으로 직진하지는 않는다. 오히려 답답할 만큼 진퇴를 거듭하거나 옆길로 새는 것처럼 보이기도 한다. 하지만 한 걸음 뒤로 물러나서 보면 역사가 후퇴하는 일은 없다. 정동과 반동을 오가는 것처럼 보여도 지난 역사를 되돌아보면 속도의 문제일 뿐 분명 바른 방향으로 나아갔음을 확인할 수 있다. 영국 노동당을 상징하는 '요람에서 무덤까지'는 본래 영국 노동조합총연맹의 목표이자 이루어질 것 같지 않았던 요구사항이었다(이용득, 2014, 154). 하지만 지금은 초등학생도 아는 상식이 되었다. 그래서 우리는 당장 실현하기 어렵더라도 언젠가 이루어질 진보적 의제에 대해 긍정적인 눈길을 주는 것이다.

6. 시민 없는 시민법 사회

근대 법치국가 개념은 개인의 자유를 최고의 가치로 삼는 칸트의 철학에 기초하고 있다. 칸트에 의하면 '법이란 한 사람의 자의가 자유의 일반원칙에 따라 다른 사람의 자의와 공존할 수 있는 모든 조건이다.' 따라서 법이란 다른 사람을 강요하는 자의로부터 독립하기 위한 것이므로 자유가 없는 인간은 인간이 아니며, 평등은 자유에서 도출된 것이므로 공동체에서 누구도 법적 우위를 가질 수 없다.

그런데 자유와 평등은 추상적 개념이므로 그 구체적인 내용은 법에 위임될 수밖에 없다. 또 자유에서 도출된 평등을 인정한다면 자유에서 비롯한 소유와 생활 지위에 의한 불평등은 어쩔 수 없이 받아들여야 한다고 보았다. 칸트의 이런 형식적 자유 이데올로기는 바이마르공화국 헌법, 현 독일의 헌법, 우리나라 헌법에 그대로 남아 있다. 이런 까닭에 국가와 사회, 국가와 경제의 민주적 통합이 헌법적으로 미흡할 수밖에 없고, 통합의 주체여야 할 국회와 언론 또한 그 역할을 잘 수행하지 못하고 있다.

또 유럽의 법은 시민사회의 존재를 전제로 하고 있는데, 시민계급이 없던 우리나라는 시민사회의 역할 영역이 결여된 상태에서 유럽의 법을 받아들였기 때문에 법이론과 이해가 관념적 수준에 머물고 있다. 우리나라는 원래부터 강력한 중앙집권제를 유지한 국가인데다 국권의 상실과 분단, 전쟁과 가난 등으로 강력한 국가의 존재를 간절히 소망해 왔다. 거기에 1960년대부터 정부 주도의 경제개발이 성공하자 이런 성향이 더욱 강고해졌고 국가=자본의 등식까지 성립하였다. 그래서 우리의 노동법은 국가가 자본의 입장에 서서 노동을 관리하고 규제하기 위한 것이지 노사의 사회적 자치를 조직하고 지원하기 위한 것은 아니었다(이상 강희원, 2011a, 371~373, 444).

87민주화 투쟁과 직선제 헌법의 쟁취에도 불구하고 촛불혁명이 필요할 정도로 민주주의가 퇴행한 데는 우리의 민주주의가 "민주주의자 없는 민주주의"이기 때문이라는 김누리 교수의 지적은 노동문제에도, 우리 대학의 문제에도 똑같이 적용된다. 김 교수는 민주주의는 단순한 정치체제의 문제가 아니라 삶을 대하는 태도의 문제라며 "민주주의의 최대 적은 약한 자아自我다"라는 아도르노Theodor Adorno(1903~1969)의 유명한 명제를 들어 어디서나 당당하게 자신의 주장을 펼치고, 타인의 의사를 존중하고, 불의한 권력에 저항할 수 있는 '강한 자아'를 가진 민주주의자의 양성이 필요하다고 하였다(한겨레, 2017.3.27).

제헌헌법에서 경제질서의 기본을 사회정의 실현에 두었고, 현행 헌법이 경제질서의 기본을 경제민주화에 두었지만, 진정한 민주주의자가 부재한 상태에서는 경제민주화 실현이 요원하다는 점을 돌이켜보면 지금 대학에서 학생들이 얼마나 '강한 자아'를 갖춘 인물로 성장하고 있는지, 그렇지 못하다면 그 원인이 어디에 있는지 살펴봐야 할 것이다.

7. 노동3권과 「근로기준법」

일제강점기 총독부는 별도의 「노동법」을 제정하지 않고 「치안유지법」 차원에서 노동문제를 다루었기 때문에 미군정 법령 제19호와 제77호가 임시조치에 불과하긴 하지만 노동자 및 노동단체에 관한 우리나라 최초의 법률이라고 할 수 있다(유혜경, 2008, 290). 그리고 노동권에 관한 「헌법」 제33조와 근로조건에 관한 「헌법」 제32조를 법률적으로 뒷받침하기 위해 1953년에 제정된 「노동조합법」(1953.1)·「노동쟁의조정법」(1953.1)·「근로기준법」(1953.3) 등 '노동3법'과 「노동위원회법」(1953.3)은 지금까지 한국 노동법의 근간을 이루고 있다.

그런데 「헌법」 제33조에 규정된 노동자의 단결권·단체교섭권·단체행동권에 대한 개념은 다소 논란이 있다.

① 문구 그대로 단결권·단체교섭권·단체행동권을 각기 나눠서 부르는 경우,
② 단결권을 3개 권리를 포괄하는 개념으로 보고, 단체교섭권·단체행동권을 그 내용으로 보는 경우,
③ 노동권의 3원성을 강조하기 위해 '노동3권'이라고 부르는 경우,
④ 3개 권리가 노동자의 집단적 권리라는 점을 강조하거나 포괄적 의미를 담기 위해 '노동단체권'이라고 부르는 경우(강희원, 2011b, 417~418).

「헌법」 제32조 제3항 "근로조건의 기준은 인간의 존엄성을 보장하도록 법률로 정한다"고 하여 노동조건을 인간의 존엄성을 보장할 수 있는 최저 수준으로 법정화하였고, 그 최저기준의 구체적인 내용은 「근로기준법」·「산업안전보건법」(1981) 등에서 구체화하였다.

노동자가 받아야 할 최소한의 노동 및 임금을 규정한 「근로기준법」(법률 제286호, 1953.5)은 본래 민법의 특별법적인 성격을 지니므로 「근로기준법」에 관련 규정이 없으면 「민법」 규정을 적용하는 것이 상례이다. 하지만 우리나라는 「근로기준법」이 1953년에 먼저 제정되고, 「민법」은 1958년 2월에 뒤늦게 제정되어 1960년 1월에 발효되었기 때문에 「근로기준법」에 별도의 준용 규정을 두고 있지는 않다.

본래 법이란 복잡하게 얽힌 정치적·경제적·사회적 투쟁을 절차화 하여 분쟁이 지닌 파열성과 역동성을 가라앉히거나 평정

하기 위해 기획된 것이다. 이익을 위한 투쟁을 권리를 위한 투쟁으로 바꿔야 사회가 보다 안정되기 때문이다. 따라서 노동법은 사회의 기저를 동요시키는 노사분쟁을 사법화司法化를 통해서 안정시키기 위해 나온 보수적인 규범이다. 그래서 노동법은 고용계약에 대한 민법의 기존 규정을 수정하는 것으로 출발하였다. 하지만 보다 본질적인 면에서는 자본주의 산업사회의 노동관계에 관한 법적 기획이라고 할 수 있다.

따라서 노동법은 노동운동을 통한 노동자의 사회적 역량의 신장을 제한하여 체제 전복을 방지하는 데 그 정치적 목적이 있다. 그렇기 때문에 노동법이 아무리 노동자 보호를 위한 규범을 만든다고 해도 사실 사용자의 사회적 이익과 부합하는 규범이 많고, 국가를 중립적 중재자처럼 보이게 하여 노동운동의 강도를 약화시킬 뿐이다. 개발도상국에서 '분쟁 예방'이 사실상 '분쟁 진압'인 경우가 많고 노동법이 형법화하고 있는 것도 마찬가지 이치이다. 노사분규와 관련하여 흔히 사용하는 '불필요한 분쟁'이란 말도 기실 사용자 측에 편중된 의미로 쓰는 경우가 대부분이다. 강희원은 '단체행동'을 가리켜 굳이 '노동쟁의'란 부정적 용어를 사용한 것은 형평성을 잃은 것이어서 반드시 시정해야 할 대상이라고 지적한다(이상 강희원, 2011a, 149~153).

8. 정당의 보수성

우리나라 각 정당의 정강은 그들이 표방하는 보수·진보의 주장과 무관하게 실질적으로는 매우 보수적이다. 흔히 진보적이라고 칭하는 더불어민주당은 본래 정통 보수 야당을 자처하였을 뿐 자신들을 진보적이라고 말한 적이 없다. 박정희의 민주공화당, 전두환의 민주정의당을 잇는 국민의 힘은 쿠데타를 통해 집권한 불법적인 정당을 계승하여서 보수정당이라고 하기도 힘들 정도의 극우 정당이다. 국제적인 기준에 비추어 볼 때, 유럽의 대표적인 보수정당인 기독교민주당도 사회적 시장경제 원칙을 강조한다는 점에서 정의당보다는 훨씬 진보적이다. 따라서 유럽을 기준으로 하면 정의당은 중도정당에, 더불어민주당은 아주 보수적인 정당에 속한다.

그래서 외면적인 포장만 다를 뿐 각 정당의 노동정책은 매우 사업자 친화적이어서 노동조합에 대해 부정적이거나 상당한 제약이 불가피하다는 시각을 고수하고 있다. 가능한 한 단체행동을 제한하고, 허용하더라도 개별적 근로조건의 향상을 위해서만 엄격한 절차를 거치도록 하고 있다. 또 국가의 개입을 통해서 일정 정도 근로조건을 향상시켜 단체행동을 사전에 원천 봉쇄하려 한다(강희원, 2011a, 149~153, 247).

이는 헌법이 보장한 단체행동권을 부당하게 제한하여 끊임없이 위헌시비에 휘말렸던 직권중재규정(개정 전 「노동조합법」 제62조 제3호)이 2006년 12월에야 겨우 삭제된 데서도 알 수 있다. 직권중재(강제중재)는 필수공익사업에서 노동쟁의가 발생할 경우, 쟁의를 사전에 제한할 수 있는 제도이다. 노동쟁의가 발생하면 노동위원회의 조정(15일)을 거쳐 노동위원회위원장이 특별조정위원회의 권고에 근거하여 직권중재에 회부하면 15일 이내 쟁의행위가 금지된다. 그리고 「중재재정서」가 작성되면 노사관계 당사자가 모두 기속羈束되어 모든 쟁의행위가 전면 금지되었다.

이처럼 직권중재는 노사관계 당사자의 의사를 전면 배제한 강제적인 중재로서 필수공익사업 노동자들의 헌법상의 단체행동권에 대한 사전적·전면적 제한 때문에 헌법재판소의 합헌 결정(1996)에도 불구하고 위헌 논란이 계속되었고, ILO에서도 계속 비판하였다.10) 이에 직권중재를 폐지하는 대신 파업 시 최소업무유지를 의무화하고, 필수공익사업에서 파업 참가자의 1/2까지 대체근로를 허용하게 하였다(노동부, 2008, 2~3).

또 ILO에서 지정한 필수공익사업과 「노동조합법」에서 지정한 필수공익사업의 범주에 커다란 차이가 있다. ILO 기준에 따르면 파업권 박탈은 '필수서비스essential service'에 한정하는데, 필수서비스는 "그 중단이 인구의 전부 또는 일부의 생명, 개인 안전 또는 건강에 위험을 초래하는 서비스"로 한정되어 있다. 반면 우리의 「노동조합법」에서는 "공익사업으로서 그 업무의 정지 또는 폐지가 공중의 일상생활을 현저히 위태롭게 하거나 국민경제를 현저히 저해하고 그 업무의 대체가 용이하지 아니한 사업"이라고 하였다. 필수공익사업장으로 철도·수도·전기·가스·석유정제 및 공급·병원·통신·한국은행 등을 지정하였다. 이에 대해 ILO는 기준이 과도하다며 철도·석유·한국은행 등을 제외할 것을 거듭 권고한 바 있다.

이렇게 정부는 파업으로 인한 기간산업의 가동 중단을 막기

---

10) 유혜경은 직권중재의 위헌성에 대하여 다음과 같이 지적하였다. ① 시민적 자유권의 연장에 있는 노동3권에 대한 전면 제한은 「헌법」 제33조에 위배된다. ② 우리는 필수공익사업 범위가 ILO 기준을 현저히 위배할 정도로 광범위하다. ③ 파업권 제한에 상응하는 조치를 제공해야 하는데, 우리나라의 중재제도는 중재회부·중재절차·중재재정·중재 후 불복 등 전 과정에서 관계 당사자의 참여권이 배제되었다(유혜경, 2008. 253~254).

위한 '필수유지업무제도'를 비롯해 '긴급조정제도' 등 노동쟁의에 관련한 제약 시스템을 강력하게 유지하고 있다. 또 「근로기준법」의 적용을 "상시 5인 이상의 근로자를 사용하는 모든 사업 또는 사업장에 적용된다(제11조 제1항)"고 하여 법 적용이 더욱 절실한 4인 이하 노동자가 근무하는 영세 사업장을 예외 대상으로 인정한 것은 명백한 차별에 해당한다(강희원, 2011b, 293).

이처럼 노동운동에 대한 부정적인 정책 기조를 60년 동안 지속한 결과 우리나라는 많은 분야에서 Global Standard를 내세우지만, 유독 노동환경만 세계 평균에도 훨씬 미치지 못하는 낙후성을 지니고 있다. 하지만 그러한 사실조차 인지하지 못하거나 심지어 당연시하는 분위기가 사회에 팽배해 있고 민주주의와 인권을 가르치는 대학도 크게 다르지 않다.

9. 노동조합의 역할

영국 노동조합법 제정에 힘쓴 시드니 웨브Sidney. Webb(1859~1947)가 내린 노동조합의 정의는 "노동자가 주체가 되어 자주적으로 단결하여 노동조건의 유지, 개선 기타 경제적, 사회적 지위의 향상을 도모함을 목적으로 조직하는 단체 또는 그 연합단체"이다. 바로 우리 「노동조합법」 제2조에 있는 노동조합에 대한 정의가 바로 시드니 웨브의 정의를 그대로 옮겨놓은 것이다.

한국노총의 「2013 기본교안」에서 정리한 노동조합의 역할은 다음과 같다.

1. 기본적 역할
   ① 경제적 역할
      (1) 고용안정: 자본주의 사회에서 실직은 곧바로 생계를 위협하는 만큼 고용안정이 노동자의 기본적 요구이자 노동조합의 핵심 역할 중 하나이다.
      (2) 임금인상: 임금은 대부분 노동자의 수입원 중에서 가장 큰 비중을 차지하므로 노동의 정당한 대가를 안정적으로 지급받는 것이 노동자들의 일차적인 관심이다. 개별노사관계는 힘의 불균등이 존재하므로 노동조합이 단체교섭을 통해 집단적으로 임금을 결정한다.
      (3) 복지개선: 사회복지제도가 충분히 확립되지 않은 우리나라에서 각종 복지혜택이 기업 차원에서 주어지는 만큼 복지개선은 임금인상과 함께 노조의 기본 요구사항이다.
      (4) 경영감시 및 참여: 사용자의 방만하거나 비윤리적 경영활동을 감시하고, 또는 기업의 한 주체로써 경영에 적극적으로 참여해 재정을 건전하게 하고 기업이 사회적 책임을 실천하도록 견인한다.
   ② 인권적 역할
      (1) 인권 보호 및 차별개선: 사용자나 중간관리자의 부당한 처우나 비인격적 대우에 맞서 인간으로서의 존엄과 노동자로서의 권리를 보장받으며 당당하게 일할 수 있도록 한다. 또한, 사업장 내 연령, 성, 고용형태 등을 이유로 인권을 무시하거나 차별적 행위가 행해지는 것을 감시하고 예방한다.
      (2) 노동조건 개선: 인간다운 삶을 영위할 수 있도록 노동시간을 줄이고 노동강도를 완화한다.
      (3) 산업안전 보건 감독: 노동자의 건강과 생명을 위협하는 작업시설과 취급 물품 등의 안전 여부를 일상적으로 점검하고 사용자의 적극적인 개선조치를 요구한다.
   ③ 공동체 역할
      (1) 공동체 형성: 조합원들이 함께하는 다양한 행사와 활동을

일상적으로 전개함으로써 공동체를 통한 소속감과 안정감을 가질 수 있도록 한다.
　(2) 상호부조: 조합원이 애경사를 맞거나 곤란한 상황에 처할 경우, 노동자들끼리 상호부조를 통해 해결하는 것이 큰 도움이 될 수 있는데, 노동조합이 있는 조직은 대부분 노조가 이 역할까지 담당한다. 협동조합을 통해 보다 적극적인 상호부조를 하기도 한다.
　(3) 자주적 복지향상: 사용자가 제공하는 복지와 별도로 노동자 스스로 복지를 향상하기 위해 다양한 활동을 전개한다. 노동조합도 매점, 자판기 운영 등의 각종 사업을 통해 재정을 마련하고 이로써 장학금, 생활안정자금 등을 지원한다.
④ 지도적 역할
　(1) 노동자 의식 형성: 자본의 가치와 논리가 아닌 노동자의 관점으로 정세와 다양한 현안 문제를 이해하고 노동자의 정당한 권리를 요구할 수 있도록 한다.
　(2) 노동자 문화 형성: 위계적이거나 차별적인 기업문화, 소비적·향락적 문화를 지양하고, 공동체와 연대·진보의 가치와 성평등의 문화가 자리 잡을 수 있도록 다양한 교육사업과 캠페인, 문화활동을 전개한다.

2. 확장된 역할: 정치적 역할, 사회적 역할, 국제적 역할
① 정치적 역할
　(1) 사업장 현안문제 해결을 위한 정치권 압박 및 연대
　(2) 노동자 집단적 권리 향상을 위한 법·제도 개선
　(3) 노동존중 사회 건설을 위한 정치참여와 세력화
② 사회적 역할
　(1) 사회적 약자에 대한 지원과 연대
　(2) 사회 공공성 강화, 복지국가 실현을 위한 활동
　(3) 사회 민주화와 진보·개혁을 위한 실천과 연대
　(4) 한반도 평화와 통일을 위한 남북교류와 실천

③ 국제적 역할
　(1) 이주노동자 보호
　(2) 해외 진출 한국기업 노동자들의 노동권(이상 한국노총, 20
　　13, 19~21)

한국노총이 정리한 노동조합의 역할과 교수노조가 수행해야 할 역할은 같을 수는 없다. 교수노조가 과연 어떤 역할을 담당해야 하는지는 향후 조합원의 내부적 합의를 통해 점차 마련되어야 할 것이다. 또 신생단체로서 교수협의회나 상조회 등 기존의 단체와 어떤 관계를 유지하고 역할을 분담하는 것이 바람직한지도 심사숙고해야 할 것이다.

10. 노동법의 과제

법 구조는 사회를 구성하는 여러 요소에 의해 결정되지만 규범적 효력이라는 면에서 보면 법 구조가 사회구조를 결정한다. 법이 관할 규칙과 절차 규칙에 의해 특별한 정당화 기능을 갖게 되고 권력이 법을 통해 작동되기 때문이다. 또 법은 권력을 통한 강제력으로 사회를 통제하기도 하지만 권리·의무·계약 등 다양한 법적 개념을 이용해 자율적인 규제와 이해조정을 촉진할 수 있다. 이것이 강제 규제보다 더 중요한 법의 기능이고, 역동적이며 지속하여 변화하는 사회에 더 효과적으로 대응할 수 있게 한다. 이것이 사회에 대한 법의 통합 기능이자 혁신 기능이다.

노동법의 발전에는 UN을 중심으로 국제사회의 조직화, 인권보장의 국제화가 진행된 것과 밀접한 관련이 있다. 인간의 존엄과 인권의 존중이 절대적으로 중요하다는 것을 깨닫고 보편적 이념으로 자리 잡게 한 것은 두 차례의 대전을 통해 얻은 소중한 교훈이었다. 특히 2차 대전의 와중에 루즈벨트Franklin Delano Roosevelt(1882~1945) 대통령이 ILO 뉴욕총회(1941)에서 밝힌 "경제정책은 그것 자체가 목적이 될 수 없고, 사회적 목적의 달성을 위한 수단에 불과하다"고 한 선언, 그리고 '노동은 상품이 아니다'라고 한 「ILO의 목적에 관한 선언」(=필라델피아 선언, 1944)은 전후 ILO의 가장 중요한 지침이 되었다.

하지만 노동법에 관한 환경이 급속로 변화하고 있어 시민법의 사회화로 출현한 노동법에 대해 '재사회화' 내지 '탈사회화'의 요구가 거센 실정이다. 지식정보화사회에서의 기술혁신은 그 놀라운 속도와 커다란 영향력으로 새로운 직업군의 등장과 더 많은 전통 직업군의 도태를 빠르게 이끌고 있다. 또 다국적기업이 생산을 주도하면서 생산의 집중화로 기업 간 합병과 결합이 일상화되고 있으며, 근대 민족국가의 범주 밖에서 활동하는 초국적 기업의 성장과 기술혁신으로 노동의 종속성이 날로 커지고 있지만, 그것을 구조적으로 철폐하기란 불가능한 실정이다. 단지 최대한 인간적 노동이 되도록 조정하는 것만이 현실적인 대안일 정도다.

다음은 강희원이 지적한 노동법의 향후 과제를 요약한 것이다.

강희원은 갈브레이드John K. Galbraith의 주장[11] 에 동의하면

---

11) 갈브레이드는 현 고도 사업사회에서는 목적달성을 위해 자연인에게 의존하기보다는 조직을 통해 집단인격Group Personality를 결성해야 하며, 조직의 핵

서 과거 기업은 생산수단을 소유한 자본가와 생산수단이 없는 육체노동자로 구성되었지만, 지금은 전문적 기술 노동자와 관리기술을 소유한 전문경영자라는 두 직능 집단으로 구성되어 기업 그 자체로서의 의미가 더 강해졌다. 따라서 기업의 이런 구조 변동에 따라 이제 노동법은 더 이상 노동 착취를 방지하기 위한 법만은 아니라는 인식의 대전환이 필요하다고 강조한다. 강교수는 노동법이 기업 내 노동관계를 규율하는 기업법의 일부로 기능하면서 사회 전체의 유기적 구성을 시도하고, 또 나아가 산업사회의 인간화를 기획하는 것이 되어야 한다고 주장한다.

그러면서도 우리나라 노동단체법은 경제발전과 산업계 수요에 의해 여러 세력 간 힘의 균형에 기초하여 변모하고 발전해 왔지만, 국가와 사회를 이원화하고 사회적 자치를 위한 노사 간의 법이 아니라 계약자유의 기업적 변용에 불과하다는 점도 지적한다. 그것은 유럽처럼 국가와 시민사회가 구분되지 못했기 때문에[12] 노동자가 우리나라 노동법의 생성 주체가 아니었고, 노동법은 정치적 지배 세력이 일방적으로 노동자에게 명령한 법이 되었다는 것이다.

따라서 앞으로 노동법은 그 본래의 취지를 살려 상대적으로 어려운 사람들이 사회적 차원에서 충분히 고려되도록 우선 배려하는 방향으로 가야 한다. 국가는 인간다운 생존이 가능한 수준의 임금을 유지할 수 있도록 하고 노동과정에서 한 사람의 인격으로 평가받을 수 있도록 노동조건을 형성해서 노동 그 자체가 인간다울 수 있도록 해야 한다. 그렇게 하기 위해서는 노동계약의 개념, 성립과 효력, 당사자의 권리와 의무 등 기본적 사항에 관한 법률 규정을 정비하고 명확하게 해야 한다. 또 앞으로 근로자보호법의 최적화, 근로계약의 기능 강화, 집단적 노사관계법의

심 요원은 오직 technostructure뿐이라고 하였다. 즉 기업에 대한 지배력이 자본으로부터 조직화된 지성으로 이행되고 있다는 뜻이다(강희원, 2011a, 157).
[12] 유럽은 1,000년 넘게 국가와 교회가 서로 대립하면서 국가와 사회가 구분되었고, 산업혁명 이후 시민사회가 성장하여 국가와 시민사회를 이원화하고 국가영역과 다른 시민사회영역의 자율성을 인정받은 것과 대조적이다(강희원, 2011a, 443).

대개혁이 이루어져야 할 것이다(이상 강희원, 2011a, 72~73, 129, 136~137, 139, 153~154, 158~159, 390, 443~446).

강희원이 지적한 노동법의 향후 과제를 보면 노동법의 본질을 살리면서도 급변하는 산업구조의 변화를 선제적으로 수용해야 함을 알 수 있다. 특히 사회적 국가에서는 법이 다뤄야 할 영역이 증가하게 되므로 법을 더욱 세밀하게 만들 필요가 있다고 하였는데, 우리의 현실은 아득하기만 하다. 노동법의 한 갈래인 「교원노조법」은 15개 조항에 불과한 간략한 내용으로 만들어져서 전문을 다 읽는데 30분이면 족할 정도이다. 이렇게 소략한데다 임용 과정과 절차, 근무조건이 현격히 다른 유·초·중등 교원과 대학교원을 한 데 묶어두어, 복잡다단한 대학의 실상을 반영하기에 많은 한계가 있을 수밖에 없다. 유·초·중등학교와 대학을 하나의 법으로 묶어서 모두를 불편하게 만든 「사립학교법」의 재판이라고 하지 않을 수 없다. 유·초·중등 교원과 분리된 대학교원만을 위한 「교원노조법」 제정이 절실한 실정이다.

|제2절| 한국의 노조: 노동운동의 역사와 과제

1. 일제강점기 노동운동

　유혜경은 한국 노동권의 역사를 미군정 시기, 1948년 이후 이승만 정권 시기, 1961 이후 박정희 정권 시기, 1980년 이후. 전두환 및 노태우 정권 시기 등으로 나눌 수 있다고 하고, 일제강점기의 노동운동도 우리 노동법사의 기초적 전제로서 매우 중요하다고 그 의미를 부여하였다(유혜경, 2008, 257).

　우리나라에서 노동조합이란 명칭을 사용한 첫 조직은 1898년 함경북도의 '성진본정부두조합'이었지만 당시 노동조합은 법적 근거가 없었고 인원도 그리 많지 않았다(한국노총, 2013, 10). 일제강점기의 노동환경은 당시의 시대적 특성상 전반적으로 좋지 못했지만, 식민지라는 상황이 가중되어 열악하기 그지없었다. 노동자 가운데 저임금의 여성과 아동이 30~50%를 차지했고, 노동시간은 일본인보다 1.2~1.5배였지만 임금은 일본 노동자의 1/2(남성)~1/4(여성)에 불과했다.

　총독부 공식통계에 따르면 1937년 1일 12시간 이상 노동하는 공장이 41%였고, 9시간은 6%밖에 안 되었으며, 군수공장은 통상 14~16시간의 노동에 시달렸다. 공휴일이 전혀 없는 공장도 30~40%에 달하였다. 게다가 구타와 학대, 인격적 모멸이 상시 있었으며, 불경기와 공황, 전쟁으로 인한 고용불안과 실질임금 하락도

다반사였다. 하지만 식민지였기에 개선의 여지를 찾아보기 힘들었다.

그러자 최초의 전국적인 노동단체인 '조선노동공제회'(1920.4)가 성립되어 노동의 신성함, 노동자의 존귀함, 인권의 자유평등을 강령에서 밝힘으로써 노동과 인권에 관한 전국적 규모에서의 최초 선언이 되었다. 당시 노동조합을 비롯한 모든 사회운동은 민족적 과제와 밀착될 수밖에 없어서 민족의 실력 양성을 강조하는 등 순수한 노동운동이라고 보기 힘들 정도였다.

이때 러시아혁명의 영향으로 노동조합 구성이 활발해져 조직률이 15%까지 올라갔고, '조선노농총동맹'이 결성되었으나(1924.4) 지역연맹이 꾸여지지 못한 한계를 안고 있었다. 그리고 1926년에 '전조선신문배달조합총연맹'을 필두로 직종별 노조가 결성되어 다른 업종으로 확산되었고, 1930년에는 561개 노동단체에 6만여 명의 조합원이 가입하였다.

그러나 한편으로 1922~1924년에 민족주의와 사회주의 노선의 갈등이 시작되었고, 각각 강연회와 출판물 등을 통해 각종 문화 및 계몽운동을 추진하였으며, 본격적인 파업이 시작되었다. 특히 1920년대 후반기에 산별노조로의 전환이 시작되었는데. 여기에는 군수산업 노동자의 증가와 1929년 대공황으로 인한 실업자 증가가 큰 영향을 주었다. 또 1928년 코민테른에서 「조선문제에 대한 결의」를 채택한 것을 계기로 정당 건설의 전초전으로 노동조합의 설립이 적극적으로 추진되었지만, 이탈과 갈등도 본격화되었다.

대공황을 계기로 노동운동이 거세졌지만, 전시체제가 본격화되면서 노동운동은 하향세에 들어갔다. 1929년에 '재일본조선노동총연맹'이 해산되었고, 1938년에 「국가총동원법」이 발동되었으며, 1940년대에는 어떤 파업도 할 수 없는 철저한 통제 상태로 접어들었다(이상 김경일, 1999, 17~61).

1930년대에 처음으로 노동 관련 입법이 이루어지기는 했지만 「근로자모집취체규칙」, 「임금통제령」, 「선원급여통제령」, 「노동조정령」 등 그 법령 명칭에서 볼 수 있듯이 보호 입법이 아니라 통제를 위한 단속 법령이었다. 그 뒤로 「조선광부노무부조규칙」(1938), 「조선직업소개령」(1940) 등에 약간의 보호 규정을 두긴 하였으나, 이들 법령 역시 노동 보호 입법이라기보다는 전쟁 수행을 위한 노동력 확보와 수급 조절을 위한 입법이었다.

일제강점기 노동운동은 노동관계법이 없는 상태에서 자생적으로 발생하였고, 착취와 차별로 점철된 혹독한 식민지 상황에서 전개되었기 때문에 광복 이후의 상황과 직접적인 비교가 어렵다. 또 모든 저항과 반발이 민족 해방과 관련되어서 순수한 노동운동을 적출하기도 어렵다. 하지만 그 어떤 시대의 노동운동보다 현실 비판적이었고, 강력한 정치 지향성을 지닐 수밖에 없었다는 점, 또 그것이 곧 미군정기 노동운동의 특징으로 이어졌다는 점에서 한국 노동운동사의 전사前史로 자리한다.

2. 미군정기 노동조합

3년이란 짧은 시간이었기 때문에 미군정기의 역사적 의미에 대하여 간과하기 쉬우나 미군정기에 만들어진 국가 설계에 관한 청사진이 대부분 실현되었고, 이승만 정권에 의해 계승되었으며,

특히 이때 발탁된 인물들이 우리나라 지배층의 원형을 이루었다는 점에서 결코 가볍게 봐서는 안 된다.

미군정은 주둔군 사령관의 통제를 위해 기존의 총독부 체제를 그대로 수용하고, 일제 치하 관료와 한민당 계열 우파세력을 관료로 충원하였다. 당시 미군정장관은 영어 구사력과 친미 성향, 반공주의 지식인을 중심으로 추천 방식으로 이들을 채용하였다. 그 결과 독립운동의 중심을 이룬 임시정부 요인은 물론이고 건국준비위원회, 사회주의 계열이 모두 배제되고 친일 관료와 미국 유학파, 지주 출신이 새로운 지배층으로 부상하였다. 미소 양국은 사실상 협상을 통한 정부 수립을 기대하지 않았고, 미군정은 남한만의 단독정부 수립을 통한 완전한 주도권 장악을 위해 노동정책에서는 좌익은 물론 '조선노동조합전국평의회(전평)'를 철저히 배제한다는 전략을 채택하였다.

광복 직후에 발족된 전평준비위원회(1945.9)는 17개 산별노조, 1,194개의 지부, 50여만 명의 조합원으로 구성된 최초의 전국적 산별노동조합연맹체인 전평(1945.11)을 출범함으로써 광복 직후 노동운동의 주도권을 장악하였다. 전평은 「일반행동강령」에서

① 최저임금제, 8시간 노동, 유해·위험한 작업의 7시간 노동, 동일노동 동일임금, 주2일 휴일제, 연간 1개월의 유급휴가, 2개월의 유급 출산휴가, 14세 미만 노동자 고용금지.
② 일본인·민족반역자 소유 기업을 공장위원회가 보유·관리할 권리의 쟁취.
③ 언론·출판·집회·결사·파업 및 시위의 자유보장.
④ 농민운동에 대한 절대적 지지, 조선인민공화국 지지, 조선의 자주독립, 세계노동자계급 단결 만세

등을 표방하였다(이상 유혜경, 2008, 259~260, 270~272).

　강령에는 노동권에 관한 일반적 내용은 물론, 당시 친일 청산과 사회주의에 대한 적극적 지지라는 '정치적 요구'까지 폭넓게 망라하고 있다. 전평의 지도부는 박헌영朴憲永의 재건파 계열에 속해 있으며 사회주의 혁명을 목표로 하는 혁명적 노동조합주의를 선호하였다. 전평은 일본인 사업주 귀국으로 사업장이 폐쇄될 경우, 소속 노동자에게 해산수당을 지급할 것, 노동자가 직접 공장을 관리하고 경영할 것을 요구하였으나 미군정은 이를 불법으로 규정하고 거절하여 전평과 갈등을 빚었다.

　이렇게 전평이 노동운동을 주도하자 김구·안재홍安在鴻(1891~1965)·조소앙趙素昻(1887~1958) 선생 등 우익민족진영도 '대한독립촉성노동총연맹(대한노총)'을 설립하였다(1946.3). 대한노총은 사실상 급조된 조직이어서 그 선언문은 '민주정치 하에 균등사회' 건립을 목표로 하며 민주국가 건국과 노자勞資 간 친선에 이바지함 등을 표방하였을 뿐 노동조합의 본래 목적에 부합하는 강령 등은 제시하지 못하였다. 자연히 그 세력도 현격한 차이를 보여 1946년 5월 노동절 행사에 전평은 조합원 10만 명이 참가했으나 대한노총은 3천 명에 불과하였다(허영구, 2012, 3).

　미군정은 본래 구체적인 노동정책을 가지고 있지는 않았다. 다만 광복 직후 본격화된 노동자들의 단체행동에 대해 일정한 대책을 취하지 않을 수 없었기 때문에 일부 법령과 지침을 내렸다. 그 가운데 미군정의 노동정책을 확인할 수 있는 군정법령 제19호 제2조 「노무의 보호」(1945.10)와 제97호 「노동문제에 관한 공공정책 및 노동부 설치」(1946.7)가 중요한 의미를 지닌다. 「노무의 보호」는 노사문제 해결을 군정청 조정위원회에 의해 처리하도록 강제하고 있어 실질적인 파업 금지, 또는 모든 쟁의행위를 금지한 단결금지정책이며, 반대로 97호는 비상시국이라며 억제 위주로 갔던 정책을 바꿔 민주노동조합을 적극적으로 육성한다고 하였다.

하지만 두 달 뒤 전평이 주도한 20일에 걸친 총파업(1946.9)에 대해 미군정이 대대적인 진압으로 일관하였고, 이후 지속적인 해체 압박을 통해 전평을 와해시켰음은 미군정의 노동조합 정책이 노동쟁의에 대한 적극적인 억압, 노동조합에 대한 소극적인 용인, 대한노총을 통한 전평의 대체가 주된 기조였다고 할 수 있다. 아무튼 전평을 해체하고 그 대안으로 신설된 대한노총을 적극적으로 육성하자 일제강점기 노동운동과의 맥은 단절되었다(이상 유혜경, 2008, 253~286).

사회주의 성향의 전평이 일제강점기 노동운동의 맥을 이은 것은 한편으로는 당연한 일이라고 할 수 있다. 대한민국이 친일파 청산에 실패한 것이 남북의 정통성 문제에서 오랫동안 우리의 발목을 잡은 것과 마찬가지로 급조된 대한노총이 노동운동의 구심점이 된 일은 분명 아쉬운 점이었다. 하지만 누구든 긍정적인 유산만 물려받을 수는 없다. 더구나 해방공간이라는 특수성과 남북의 대치라는 상황을 고려하면 전평의 행동강령을 수용할 수는 없었다. 우리가 물려받은 유산이 부정적일 경우, 사실을 있는 그대로 인정하는 것이 최선의 선택이다. 인정했을 때 비로소 역사가 되고, 유산 상속자는 자유로워지는 것이다.

3. 이승만 정권과 노동조합

일제강점기 후반 계속된 전쟁으로 피폐해진 산업계는 광복 직후의 혼란으로 더욱 어려워졌다. 1920년대 5~8%에서 1940년대에 20%까지 늘어났던 공장 노동자의 비율(김경일, 1999, 29)은 광복 직후 약 5%로 내려앉았다.[13] 그리고 이어진 한국전쟁과 극단적인 이데올로기의 대립으로 말미암아 이승만 정권기 노동운동은 정상적인 발전을 도모하기 힘들었다. 이런 상황을 더욱 악화시킨 것은 전평이 해체된 뒤 그 자리를 차지한 대한노총이 이승만 독재를 위한 정치도구로 계속 전락한 점이었다.

1946년 9월 전평의 총파업을 계기로 대한노총은 전진한을 중심으로 새롭게 조직되었고, 일관되게 이승만을 지지하였다. 하지만 정부 수립 직후 대한노총에 내분이 일어났고, 그 과정에 직접 개입한 이 대통령은 대한노총을 자유당의 하부 조직이자 대중동원을 위한 도구로 바꾸고 말았다. 국내 정치적 기반이 취약했던 이 대통령과 거대 전평을 극복해야 했던 대한노총은 조속히 세력을 확대하고 동원력을 강화해야 하는 공통의 숙제를 안고 있었다. 문제는 정상적인 노동운동의 확장을 통해 노동조합의 세력을 키우지 않았다는 점이다. 당시 정치적 혼란과 경제적 어려움 때문에 전전하던 많은 무직 청년들이 있었고, 거기에 월남 청년까지 더해졌는데, 대한노총은 이들 '어깨'를 대거 유입하는 쪽을

---

[13] 1948년 조선은행 조사부에서 발간한 「조선경제연보」에 따르면 1946년의 공업 종사자는 67만 명(3.4%), 교통업 17만 명(0.9%), 광업 57,000명(0.3%)이었으니 광복 직후 노동자의 인구 비율이 대략 5% 정도로 줄어든 셈이다. 당시 산업 전반에 걸친 위축이 어느 정도였는지를 미루어 짐작할 수 있다(황승흠, 2014, 6).

택하였다. 그 결과 대한노총은 이승만 독재정권의 축소판이 되어 간부들은 아부와 부패에 찌든 사악한 브로커로 가득 찼다. 물론 대한노총에도 혁신파가 있었지만 전부 축출되었고 대한노총은 이 대통령의 충실한 수족이 되었다.

대한노총은 부산정치파동 때 국회를 위협하고 국회해산을 요구했으며, 선거에 노골적으로 앞장섰다. 차마 3선에 나서겠다고 말하기 민망했던 이 대통령이 1956년 대선에 불출마하겠다고 선언하자 대한노총은 우마차 조합의 수레 800대를 동원하여 행진하며 소와 말도 이승만의 출마를 원한다는 이른바 '우의마의牛意馬意' 소동을 벌이기도 했다. 그리고 노동절 행사를 자유당 후보 당선 궐기대회로 바꿨다. 당연히 노동조건의 개선은 관심 밖이었다. 이 대통령은 이런 대한노총을 위해 그들의 창립기념일인 3월 10일을 노동절로 만들어주었다(이상 서중석, 2020, 213~216).

그러자 참다못한 노동자들이 대한노총의 대항 세력으로 '전국노동조합협의회(전국노협)'을 결성하고 저항하였다, 전국노협은 대한노총의 노자勞資협조주의를 비판하고 사측과 정부로부터 자유롭고 민주적인 단위노조 중심의 노동단체를 표방하였다. 하지만 한국전쟁으로 노동조합을 후원하는 정치세력이 전무하였기 때문에 정부와 여당을 상대로 한 진정과 호소, 법정투쟁 외에는 별다른 투쟁 수단을 갖지 못한 것이 당시 현실이었다. 그리고 명실상부한 전국 조직으로 발전하지는 못한 채 5.16으로 활동을 종료하였다(장미현, 225, 239~241, 247~267).

이 대통령은 노동조합을 자신의 동원 가능한 전위대로 인식했을 뿐 노동정책에 대한 별다른 인식을 보여주지 못했다. 노동조합 또한 한국전쟁으로 인한 레드 콤플렉스로 노동운동에 대한 거부감이 확산된 어려운 환경에 부패와 타락상을 더해줌으로써 노동운동 전반에 대한 부정적 인식을 크게 확산하게 하는 잘못을 저질렀다. 일제강점기 온갖 고난을 뚫고 저항하며 축적한 노동운동의 전통이 사라진 50년대의 노동 공간에 대한노총이 자리를 독차지한 것은 노동운동에 매우 뼈아픈 일이었다.

그래도 전진한이 주도하던 시절 대한노총은 노동자의 이익균점권과 경영참가권을 포함한 「노농勞農 8개 조항」을 국회에 제출하여, 이익균점권을 헌법에 포함하는 성과를 거두었다. 또 전진한은 노동자의 이익을 대변하는 정당이 없는 상황에서 노동조합의 정치적 역할이 불가피하다고 주장하여 노동조합의 정치참여를 「노동조합법」에서 관철시켰다. 특히 사회부 장관으로 노동관계법 제정을 주도하면서 연월차·생리휴가·공휴일 휴무 등 현행 「근로기준법」(1997)에 비교해도 뒤지지 않는 내용을 담은 「근로기준법」을 제정하였다.

당시의 제반 상황을 고려해 볼 때 노동관계법이 일정 수준으로 제정된 데에는 한국전쟁의 혼란 속에서 체제 유지를 위한 안전장치가 필요하다는 인식, 노조에 대한 탄압이나 노조의 부실화가 오히려 공산주의를 양성하는 기반이 된다는 유엔의 권고, 대중동원체제로의 이용 가치 등이 고려되었을 것으로 보이며, 한편으로는 전후 부흥계획을 세우고 있었던 ILO가 유엔한국민사지원단UNCACK 명의로 행한 권고도 상당한 영향을 주었을 것으로 보인다. 그밖에도 일본의 유관 법령과 조선방직 쟁의도 일정 부분 영향을 주었을 것이다.

하지만 헌법에 포함된 이익균점권은 법제화되지 못한 채 1953년 노동관계법 제정 과정에서 사문화되었다. 또 당시 「근로기준법」은 북한과의 체제 경쟁을 의식할 수밖에 없는 전시 상황의 특수한 환경 속에서 실행 불가한 수준의 근로자 복지를 규정함으로써 실제로는 「근로기준법」의 존재감을 오히려 무력화하였다는 비판도 일부 제기된다(이상 유혜경, 2009, 128~129, 131~135).

노동에 대한 이 대통령의 인식은 무어라 말하기 힘들 정도로 빈약하기 짝이 없었다. 노동조합을 국가폭력에 대한 광범위한 국민적 공포를 조성하기 위해 동원한 여러 보조도구의 하나로만 여겼고, 무자격한 노동조합 간부들은 그런 정권의 요구에 철저하게 야합하면서 개인적 출세와 부패, 중간착취의 수단으로 노동조합을 이용하였을 뿐이다. 전평이 해체되고 노동운동이 무력화되자 대한노총도 거추장스러운 존재로 전락하면서 마찬가지로 무력화되었다. 토사구팽兎死狗烹은 어용노조의 숙명인 것이다. 4.19혁명으로 새로운 노동조합이 결성되고 노동쟁의가 활발해졌지만 아쉽게도 1960년의 봄은 오래가지 못하였다.

4. 박정희 정권의 노동정책

유혜경은 박정희 대통령 집권 기간인 220개 월 동안 모두 3회의 계엄(31개월), 3회의 위수령(5개월), 9회의 각종 비상조치(69개월) 등 총 105개월의 비정상적 통치가 이루어졌다며 집권 기간의 48%를 비정상적 방식으로 통치한 박정희 정권을 가리켜 억압적 통치기구에 의존해 국가권력을 유지한 정권이라고 간결하고도 명료하게 정리하였다.

박정희 정권의 이런 특징은 노동정책에도 그대로 반영되었다.

5.16 직후 구성된 국가재건최고회의는 즉시 모든 정당과 사회단체를 해산시킨 뒤 별도 허가 절차를 거쳐서 상당수를 해체시켰다(1961.5). 그리고 「근로자의 단체활동에 관한 임시조치법」(1961.8)을 공포하여 노동조합 설립 허가주의에 근거, 신고증을 교부하고 노동조합 간부의 자격을 제한하며 산업별노조체제를 도입하기로 하였다. 이때 '대한교원노동조합총연합회(교조)'가 해체되는 등 노동운동은 심각한 단절과 타격을 입었다.

또 산업별노동조합을 조직할 책임자로 9명을 임명하여 '한국노동단체 재건조직위원회(노조재건위)'를 발족시켰고(1961.8), 노조재건위는 즉시 11개의 전국단위 산별노조 결성대회를 개최하여 '한국노동조합총연맹(한국노총)'을 출범시켰다(1961.8). 한국노총은 선언을 통해서 "5.16군사혁명을 전폭 지지하며 혁명과업 완수에 총력을 경주한다"고 밝히고 반공체제의 강화, 노동쟁의의 평화적 해결, 산업평화 유지 노력, 경영협의회 제도의 법제화 등을 내세워 대한노총과 마찬가지로 노사협조주의를 표방하였다.

박 의장은 대통령 당선 이전에 헌법개정을 통해 노동3권을 자주적 권리로 인정하되 공무원의 노동3권을 헌법으로 제한하고 이익균점권 조항을 삭제하였다. 그리고 「노동조합법」(1963.4) 개정을 통해 노동조합 설립을 허가제로 바꾸고, 복수노조를 금지하여 노동조합 상급 단체를 한국노총으로 단일화하였으며, 노사협의회 대표에게도 교섭권을 위임할 수 있도록 하여 노동조합의 단결권과 단체교섭권을 약화시켰다.[14] 또 정치활동 금지 규정을 두었고,

---

14) 1963년의 노동관계법 개정에서 드러난 특징 가운데 하나가 노사협의회 설치를 의무화한 것이다. 노동3권이 노사의 대립을 전제로 한 것인데 비해 노사협의회는 노사 간 협조와 화해를 전제로 하고 있다는 점에서 노동조합의 단

심지어 노동조합이 "공익을 해할 경우"에 해산할 수 있게 한 기존 조항을 "공익을 해할 염려가 있는 경우"로 확대하여 행정관청의 자의에 의한 개입의 여지를 확대하였다.

「노동쟁의조정법」 역시 조합원의 직접·무기명투표에 의한 과반수찬성을 쟁의행위요건으로 의무화했고, "전국적인 규모를 가진 노동조합의 산하 노동단체가 쟁의행위를 하려면 소속 노동조합의 승인을 얻어야 한다"라고 하여 사실상 한국노총에 의한 사전승인제를 도입하여 쟁의행위를 통제하게 하였다. 또 노동위원회에 적법판정제를 도입했으며, 특히 긴급조정제도를 신설하여 강제중재를 광범위하게 인정하고 중재재정의 구속력을 강화시킴으로써 노동쟁의를 원천 봉쇄하였다. 「노동위원회법」 개정은 노동위원회 조직과 운영을 주로 공익위원 중심으로 전환하는 데 중점이 두어졌다.

박정희 정부에서 노동조합은 불필요하거나 매우 귀찮은 존재에 불과하였다. 그래서 노동조합을 인정하고 대화하거나 산업별 노조를 통해 통제하려는 노력 대신 애초부터 노동조합의 입장을 전혀 배려하지 않은 채 일방적인 무시와 배제 정책을 고수하였다. 그래서 노동조합에 대한 국가의 강력한 규제만 더하였을 뿐 그에 따른 반대급부는 전혀 고려하지 않았고, 노동조합의 정치적 활동을 금지하여 정치세력화를 방지하는 데 힘을 기울였다.

심지어 친정부적인 한국노총에 대해서도 그들을 포용하려는 어떤 우호적인 시도도 취하지 않고 유령 취급하였다. 그 결과 한국노총의 힘은 크게 약화되어 산하 노조의 쟁의에 대해서 속수

결권과 단체교섭권을 약화시키려는 의도가 분명히 드러난다(유혜경, 2019, 261~262).

무책이었다. 사용자 역시 노동조합의 쟁의행위에 대해 불법적인 직장폐쇄라는 가장 강경한 수단으로 대응하는 경우가 많았고, 여기에 국가의 묵시적·명시적 지원이 뒤따랐다. 그래서 많지 않은 쟁의마저 강경한 탄압으로 종결되곤 하였다.

한국노총은 산업별노동조합 형태를 지녔지만, 지부의 대표자에게도 단체교섭권을 인정하여 실제 단체교섭은 대부분 기업별로 이루어져 사실상 유사 기업별 노조 형태였다. 이는 한국노총에 대한 정부의 통제력 발휘를 위해 산업별노동조합 형태를 취하게 하면서도 한국노총이 산하 노조에 대하여 장악력을 발휘할 수 없게 한 것이다. 그래서 쟁의 발생 시 한국노총의 힘을 발휘하는 데 한계가 있었음은 물론 산업별노동조합의 최대 장점인 노동조건의 상향평준화도 이룩하지 못하였다.

경제성장을 최우선으로 삼았던 박정희 정권에게 소득분배는 관심사가 아니었고,[15] 국민소득에서 노동소득이 차지하는 비율을 뜻하는 노동소득분배율은 박정희 정권 때 30~40%대에 머물렀다. 1965년에 32.6%였던 노동소득분배율은 1979년에 47.8%로 늘어났지만, 당시 선진국의 65~80%에 비해 매우 낮은 수준이었다. 2018년 현재 63.8%로 개선되었지만 그래도 여전히 10%가량 낮다(경향, 2016.3.3; 김정우, 2020.5.5). 이런 입장은 3선개헌과 유신독재로 나아가면서 더욱 노골화되었다(이상 유혜경, 2019, 239~240, 251~2

---

15) 1960~1970년대 경제가 비약적인 성장을 이룩하였지만, 소득분배 상황에 대한 정확한 파악은 쉽지 않다. 모든 경제정책이 성장에만 초점이 맞춰져서 소득분배에 관한 자료조차 만들지 않았다. 소득을 10분위로 나눠 통계를 내기 시작한 것은 1979년부터였고, 지니계수는 1990년부터 분석하기 시작했다. 그래서 그 전 상황을 파악할 수 있는 적절한 지표를 통계청 자료에서 찾기 힘들다(경향, 2016.3.3).

54, 257, 259~270, 281~282, 285). YH사건에서 확인할 수 있듯이 박정희 정권의 노동정책은 중앙정보부와 경찰을 통한 공작――와해와 제거――이었다.

1970년대 한국 노동계의 현실을 가장 극명하게 보여주는 비극적인 사건은 전태일全泰壹 열사가 「근로기준법」의 준수를 주장하며 분신한 일이었다(1970.10). 전태일의 분신은 박정희의 경제성장과 함께 1970년대 한국경제의 긍정과 부정 두 면을 상징하는 가장 결정적인 사건이라고 할 수 있다.

"근로기준법을 준수하라", "우리는 기계가 아니다"라는 전태일의 마지막 외침과 희생은 노동자들의 의식에 일대 충격을 주어 청계피복노동조합의 결성을 비롯하여 전국적인 노동조합 결성의 계기가 되었다. 1971년 노동운동은 1970년보다 10배 넘는 규모로 진행되었다. 또 대학생 친구가 한 명만 있었더라면 노동법을 몰라서 당했던 억울함을 면할 수 있었을 것이라는 전태일의 일기가 전해지면서 그의 죽음은 또래 대학생들에게 엄청난 부채 의식을 불러일으켰다. 서울대 법대생은 전태일의 장례를 학생장으로 거행하겠다고 주장하였고, 대학마다 집회를 열어 전태일을 추모하였다. 또 종교단체에서도 그의 죽음에 대한 사회적 책임을 논하며 노동운동이 중요한 정치 사회적 의제로 떠올랐다.

다만 전태일노동상을 수상한 이용득李龍得 전 한국노총위원장은 노동운동가들이 전태일의 사랑과 헌신은 외면하고 분신과 투쟁만 강조한다고 비판한다. 전태일은 법과 현실이 다른 이 사회의 모순과 부조리를 바꾸고자 했고, 자신의 주장을 알릴 수 있는 마지막 수단으로 분신을 택하였지만, 그를 투사보다는 사랑과 희생을 삶을 산 성인聖人 같은 사람, 끝없는 사랑의 실천자라고 평가하였다.16) 이 또한 결코 간과해서는 안 될 전태일의 모습이다.

5. 1980년대 이후의 노동운동

  1979년 10월, 박정희 대통령의 사망 이후 18년 만에 열린 자유의 공간은 민주화의 열기와 함께 그동안 억눌려 온 노동쟁의의 열기로 가득 찼다. 새로운 전국 단위 노동조합 결성을 위한 움직임이 시작되어 '전국민주노동자연맹(전민노련)'이 1980년 5월 결성되었지만 '서울의 봄'과 함께 무너졌고, 신군부에 의한 대대적인 탄압이 시작되었다. 그러나 그와 동시에 그동안과는 비교할 수 없는 새로운 변화의 흐름도 일기 시작하였다. 그 흐름의 근원은 바로 5월 광주였다.

  1980년대 거의 모든 사회운동은 1980년 5월 18일 광주와 떼려야 뗄 수 없는 관계 속에서 진행되었다. 광주 시민에 대한 신군부의 무자비한 유혈진압은 민주화를 소망하는 모든 이들에게 깊은 부채 의식과 자성의 계기를 안겨주었다. 전례 없던 좌절과 극복에의 동참은 노동운동도 예외일 수 없었다. 유신독재가 무너

---

16) 이용득은 전태일을 다음과 같이 평하였다. "생전에 그는 '바보회 · 삼동회'를 만들어 항상 자기 것을 남에게 나눠줬다. 어린 여공들에게 버스표를 주고 자신은 걸어 다녔다. 굶기를 밥 먹듯이 하고, 학교도 제대로 못 다녔지만, 자기보다는 주위의 처참한 삶을 보고 마음 아파했다. 그가 분신하면서 부르짖은 구호는 '내 죽음을 헛되이 하지 말라, 근로기준법을 준수하라'라는 두 가지였다. …… 나는 세계에서 전태일 열사만큼 남을 사랑하고 자신을 희생한 존경할 만한 노동운동가는 없다고 생각한다. …… 노동 현장에서 흔히 '전태일 열사의 정신을 이어받아 투쟁하자'고 하는데, 그들은 열사의 분신만 강조한다. …… 그는 투쟁하는 사람들의 대표주자가 아닌, 대단한 사랑의 실천가였다." (이용득, 2014, 141~142).

졌음에도 그것을 극복할 수 있는 정치적 역량이 부족하여 신군부의 득세와 광주의 비극을 초래하였다는 아쉬움은 사람들로 하여금 기존의 정치권에 대한 기대를 접고 새로운 길을 모색하게 하였다.

기존의 자유주의적 민주화운동으로는 강고한 군부독재를 무너트리고 사회를 근본적으로 변혁시킬 수 없다는 점을 확인한 이상, 그동안의 노선과는 완연하게 달라야만 했다. 신군부의 악행에 면죄부를 줄 수 있는 어떤 대화와 타협도 거부해야 한다는 의식은 비록 어렵고 괴로울지라도 정면 돌파의 길을 가게 하였다. 이런 모색의 와중에 주체사상을 비롯해 그동안 절대 금기시되었던 이데올로기를 체제 변혁의 수단으로 도입한, 교조적이고 전투적인 운동권도 본격적으로 출현하였다. 민주화와 사회변혁의 열정, 지식인으로서의 소명 의식, 그리고 광주에 대한 무한한 부채 의식을 지니고 있던 학생들은 노동운동을 통한 변혁을 꿈꾸며 노동 현장으로 이동하기 시작하였다. 1980년대 상반기 수도권의 공단지역으로 들어간 학생 출신 활동가들은 약 3~4,000여 명에 달하였고, 이들은 현장 노동자들을 의식화하기 시작하였다(이상 김영수, 2010, 75~76, 81).

지식인과 노동자들의 새로운 결합이 만들어낸 결과물은 전두환 정권의 대국민 유화정책이 시작되던 1983년 말부터 본격적으로 드러나기 시작하였다. 이후 정부가 강온정책을 거듭하며 이들을 억누르려고 했지만, 이미 꺾을 수 없는 실체이자 대세가 되었다. 그리고 이들은 1987년 전 국민의 민주화 동참 열기를 주도하여 대통령직선제를 쟁취하는 데 성공하였다.

하지만 80년과 마찬가지로 양 김씨의 분열과 노태우 정부의 출범이라는 최악의 상황이 재연되고, 3당 합당 등으로 보수화의 역풍이 몰아친데다 소련을 위시한 공산주의 국가가 연쇄 붕괴함으로써 노동운동은 현실적·이념적으로 커다란 위기에 처하게 되었다. 허상을 실제로 잘못 인지한 후유증은 심각하였고, 노동운동의 위기론이 전방위적으로 제기되었으며, 변형된 형태였지만 최초의 문민정부가 출범하면서 위기는 더욱 고조되었다. 1980년, 1987년에 겪었던 역사의 정동과 반동, 희망과 좌절의 교차기에 드러났던 허술함이 거듭 재연되면서 사회주의 붕괴로 제기되기 시작한 경직된 노동운동에 대한 대안 모색의 필요성이 논의되기 시작하였다.

노동계가 국내의 민주화에 주력하는 동안 기술혁신과 세계화는 예상보다 더 빠르고 크게 전개되고 있었다. 김영삼 정부는 신자유주의의 한국판 모델인 '신노사관계 구상'을 들고나왔고, 1996년 12월 여당 단독으로 노동관계법을 날치기 통과시켰다. 이후 전개된 총파업과 재개정 과정을 거치면서 일부 조정이 이루어지기는 했지만 탄력근무·파견근무·정리해고 등 오늘날 비정규직 문제의 모든 시초가 이때 발아하였다. 그리고 이어서 전개된 1997년의 외환위기는 노사 모두에게 우리가 국제자본에 얼마나 취약하고 순진했는지를 뼈저리게 느끼게 해주었다.

강희원은 한국의 노사관계가 1970년대 초까지 일방적인 관계를 유지하였고, 지금도 유교적 전통으로 기업이 가족의 사유물처럼 운영되고 있고, 군부 지배의 영향으로 권위주의적 요소가 강하며, 서구의 계약적 결합도 일본의 공동체적 결합도 아닌 애매한 상태여서 갈등적 요소가 강하게 작용한다고 하였다. 또 정부가 사측의 대리인 역할을 하면서 규제주의를 채택하였기 때문에 집단적 노사관계가 제대로 형성되지 못해 매우 불안정하며, 정부 개입이 너무 강해서 노사관계가 엄밀하게 말하면 노정勞政관계라는 타율성을 지니고 있다고 지적하였다(강희원, 2011a, 65~67).

조성재 위원도 우리나라 노동문제가 매우 갈등적이고 불안정한 이유 가운데 하나는 일본식의 구조적 기반에 경영계는 주로 미국식, 노동계는 주로 유럽식 노사관계와 노동시장 시스템을 실현하려는데 있다고 지적하였다. 같은 곳에 함께 있지만, 노사가 각기 지향하는 방향이 달라서 기술적이고 실무적인 접근은 한계가 있으므로 우리 실정에 맞는 사회통합적 성장 방식, 노동시장의 유연성과 안정성을 조화하는 방향 모색이 필요하다고 하였다. 그리고 이렇게 인식과 지향점이 다를수록 사회적 대화를 통한 공감대 형성이 필요하다고 강조하였다(조성재, 2016, 1~4).

노동문제에 대한 조성재의 지적은 독일에서 출발한 근대대학의 모델을 일본을 통해 수입하여 운영해오다 미국식 경영을 지향하는 현 우리 대학의 상황과 다르지 않을 뿐 아니라 일반 기업보다 더욱 그렇다는 점에서 심사숙고해 볼 필요가 있다.

6. 노조에 대한 비판 여론

1987년에 제도적 민주화를 이룩한 뒤에도 사회경제적 상황은 계속 답보 상태에 있다. IT 경기와 중국 특수로 인한 경제 호황, 외환위기와 금융위기로 인한 경제위기 등 호황이건 불황이건 그 결과는 양극화의 심화로 귀결되었다. 이런 구조적 문제는 여야의 정권교체에도 크게 변하지 않았으며, 노동조합의 역할도 기대에 훨씬 미치지 못하였다.

우리나라는 처음부터 남자 정규직 노동자가 노조의 기반이었기에 산업 전체의 대표라는 의식보다 기업의 정규직 이익대표로만 기능하고 있고, 산업노동자 전체의 대표라는 의식이 미흡하다. 이는 노조의 조직기반과 조직 형태의 특수성 때문에 노조가 산업노동자 전체의 이익대표라는 의식이 형성될 여지가 없었기 때문이다. 하지만 최근 전통적인 노동자의 비율이 감소하고 서비스업·여성·비정규직 노동자의 증가로 노조의 존립 이유가 흔들리고 있으며(강희원, 2011a, 449), 노동조합에 대한 비판적 여론이 계속 고조되었다.

가장 심각한 비판은 정규직 노조가 비정규직을 이용해 자신들의 이익만 챙긴다는 말이다. 우리나라는 수출을 위주로 하는 대기업 위주로 경제가 성장해왔기 때문에 지금처럼 기업별로 분리된 노사관계에서는 지불 능력이 풍부한 대기업 노동자에게 그 성장의 열매가 집중되기 마련이다. 거기에 신분이 안정된 공공기관 노동조합이 더해져 10.8%에 불과한 노동조합 가입률마저 이들의 비중을 빼면 매우 빈약해진다. 이처럼 중소기업이나 비정규직의 이해 대변이 수월하지 못한 구조적 문제점은 복수노조의 출현과 창구단일화 제도로 인해 더욱 공고하게 되었다(조성재, 2018, 31).

휴머니즘에 근거한 도덕성과 연대가 노동조합의 핵심 가치임을 생각해보면 노동시장의 양극화와 이중화 현상은 분명히 개선해야 마땅하다. 글로벌 스탠더드의 준수는 기업경영에 요구되는 것과 마찬가지로 노동 분야에도 요구된다. 또 유니언숍[17])으로 무장한 힘 있는 노조의 강경 투쟁(전투적 파업)이 국민의 여론을 차갑게 만들고 노조를 결성하기도 힘든 열악한 환경에 처한 노동자를 더욱 힘들게 한다는 지적도 있다. 이런 비판이 사용자 측에서만 나오지 않는다는 점이 노동조합을 더욱 곤혹스럽게 만든다.

우리나라는 사회적 계층 간의 소득 격차, 대기업과 중소기업 노동자의 임금 격차가 너무 크다. 우리 사회가 인간다운 사회가 되려면 동일노동에 대해서 동일임금이 어느 정도 관철되어야 하며, 그렇지 못하더라도 합리적인 격차만 인정되어야 한다. 우리 사회에는 정당화될 수 없는 격차가 존재한다(강희원, 2011a, 129~130).

흔히 우리나라를 대기업 위주 국가, 대만을 중소기업 위주의 국가라고 말하며 비교한다. 하지만 이 말은 대기업과 중소기업이 각기 산업의 중심이라는 점에서만 유효하다. 노동자 수에 비해 생산성이 낮고, 임금이 낮고, 수출 기여도가 낮고, 부가가치 창출이 낮을 뿐 전체 노동자의 근무지로 따지면 오히려 우리나라가 중소기업 위주의 국가이다. 대기업과 중소기업, 원청과 하청, 하청과 재하청, 그리고 정규직과 비정규직으로 설국열차처럼 구분되어 칸마다 두꺼운 유리 천정이 있는 상황을 개선하지 않고는 양극화도, 경제발전도, 노동운동도 정상화가 요원할 뿐이다.

이를 위해서는 기업별 단체협상 대신 산업별 단체협상을 통해 큰 틀부터 조금씩 바로잡아야 하나, 그러기 위해서는 대기업 노동자들이 기득권을 내려놓아야 하고, 많은 기업별 노동조합이

---

17) 복수노조의 설립은 2011년 7월부터 허용되었는데, 노동자의 2/3 이상이 가입된 노조가 사용자와 유니언숍 협정을 체결할 경우, 모든 노동자가 그 노조에 강제 가입하게 되어 있다. 이 역시 노조원의 선택권을 박탈한 것이다(강희원, 2011b, 311).

우선 구조 조정되어야 한다. 산업별노동조합도 기업별 체계에서 비롯된 경제적 조합주의의 한계를 여전히 안고 있다(이용득, 2014, 120~124). 정승국 교수가 지적한 내부자연합Insider Coalition을 해체해야 이런 묶은 과제를 해결할 수 있다.[18] 물론 꼭 필요한 만큼 어려운 과제이다.

교수노조가 단위대학별 노동조합을 지향하고 있는 점은 사립대학의 특수성과 교수노조의 특수성이 결합한 결과이며, 교수노조에 가장 최적화된 노동운동의 길을 찾기 위한 불가피한 실험일 수도 있다. 다만 단위대학별 노동조합이 경제적 조합주의에 갇히는 일이 없도록 각별한 유의가 필요하다는 점을 잊어서는 안 된다. 그렇지 않으면 교수노조가 구조조정의 대상이 될 수 있기 때문이다.

7. 노동조합의 정치성 논란

하지만 노동조합에 대한 부당한 비판과 여론몰이도 심각한 수준이다. 그 가운데 가장 대표적인 것이 '노동조합이 정치적'이라는 비판이다. 독재정권과 보수언론이 노동조합을 공격할 때마다 애용하는 말이 '불순한 정치파업'이라는 말이다. 하지만 이 말이야말로 불순하기 그지없는 말이다. 노동조합은 정치와 무관한

---

[18] 정승국 교수는 사회민주주의 성향의 정당이 집권해도 비정규직 노동자의 노동조건이 개선되지 않았다며, 그 원인을 정당과 정규직 노동자의 연합에서 찾았다. 정승국은 정규직 임금 상승과 사내하청의 증가가 비례관계에 있다며, 이런 노동시장의 이중구조를 해결하지 않고는 어떤 노동정책도 유의미한 결과를 가져오기 어렵다고 지적하였다(시사in, 2020.2.18).

조직이어야 한다는 말인데, 이는 학생들에게 공부만 열심히 하면 된다는, 그래서 너 개인의 이익만 챙기면 된다는 독재정권의 염치없던 논리와 하나도 다를 바가 없다.

이 말은 노동조합이란 조합원의 사회경제적 문제해결만을 위해서 존재해야 한다는 것을 전제로 한다. 노동조합은 "조합원의 경제적·사회적 지위 향상"을 목적으로 조직한 단체임에 틀림이 없다. 따라서 노동조합은 조합원의 사회경제적 문제해결에 주력하는 것이 마땅하다.

하지만 이 세상에 정치적 문제와 무관한 사회경제적 문제란 존재하지 않는다. 무관하다고 주장하는 자는 거짓말쟁이다. 아리스토텔레스의 말처럼 인간은 정치적 동물이며, 모든 사회경제적 문제는 정치적 행위와 관련되어 있고, 정치적 행위의 소산이다. 아리스토텔레스가 한 말의 의미를 좀 더 천착하여 '폴리스적 공동체를 구성하는 동물'이라고 해석해도 마찬가지다. 폴리스의 정치적 결정에 무관한 시민은 존재할 수 없다. 존재한다면 그는 노예이거나 외국인이다.

그래서 아리스토텔레스는 "누군가 정치공동체 없이도 살 수 있는 자가 있다면 그는 인간 이상의 존재이거나 아니면 인간 이하의 존재이다"라고 명쾌하게 정리하였다. 한나 아렌트도 "당신은 어디를 가든 당신은 하나의 폴리스가 된다"고 하였다(서유경, 2002, 172에서 재인용). 인간이 인간이기 위해서는 정치적일 수밖에 없다는 말이다. 정부 정책과 법령 가운데 노동자의 사회경제적 이해관계와 무관한 것이 없기 때문에 노동조합은 정치적이어야 한다. 노동관계 입법이 어떻게 이루어지는지도 모르는 노동조합이 어떻게 조합원의 사회경제적 지위를 향상시킬 수 있겠는가?

노동자를 위한 좋은 입법을 가능하게 하는 정치력 있는 노동조합이 가장 좋은 노동조합이다. 노동조합이 특정인이나 특정 정당의 정치적 도구가 되지 않도록 유의해야 하지만 정치적이지 않은 노동조합은 노동조합이 아니다.

또 아리스토텔레스의 말처럼 인간은 정치적 동물임과 동시에 언어logos를 가진 유일한 존재homo ekhon이기도 하다. 자신의 의견을 정당하게 밝히고 상대의 의견을 경청하며 보다 나은 공동체를 만들어가는 정치적 행위에 힘써야 한다. 이런 정치적 행위를 원하지 않는 사람은 독재자거나 그를 위해 일하는 노예일 가능성이 높다. 대학에서 교수들이 정치적이지 않길 원하는 사람이 누구이겠는가?

일제강점기에 식민지라는 정치적 상황을 해결하지 않고서는 정당한 노동권이 존재할 수 없었다. 노동의 평화를 위해서라도 일제를 물리치기 위한 무력투쟁이 필수적이었다. 광복 직후 사회적 정의를 바로 세우고 부를 공정하게 재분배하기 위해서는 기득권을 지키려는 친일파와의 정치투쟁이 불가피하였다. 참이란 말은 불의에 굴복하라는 권유와 다를 바 없었다. 모두가 의사나 열사가 될 수는 없고, 그것을 강요해서도 안 된다. 하지만 공동체를 유지하기 위한 최소한의 선은 분명히 있다. 시시비비를 논할 일이 있고, 시비를 논할 필요 없이 명확하게 잘못된 일이 있다. 이를 동일시해야 한다는 말은 불의에 편승하라는 말과 다르지 않다.

미국 유수의 뉴욕타임즈, 워싱턴포스트, 월스트리트 저널 등은 대통령선거 때마다 자신들이 지지하는 후보를 분명하게 밝힌다. 정치적일 수밖에 없는 언론이 중립을 표방한다고 주장하는 것은 지킬 수 없는 거짓말, 또는 명백한 위선임을 잘 알기 때문이다. 우리나라 언론 모두 중립지를 표방하지만 어떤 국민도 그 말을 믿지 않으며, 중립이라고 주장하는 언론인 자신도 자신의 말을 믿지 않는다. 공연한 양비론과 양시론으로 정치를 혐오하게 만들고 노동조합을 혐오하게 만드는 자가 바로 민주주의의 적인 것이다.

또 소수의 노조원이 전체의 의견인양 과도한 주장을 편다는 비판도 있다. 유니언숍이 아닌 경우 조합원이 전체 노동자의 다수가 아닐 수도 있다. 하지만 스스로 요구하지 않는 권리를 알아서 챙겨주는 경우란 없다. 예링Rudolf von Jhering(1818~1892)은 "법의 목적은 평화이며, 그것을 위한 수단은 투쟁"이라며 "권리 위에서 잠자는 자는 보호하지 않는다"는 유명한 말을 남겼다. 나아가 "권리 주장은 사회공동체에 대한 의무"라고도 하였다. 물론 그 권리 주장은 자신의 인격을 담보한 것이어야 할 것이다. 따라서 조합원의 주장이 과도하다면 비조합원도 자신의 의견을 당당하게 밝히는 것이 마땅하다.

물론 노동조합이 자신의 정치적 발언을 하기 위해서는 기업에 요구되는 사회적 책임을 노동조합도 동등하게 부담할 준비가 되어있어야 한다. 1992년 리오세계정상회의와 2002년 남아공에서 개최한 '지속가능한 발전에 관한 세계정상회의'에서 기업의 사회적 책임이 필수적이라고 확인하고, 그와 관련한 ISO26000을 제정하였고, 노조에게도 마찬가지 요구(Union Social Responsibility)를 요구하였다. USR의 실천적 과제는 ① 사회적·윤리적·도덕적 가치, ② 사회법의 기본원리로서의 공정성, ③ 신의성실의 원칙과 권리남용 금지의 법리, ④ 「헌법」 제37조 제2항의 공공복리의 재한19) 등이다(문무기, 2016, 338~339).

8. 코포라티즘에 대하여

　노동운동은 늘 정면 돌파와 적절한 타협 사이에서 고심해야 한다. 어차피 노동운동이 재야에 속한 이상 정면 돌파에는 조직과 개인이 감내해야만 하는 부담이 따랐고, 타협할 의지가 전혀 없는 상대에게 타협을 제시하면 일방적 굴복과 다를 바 없는 결과 때문에 노동조합이 자중지란에 빠지거나 최소한의 존립의의마저 상실하기 때문이다. 그래서 노사가 합리적인 수준에서 원만하게 타협하는 것이 가장 바람직한 것은 두말할 나위가 없다. 그래서 노사, 또는 노사정이 이런 타협체제를 만들어 문제를 해결하는 것을 가리켜 corporatism이라 칭한다.20)

　비스마르크의 사회복지정책은 코포라티즘의 대표적인 성공 사례로 꼽힌다. 비스마르크는 본래 「반사회주의법」을 제정하여 노동운동을 탄압하려 했지만, 탄압이 오히려 노동운동을 촉진한다는 것을 알고 코포라티즘의 원리를 적용하여 역사상 최초의 복지체제를 만들어내는 데 성공하였다. 물론 비스마르크는 사용

---

19) 국민의 모든 자유와 권리는 국가안전보장·질서유지 또는 공공복리를 위하여 필요한 경우에 한하여 법률로써 제한할 수 있으며, 제한하는 경우에도 자유와 권리의 본질적인 내용을 침해할 수 없다.
20) corporatism의 복잡한 내용 때문에 조합주의·협동조합주의·노사정 3자주의·노사정 협조체 등 다양한 번역어가 혼용되었으며, 한국국제정치학회에서는 1983년에 코포라티즘으로 표기하기로 잠정 합의하기도 하였다. 하지만 최성수는 '사회적 합의주의'가 가장 적절한 용어라고 주장한다(최성수, 2000, 3).

자의 이익을 우선하고 노동조합의 조직력을 약화시키는 데 주안점을 두었던 것이 사실이다.

그래서 코포라티즘은 자본과의 야합, 어용노조라는 비판을 받는 경우가 많고, 우리나라 노동사에서도 부정적으로 평가받는 편이다. 그렇지만 당시 독일의 노동운동 지도자들은 노조의 조직 역량과 안정 획득이 더 시급한 과제라고 생각했고, 투쟁을 통한 즉각적인 임금인상보다 단기적인 양보를 통해 장기적인 이익을 얻는 것이 더 바람직하다고 판단하였다. 여기에 사용자 측도 동의하여 일종의 교환이 이루어졌다.

이후 유럽 각국에서는 산업 갈등이나 경제위기를 극복하는 수단으로 정부의 주요 정책 결정에 노사단체연맹을 참여시켰다. 우리나라에서도 1997년 외환위기를 맞아 IMF관리체제로 들어가자 이를 조속히 극복하기 위해 김대중 정부에 의해 노사정위원회가 만들어졌다.

최장집崔章集 교수는 코포라티즘 도입을 적극 검토할 필요가 있다고 주장하며 그 근거를 다음과 같이 제시하고 있다. 첫째, 고도로 관료화된 정부를 중심으로 성장지향적인 전통이 확고하고 산업화 기간에 강력하게 형성된 정부와 재벌 동맹의 틈에서 노동자의 집단적 이익을 대표할 수 있는 현실적 방안에 관한 대안이 될 수 있다.

둘째, 여야를 막론하고 우리나라 정당은 경제성장을 정권의 존립 정당성으로 삼는다는 점에서 다를 바가 없다는 점이다. 그래서 경제정책의 우선순위는 늘 성장이었고, 소득과 분배 등 양극화의 개선, 노동자의 권익과 노사관계의 민주화, 사회복지의 증진 같은 정책 이슈는 정당의 최상위 정책에 놓이지 않는 현실에 대한 대안이 될 수 있다.

셋째, 낮은 노동조합 조직률이다. 1970년대 말 엄혹했던 유신 시기에도 16.5%를 상회했고, 5공 때 12%까지 하락했던 조직률은 민주화와 더불어 1989년에는 18.6%로 정점을 찍어서 민주화의 진전과 맥을 같이 하였다. 그러나 그 뒤 점차 하락하기 시작하여 30년 동안 10% 내외에서 정체 상태에 있는데, 이는 1990년부터 산업구조가 완전히 변했기 때문이며, 어쩌면 이것이 노조 조직의 상한선일 수 있으므로 현실을 받아들인다면 코포라티즘 수용이 대안이 될 수 있다.[21]

그러면서 민주노총이 공공부문에 조직기반을 두지 않고 산업발전을 견인해 온 제조업의 중심인 중공업과 자동차 부문 노조를 조직기반으로 둔 장점이자 단점을 지적하며, 급진적이고 강성인 주장을 내세운다고 해서 노조의 힘이 강한 것은 아니며 오히려 그 반대일 수 있다고 비판하고 있다(이상 이용득, 2019, 57, 63~65, 68~69, 72~73, 77, 81).

그러나 우리의 노사정위원회와 관련해 간과할 수 없는 것은 유럽의 코포라티즘이 사회민주주의 정책의 일환으로 채택된 것과 달리 우리는 외양만 그러할 뿐 그 내용은 순전히 신자유주의적 구조조정을 위한 것이었다는 점이다. 유럽의 노사정 협약은 일반적으로 경제위기에 대응하기 위하여 노조는 임금자제를 약속하고 기업은 고용안정을 제공하고 정부는 사회복지와 직업훈련 등을 강화하는 것을 핵심으로 한다.

---

21) 노조가입률이 답보상태에 빠진 것은 산업구조의 변화에 따른 것일 수도 있지만, 이용득은 비정규직 급증을 더 주된 요인으로 보고 있다(이용득, 2014, 119).

하지만 우리는 출범 동기부터 유럽과 달랐다. 유럽은 완전고용과 복지정책의 과다에서 발생한 재정 부담, 그리고 임금 상승 등이 경제위기의 주된 원인이었지만, 우리나라가 IMF 관리체제에 처하게 된 원인은 정부의 외환정책 실패와 기업의 과도한 부채 때문이었지 노동정책과는 무관하였다.

또 협약 내용도 임금에 대한 논의는 아예 없었으며, 과거 권위주의 정권 시절 억제되었던 노동조합의 정치적 권리와 직업훈련의 확대를 대가로 정리해고제와 근로자파견제 도입을 허용함으로써 고용안정을 희생하였다. 노사정위원회 참여로 한국노총과 민주노총의 위상과 영향력은 강화되었지만 사회적 합의를 통해 고용만 불안해진 노동자들의 반발이 노동조합에 대한 불신으로 이어지게 되었다.

한국경제연구원의 최성수는 산업의 서비스화와 노동의 유연성 증가 등으로 인하여 노동조합연맹의 사회적 영향력과 노동자들에 대한 통제력은 노조 조직률보다는 노동조합연맹과 일반 노동자들의 현실적인 이해관계 일치 정도, 그에 대한 설득력 및 집행 능력에 의하여 결정된다고 보는 것이 바른 평가라고 지적하였다(이상 최성수, 2000, 49~52).

대학은 일반 기업과 비교하기 힘든 독특한 역사와 문화를 가진 조직이며, 교수들에 대한 사회적 인식과 교수 스스로의 자기 인식도 그러하다. 또 교수들은 산업별노동조합 형태보다는 단위대학별 노동조합을 단연코 선호한다는 점에서도 일반 노동조합의 경우와 구분된다. 대학 간의 유사성이 강한 것도 아니다. 사립대학의 노동환경은 매우 다양하며 전국적인 단체협상은 사실상 아마 신분에 관한 법적 문제 등 상당히 제한된 범위 내에서만 가능할 것으로 보인다. 따라서 코포라티즘에 대한 보다 깊이 있는 분석이 필요할 것으로 보인다.

9. 한국형 노동회의소 구상

노동조합에 관한 우리나라의 법령은 국제기준에 비추어 볼 때 매우 열악한 데도 노동조합에 대해 사회적 여론은 상당히 냉소적이다. 그 원인과 해결책은 무엇일까? 40년 가까이 노동운동에 종사해 온 이용득 전 한국노총위원장은 노동조합의 정치력 향상과 한국형 노동회의소의 설치와 운영이 그 답이라고 주장한다. 아래는 우리나라 노사문제 및 한국형 노동회의소에 대한 그의 의견과 제안이다.

> 노동조합은 사회적 약자인 노동자들이 스스로를 보호하고 권익을 신장하기 위해서 만든 조직이다. 약자이기 때문에 취할 수 있는 대책은 연대와 단결밖에 없지만, 그것은 매우 강력한 힘이다. 반면 분열된 노동조합은 가장 취약하며, 분열을 이용하려는 자본의 유혹 때문에 부패로 이어지기 쉽다. 그리고 노동조합은 '계급의 협조'를 받아들이는 운동이며 기본적으로 '조합주의 운동'이다. 단 경제적 문제에만 집착하는 작업장 내의 조합주의가 아니라 전체 노동자의 이해를 대변하면서 사회개혁에도 앞장서야 한다. 현재 한국 노동운동의 가장 큰 문제점은 조직률이 10%에 불과하여 90%에 달하는 비조직 노동자를 품지 못하고 있다는 점이다.
> 노동조합의 영향력을 반영하는 지표로는 조직률, 집중성과 집권성, 단체교섭의 수준과 단체협약의 적용 범위, 단체협약 적용률, 파업 빈도 등이 있고(강경선, 2016, 196), 노사관계 유형도 크

게 영미형과 유럽형으로 나눌 수 있지만, 그 실제 모습은 역사적 배경에 따라 차이가 크다. 통상 가장 중시하는 지표는 노조 조직률(조직률)과 단체협약 적용률(협약률)인데, 프랑스의 조직률은 7.6%에 불과하나 협약률은 98.5%로 세계 1위이고 오스트리아도 조직률 26.9%에 협약률 98%로 세계 2위이다. 반면 우리나라는 조직률 10.1%에 협약률 11.8%여서 노동조합에 가입하지 않은 노동자에 대한 보호가 전무한 실정이다. 현재 OECD 국가 가운데 기업별 협약을 하는 나라는 5개국에 불과하며, 터키 7%, 미국 12% 등 이들 나라 모두 협약률이 낮고 노동시장의 이중구조도 심각하다.

노사의 대립과 갈등, 타협과 협조를 통해 경제적 발전과 민주주의를 발전시킨 유럽에서는 노사가 임금만 다루지 않고 고용과 사업정책을 함께 다루면서 일자리 창출을 위해 힘쓰는 데 비해 기업별 노조로 이루어진 우리나라는 노사가 기업 내 이익 분배에만 집중하고 있다. 그 결과 미조직 노동자와 플랫폼 노동자 등 이중구조와 양극화된 노동시장으로 고통받는 이들을 대변할 기구도 시스템도 없다. 현재의 기업별 노조는 조합 선거 승리와 지지를 받으려 조합원의 이익만 대변해야 하는 태생적 한계 때문에 시야가 제한되고 투쟁적일 수밖에 없다. 그래서 외국 노사관계 전문가들은 한국에 진정한 의미의 노사관계가 없다고 평가한다. 2019년 세계경제포럼WEF의 141개 국가 경쟁력 평가에서 우리나라는 종합 13위였지만 노동시장 분야는 51위, 그 세부 항목인 노동자 권리는 93위, 노사협력은 130위를 기록하였다

노동자의 권익은 임금인상 같은 물적 배분만으로 달성되는 것이 아니라 사회 전체의 복지향상, 노동시간 단축 등에 의해서 향상된다. 또 노동자의 권익을 지키고 개선하는데 단체협상보다는 법적·제도적 개선이 필요한 사항이 많으므로 정치적 영향력을 확보해서 푸는 것이 더 바람직하다. 따라서 한국의 노동운동도 임금투쟁에 머물러서는 안 되며 정부 정책에 영향력을 행사하는 수준으로 발전해야 한다.

이제 과거와 같이 관료 주도형 성장이 불가능한 상황에서 노사갈등을 완화하고, 경제성장과 고용 창출을 위해서는 실무를 가

장 잘 아는 노사정 당사자가 나서야 한다. 서구 선진국이 상공·노동·농업회의소를 만들어 운영하는 것처럼 한국형 노동회의소를 만들어 총자본과 총노동이 노동과 고용, 산업 전반에 걸친 대타협과 장기 경제정책 등을 만들어야만 한다(이상 이용득, 2020, 18~19, 28~29, 54~55, 60~63, 125~126, 143, 148~149, 154~155).

이용득이 주장한 한국형노동회의소 구상 역시 교수노조가 가야 할 가장 최적화된 길을 모색하는 데 좋은 참고가 될 수 있다. 조합원의 연대와 단결이 유일하지만 강력한 힘이고, 계급의 협조를 전제로 하며 단순한 임금협상을 넘어서 사회 전체의 복지를 향상시키는 사회개혁에 앞장서야 하며, 이중구조화 된 대학의 현실을 정책적 개선을 통해 해결할 필요가 있다는 지적은 새로운 노동조합을 건설해야 하는 교수노조로서는 심사숙고할 만한 가치가 충분한 제언이라고 생각한다.

|제3절| 노동의 현실: 지식노동의 과제와 전망

1. 근대의 해체와 액체사회의 도래

박정희 정권이 유신체제를 강요하면서 내세웠던 것이 10월 유신, 100억불 수출, 1,000불 소득이었다. 당시로서는 1인당 국민소득 1,000달러가 되면 풍요롭고 행복한 세상이 열릴 것이라며, 그런 세상을 만들어준다면 민주주의를 일시 보류해도 무방하다는 사람이 적지 않았다. 50년 전 이야기지만 까마득한 옛날이야기처럼 들리는 것은 왜일까?

그런 느낌은 감각적인 혼돈만이 아니라 현실적인 차이 때문이다. 객관적으로는 내가 직접 살았던 세월이었지만, 과거의 나와 달리 지금 나는 몇 개의 시대를 거쳐 다른 시대, 다른 세상에 살고 있어서 옛날이야기처럼 인식하는 것이다. 유럽에서는 농업사회에서 산업사회로 전환하는데, 100년이 넘게 걸렸고, 다시 지식정보화사회로 전환하는 데 30년이 넘게 걸렸는데, 우리는 각각 30년과 10년 만에 그 거대한 변화를 다 거쳤다. 그래서 60세 정도면 3개의 각기 다른 시대적 정체성을 한 몸에 지니고 사는 셈이다.[22]

---

22) 현재 우리 사회는 각기 농업사회 · 산업사회 · 지식정보화사회가 중첩된 상황이어서 진정한 세대 간 소통을 기대하기 힘들 정도이다. 시간의 지향도 경험 중심의 농업사회는 과거, 산업사회는 현재, 지식정보화사회는 미래를 향한다.

피터 드러커Peter Drucker는 자신의 저서 『자본주의 이후의 사회』(1993)에서 지식정보화사회에서 가장 중요한 생산요소는 더는 자본과 노동이 아니고 지식 그 자체이며, 지식경영자와 지식노동자가 주도적 사회집단이 될 것이라고 언급한 바 있다. 다수가 그런 세상이 열릴 것이라는 데 동의하기는 했지만, 정작 BTS의 소속사 빅히트가 주식시장에 상장되자마자 시가총액이 단숨에 8조를 상회하고, 대표 방시혁房時爀의 주식 자산이 현대자동차그룹 회장보다 많은 국내 8위라는데 놀라지 않을 수 없었다(2020.10). 드러커의 예측이 생각보다 빠르고 큰 규모로 이미 다가온 것이다.

하지만 국민소득이 3만 달러에 달하고, 4차산업이 화두인 세상이 되었지만, 여전히 전근대적 과제가 우리의 발목을 잡고 있다. 선진국이 되면 해결될 줄 알았던 많은 문제가 세계에 7개국 밖에 없다는 30-50클럽에 가입했는데도 불구하고 여전한 것은 무엇 때문일까? 게다가 이런 혼란스러운 상황은 우리만의 과제가 아니라 전 지구적인 과제이다.

1970~1980년대만 해도 냉전에 따른 이데올로기 대립이 격심하였지만, 한편으로는 세상을 판단하는 기준이 아주 명확해서 가치 판단에 대한 고민은 상대적으로 적은 편이었다. 거기에 기술의 발전, 포스트 포디즘, 노동의 탈물질화, 소비의 폭발, 소통 수단의 확대 등이 전개되고 사회에 대한 집단적 참여의 길이 열리면서 유럽에서는 세상에 대한 낙관론이 주류를 이루었다. 그런데

또 학습대상도 농업사회는 자연이고, 산업사회는 기계 같은 인위적인 것이지만, 지식정보화사회는 상호작용하는 인간이 학습대상이다(강희원, 2011a, 402~403).

동구권이 갑작스럽게 붕괴하고 소련이 해체되자 유럽의 지식계는 매우 당혹스러웠다. 200년 이상 유럽인들을 사로잡았던 이데올로기가 갑작스럽게 해체되자 일종의 지적 공백 상태가 만들어진 것이다.

프랑스대혁명에서 발원한 정치적 이념들이 어떤 과거로부터 시작되었고, 어떤 미래를 향해 움직여가고 있는지 정확하게 보여주고 설명해주던 이데올로기의 막강했던 영향력이 갑자기 초라해지고 무용해지는 상황 변화가 일어난 것이다. 아무도 예상하지 못했던 사회주의의 붕괴는 사회주의자에게만 치명상을 안긴 것이 아닌 셈이었다(이상 바우만, 2014, 219~221).

그리고 1990년대, 당장의 상황을 체계적으로 설명할 수 있는 어떤 개념도 어휘도 부족한 상태에서 지식정보화사회로의 전환이 급작스레 이루어졌다. 근대를 잃어버린 유럽이 그 빈자리를 정리하기도 전에 새로운 세상이 열린 것이다(마크 릴라, 2018, 250~251). 반면 미국은 '역사의 종언'을 공언할 정도로 정치·군사적으로 막강해진 데다 지식정보화시대를 이끈 신경제new ecconomy[23]의 전례 없는 성장으로 한때 부진에 빠졌던 경제가 화려하게 되살아났다. 미국의 절대적 패권은 더욱 공고하게 되었다.

유럽이 EU통합과 경제 회복 등 내부 문제에 주력하는 동안 미국 주도의 세계화가 빠르게 진행되었고, 초국적 금융자본과 다국적 기업의 세계시장 지배력은 더욱 확고해졌다. 하지만 이런

---

[23] 미국이 1990년대 들어 인플레이션 없이 10년 넘게 누렸던 보기 드문 장기호황을 가리킨다. 이 기간에 미국 경제는 높은 성장률과 주가, 낮은 실업률·물가상승률·금리를 유지하는 이상적 경제 실적을 기록하였다. 디지털경제라고도 한다(바우만. 2014, 19).

황금기는 탐욕에 물든 금융자본의 과욕으로 금융위기가 터지면서 일단락되었다. 월가의 잘못 때문에 지구적 차원의 응급 대응이 이루어졌고, 사태가 일단 마무리되는 것처럼 보였다. 하지만 국가가 통제할 수 없는 초국적 차원의 금융위기가 경제위기의 본질이 된 것이 그 뒤로도 계속 불확실성을 증대시켰고 위기의 상시화를 초래하였다.

'국내'에서만 유효하고 유력한 베스트팔렌 모델은 이런 사태에 효과적으로 대응하는 데 많은 한계를 안고 있어 무기력하기만 하다. 주권 없는 국가의 출현과 달리 금융위기를 야기한 초국적 금융자본은 자신들만의 객관성과 공정성을 내세우며 국가를 넘어선 정책을 결정하고 있다. 이것이 바로 현 위기의 본질이다.

이런 가공할 위기를 초래한 주범은 바로 영미가 주도한 신자유주의였다. 시장을 이끄는 보이지 않는 손은 보이지 않는 것이 아니라 원래 없었다는 것이 이미 명백하게 밝혀졌지만, 신자유주의자들은 여전히 사익추구에 여념이 없는 초국적 금융집단의 하수인이 되어 왜곡된 '경제적 계산'의 당위성을 홍보하고 있다. 이익 추구의 대상이 되면 안 된다고 하여 공공영역으로 구분해 놓은 교육·건강·안전·사회보장 등의 영역까지 경제적 분석으로 관리하면서 민영화를 유도하고 있다(이상 바우만. 2014, 15~47).

신자유주의의 논리에 따르면 모든 서비스에 드는 비용은 이용자가 부담해야 하며, 그것을 공동체에 전가해서는 안 된다. 공공서비스도 자체 수익을 창출해야 한다는 것이다. 이런 논리에 따라 폐쇄한 것이 진주의료원이다. 공공병원은 본래 의료시장의 왜곡이나 실패를 보정하기 위해 만든 것이라서 그 설립 목적상 적자가 불가피하거나 당연하다. 영리를 생각했다면 아예 설립하지 말았어야 한다. 그런데 공공병원을 세워 놓고 영리를 추구하는 민간병원을 기준으로 평가하면서 비효율적이고 비경제적이니 폐쇄해야 한다고 주장한 결과가 코로나19 사태에서 밝혀진 병상 부족 현상이다. 민간병원으로서는 수익이 떨어지는 음압병동을 많이 만들 필요가 없고, 공공병원에서는 경영평가에서 불이익을 받으니 만들 필요가 없는 것이다. 이것이 신자유주의의 잣대이며, 미국이 세계 최고의 코로나19 환자 발생국이자 사망국이 된 이유이다.

근대의 기획은 죽어야만 갈 수 있고 누릴 수 있는 천상에서의 행복을 현세에서의 행복으로 대치하는 것이었다. 근면과 순결에 대한 보답으로 영적 행복과 부활을 약속하는 대신 근면과 성실에 대한 보답으로 계량화되고 소비 가능한 물질적 풍요를 약속하는 것이었다. 근대의 기획은 상당히 성공적이었다. 전근대와는 비교하기 힘들 정도로 물질적으로 풍요로워졌다.

하지만 자본주의가 신자유주의와 손잡고 세계화를 진행하면서 삶의 질, 행복의 약속은 더 요원하게 되었고, 계몽주의를 통해 형성되고 200년간 신념으로 확정된 가치들은 해체되고 있다. 사유재산의 인정, 명확한 국경, 법적 확실성 등 근대를 먹여 살린 확실성과 규칙이란 양식이 자취를 감추면서 사각형의 딱딱한 구조로 이루어졌던 사회가 fade out 되며 그 자리에 액체사회Liquid Society가 자리하고 있다. 이 모든 것을 한마디로 말하면 근대로부터의 이별이다(바우만. 2014, 139~147). 전 세계적인 양극화는 신자유주의의 폐해를 보여주는 생생한 사례이다. 자본주의의 생명력은 시장개척 역량에 있고, 그런 성공이 자본주의의 몰락을 초래할 것이라는 슘페터의 예상이 현실로 다가오는 듯하다.

2. 노동환경의 변화와 과제

1970년대 초반까지 순조롭게 발전하던 노동운동은 1973년 석유파동으로 촉발된 저성장과 실업, 1980년대 레이건Ronald W. Reagan대통령과 대처Margaret Thatcher 수상이 주도한 신자유주의에 근거한 노동법의 탄력화와 규제 완화, 서비스업의 증대와 비정규직 노동자의 증가로 점차 저하되기 시작하였다(강희원, 2011a, 399). 하지만 이런 세계적인 추세와 달리 경제적 도약단계와 민주화 진행 단계에 있던 우리나라의 노동운동은 활발하게 진행되었다.[24]

그러나 1989년 이후 동구권이 몰락하고 세계화와 신자유주의가 대세를 이루면서 노동운동은 새로운 도전에 직면하게 되었다. 공산주의 국가의 전반적인 경제 사정이 좋지 않고 임금이 낮다는 것은 모두 알고 있었지만, 그렇게 열악할 줄은 미처 생각하지 못한 상태에서 1990년대를 맞이한 것이다. 개성공단의 경우 북한의 정책적 고려가 크게 작용하기는 했지만, 월평균 임금이 50달러(2004)에서 시작해 75달러(2016)였고, 여기에 각종 수당을 더하면 230달러지만 그래도 북한 일반 노동자의 임금보다 2배가 넘는 수준이었다(중앙, 2015.3.10; 경향, 2018.1.27.).

그래서 공산주의 정권이 무너지자 저임금 노동이 필요한 저부가가치 산업이 물밀듯 그들 국가로 이전하였다. 국가시스템 전

---

[24] 로스토우Walt Whitman Rostow는 전통사회, 과도기적 사회, 도약단계, 성숙단계, 고도대중소비단계로 경제성장 5단계를 구분하는데, 산업사회의 형성은 도약단계와 일치한다. 도약단계는 경제와 사회의 질적변화로 경제성장이 자동화하는 20~30년의 기간을 말하는데, 우리나라는 1965~1985년이 이에 해당한다(강희원, 2011a, 60).

환에 따른 심각한 전환轉換불황에 시달리던 이들 국가도 실업과 물자 부족 해결, 외환 획득을 위해 적극적으로 유치에 힘썼다(김민관. 2007, 12~14, 20~21, 30~33). 그 결과 별다른 기술을 가지고 있지 못한 저임금 노동자의 고용 환경이 급격히 나빠졌으며, 해외에서 유입된 외국인 노동자와 좁은 시장을 놓고 경쟁하기에 이르렀다. 이런 노동환경의 구조적 변화에 대하여 강희원은 다음과 같이 설명한다.

> 우선 세계화는 경제적인 현상일 뿐 아니라 정치적·기술적·문화적·심리적인 총체적 현상이며, 복잡한 일련의 과정으로서 각 생활영역에서 서로 모순·상반된 방식으로 작용하고 있다. 지금 우리는 가족·전통·직장·국가 등 종전의 제도가 이름만 남고 실상이 없는 상황을 목도하고 있다.
> 정보화에 비례하여 공간의 물리적 거리는 그 의미를 상실하게 되었고, 세계는 더욱 상호의존적으로 변하였으며, 특히 자본이 국경을 초월해서 자유롭게 이동할 수 있게 되었지만, 노동만은 여전히 국경에 얽매인 상황이었다, 국적 없는 자본과 금융의 시대에 노동만은 국내법에 따라야 하는 불공정한 룰이 어떤 문제를 초래하는지, 국내법인 노동법만으로는 노동자의 권익을 지켜주는 데 어떤 한계가 있는지 우리는 외환위기를 통해 확인할 수 있었다.
> 포스트 자본주의 과정에서 절대적 궁핍은 해소되지만, 자본의 거대화, 정보의 집중으로 노동자의 예속상태는 더욱 심화된다. 이것이 노동문제의 핵심이다. 독점과 집중을 통해 자본은 더욱 거대해져 국가의 경계를 넘어 세계화되고 노동자 예속도 세계적 현상이 된다. 또 노동과정의 자동화·전산화로 노동자의 화이트칼라화가 진행되면서 블루칼라 위주의 노동운동이 쇠퇴하고, 고학력 전문직 노동자나 서비스 산업 노동자는 그 성격상 노조로 조직화하기가 용이하지 않다는 것이 각국의 경험이다. 그러면 노동자의 계급적·사회적 의식이 이완·분화되어 구심점을 상실할

가능성이 커진다. 1980년대 이래 각국 노동운동은 쇠퇴하고 있는 것이 현실이며 이는 앞으로도 그럴 전망이다. 아마 장기적으로는 노조가 다른 노동자단체와 함께 일차적 조직으로 상대화되고, 노조의 교섭 협약이 노동조건 형성에 기여하는 역할이 줄어들 가능성이 크다.

기업조직의 분권화, 시장화, 네트워크화는 종래의 노동법과 노동정책의 기본 전제를 상당히 변화시키고 노동과정을 더욱 이질화·분산화·다양화시킨다. 또 유연화와 자기조직화를 통한 기업조직 해체도 새로운 변화이다(이상 강희원, 2011a, 58~59, 404~406, 415~417, 450).

프랑스의 노동법 전문가 쉬피오Alain Supiot는 향후 노동운동의 방향에 대하여 다음과 같이 전망하였다.

> 미래 사회는 첫째 법치의 위기가 올 것이다. 세상을 착상하는 모델은 이제 시계의 기계적 파워가 아니라 컴퓨터의 계산 능력이다. 과학적 노동조직의 모델은 고전적 물리 법칙이 아니라 정보통신의 알고리즘이며, 이는 테일러리즘의 영향을 받지 않았던 경영자나 연구자에게도 확대되고 있다. 법률에 의한 통치gouvernement의 이상을 숫자에 의한 협치gouvernance의 이상으로 대체하려는 경향이 두드러진다. 유로에서 재정 균형을 위한 법은 목표 수치와 격차가 발생하면 자동 교정 메커니즘이 발동하게 되어 있다.
> 둘째 시민적 연대가 발전할 것이다. 경제적·정치적 위기가 닥치면 가족 모델에서 영감을 얻은 우호조약이 부상했다. 국가가 안전과 복지를 제공하지 못하면 가족연대와 지역연대 모델이 크게 성장할 것이다
> 셋째, 1·2차 세계대전 직후 부의 공정한 재분배가 가장 중요한 문제라고 하는 생각이 지배적이었지만 1970년대부터 이에 대한 비판이 생겼고, 하이예크Friedrich Hayek는 사회적 정의는 '신기루'에 불과하다고 했다. 왜냐하면 "모든 위대한 사회를 유지하

는 유일한 관계는 순전히 경제적인 것이며, …… 위대한 사회를 직조하는 것은 바로 화폐 관계"이기 때문이라고 하였다(이상 쉬피오, 2015, 255~257).

리옹 깡Lyon Caen도 노동법은 기술 발전에 의해 규정되다며 지식자본주의사회에서 전통적 노동관계가 명백하게 동요하고 있으며, 모든 가치의 재평가에 따라 노동의 위기가 곧 노동법의 위기로 전환된다고 주장하였다(이철수, 2003, 100).

강희원, 쉬피오, 바우만Zygmunt Bauman, 마크 릴라Mark Lilla, 리옹 깡 모두 현시대 상황의 불확실성에 대해 비슷한 진단과 우려를 표하였다. 우리는 이들의 진단을 통해 노동운동의 미래가 매우 커다란 불확실성에 직면하였음을 거듭 확인할 수 있었다. 그렇다고 해서 노동운동이 불필요하다는 말은 성립하지 않는다. 탈산업사회에 들어섰다고는 하지만 그것은 현사회를 특징짓는 노동체제를 정의하기가 어렵다는 뜻이지 산업산회로부터 완전히 이별한 것을 뜻하지는 않는다. 테일러주의적 형태를 취하는 산업은 사라진 것이 아니라, 저임금 국가로 대거 이동하였을 뿐이다(쉬피오, 2016, 394).

빈부격차의 심화, 고용시장의 불안정성, 노동의 상품화는 계속 진행 중이며, 교수 또한 여기서 전혀 자유롭지 않다. 다수의 약자는 연대가 유일한 저항 수단이었으며, 이 또한 변치 않는 사실이다. 노동조합이 산업사회의 산물이지만 과거의 유산일 수만은 없는 이유가 바로 여기에 있다. 다만 기존의 방식으로는 노동운동의 미래를 낙관할 수 없으므로 새로운 길을 찾는 숙제가 남았을 뿐이다.

정도의 차이는 있지만 새로운 기술혁신이 이루어질 때마다 기술을 장악한 측과 그렇지 못한 측의 갈등은 심각하였다. 그것은 단순히 효용성의 문제만은 아니었다. 전국시대, 처음 등자鐙子가 도입되어 말이 단순한 이동 수단에서 강력한 공격수단으로 바뀌자 기마술騎馬術을 배우기 위해 중국에서는 남자가 그동안 입던 치마 대신 바지를 입어야만 하는 엄청난 문화 충격에 직면하였다(前306). 이처럼 새로운 기술이 기존의 가치보다 우선하는 일은 이미 오랜 역사를 지니고 있다.

포드Henry Ford(1863~1947)는 제품 표준화, 부품 단순화, 작업 전문화라는 3S운동과 컨베이어 벨트 시스템을 통해 테일러식 노동조직을 개선하고, 그것을 통해 증가한 소득의 일부를 노동자에게 배당하고 노동시간을 단축시켜 주었다. 또 1914년 포드는 임금을 2배로 인상하여 노동자가 자신이 만든 자동차를 구매할 수 있게 함으로써 매우 수익이 좋은 '복지자본주의'의 모델을 만들었다.

이것이 모두가 따라야 할 모델이 되자 사회정의의 범위는 국제노동기구 헌장 전문에서 언급하는 세 가지 영역으로 축소되고 말았다. 즉, 임금노동 교환의 양적 조건들(임금, 근로시간, 복지 및 부가급여), 노동자의 신체적 안전, 집단적 자유(단결의 자유 및 단체교섭) 등이 그것이다. 이처럼 노동의 방향이 기술의 영역에 완전히 맡겨져 효율성이 정의에 앞서는 일은 현대법의 역사에서는 일관되게 나타났다(이상 쉬피오, 2016, 403).

물론 이와 달리 갈등이 비등점에 이르면 파괴적 조정 과정이 불가피하게 발생하곤 하였다.[25] 그래서 기술혁신의 수용 여부는 언제나 단순한 기술의 문제가 아니라 총체적 문화현상이었다. 또 그렇기 때문에 어느 한 시대가 칼로 자른 것처럼 명확하게 나뉜 적은 없었다. 대학을 중세의 산물이라 비난하는 사람도 있지만, 대학은 전근대적 요소부터 최첨단적 요소까지 한 몸에 안고 있는 조직이며, 오랜 역사 속에서 생성되고 유지된 것의 생명력은 그렇게 만만하지 않다. 여전히 미진한 과거의 과제를 풀면서 동시에 미래에 대비해 나갈 뿐이다. 특히 전근대적 요소를 대표적으로 반영하고 있는 사학법인의 거버넌스와 관행을 고쳐 나가는 것이 대학의 현재와 미래를 위해 최우선적으로 해결해야 할 과제이다.

3. 노동자 권리지수

우리나라의 열악한 노동환경을 반영하는 지표는 대단히 많지만, 그 가운데 가장 상징적인 것은 우리의 노동자 권리지수가 국제기준으로 최하위인 5등급에 해당한다는 사실이다.

국제노동조합총연맹ITUC(국제노총)이 144개국의 노동자 권리지수를 산출해 2020년 6월에 발표한 「2020 ITUC Global Rights Index」에 따르면 우리나라는 노동권 보장 수준이 가장 낮은 국가군인 최하위 5등급으로 분류되었다. 5등급 아래에 5+ 등급이 있기는 하지만 여기에 속한 국가는 시리아·예멘 등 내전 상태

---

25) 방직기계 도입으로 일자리를 잃게 된 프랑스와 벨기에의 근로자들은 자기들의 나막신sabot을 기계에 던져서 기계를 망가트림으로써 부당해고에 항의하였다. 파괴나 태업을 뜻하는 사보타주sabotage란 단어가 여기서 유래하였다 (로리 롤러, 2002, 46).

에 있는 국가이므로 사실상 비교 대상이 아니다.

국제노총의 등급은 노동권이 가끔 침해되는 나라(1등급), 반복 침해되는 나라(2등급), 정기적으로 침해되는 나라(3등급), 체계적으로 침해되는 나라(4등급), 노동권이 지켜진다는 보장이 없는 나라(5등급), 정부 기능이 마비돼 평가 자체가 무의미한 나라(5+등급)로 매겨진다. 우리가 속한 5등급――노동권이 지켜진다는 보장이 없는(No guarantee of right) 나라――이란 노동3권에 대한 법과 제도만 갖추었을 뿐 실제로는 법에 의한 노동자 보호가 제대로 이루어지지 못한 채 정부와 기업의 불공정하고 부당한 노동권 침해가 만연해 있다는 평가이다. 우리나라는 2014년도 139개국을 대상으로 한 첫 조사부터 5등급을 맞은 뒤 7년 연속 5등급을 면치 못하고 있다. 평가지표는 단결권·단체교섭권·단체행동권 등 노동3권과 관련한 97개 평가 항목으로 이루어진다.

1등급 국가는 12개국, 2등급 26개국, 3등급 24개국, 4등급 41개국, 5등급 32개국, 5+등급 9개국이다. 아시아 국가 가운데 1등급은 하나도 없고 2등급에 일본과 대만이 포함되며, 4등급에 미얀마·스리랑카·베트남이 포함된다. 5등급에 우리와 중국을 포함한 다수의 아시아 국가가 속한다. 한 가지 주목할 것은 신자유주의의 본거지인 영국이 3등급, 미국이 4등급이라는 점이다(한겨레, 2014.5.22; 참여와 혁신, 2018.8.16; 매일노동뉴스, 2020.6.25).

OECD 회원국이며 30-50클럽 국가인 우리나라가 아프가니스탄·방글라데시·짐바브웨 등과 같은 등급을 받았다는 사실은 참으로 부끄러운 일이다. 그렇다고 노동권 신장이 매우 어려운 일도 아니다. 헌법과 국제기준이 요구하는 원칙을 지키면 된다. 베트남이 우리보다 높은 등급을 맞은 것은 ILO의 「단결권 및 단체교섭권 원칙의 적용에 관한 협약」(제98호)을 비준하고 관련 법을 개정했기 때문이다. 1949년에 체결되어 전 세계 166개국이 비준한 이 협약에 우리나라가 아직도 가입하지 않은 것은 정부의 의지 부족 때문이라고 밖에 볼 수 없다.

워라벨 지수 역시 마찬가지다. 영국의 Small Business Price가 OECD 국가를 상대로 발표한 「2019 Worker's Rights Index」 역시 36개 국가 가운데 36위로 최하위를 기록하였다. '삶의 만족도 Life Satisfaction Score' 역시 하위권에 속하였다. 권리지수 상위권은 노르웨이·덴마크·벨기에였고, 만족도 지수 상위권은 네덜란드·덴마크·스위스 순이었다(안상욱, 2019.7.2).

OECD 국가의 국내총생산GDP 대비 공공사회복지 지출 비율도 그렇다. 6.6%(2005), 8.8%(2010)에서 2015년에 처음 두 자리 수(10.2%)에 진입한 뒤 10.5%(2016), 10.6%(2017), 11.1%(2018)로 꾸준히 상승하고 있지만, 여전히 OECD 평균치(20.1%)의 절반 수준이며 순위 또한 최하위이다(KOSIS 통계). 물론 낮은 조세부담률과 급속한 저출산·고령화 등의 요인도 고려해야 하겠지만 사회 일각의 '퍼주기' 운운은 정말 뜬금없는 주장이다.

우리나라의 노동자 권리지수가 그렇게 낮을까? 의문이 든다면 법인이나 대학본부가 교수들의 의견에 얼마나 귀를 기울이고 있는지를 생각해보면 답이 나올 것이다. 교수가 자유롭게 자기의 의사를 발표하고 이사장이나 총장이 경청한다면 그 대학의 노동자 권리지수는 낮지 않을 것이다. 하지만 진정으로 높은 권리지수는 이사장이나 총장의 개인적 인격에 달려 있는 경청이 아니라 시스템화되고 법제화된 경우를 의미한다.

4. 생존권과 자기결정권

노동에 대한 자유계약이 가능해진 것은 봉건영주의 인신 구속으로부터 자유로워졌기 때문이다. 따라서 노동과 관련한 가장 중요한 이념은 국가 권력으로부터의 자유, 그리고 그러한 자유권에 근거한 자기결정권이다. 우리 「헌법」 제10조에 규정된 '인간으로서의 존엄과 가치, 행복추구권'은 일정한 사적 영역에 관해 자기 스스로 결정할 수 있는 자기결정권의 헌법적 근거이다. 그리고 이를 노동 현장에서 보장하는 것이 「근로기준법」 제4조의 "근로조건은 근로자와 사용자가 동등한 지위에서 자유의사에 의해 결정되어야 한다"이다.

자기결정권은 누구에게나 부여되는 것이므로 타인의 자기결정권을 존중하기 위해 그 범주는 일정한 사적 영역으로 제한되어야 한다. 따라서 노사관계 같은 상호관계에서 일정한 제약이 불가피하며 이는 사용자와 노동자 모두 마찬가지이다. 그런데 근대 초기 사용자는 노동자와의 자유계약을 국가권력에 요구하면서도 정작 기업 내에서의 의사 결정은 개인적인 자기결정권이라며 독점하고, 심지어는 노동법이 사용자 고유의 자기결정권을 제한하는 것이라며 적대시하였다.

사용자가 적극적 경영과 유연한 대응을 할 수 있도록 경영상의 자기결정권을 부여하고 존중하는 것은 당연하다. 또 그것이 한국경제의 성장을 이끈 중요한 동력이기도 했다. 하지만 과거 성장의 이면에는 우리 사회가 사용자의 자기결정권을 과도할 정도로 법과 제도로 보호하였으며, 심지어는 노동자의 정당한 자기결정권은 무시되기도 하였다. 과거 고도성장기에는 성장 후 배분을 주장하는 사용자 측의 주장을 우선하여 그렇게 했지만, 지금과 같은 저성장기에는 성장과 배분의 조화가 중요하며, 경제가 어려울수록 주체적인 공동결정을 할 수 있어야 한다.

자기결정권에 대한 중시는 노동조합 내부에서도 마찬가지로 적용된다, 노동계 전반에 걸쳐 산업이 고도화되고 노동의 질적 분화가 고도로 이루어지면서 노동자들이 처한 상황의 동질성이 사라지고, 그 내부에서 이익이 상충되는 다수의 소집단이 생겨났다. 노동운동이 최저생활 보장에서 생활의 충실, 정신적 만족으로 전환되고, 개인주의적 경향도 뚜렷해지면서 노동자의 개성 보호가 점차 중요해져 '노동자의 인격적 이익'이라는 새로운 권리 구성이 요구되고 있다. 이러한 변화는 동질적 노동상황을 전제로 조직된 노동운동으로는 수용하기 힘들다. 또 우리나라는 노사 모두 성장제일주의에 경도된 관행과 제도를 유지하였지만, 이제는 기존의 행태를 유지하기 힘든 시점에 도달하였으므로 변화를 진지하게 받아들여야 할 것이다.

이렇게 중요한 개념인 자기결정권 대신 생존권을 노동권의 핵심으로 간주한 것은 오랜 관행이었다. 19세기 열악한 노동환경에서 사용주와 정부의 압박을 뚫고 노동조합을 결성하였을 때 노동자에게 가장 중요한 과제는 당연히 생존을 위한 임금 상승이었다. 자기결정권을 돌아볼 틈이 없었다. 노동권을 생존권과 동일시하는 경향이 강한 것은 일본도 마찬가지다. 노동에 관한 국가권력의 개입에 대해 비판의식이 별로 없고, 사용자 위주의 법적 전통이 강한 데다 노동의 가장 중요한 이념을 생존권에서 찾았기 때문이다. 그 결과 노동권에 관한 주장이 기본권 보호와 향상에 관한 주장으로 비치지 않고 단지 임금인상만을 요구하는 사익추구 또는 집단이기주의로 보이게 했다.

따라서 노동권의 바람직한 정립을 위해서는 자유권에 근거한 자기 결정권이 얼마나 중요한지 재인식하고 거기에서 생존권을 찾는 것이 바람직하다(이상 강희원, 2011b, 26~127, 306~309). 교수노조의 경우 더욱 그렇다. 강의시수·승진·재임용·연구년 자격규정 등 취업규칙을 정하거나 개정할 때 법인이 교수노조 대표와 동등한 입장에서 논의하는 것이 마땅하지만, 교수들의 인격적 이익을 보호하려면 교수노조도 노동운동을 새로운 발상에서 출발해야 한다는 숙제를 같이 안게 된다.

5. 「노동계약법」

노동보호법은 노사가 대등한 관계를 유지하기 힘들 경우 노동자를 보호하기 위해 노동계약 내용의 적정성에 대해 국가가 개입하는 법률 모두를 가리키는 말이다. 가장 대표적인 노동보호법으로는 「근로기준법」이 있다. 국가가 직접 나서서 노동계약에 관한 최저기준을 정하고, 그 기준에 미달하는 계약은 법적으로 인정하지 않는데, 노동자의 잘못된 판단, 과당 경쟁으로 인한 노동조건의 저하를 막고, 평균보다 약한 노동자를 보호하기 위한 것이다. 노동보호법은 이론적으로는 계약자유의 원칙을 국가가 제한하는 것이다. 노동자의 자기 결정권을 제약하는 근거로 독일은 '복지국가원리'를, 우리나라는 '생존권'을 들고 있다.

그밖에도 아직 우리나라에서는 제정되지 않았지만, 노동보호법의 하나로 「노동계약법」이 있다. 이는 다른 노동보호법과 달리 공법적인 강제·제재 수단이 부가되지 않는데, 앞으로 노동시장 유연화 요구가 계속 강해질 것으로 보이며, 집단적인 「근로기준법」을 대신할 「노동계약법」 제정을 사용자 측이 강력하게 요구할 가능성도 있다. 여기에는 「근로기준법」은 1953년에 제정되어 당시의 봉건적 고용관습 시정에 중점을 두다 보니 프라이버시 보호라는 관점을 미처 고려하지 못하였던 점도 고려된다. 노동조합이 없는 사업장의 노동자, 비정규직 노동자, 특수고용직 노동자들의 권익을 대표할 수 있는 노동자대표제의 도입 필요성과 함께 일본이 2008년부터 「노동계약법」을 시행하고 있다는 점도 이 같은 추세를 가속화 할 가능성이 있다.

「노동계약법」은 노동법에서 매우 중요한 요소지만 엄밀하게 말하면 노동법이 아니다. 노동자는 개인적·기업적·사회적인 3중의 법적 관계를 맺고 있다. 노동계약으로 사용자와 계약법적 관계를 맺고 있고, 노동단체의 구성원으로 집단법적 관계를 맺고 있으며, 국가와 노동직업법으로 특별한 법률관계를 맺고 있기 때문이다(이상 임종률, 2008, 1~10; 강희원, 2011a, 189; 2011b, 313~314, 324).

6. 재임용제도

교수의 신분 안정과 관련하여 가장 중요한 제도 가운데 하나가 바로 재임용제도이다. 재임용제도는 유신체제하에서 대학을 통제하기 위해 도입한 제도여서 많은 문제점을 안고 있지만, 그 가운데서 가장 심각한 것은 구제제도가 없다는 점이었다(상세한 내용은 제3장 제5절 참조). 이런 상황은 2003년 헌법재판소가 재임용제도 자체를 위헌으로 결정하지는 않았지만, 부당한 재임용거부행위에 대한 구제 절차를 마련하였고, 그에 따라 「사립학교법」과 「교원지위법」의 개정이 있어 일부 개선되었다.

하지만 교원소청위원회(소청위)나 행정법원이 헌법재판소의 입장을 적극적으로 받아들여 재임용 거부행위를 취소하는 재결과 판결을 내리더라도 사학법인이 특별한 이유 없이 수용하지 않는 사례가 많이 발생하였다. 「교원지위법」과 「행정소송법」은 당사자인 사학법인에 대한 기속력을 규정하고 있지만, 사학법인이 사실상 수용을 거부하고 있다. 이 경우 교원은 재심이나 행정법원에서 승소하더라도 민사소송을 통하여 '교원 지위 존재 확인'을 받아야 한다. 문제는 대법원이 교원 지위의 존재 여부에 대해서 소극적인 판결을 내리고 있다는 점이다.

여기에는 헌법재판소 결정이 복직을 전제로 한 적극적 의미인지 아니면 최소한의 구제 절차가 필요하다는 것인지가 불분명하며, 이를 근거로 대법원이 일방적으로 판결하여 재임용제도가 계속 악용되면서 교권에 대한 실질적 보장 방법이 없게 되었다. 이처럼 애매한 법적 상황에 대하여 임재홍 교수는 국가(교육부와 소청위)와 사학법인의 관계는 공법적 관계이고, 사학법인과 교원의 관계는 사법관계라는 전제하에 공법적 관계에서의 결정이 사법관계에 영향을 주지 않는다는 공사법이원론公私法二元論에 입각하고 있기 때문이라고 지적하였다(이상 임재홍, 2006, 141, 152~153). 다음은 그에 관한 임재홍 교수의 견해다.

> 공사법이원론 구조란 사법관계와 이 사법관계에 공법적 규제

가 있는 경우 발생한다. 예를 든다면 「사립학교법」 제53조의2가 그러하다. 사학법인과 교원의 관계는 사법관계지만, 이를 사법관계로 방치할 경우 발생할 수 있는 문제점을 해결하기 위하여 국가가 일정한 규제를 하는 법 조항을 둘 수 있다. 그래서 사학법인과 교원의 재임용 관계를 사적자치에 입각하여 양 당사자에게 맡기는 것이 아니라 객관적 기준과 적정한 절차를 규정하는데, 이 관계는 공법적 관계로서 사학법인은 국가에 대해서 공법상 의무를 부담한다.

그러나 사학법인이 공법상 의무를 부담한다고 해서 이 의무에 대응하는 권리를 교원이 가지는 것은 아니다. 따라서 사학법인이 이러한 공법상 규제를 수용한 결과 교원에게 이익이 발생하더라도 이것은 단순한 반사적 이익에 불과한 것으로 법률상 이익이 되지 못한다. 우리나라의 「경찰행정법」이나 「급부행정법」은 이러한 공사법이원론의 법제를 취하고 있다. 이러한 법제나 해석이 헌법에 충실한 해석인지도 의문이며 개인의 권리보호에 상당한 문제점이 나타나지 않을 수 없다.

그렇다면 사립학교 교원에게 부당 재임용 거부 행위를 재심(소청)을 통해서 다투도록 한 헌법재판소의 결정이나 개정 「사립학교법」과 「교원지위법」의 입법적 취지는 몰각되어 버린다. 과연 이렇게 해석하는 것이 타당한지는 의문이다. 그런데 문제는 헌법재판소 역시 이러한 딜레마를 어느 정도 예측은 했었던 것으로 보인다(임재홍, 2006, 153~154).

다행히 2020년 6월과 11월, 교육부는 「교원소청심사위원회 결정의 기속력 위반에 대한 조치계획 안내」라는 공문을 전국 사학법인에 발송하여 「민법」 제61조 "이사는 선량한 관리자의 주의로 그 직무를 행하여야"라는 규정을 들어 소청위 결정의 기속력을 무시하는 법인 이사에 대하여는 임원취임 승인 취소를 할 예정임을 통보하는 강경한 조치를 취하였다(뉴시스 2020.6.2, 11.2).

이를 통해서 사립대학 교수의 법적 신분과 관련한 법체계가 매우 혼란스러우며, 대법원의 판결이 사학법인에 심하게 경도되어 있다는 사실을 확인해 볼 수 있다. 한편 이런 일부 법률상의 미비는 교육부의 의지를 통해 상당 부분 극복 가능하다는 점도 확인할 수 있었다.

7. 이익균점권과 사학법인

「제헌헌법」 제18조 제2항 "영리를 목적으로 하는 사기업에 있어서는 근로자는 법률의 정하는 바에 의하여 이익의 분배에 균점할 권리가 있다"고 한 내용은 세계 헌법사에서 유례를 찾을 수 없을 만큼 진보적인 내용으로 이루어졌다. 이런 이익균점권이 헌법에 수록된 배경으로 황승흠 교수는 다음과 같이 분석하였다.

① 경제적으로 균등한 생활을 보장한다는 이념이다. 농민과 마찬가지로 노동자도 균등한 경제생활을 국가로부터 보장받아야 했다.
② 당시 국부의 80%를 차지한다는 귀속재산이 공유재라는 사회적 인식이다. 당시 대다수 기업은 귀속재산에 속하였고, 그것을 불하拂下하는 과정에서 노동자의 이익을 고르게 보장받으려 했다.
③ 서구의 이익분배제를 우익 노동운동 측에서 노자勞資 타협의 방법으로 받아들였다. 대한노총은 제헌국회에 「노농勞農 8개 조항」이란 청원을 통해 기업이익의 30~40%를 노동자에게 분배할 것을 주장하였다.

이 이익균점권을 포함한 수정안은 국회 본회의 헌법안 심의에서 제안되었다. 이익균점권이 기본권에 해당하는 것인지 아니면 경제질서의 원칙인지, 사기업에만 해당되는 것인지 아니면 국영기업도 포함되는지, 영리 목적 여부 등이 주요 쟁점이었다. 이익균점권을 규정한 「제헌헌법」의 제18조 제2항은 단 한 표 차이로 제헌국회를 통과하였다. 여기에는 제헌국회 의장이었던 이승만이 평균 이익을 향유하자는 타협안을 제안한 것이 중요한 역할을 하였다. 이 기본권은 1962년 헌법 개정 때 삭제되었다.

황승흠은 1962년의 이익균점권 폐지에 대하여 다음과 같은 의견을 제시하였다.

① 이익균점권은 기본권에 속하는데, 기본권이 헌법 개정을 통해 과연 폐지될 수 있는 것인가? 제헌헌법에 규정되어 현행 「헌법」 제37조 제1항으로 이어진 "국민의 자유와 권리는 헌법에 열거되지 아니한 이유로 경시되지 아니한다"라는 헌법정신을 통해 볼 때 이익균점권은 폐지될 수 없다. 굳이 양보한다면 헌법에 열거되지 아니한 기본권이다.
② 헌법에 열거되지 아니한 기본권도 경시해서는 안 된다면 이미 헌법에 열거되었던 기본권이기 때문에 이익균점권은 당연히 기본권에 해당한다.
③ 헌법 제정 이후 9차례의 개정은 기본권을 확장하는 방향으로 이루어졌다. 헌법상의 기본권 관련 조항 삭제는 대부분 기본권 제한 규정 삭제였다는 점도 이익균점권이 기본권에 해당하는 근거가 된다(이상 황승흠, 2014, 1~4).

이익균점권과 관련하여 주목할 것은 농민에 대한 토지개혁에 비례하는 노동자의 권익 증진, 남북분단과 좌우 대립의 갈등 완화 방안, 귀속재산의 공유재적 성격 등이 전 세계 어느 헌법에서도 찾아볼 수 없는 이익균점권을 기본권으로 만든 배경이지만, 가장 중요한 요인은 귀속재산의 공유재적 성격에 있다고 본다.

공유재적 성격이 없었다면 균점은 불가능하기 때문이다. 하지만 현실을 그렇지 못하였다. 일제가 남기고 간 귀속재산의 불하가 공평하게 이루어지지 못했고, 그것이 청산하지 못한 일제의 잔재가 되어 1960년 4,19혁명, 1961년 5.16쿠데타 직후 추진된 부정 축재자 재산 환수의 요인이 되었으며, 1980년 신군부가 똑같은 일을 추진하게 한 요인이기도 하다.

이는 우리 사학의 성격과 관련해서도 살펴볼 만한 일이다. 우리 정부가 고등교육에 대한 자신들의 책임을 처음부터 방기하고 사학법인에 모든 것을 전가한 원죄가 그동안 사학법인에 대한 과감한 개혁을 머뭇거리게 한 원초적 요인이었다. 세상에 공짜가 없다는 것을 알기 때문이다. 하지만 이런 논리는 사학법인에게도 똑같이 적용된다. 사학의 성장에는 정부를 대신한 학부모와 학생의 엄청난 기여와 희생이 있었고, 그것이 사학에 막대한 공유재적 성격을 부여했다는 점이다. 그렇게 해서 만들어진 사학을 그냥 물려받은 2세와 3세는 이 점을 더욱 명심해야 한다. 최소한의 공정도 유지하지 못하는 대학에 대하여 국민들은 어떤 형태로든 이익균점을 요구할 것이기 때문이다.

8. 오바마의 권고

정치발전소 박상훈은 「노동의 가치가 존중되는 민주주의」에서 노동조합에 대한 오바마Barack Hussein Obama 대통령의 일화를 다음과 같이 소개하였다,

미국 노동절을 기념해 보스턴의 노동자협의회가 주관한 행사에서 오바마는 현역 대통령으로 다음과 같이 연설하였다.

당신은 가족의 생계를 보장할 좋은 직장을 원하는가. 누군가 당신을 든든하게 뒷받침해주기를 바라는가. 나라면 노동조합에 가입하라고 하겠다. …… 어린아이들도 알고 있는 사실이지만, 함께 할 때 우리는 더 강하기 때문이다.
일터란 급여 이상의 곳이다. 일하는 사람들은 톱니바퀴의 톱니가 아니라 그 이상의 존재들이다. 그들은 자신의 아이들을 위해 꿈을 간직한 엄마와 아빠들이다. …… 더 높은 임금, 공정한 임금, 아이를 위한 보육, 유연한 근무지 선택, 그리고 유급휴가와 같은 것들은 여성 노동자와 노동자 가족들에게만 좋은 것이 아니다. 기업에도 좋은 것이다. 경제 전반을 위해서도 좋은 것이다(경향신문, 2015.9.8).

오바마는 노동절이라서 특별히 이런 연설을 한 것은 아니었다. 2008년 민주당 대통령 후보 수락 연설에서도 그는 민주당의 비전을 밝히면서 다음과 같이 언급하였다.

우리는 미국 경제의 튼튼함을 억만장자의 숫자나 『포춘Fortune』지가 선정하는 5백 개 대기업의 이윤으로 평가하지 않는다. 그보다는 아이디어를 가진 사람이 뇌물을 제공하지 않고도 도전정신을 발휘해 새로운 사업을 시작할 수 있는 경제, 손님의 팁에 의존해 살아가는 식당 여종업원이 아픈 아이를 돌보기 위해 하루 휴가를 내면서 실직의 두려움을 갖지 않는 경제를 튼튼하다고 말한다. 우리는 노동의 존엄성이 존중되는 경제를 튼튼하고 강하다고 말한다.
노동조합이 있든 없든 상관없이 어느 직업이나 자부할만한 것과 존중받을 만한 것이 있다. 다만 여러분들이 매일같이 일하는 동안 자존감을 표현하고 목소리를 내는 데 있어서 노동조합만큼 도움이 되는 것은 없을 것이다. 나는 노동자의 가정이 마땅히 가져야 할 가치와 자존감이 모든 일터에서 반영되어야 한다고 믿는다. 이것이 바로 우리가 노동자의 안전을 위해서 싸우고, 노동자들의 이익은 물론, 조직할 권리를 위해서 나섰던 이유이다. …… 노동조합에 가입하지 않은 사람들에게도 왜 노동조합이 중요한지를 이해시킬 필요가 있는 것은 바로 이 때문이다.

노동자들이 소중한 것은 그들이 국민의 절대다수이기 때문이다. 우리나라도 노동자와 그 가족의 비중이 전체 인구의 70%를 넘는다. 그래서 노동조합에 대한 존중 자체가 사회 발전의 중요한 지표이다. 노동조합이 없는 사회는 민주주의 사회가 아니며, 노동조합이 기업을 넘어 사회와 공동체 전반에 선용되도록 하는 것이 중요하다(이용득, 2019, 9~11).

9. 정보 교류와 개혁의 플랫폼

광복 이후 전개된 노동권 쟁취를 위한 투쟁의 현장에 교수들의 참여가 있기는 했지만, 절대다수의 교수들은 노동운동과 거리를 두고 살았고, 노동운동의 절실함에 대한 체감온도 역시 상당한 차이가 있었던 것이 사실이다. 이런 오랜 관행과 경로의존성은 단시일 내에 해결되기 어려운 과제여서 위에서 살펴본 여러 경험과 과제 가운데 교수노조가 나아가야 할 길, 또 각 대학 교수노조가 선택해야 할 구체적인 방향이 무엇인지는 지금부터 하나하나 논의를 거쳐 공감대를 형성하고 공유하는 과정이 필요할 것으로 생각한다. 그래도 교수노조가 시급히 해야 할 일 가운데 하나로 제시하고 싶은 것은 교수노조가 정보 교류와 혁신의 플랫폼이 되어야 한다는 점이다.

밖에서 보기에 교수들이 총장·부총장·학장·처장 등 대학 운영의 중요 보직을 다 차지하고 있어 대학 운영의 주체처럼 보인다. 교수의 수도 직원의 3~4배나 되기 때문에 교수가 대학 운영의 주체가 아니라고 말하기도 민망하다. 하지만 정작 대학의 실상에 대하여 잘 아는 교수는 비교적 드물며 대부분 손님처럼 지내고 있는 실정이다. 물론 그렇게 된 데에는 교수 자신의 책임이 가장 크지만, 책임 소재를 논하기에 앞서 소외를 언급하는 교수가 많고, 객관적 상황과 무관하게 그런 의식이 팽배해 있다.

여기에는 교수요원 양성부터 취업, 그리고 취업 이후의 상황에 이르기까지 제도적인 문제가 존재한다. 최근 어느 대학이건 연구 성과를 중시하고 취업에서 가장 중요한 요소로 작용하기 때문에 그에 대한 훈련은 신임 교수일수록 잘 되어 있지만, 예전부터 교수로서의 법적 권리와 의무, 대학의 입시제도와 학사 행정, 학생 상담과 진로 교육, 대학 행정업무 등에 대한 체계적인 교육과정이 마련된 대학은 거의 찾아보기 힘들다. 체계적인 업무 인수인계를 위한 업무 매뉴얼도 부실하여 대부분 알아서 배우고 적당히 인계하는 실정이다. 교수에 대한 비판마다 단골 메뉴로 등장하는 심각한 조교 의존도 여기에서 비롯된 면이 크다.

교수협의회도 힘들기는 마찬가지다. 의장을 비롯한 임원진이 부지런히 활동할 경우, 그런대로 괜찮은 편이긴 하지만 학칙 기구가 아닌 한계는 분명하다. 대학의 경영정보를 공식적으로 파악할 수 있는 노사협의회에 참여하지 못하고, 임금협상도 사실상 직원 노동조합에 위임할 수밖에 없는 상태에서 교수협의회가 제공해 줄 수 있는 대학 내 정보는 제한될 수밖에 없다. 그래서 대다수 대학의 교수들은 대학 재정과 운영 상황에 대해 직원보다 잘 아는 경우가 드물며, 기획실장 등의 보직을 맡지 않는 한 교무위원이라고 해서 평교수와 크게 다르지 않다.

법인마다 재정의 어려움을 토로하며 교수들의 이해와 협조를 구하고 있고, 이런 법인의 호소에 외면할 수 있는 교수는 거의 없다. 하지만 모두 다 대학 살림이 어렵다는 법인의 말만 전할 뿐 자기 대학이 얼마나 어려운지 간략한 수치라도 들어서 설명할 수 있는 교수는 참으로 찾아보기 힘들다. 경영에 대한 정보로부터 원천적으로 차단되었기 때문이다.

이는 결코 바람직한 현상이 아니다. 대학을 위해서도, 교수를 위해서도, 직원을 위해서도, 또 학생을 위해서도 바람직하지 않다. 객관적인 사실을 알아야 진정한 협조가 가능하다. 따라서 정보 공유를 위한 제도적 장치가 마련되어야 한다. 물론 정보가 없는 것은 아니다. 사학진흥재단에는 사립대학 관련 정보가 상세히 수집되어 있고, 형식적이지만 알리미 사이트를 통해 개괄적인 정보를 공시하고 있다. 하지만 구체적인 상황을 파악하기 힘들며, 교수단체의 정보 공개에 대해 매우 소극적이라서 크게 도움이 되지 않는다.

따라서 교수노조는 대학과 관련된 각종 자료와 정보를 수집하는 데 우선 힘써야 한다. 굳이 깊은 분석과 비판도 필요 없을 것이다. 문제가 무엇인지, 해결책이 무엇인지 객관적 자료에 이미 그 해답이 담겨 있기 때문이다. 그것이 선행되어야 정확한 자료에 근거하여 법인·대학본부, 나아가 교육부를 비롯한 정부 당국과 건설적인 대화를 할 수 있다. 또 이런 정보의 공유는 효율적인 단체협상을 위해서도 꼭 필요하다.

    광복 이후 지금까지 법인은 항상 대학의 재정난을 호소해 왔고, 사회는 법인의 부정과 비리 사례를 들어 부정적인 답을 보내는 일만 반복되었다. 지금 국민 여론 역시 대학이 별로 하는 일도 없이 돈 달라는 투정만 한다며 냉소적이다. 이번 코로나19 사태로 많은 교수가 예정에 없던 온라인 수업을 급히 준비하느라 고생했지만, 언론에 보도된 것은 일부 잘못된 사례를 일반화하거나 침소봉대한 것일 뿐 교수들의 노고에 대한 보도, 잘된 강의에 대한 보도는 눈 씻고 찾아봐도 찾기 힘들 정도였다. 안타깝지만 이것이 현재 우리 대학과 교수들이 처한 참담한 실상이며 조속히 극복해야 할 과제다.

    법인의 잘못, 대학의 잘못, 교수의 잘못은 비판받아야 하고, 시정해야 마땅하지만, 대학이 공연한 분풀이 대상이 돼서는 곤란하다. 하지만 정확한 자료 없이는 국민도 정부도 설득할 수 없다. 문제 있는 일부 법인이 자료 공개에 부정적이겠지만 대학의 공멸을 막기 위해서는 자료가 공개되고 공유되어야 한다. 그리고 교수노조들이 이런 정보교류의 중심이 되고, 집단지성을 바탕으로 대학을 혁신할 수 있는 플랫폼이 되어야 한다.

|제4절| 개별과 산별: 노조의 형태와 설립 절차

1. 조직 형태와 그 변화

　노동조합은 시기 · 국가 · 조직범위 · 이념의 차이에 따라 여러 가지 형태가 있는데, 조합 조직에 따라 크게 기업별 노동조합(기업별노조 · 개별노조)과 산업별 노동조합(산업별노조 · 산별노조)으로 나눌 수 있다. 각 기업 · 사업장 단위로 구성된 개별노조는 자연발생적인 조직 형태여서 비교적 단순한 형태이며 가장 먼저 출현하였다. 하지만 고립된 개별노조의 역량으로는 사용자와 국가의 압력을 이겨낼 수 없으므로 직종별 · 산업별로 전국 단위의 조합 조직을 결성하여 연대할 필요가 있었다. 그래서 개별노조에서 산별노조로 발전하였고, 파업 등 단체권 행사가 실질적으로 가능하고 효력을 거둘 수 있는 산별노조를 진정한 조합 조직으로 인정하는 것이 국제적인 관례이다.

　일제강점기에 만들어진 초기 노동조합은 지역별 노동조합 또는 '인쇄공노동조합' 같은 직업별 노동조합이 주된 형태였다. 1920년대 후반기부터 미숙련 · 실업 노동자가 증가하자 전국적인 조직건설의 필요성이 커져서 유사 업종을 결합한 '전조선인쇄직공조합총연맹', '조선직공총동맹'과 같은 연맹체를 결성하여 본격적인 산별노조로 발전하였다.

　노동운동은 1940년대 일제의 가혹한 탄압으로 지하에 잠복했다가 광복을 계기로 다시 전면에 등장하였는데, 그때도 대부분 조합 조직은 산별노조 형태를 유지하고 있었다. 하지만 1947년 미군정은 노동법령을 통해 산별노조의 단체협약 체결을 금지하고 개별노조의 단체협약 체결만 허용하였다. 이는 좌익계열인 '조선노동조합전국평의회(전평)'을 중심으로 한 전투적 조합운동을 무력화시키기 위해서였다.

이후 1953년에 「노동조합법」을 제정하면서 기존 관례에 따라 개별노조를 기본 조직 형태로 인정하였다. 하지만 5.16 이후 군사정부는 모든 노동조합을 강제 해산시킨 뒤 재심사를 통해 노동조합을 허가하였고, 1963년 「노동조합법」 개정을 통해 16개 산별노조 체제로 재편시켰다. 하지만 이는 노동조합의 정상적인 활동을 보장하기 위한 것이 아니라 정부의 통제 편의를 위한 것이어서 형식상으로만 산별노조일 뿐 그 하부구조와 운영 방식은 개별노조인 변형된 조직구조를 강제하였다(이상 한국노총, 2013, 16~17).

전두환 정권은 산별노조 형태와 개별노조 교섭이란 기형적 형태로 20년간 유지되어 온 노동조합 조직을 더욱 약화시키기 위해 20년 만에 다시 개별노조로 전환시킨 뒤 단체협상에 제3자 개입을 금지하는 조항을 만들어 상급 노동조합과의 연대를 원천 차단함으로써 개별노조를 완전히 파편화시켰다(이용득, 2014, 116). 1987년 다시 노동관계법을 개정하면서 노동자들에게 조합 조직 형태를 선택할 수 있게 하는 자유설립주의로 전환하고 유니언숍을 부활시켰다. 하지만 이미 개별노조가 구성된 상태여서 산별노조로의 전환이 미진하였다. 한편 정부는 1991년 ILO에 정식 가입함으로써(1991.12.9) ILO 헌장을 준수하기로 했지만 제대로 약속을 지키지 않자 세계교원단체협약·국세사유교원노조·국제언론연맹 등이 각각 ILO에 우리 정부를 제소하였다(강희원, 2011a, 449; 이광택, 2013, 29).

1997년 노동관계법 개정에서 노조의 정치활동 금지, 복수노조 금지, 제3자 개입금지 등 3개 금지조항이 삭제되고 노조 전임자 규정 신설 등이 이루어졌다. 그 결과 1998년에 최초의 산별노조인 민주노총 보건의료노조가 출현했고, 2000년에 한국노총의 금융노조, 민주노총의 금속노조가 조직되었다. 독일은 800만 명의 노동자가 8개의 산별노조에 가입되어 있으나 한국은 170만 명의 노동자가 5,000여 개의 개별노조에 가입되어 있는 실정이다. 또 2000년 이후 산별노조가 따로 만들어지지 않아 대다수 국민은 여전히 개별노조를 보편적인 노조 형태로 잘못 이해하고 있다(이용득, 2014, 117).

2. 개별노조의 특성과 장단점

개별노조는 사업장의 특성을 잘 알고 있는 구성원의 의사를 직접 반영할 수 있다는 점이 가장 큰 장점이며, 노동조합에 대한 조합원의 이해도가 높고 소통도 간편하다. 의견수렴 과정도 단순하고, 소수의 이익이 골고루 보장되는 장점이 있으며, 명분보다 실리 추구 경향이 강하다.

서구 선진국의 노사관계는 초기의 직능별 노조에서 산업자본주의의 발달에 따라 산별노조로 전환되었으나 최근 신기술의 발달과 기업구조의 변화로 다시 개별노조 위주로 회귀하고 있는데

(강희원, 2011a, 422~423), 대학이 신기술 중심의 유연한 기업과는 성격이 다르지만, 분산적이고 자율적이라는 점에서는 그 특성을 공유하는 편이다.

대부분 대학의 교수들은 개별노조 설립을 선호하는 편이다. 산별노조 지회라고 하면 어딘가에 예속된 것 같아 자율성이 없다고 생각하며, 자기 대학 명칭을 사용한 '○○대학교수노동조합'이라는 명칭이 제대로 된 노동조합 같다고 여기기 때문이다. 또 우리나라 사립대학처럼 역사와 전통, 재정 여건과 노동조건, 지역 환경과 현안 등 많은 면에서 차이가 현격할 경우, 임금협상을 비롯한 현안 해결에 개별노조가 더 효율적일 수 있다. 개별노조 설립이 쉽지 않은 중소규모 대학은 전국단위노조인 한국사립대학교수노조(사교조) 지회로 가입하는 방안을 권한다.

하지만 개별노조로 독립하려면 해결해야 할 숙제가 적지 않다. 우선 리더십의 문제를 해결해야 한다. 임의단체인 교수협의회와 달리 노동조합은 법적 단체여서 강력한 만큼 책임도 크다. 단체협상을 하려면 노동관계법과 실무를 잘 알아야 원만하게 진행할 수 있는데, 처음 시작한 교수노조에 법도 잘 알고 실무 경험도 풍부한 노조위원장이 있을 리 없다, 그리고 특정 대학 교수노조가 단체협상을 체결하면 그것이 전국적인 관례가 되기 때문에 매우 신중하게 처리해야 한다. 또 위원장을 맡겠다는 교수가 많지 않거나, 한 사람이 계속 맡는 데 따른 문제점도 발생할 수 있고, 반대로 2~3년 단위로 교체가 이루어지면 전문성이 부족하게 된다.

노사 간에 서로 잘 알고 지내는 사이여서 객관적인 입장에서 강력한 교섭을 하기 어렵고, 법인의 간섭과 압력을 받기 쉬워 어용노조로 전락할 가능성이 크다는 것이 개별노조의 가장 큰 단점으로 꼽힌다. 위원장을 마치고 원대 복귀되었을 때의 입장을 고려할 경우, 투쟁력은 더욱 약화된다. 인사권과 재정권을 장악하고 있는 법인이 사학법인연합회 등의 정보력을 바탕으로 단체협상에 나설 때 정보가 제한된 개별노조로서는 대등한 입장에서 단체협상에 임하기 힘든 점도 고민이다.

대학의 규모가 크지 않으면 제한된 자원을 분산하여야 하므로 행정적·재정적 비효율성과 비전문성의 문제가 뒤따르기도 한다. 자기 대학의 이익에만 집착해 전국적인 연대활동을 저해하는 경향도 있고, 조합원이 권익을 침해당해도 전국적 연대를 통한 적극적인 대응이 어렵다는 점도 개별노조가 안고 있는 취약점 가운데 하나이다. 정부의 정책, 국회의 입법 등에 대한 대응책은 거의 불가능한 것이 개별노조의 큰 약점이다. 개별노조가 이런 단점을 보완하려면 전국적인 교수연맹 가입과 적극적인 참여가 필수적이다.

3. 산별노조의 특성과 장단점

산별노조industrial union는 동종 산업에 종사하는 노동자들이 직종과 기업을 초월해서 만든 노동조합을 가리킨다.[26] 개별노조가 어용화·무력화되는 것을 막기 위해 사업장 규모나 고용 형

---

[26] 노동조합은 본래 숙련공 집단이 주체였으나 산업자본주의 단계에서 대량의 비숙련공이 유입되자 제조업 분야의 남성 블루칼라가 주역이 되고 공통 이해를 바탕으로 산별 노조를 건설하였다(강희원, 2011a, 448).

태를 따지지 않고 동일 산업에 종사하는 전국의 노동자를 하나의 노동조합으로 결성하였기 때문에 사업자와 완전히 대등한 관계에서 단체협상을 하는 데 부담이 없다. 또 풍부한 인력과 조합비의 뒷받침을 받아 전문성이 뛰어난 집행부를 구성할 수 있어 전문성의 강화, 예산의 집중 등으로 조합의 효율성을 제고시킬 수 있다. 또 조합의 제도적 사회적 기능을 확장하는 데 유리하고, 대다수 조합원에게 필요한 프로그램을 만들어 운영할 수도 있다. 또 동일 업종 내 노동조건을 양호한 곳을 기준으로 상향평준화를 요구하며 협상을 진행할 수 있다는 점이 장점이다.

산별노조의 가장 큰 장점은 전국적인 범위에서 단체행동권을 효과적으로 행사할 수 있어 투쟁력·교섭력, 사회적 영향력에서 개별노조와 비교할 수 없을 정도로 강한 힘을 갖는다는 점이다. 산별노조는 단체교섭을 중층적으로 진행하면서 상급노조에서는 일반적인 사안을, 하급노조에서는 보충 협약이나 노사협의를 통해서 개별 사안을 협상한다. 이런 중층적 교섭을 통해서 비정규직 등 개별 조직에서 배제되기 쉬운 노동 약자의 보호가 제도적으로 가능하다.

산별노조 건설이 필요한 또 하나의 이유는 노동시장 유연화가 강제되면서 비정규직 급증과 대규모 실업의 발생 가능성이 커졌기 때문이다. 산별노조는 '노동의 정치화'를 통해서 개별노조 단위로 해결할 수 없는 구조적 문제를 정책적·법률적으로 접근하여 해결할 수 있다(이상 이용득, 2014, 118~119, 123).

산별교섭이 이루어지면 타결된 내용을 전 조합원에게 똑같이 적용되는데, 협상권을 장악한 집행부는 기본적 근로조건(임금·근로시간) 개선에 집중하고 그 밖의 사항은 지역지회나 개별지부에 위임하기도 한다. 산별교섭을 진행하기 위해서는 사용자 단체도 구성되어야 한다.

산별노조의 문제점으로는 의견수렴 과정이 상당히 복잡하고, 조합원 개인의 의견을 충분히 전달하거나 반영하기가 힘들다. 주로 노동조합 전체에 관련된 공통 사항 위주로 운영하므로 개별노조의 이익이 골고루 보장되기가 어렵다. 또 다수의 이익을 확보하기 위해 소수가 희생되기도 하며, 다수를 설득하기 위해 실리보다는 명분에 치중하기 쉽다. 집행부의 관료화 경향도 있다.

산별노조는 개별노조에 비해 노동조합으로서의 장점이 훨씬 많다. 따라서 교수노조가 개별노조를 지향하고 느슨한 형태의 연맹체를 구성하면 결속력이 떨어지고 노조위원장의 성향에 따라 탈퇴가 가능해서 실패할 확률이 높다는 우려와 지적이 있다. 이런 지적은 확실한 근거와 타당성을 지니고 있어 개별노조와 연맹을 지향하는 대학은 경청할 필요가 있다. 하지만 그렇다고 해서 교수노조가 산별노조를 지향하기 힘든 것도 사실이다.

우선 교수노조는 일반노조와 달리 단체행동권 행사가 제한되므로 산별노조가 지닌 최대의 무기인 쟁의행위가 불가하다. 설령 단체행동권을 부여받더라도 학생을 상대로 수업을 중단하면서 쟁의에 돌입할 수는 없다. 또 일반 기업보다 대학은 그 역사와 전통, 지역 여건, 노동조건, 미래 전망 등의 격차가 매우 크며, 심지어 같은 대학 내에서도 전공에 따른 의견 차이가 커서 전국적으로 단일한 목소리를 내기가 힘들다. 산별노조를 구성하더라도 결국 대학별 단체협상이 주를 이룰 수밖에 없어 산별노조 고유의 연대성을 획득하기가 쉽지 않다.

같은 교원노조지만 유·초·중등 교원노조는 조합원의 임금을 정부가 책임지므로 노동조합 최대 업무인 임금협상을 할 필요가 없고, 조합원의 임금을 비롯한 노동조건이 전국적으로 단일하다. 그래서 산별노조 결성과 운영에 매우 유리한 조건을 구비하였음에도 불구하고 지역별·직능별 특성을 충분히 반영하지 못한다는 불만이 크다. 분권화를 지향하는 개별노조 연맹체인 교사연맹이 설립 3년도 되지 않아 산별노조인 전교조에 필적할 정도로 성장하게 된 배경도 여기에 있다. 특히 젊은 교사의 절대적 다수가 전교조 대신 교사연맹을 선호한 것은 노동조합의 미래와 관련하여 주목할 부분이다.

대학은 매우 복잡한 조직이고, 자율성과 다양성을 존중해야만 하는 조직이다. 이 점이 기업노조와 교수노조가 서로 다른 출발점에 서야 하는 이유이다. 교수단체가 교육부와 사학법인에 요구하는 것이 바로 이런 대학의 특성을 존중해달라는 것이니, 교수노조의 구성 방향도 대학의 자율성과 다양성을 존중하는 방향으로 가는 것이 원칙적으로 타당하다. 교수노조는 현실과 원칙의 갈등 속에서 설령 손해를 보더라도 원칙을 준수해야만 하는 태생적 특성을 안고 있다.

헤크셔Charles Heckscher는 산별노조가 대량생산을 위한 대기업의 비숙련노동자를 위한 조직 형태여서 전기 산업사회에 적합한 노조 형태일 뿐 항상 최선의 노조 형태는 아니라고 주장한다. 산별노조는 대중적 지지에 근거한 위계적 관료조직이며, 상황대처 능력이 경직적이고 획일적이어서 급속한 변화에 유연하게 적응하지 못한다며 현재 미국 노동운동의 쇠퇴가 산별노조 형태 유지와 관련있다고 지적하며 새로운 모델로 '결사체적 노조associational union'을 제시하고 있다.

개인적 성취를 자극하여 개인과 전체 사회의 발전을 추동하는 불평등인 '실천적 불평등'과 평등하고 동등한 대우를 원하는 '사회적 이상'과의 충돌이 사회모순의 근본이며, 모순관계 조정자로 국가가 100년에 걸친 사회적 개입한 결과가 노동관계법의 출현(이상 강희원, 2011a, 69~70, 423)임을 고려해 볼 때 교수노조가 정착하기까지 일정한 시간이 필요할 것으로 보인다. 물론 그 과정에서 일부 시행착오나 오류가 있겠지만 우리에게 최적화된 모델을 찾고 구축하는 데 주저함이 없어야 할 것으로 생각한다.

4. 한국노총과 민주노총

개별노조는 물론이고 산별노조도 노동조합의 역량을 강화하고, 오랜 투쟁과 협상 경험이 있는 전문가의 도움을 받기 위해서는 조합의 상위단체로 연맹을 구성하거나 가입해야 한다. 국민에게 익숙한 한국노총과 민주노총이 바로 노동조합의 상위 조직인 노동조합연맹이다.

한국노총은 '한국노동조합총연맹', 민주노총은 '전국민주노동조합총연맹'의 약칭으로서 흔히 노동조합이라고 알려져 있으나 노동조합이 아니라 노동조합연맹이다. 한국노총은 사립대연맹 등 3,571개 단위노조가 가입되어 있고, 민주노총은 금속노조·공공운수노조를 비롯해 전교노·비정규교수노조·대학노조·전교조 등 16개 산별노조가 가입되어 있다. 양 연맹의 조합원 수는 100만 명 내외로 큰 차이는 없지만 2019년부터 민주노총이 최대 연맹이 되었다.

두 연맹은 그동안 정부의 노동정책과 현장의 노동조합 사이에서 중요한 매개 역할과 함께 지도적 역할을 수행하였다. 오랫동안 정부의 노동정책을 지원하는 단체였던 한국노총은 정부에 협조적인 전략을 통해 실리를 추구하는 쪽을 택하여 왔고, 민주노총은 노동자의 직업 안정성과 노동조건에 위협을 가하는 신자유주의적 노동정책에 강력한 정치적 대응으로 맞서 왔다. 아무튼 두 연맹은 노동환경은 물론 국가적 차원의 노동-자본 관계에도 지대한 영향을 미쳐왔다(최인이, 2011, 79~80). 또 연맹은 근로자위원·사용자위원·공익위원 등 3자로 구성된 합의제 행정기관으로 노사 분쟁에 관한 조정과 판정을 주 업무로 하는 준사법적 기관인 중앙노동위원회 근로자위원의 추천권을 행사한다는 점에서도 노동 현장에 직접적인 영향력을 행사한다.

이승만 정권의 어용단체로 출범한 대한노총의 후신인 한국노총은 계속 독재정권이 부여한 독점적 교섭 파트너라는 기득권에 안주하며 60년 동안 사실상 노동운동을 방치하여 일반 사회단체로부터 고립되었고 부정적인 낙인이 찍혀 있었다.[27] 이런 한국노총의 잘못된 행태를 비판하며 1995년에 출범한 민주노총은 복수노조를 인정하지 않는 「노동조합법」 때문에 1999년에 비로소 전교조와 함께 합법화되었다. 이는 OECD 가입 조건으로 OECD와 약속한 '공무원·교원노조 설립 보장'에 따른 조치였을 뿐 정부의 능동적인 변화에 의한 것은 아니었다.

---

[27] 한국노총의 '노총가'에는 "쉬지 않고 건설하는"이라는 구절이 있다. 노동시간 단축을 지향해야 하는 노조가 오히려 노동을 독려하는 등 그 본분에 부합하지 않았을 뿐 아니라 전체적으로도 근로보국대 군가와 비슷하였다(이용득, 2014, 129).

한국노총과 민주노총이 본격적인 세 대결에 나섰던 것은 2004년의 제17대 총선이었다. 한국노총은 녹색사민당을 창당하였고, 민주노총은 민주노동당과 연대하여 선거에 참여하였는데, 양당의 득표율은 각각 0.5%와 13.7%, 당선자는 0대10으로 비교가 되지 않았다. 총선을 계기로 배척의 대상이 된 것을 확인한 한국노총은 대한노총과의 이념적 단절, 노선 재정립, 사회적 연대 강화, 선거인단제도 도입 등을 추진하며 변신에 나섰다.

당시 이용득 위원장은 한국노총이 '사회개혁적 조합주의social movement unionism'를 표방하고 노동운동이 노동자의 권익 보호와 신장만 추구하는 것이 아니라 사회적 진보에서도 중요한 역할을 담당하며, 이를 위해서는 대화와 타협을 수단으로 하되 필요하면 투쟁도 전술적 수단으로 활용해야 한다고 주장하고 변화를 모색하였다. 또 사회적 기여를 통해서 국민의 지지를 받는 대중성을 갖추기 위해 노력하였다(이상 이용득, 2014, 128~132, 177). 하지만 실제 운영 양상을 살펴보면 한국노총은 아무래도 '실리적 조합주의business unionism'에 가깝고 민주노총이 '사회개혁적 조합주의'에 더 부합한다.

민주노동당은 무상교육과 무상급식 주장, 대학 신입생 선발 자율화 반대 등의 정책을 제시하였으나 치열한 내부 갈등에 휩싸여 뚜렷한 성과를 거두지 못하였고, 특히 '종북논란'으로 내분이 폭발하여 결국 일부가 나가 진보신당(현 정의당)을 결성하였으며(2008.3), 이어서 벌어진 제18대 총선에서 지지율과 당선자 모두 반으로 줄어들었다. 민주노동당은 통합진보당으로 재창당한 뒤 제19대 총선에서 13명의 당선자를 배출하면서 세를 만회하였으나 '이석기 내란 선동사건'으로 강제 해산되었고(2014.12). 의원

7명의 정의당이 진보정당을 대표하게 되었다.

한국노총과 민주노총은 그 역사부터 다르지만, 지도부 구성과 리더십, 조직구조와 운영 등에서도 상당한 차이를 보인다.[28] 두 연맹의 차이는 노동운동에 대한 이념에서 더 두드러진다. 두 연맹 모두 '노동해방'을 주장하지만, 한국노총은 노동자의 경제적 풍요를 의미하는 실리적 조합주의를 고수해왔다. 반면 민주노총은 '노동자가 주인이 되는' 사회변혁을 추구하는 사회주의적 이념에 기초한 민주적 노동조합주의를 고수하다가 사회운동과의 전략적 연대를 포함한 사회운동적 노동조합주의로 전환하였다. 급진적 이데올로기에 대한 조합원의 지지가 노동운동의 전술적 측면에서도 전투적 양상으로 표출된다.

강력한 물리적 투쟁을 뜻하는 '전투적 조합주의'는 민주노총을 상징한다. 강력한 투쟁력은 민주노총의 최대 장점이자 단점으로 평가된다. 파업은 본래 노동조합의 가장 주요 수단이며 조합원의 정체성과 연대감을 증대시키는 '노동자의 학교'지만 노동의 중단을 뜻하는 파업이 싸움과 투쟁으로 해석되고, 노동투쟁labor struggles이 늘 계급투쟁class struggles과 연관되고, 다시 종북논쟁으로 번진다는 점은 민주노총을 바라보는 부정적 인식의 출발점이다.

'전투적 조합주의'가 우리나라 노동조합의 특징처럼 자리 잡은 것에는 두 가지 원인이 있다. 첫째, 경제지표와 노동지표의 현격한 차이이다. 이것이 노동조합의 강경한 투쟁을 불러일으키는 기

---

[28] 최인이는 ① 리더십: 지도부의 운동 경험, 네트워크, 집합행위의 수단 선택, ② 조직구조: 의사소통, 자원의 흐름, 책임성을 통해 양 연맹의 전략적 역량을 비교하고 관련 당사자의 인터뷰를 통해 양 연맹의 특성을 분석하였다(최인이, 2011, 99~113).

본 요인이다. 30-50클럽 가입을 자랑하는 정부와 사용자에게 그에 상응하는 노동권을 요구하는 것은 너무도 당연하며, 공공복지 OECD 최하위, 노동자 권리지수 5등급 등 노동환경의 향상을 요구할 근거는 차고 넘친다. 둘째, 한국 특유의 정부·재벌간 강력한 연대와 유착, 그리고 압박이다. 정부와 재벌의 연대가 강할수록 그것을 돌파하기 위한 수단으로 노동운동이 선택할 수 있는 길은 많지 않았다. 실제로 정부와 재벌이 노동조합의 요구에 귀를 기울인 것은 전투적으로 투쟁할 때뿐이었다는 학습효과가 노동계에 존재하며, 심지어는 한국노총도 생존의 수단으로 투쟁을 학습해야만 하는 실정이다(이상 최인이, 2011, 85, 99~115).

민주노총에는 80년대 민주화를 위해 노동운동에 참여했던 경험자들이 다수 포진해 있어 노동운동을 사회변혁의 주체로 부상하게 하였다. 하지만 80년대와 자못 달라진 노동환경에서 계속 '전투적 조합주의'를 고수하고 적대적 노사관계를 유지하는 것이 적절한지, 그리고 노동운동이 사회로부터 고립되는 것에 민주노총의 책임은 없는지 되돌아볼 필요가 있다는 지적도 적지 않다.

5. 한국사립대학교수노동조합

교수들이 노동조합을 설립할 수 있게 된 것은 전적으로 민주노총 산하 산별노조인 전국교수노동조합(전교노)의 공이다. 전교노는 2001년 11월에 설립되었으며, 교수들은 노동조합을 설립할 수 없다는 「교원노조법」 규정 때문에 오랫동안 법외노조로 있으면서 대학 민주화와 공공성 강화, 「사립학교법」 개정과 교권 보호 등에 힘써 왔다. 그리고 고용노동부에 두 차례 노동조합설립신고서를 제출하였지만(2005·2015), 접수를 거부당하자 고용노동부 장관을 상대로 서울행정법원에 제소하였다(2015.7). 그러자 서울행정법원은 「교원노조법」의 위헌 여부를 밝혀달라는 위헌법률심판을 헌법재판소에 제청提請하여 「교원노조법」의 헌법불합치 결정이 나오게 된 것이다(2018.9.3).[29]

「교원노조법」의 헌법불합치 결정이 나온 뒤 전국 112개 대학교수협의회로 구성된 한국사립대학교수회연합회(사교련)와 서울소재 9개 대학으로 구성된 서울소재대학교수회연합회(서교련)은 각각 교수노조 설립에 관해 소속 회원교의 의견을 수렴한 바 있다. 그 결과 교수노조에 대한 경험이 풍부하고 헌법불합치 결정을 이끌어 낸 점을 감안하여 전교노가 교수노조를 주도하는 것이 바람직하다는 데 대체적인 의견의 일치를 보았다. 다만 단위대학별 노동조합 설립이 가능하도록 「교원노조법」을 개정할 것과 민주노총 가입을 부담스러워한다는 것을 전제로 하였으며, 이 점은 서교련이 특히 강조하는 사항이었다.

이에 전교노 측에 이런 의사를 전달하였으나 민주노총 불참과 단위대학별 노동조합 설립은 수용하기 어렵다는 뜻을 전달받고 사교련과 서교련은 부득이 (가칭)대학교수노동조합설립주비籌備위원회(주비위원회)를 공동으로 출범하고 언론기관을 통해 교수

---

[29] 법원이 재판 관련 법률의 위헌 여부를 밝혀달라고 헌법재판소에 제청하는 것을 '심판제청', 당사자가 제청하는 것을 '헌법소원訴願'으로 구분한다. 헌법소원은 ① 공권력 때문에 기본권을 침해받은 당사자가 제청하는 권리구제형 헌법소원, ② 법률의 위헌 여부에 따라 재판의 결과가 달라질 경우, 해당 법률에 대하여 당사자가 제청하는 위헌심사형 헌법소원으로 나눈다(헌법재판소/알기 쉬운 헌법재판).

노조 설립 추진을 공론화하였다(2019.7.1). 주비위원회는 2019년 7~8월에 부산·울산·경남, 대구·경북, 대전·충청, 전북, 광주·전남·제주, 서울·경기 순으로 전국을 순회하며 교수노조 설립에 관한 의견을 경청하였다. 이때 지역과 대학을 막론하고 공통으로 요청한 두 가지 사안은 역시

  ① 단위대학별 노동조합을 설립할 수 있도록 「교원노조법」 개정을 추진할 것,
  ② 상급단체 가입에 대한 교수들의 부담을 고려하여 상급단체 가입을 하지 말 것

이 제기되었다. 서교련 역시 다르지 않았다.

 그 뒤로도 몇 차례 주비위원회와 전교노와의 공식 회합이 있었는데, 지향하는 노조의 목표, 법률 개정안 내용 등에 있어서는 양 측이 상당 부분 일치하였다. 하지만 상급단체 가입 문제와 단위대학별 협상권 부여 등에 대해서는 이견을 좁히지 못하였다. 또 주비위는 교수협의회 연합회를 모태로 한 조직이어서 교수노조 설립과 운영에 있어 교육운동에, 전교노는 노동운동에 좀 더 주안점을 두는 편이었다. 하지만 모두 대학 민주화를 위해 활동하던 단체로서의 공감대를 바탕으로 상호 소통과 단결의 필요성에 대해 공감하고 있어 앞으로도 우호적인 관계를 유지하면서 「교원노조법」 개정에 함께 대응할 필요가 있다고 생각한다.

 주비위원회는 이후 준비위원회를 거쳐 최초의 전국단위 교수노조인 한국사립대학교수노동조합(사교조)을 출범시켰다. 그 경과는 다음과 같다. 사교련은 2018년 정기총회에서 교수노조 설립을 추진하기로 의결하고(12.14), 회원교 교수협의회를 대상으로 한 설

문조사와 안내문 배포를 시행하였다(2019.3). 그리고 방효원方孝元 중앙대 교수협의회 회장 겸 사교련 이사를 사교련 교수노조법제화 특별위원회 위원장으로 선출하였으며(3.29). 사교련·서교련 공동 설립주비위원회를 구성하여(6.28). 출범식을 가진 뒤(7.1). 전국 순회 경청회를 개최하였다. 주비위는 「교원노조법 개정(안)」을 교육부와 고용노동부에 발송했고(9.3), 준비위원회로 전환한 뒤(10.2), 국민대·건국대·안양대 등 전국 주요 대학에서 교수노조에 대한 설명회를 개최하였다. 2020년에 들어 사교조 창립총회 준비위원회를 구성하고 중앙선거관리위원회를 구성하였으며(1.23), 사무실을 개소하였다(2.3). 이어서 창립총회를 개최하여 초대 위원장·수석부위원장·감사를 선출하였으며(3.27), 고용노동부로부터 노동조합 설립신고증을 발급받았다(6.18). 사교조는 smart한 노조를 지향한다.

6. 교수연맹과 교사연맹

  헌법재판소의 위헌결정으로 기존 「교원노조법」은 2020년 4월 1일부로 법적 효력이 상실되었기 때문에 법률 개정을 기대하고 우선 원광대 교수노조가 전국 최초의 단위대학별 노동조합으로 창립총회를 개최하였고(2019.10.16), 이어서 서울대·중앙대·서원대 등이 차례로 단위대학별 노동조합을 설립하였다.
  하지만 20대 국회는 「교원노조법」이 실효되는 3월 31일을 앞두고도 연일 정쟁만 일삼을 뿐 헌법불합치 결정을 받은 21개 법률에 대한 개정을 추진하지 않았다. 결국 「교원노조법」이 개정되지 않은 상태에서 4월을 맞이한 교수노조들은 고용노동부에 설립신고를 하려 했지만, 고용노동부에 설립신고증 발급을 거부하였다. 고용노동부는 교수노조 설립을 금지하는 법령은 사라졌지만, 설립을 허가할 수 있는 법적 근거가 만들어지지 않았기 때문에 설립은 자유지만, 설립신고증을 발급할 수 없다는 입장을 고수하였다.

역대 국회가 헌법불합치 결정을 받은 법률을 개정하지 않은 전례가 없으므로 어떻게 해서든 개정이 이루어질 것이라고 전망하는 교수노조도 있었지만, 21대 국회로 개정 책임을 넘길 것이라는 전망이 더 우세하였다. 그런데 20대 국회는 임기를 10일 남기고 갑자기 133개 법안을 일괄 통과시키면서 「교원노조법」 개정안도 함께 가결되었다(2020.5.20).

더불어민주당 설훈(薛勳) 의원이 대표 발의한 개정안은 조속한 통과를 위해 「고등교육법」상의 교원도 노동조합을 설립할 수 있고, 시·도나 전국단위 외에 단위대학별 노동조합 설립도 허용하며, 복수노조의 경우 사용자 측에서 교섭창구 단일화를 요청할 수 있다는 내용만 포함된 최소한의 개정에 그친 안이었다. 이로써 매우 불완전한 법이긴 하지만 교수노조 설립의 법적 근거가 마련되었다는 점에서 의미있는 진전이 이루어졌다. 다만 제대로 교수노조를 운영하기 위해서는 미흡하고 불합리한 내용을 조속히 재개정해야만 한다는 과제가 교수노조에게 주어졌다.

2020년 10월 현재, 전국 20여 개 단위대학별 교수노조가 설립되었다. 이들 교수노조가 각자의 독립성을 유지하면서도 전국적인 연대를 하기 위해서는 상급 단체가 반드시 있어야 한다. 그렇지만 대다수 교수가 한국노총이나 민주노총 가입을 꺼리므로 사교조는 별도의 자체 연맹을 구성하고 양대 연맹과 정책연대를 추진하는 것이 바람직하다고 판단하였다. 그래서 사교조와 중앙대 교수노조 등이 중심이 되어 전국 최초이자 유일의 한국교수노동조합연맹(교수연맹)을 설립하고 설립신고증을 발급받았다(8.10).

교수연맹에는 전국단위 노동조합인 사교조를 비롯해 목원대 · 서원대 · 원광대 · 중앙대 등 다수의 개별 대학 노동조합이 가입하였다. 조합비 납부의 의무가 있지만, 연맹에 가입하면 강력한 연대와 보호를 받을 수 있는 장점이 있다. 반면 산별노조가 아니기 때문에 노동조합의 자율권 행사에는 제한을 받지 않는다.

교원노조연맹으로는 교수연맹 외에도 유 · 초 · 중등 교원노조로 구성된 교사노동조합연맹(교사연맹)이 있다. 교사연맹은 전교조의 과도한 정치적 성향과 중앙집권적 운영 방식이 교원노조의 쇠락을 가져왔다며, 분권형 노동조합으로 재편할 것을 주창하는 '교사노동운동재편모임(2015.1)'이 중심이 되어 서울교사노동조합과 전국중등교사노조를 창립하고 두 노동조합을 연합한 연맹으로 창립하였다(2017.12).

교사연맹은 '친절한 노조'를 표방하며 2년여 짧은 역사에도 불구하고 3만 명의 회원으로 빠르게 성장하고 있으며, 젊은 교사의 참여가 눈에 띈다. 민주적인 분권형 노조를 지향하는 연합체로서 성격과 조건이 다른 조합원의 다양한 요구를 반영하기 위해 17개 시도별 노동조합과 7개의 급별(유치원 · 초등 · 중등 · 특수 등) 및 교과별 노동조합(민주시민 · 보건 · 사서 · 상담 · 영양 등)으로 이루어졌다. 복수노조 가입이 가능하므로 가급적 지역노동조합과 교과별 노동조합에 중복 가입할 것을 권하며 그 경우 조합비를 1

/2씩 내게 하여 별도의 경제적 부담을 주지 않는 방향으로 운영하고 있다.

7. 국공립대학교수노동조합(국교조)

전국국공립대학교수회연합회(국교련) 소속 41개 대학 18,000여 교수들은 국공립대학교수노동조합(국교조)를 창립하여 단일대오를 갖추고(2019.10.25), 고용노동부로부터 설립신고증을 발급받았다(2020.8.13). 국교조는 조합원 모두 공무원이어서 신분이 안정되고, 노조의 최대 업무인 임금협상을 하지 않아도 된다는 점에서 사립대학 교수노조와 명확히 구분된다. 또 서울대와 인천대가 법인화되어 회원교 모두 비수도권에 있으므로 정책연대에 유리한 입장이다. 그러면 이렇게 양호한 여건에 있는 국공립대학 교수들이 교수노조를 설립한 동기와 목적은 무엇일까?

2001년 교육인적자원부가 「교육공무원 임용령 개정령」을 발표하였다. 이 개정령 제5조의2는 교수를 계약제로 임용할 수 있게 허용하면서 총장에게 임용 조건에 대한 재량권을 과도하게 부여하였다. 또 개정령 제5조의4는 "정년까지 임용되는 교원의 정수는 당해 대학의 교원 정원의 범위 내에서 당해 대학의 장이 정한다"라고 하였다. 이 개정령은 2회 개정(2005·2009)을 통해 발표 당시의 우려와 달리 인사상의 불이익을 크게 초래하지는 않았지만, 국립대 교수들의 신분이 언제든 일반 공무원보다 열악해질 수 있다는 우려를 낳았다.

이명박 정부는 국립대 선진화 방안으로 총장 직선제를 폐지하고 해괴한 방식의 간선제로 전환하겠다고 발표한 뒤(2011.8) 직선제 폐지 여부를 각종 재정지원사업 심사에 반영하여 압박하기 시작하였다. 박근혜 정부도 재정 지원을 무기로 직선제 폐지를 더욱 집요하게 요구하면서 이미 선출된 총장 후보에 대한 임명을 아무런 설명도 없이 수년 동안 거부하였다. 그로 말미암아 공주대는 5년, 경북대는 4년 여 총장 공백 상태가 발생하는 등 전국 국립대학이 총장 추천을 놓고 심한 몸살을 앓았다.

결국 유일하게 직선제를 유지하던 부산대마저 정부의 압박에 못 이겨 간선제를 수용하려고 하자 교수협의회가 단식투쟁으로 저항하던 중 고현철 교수가 '민주주의를 위해서 희생이 필요하다면 감당하겠다'는 제목의 유서를 남기고 투신하는 안타까운 일이 발생하였다. 고현철 교수는 유서를 통해

> 민주주의의 심각한 훼손이 아닐 수 없다. 더 큰 문제는 이런 상황에 대한 인식이 대학과 사회 전반적으로 너무 무뎌있다는 점이다. 국정원 사건부터 무뎌있는 게 우리의 현실 아닌가. 교묘하게 민주주의는 억압되어 있는데 무뎌져 있는 것이다. …… 진정한 민주주의가 필요하다. 대학의 민주화는 진정한 민주주의 수호의 최후의 보루이다. 그래서 중요하고 그 역할을 부산대학교가 담당해야 하며, 희생이 필요하다면 그걸 감당할 사람이 해야 한다. 그래야 무뎌져 있는 민주주의에 대한 의식이 각성이 되고 진정한 대학의 민주화, 나아가 사회의 민주화가 굳건해질 것이다.

라며 우리의 '무뎌짐'에 대하여 경각심을 불러일으키고 희생하였다.

부산대는 고현철 교수의 희생을 바탕으로 직선제를 겨우 유

지하기는 했지만 이후 더욱 노골적인 정부의 재정감축에 시달려야 했다. 교수들은 월급을 추렴하고 동문은 기금을 모금하여 부족한 재정을 보충하면서 박근혜 정권의 폭압을 견뎌야 했다.

또 국립대 교수들의 자존심을 훼손하는 제도로 '상호약탈적 성과급적 연봉제'라고 불리는 성과연봉제가 있다. 이명박 정부 때 국립대 선진화 방안이라는 명목으로 추진한 국립대 법인화, 총장 직선제 폐지와 함께 2011년부터 도입된 교원 성과급적 연봉제는 대표적인 국립대학의 '악종 3종세트'로 알려졌으며, 박근혜 정부에게 그대로 계승되었다. 교육은 규격화된 제품을 생산하는 것이 아니다. 각기 다른 소질과 적성, 지향을 갖춘 학생의 장점을 인정하고 격려하며 극대화해가는 것이기에 교육 내용과 방법은 절대 획일화할 수가 없다. 그래서 교수의 업적평가에 대한 공정한 평가시스템을 갖추는 것 자체가 쉽지 않다.

억지로 외적 형평성을 추구하기보다 연구실적 등 객관적 평가가 가능한 특정 분야에 대한 인센티브를 지급하는 것이 유일한 대안이다. 그런데 성과연봉제는 기존의 호봉제를 재원으로 negative-sum 방식으로 교수 간 상호약탈을 독려하는 방식인데다, 성과급 일부를 기본연봉에 누적하는 방식이어서 대학공동체를 파괴하고 왜곡시키는 데는 효과적이겠지만 선진화나 경쟁력 강화와는 무관하거나 역행하는 잘못된 제도이다.

성과연봉제가 국립대의 경쟁력 강화에 도움을 주지 못한다고 생각하는 교수의 비율이 77%이고, 연봉은 물론 연금까지 영향을 주는 누적 방식이 불합리하다고 생각하는 비율이 93%에 달할 정도다. 전형적인 신자유주의 정책의 하나로 도입된 성과급제의 문제점에 대하여 국립대 교수들의 치열한 저항과 항의로 관련 지침은 매년 개정되었지만, 여전히 많은 문제점을 안은 채 유지되고 있다(이상 김봉준, 2018, 70~75, 87~88).

성과연봉제보다 더 국립대 교수를 격앙시킨 것은 교육연구비 문제이다. 2014년 3월, 국립대학 재정수입의 46%를 차지하면서도 법적 근거가 모호하여 논란이 되었던 기성회비를 폐지하는 대신 수업료 명목으로 대체한다는 「국립대학의 회계 설치 및 재정운영에 관한 법률」(국립대학회계법)이 개정되었다. 그동안 정부는 국립대학에 대한 재정지원 부담을 줄이기 위해 교수의 월급 일부를 기성회비에서 급여 보조성 경비로 지급하다가 기성회비와 입학금 징수의 법적 근거가 모호하다는 사회적 비판이 일자 급여 일부를 교육연구비(교연비)라는 사업성 경비 명목으로 지급방식을 전환한 것이다.

인건비 비율을 줄이고 연구비 예산을 증액한 것처럼 보이게 하면서 교수에 대한 통제를 강화하는 교묘한 조삼모사朝三暮四의 방식을 택한 것이다. 그 결과 교수들은 본래 월급이었던 금액을 받기 위해 각종 사업계획서·중간보고서·결과보고서 등을 제출하고 평가받아야 했지만, 연금 산정에 반영되지 않는 이중 피해를 보고 있다. 나라 살림이 많이 어려웠던 1960년대에도 국공립대학 예산 가운데 정부 지원금이 66.2%(1965), 58.9%(1966)였던 점을 생각해보면 국립대학의 시계는 거꾸로 가는 것 같다는 것이 국립대학 교수들의 생각이다. 한마디로 말해서 국립대학 교수들의 신분 안정성은 일반 공무원보다 못한 차별을 받고 있는데, 교수협의회의 노력만으로는 이런 어려움을 해결하는 데 한계가 있다는 것이다.

또 국교조는 국립대학 경쟁력 제고를 위한 등록금 전액 무상

정책을 중요한 현안 과제로 추진하고 있다. 국립대학 등록금을 전액 무상으로 하려면 막대한 국고보조금 증액이 필요하며, 증액이 안 되면 한정된 교육예산을 국공립대학에 집중해야만 가능하다는 점에서 사립대학의 이해와 상충할 가능성이 높다.

8. 다양한 교원노동조합

1) 전국교수노동조합

서울행정법원은 전교노가 고용노동부를 상대로 '노동조합 설립신고 반려처분을 취소하라'며 낸 소송에서 원고 승소 판결을 내렸다(2020.8.20). 대법원도 전교조가 고용노동부를 상대로 '법외노조 통보처분을 취소하라'며 낸 상고심에서 전교조 승소 판결을 내렸다(2020.9.3).

전교노가 승소할 수 있었던 것은 고등교원의 노동조합 설립을 금지한 「교원노조법」이 위헌법률로 결정되었기 때문이다. 그리고 전교조가 승소할 수 있었던 것은 노동권을 직접 제약하는 법외노조 통보를 구체적 법률 근거가 없는 「노동조합법」 시행령에 근거하였기 때문이다. 기본권을 침해하는 규정은 반드시 법률로 정해야 한다는 헌법상 법률유보원칙을 위반한 것이다. 따라서 전교조는 곧 본래의 법적 신분을 회복할 것으로 보인다.

그런데 전교조의 경우와 달리 고용노동부는 서울행정법원의 판결에 불복하여 항소하였고, 전교노는 이에 국정감사 촉구 등 강력한 항의의 뜻을 밝혔다(9.10). 시간이 걸릴 뿐이지 전교노가 상고심에서 승소할 것은 의심의 여지가 없을 것이다. 다만 행정재판에서의 승소와 설립신고증 발급은 별개의 문제일 수도 있다.

이미 설립되어 있던 전교조의 원상회복과 달리 전교노는 대표자가 바뀌었으므로 다시 설립 신청해야 하기 때문이다. 또 개정된 현 「교원노조법」에 '해직 교원 등 현직이 아닌 자'의 노동조합 가입을 허용하는 내용이 담겨 있지 않기 때문에 곧 법률 개정이 이루어지겠지만 그때까지는 해직 조합원이 포함된 교수노조의 설립신고증 발급은 어려울 것으로 보인다. 교섭창구 단일화, 근로시간 면제 제도, 정치활동 금지 등과 함께 조속히 「교원노조법을」 개정해야 하는 이유다.

2) 비정년 트랙 교수노동조합

「교원노조법」 상 전임교수는 모두 교수노조의 조합원이 될 수 있다. 정년 트랙 교수와 비정년 트랙 교수 모두 전임교수이므로 똑같은 조합원 자격을 갖추고 있으며, 조합원 내의 차별은 「근로기준법」 상 금지조항에 해당한다. 물론 복수노조 설립이 가능하므로 비정년 트랙 교수들이 별도의 조합을 만들 수도 있고, 정년 트랙 교수보다 더 강한 응집력을 발휘할 수도 있다. 하지만 별도로 설립하면 노노 갈등이 발생할 가능성이 크고, 법인이 어부지리를 취하기 위해 갈등을 조장할 가능성도 있다. 실제 별도로 설립한 대학도 있지만, 양측 모두 바람직하지 않은 행보라고 평가하고 있다.

정년 트랙 교수들이 비정년 트랙 교수의 권익 증진을 위해 양보하고, 상생하는 방향으로 노동조합을 운영하는 것이 가장 바람직하다. 그리고 정년·비정년 트랙 교수 선발이라는 편법 임용을 막아 교수사회의 분열을 원천 방지하는 것이 더욱 중요하다.

3) 부속병원 임상교수 노동조합

부속병원 임상의는 근무 형태 및 임금구조가 대학의 일반교수들과 매우 다르기 때문에 교수노조에 가입할 수 있지만, 임상의만으로 전국적인 노동조합을 설립하는 방안도 고려해 봄 직하다. 물론 이 경우에도 연맹에 가입하여 상호 연대와 협력, 정보 교류 등을 하는 것은 필수적인 일이다.

그리고 부속병원 임상의가 교수가 아닌 의사 신분으로 노동조합을 설립해도 가능한지 궁금해하는 경우가 있다. 임상의는 의과대학 교수의 신분으로 부속병원에 파견되는 형식이어서 교수로서의 신분이 의사로서의 신분에 우선한다.[30] 임상의에 적용되는 법도 「일반노조법」이 아니라 「교원노조법」이다. 따라서 대학 내 의사 신분의 별도 노동조합은 설립할 수 없다.

4) 강사노동조합

「고등교육법」 제14조 제2항에 교원은 "교수·부교수·조교수 및 강사로 구분한다"고 하였으나 제14조의2 제2항에는 "강사는 「교육공무원법」, 「사립학교법」 및 「사립학교교직원 연금법」을 적용할 때에는 교원으로 보지 아니한다"고 규정하였다. 그리고 제5

---

30) 「사립학교법」 제55조(복무) ② 제1항에 따라 준용되는 「국가공무원법」 제64조에도 불구하고 의학·한의학 또는 치의학에 관한 학과를 두는 대학의 소속 교원은 학생의 임상교육을 위하여 필요한 경우 대학의 장의 허가를 받아 대통령령으로 정하는 기준을 충족하는 병원에 겸직할 수 있다.

항에 "강사에게는 「교원의 지위 향상 및 교육활동 보호를 위한 특별법」을 적용한다"고 하였다.

개정된 「교원노조법」에서도 강사를 제외한다는 조항이 포함되었기 때문에 강사는 교수노조의 조합원이 될 수 없다. 현재 활동 중인 전국단위 강사노조는 여러 가지 제한 규정이 많은 「교원노조법」보다 노동자 보호 규정이 더 강력한 「일반노조법」의 적용대상이 되는 것이 더 큰 실익을 보장한다고 보고 있다.

5) 조교노동조합

「고등교육법」 제14조(교직원의 구분) 제3항에 "학교에는 학교 운영에 필요한 행정직원 등 직원과 조교를 둔다"고 하였고, 제4항에 "직원 및 조교(이하 "교직원"이라 한다)"고 하여 조교를 교직원으로 인정하였기 때문에 조교노조 설립이 가능하며, 이미 설립된 조교노조도 있다.

9. 노동조합 명칭 사용

「노동조합법」에 노동조합의 실질적·형식적 요건을 상세히 규정한 목적은 사이비 노조를 방지하기 위한 것일 뿐 반드시 노동조합이라는 명칭을 사용해야 한다고 제한하지는 않았다. 따라서 노동조합 설립 신청을 할 때 반드시 '노동조합'이라는 명칭을 명기하여 신고할 의무는 없다. '○○대학 교수조합', '○○대학 교수연합회', '○○대학 교수연대' 등도 가능하다. 서울대 교수노조는 약칭으로 '교수조합'을 사용한다.

단 혼동을 초래할 수 있는 명칭, 조직과 무관한 명칭을 사용하는 것은 바람직하지 않다. 후발 노동조합이 기존 노동조합과 혼동을 일으킬 수 있는 명칭을 사용할 경우, 노동조합 설립인가를 받을 수 없다. 실제 모 대학 직원노조가 'OO대학직원노동조합'으로 설립되자 후발 직원노조는 'SK대학직원노동조합'으로 설립할 수밖에 없었다. 기존 교수노조가 '노동조합'이란 명칭을 사용하지 않았다면 후발 교수노조가 'OO대학교수노동조합'이란 명칭을 사용할 수 있다. 그렇게 되면 기존 교수노조는 정통성과 정체성에서 타격을 받을 가능성이 매우 크다.

10. 설립 및 가입 절차

단위대학별 노동조합을 설립하려면 우선 노동조합 설립 발기인이 모여 규약을 작성하고 이를 창립총회 참석자에게 보내 규약을 사전에 읽고 내용을 확인하게 하여야 한다. 그리고 창립총회를 개최하여 임시의장을 선출하고 규약을 의결한 뒤 임원을 선출하여야 한다. 모든 임원선출은 반드시 직접·비밀·무기명투표의 원칙을 준수하여야 하며, 그렇게 하였다는 증거를 남겨야 한다. 또 발기인 중심으로 설립을 마친 뒤 조합원 모집을 진행하고 조합원이 충분히 모집되면 총회를 개최하여 위원장을 재선출하고 정상적인 체계를 갖추어 운영하겠다는 내용을 창립총회 회의록에 남기는 것이 바람직하다. 회의록에는 반드시 참석자 서명을 받아야 한다.

선출된 위원장은 고용노동부의 노동조합 설립신고서, 규약과 창립총회 회의록 등을 준비하여 관할 고용노동부 지청에 제출하여야 한다. 관련 서류에 문제가 없으면 통상 접수 후 3~5일 후 설립신고증을 발급받을 수 있다.

교수협의회와 달리 노동조합 가입은 개인의 판단에 따라 자율적으로 결정하여야 하며, 반드시 개인 자필 서명이 포함된 가입신청서를 제출하여야 한다. 그리고 조합비를 납부해야 비로소 조합원 자격을 획득하게 된다.

11. 조합비 징수 및 관리

조합비는 총회에서 조합원의 의사에 따라 결정하면 된다. 법적인 규제나 제한이 있는 것은 아니다. 조합비와 관련해 유의할 사항은 다음과 같다.

① 조합원의 권익 보호를 위해 신상은 공개하지 않는 것을 원칙으로 삼아야 한다. 위원장 등 임원 일부를 제외한 모든 조합원의 명단은 반드시 철저하게 관리되어야 하며 이를 위해 대학 내 경리과를 이용한 자동이체 대신 교수노조 별도의 단체통장을 개설하여 노조원이 각자 이체하도록 하는 것이 바람직하다.
② 복수노조가 있어 단체협상 등에서 대표를 선발하기 위해 조합원의 숫자를 공개해야 할 경우, 단체통장에 입금된 조합비 총액을 1인당 조합비로 나누어 그 인원만 확인시켜주면 된다. 이 경우에도 조합원 명단을 공개할 필요가 없다.
③ 산별노조의 경우 임금의 일정액으로 정하고 있으나 단위대학별 노동조합일 경우 전적으로 조합원의 의사에 따르면 된다. 다만 사교련과 교수연맹은 교수협의회와 노동조합이 공존하는

것을 강력하게 권하고 있다. 교수노조와 다른 교수협의회 고유 영역이 있고, 교수노조가 막 출범하였고, 「교원노조법」 개정이 언제 어떻게 이루어질지 예측할 수 없어서 더욱 그러하다. 그리고 교수들의 이중부담을 고려해서 조합비를 최소화하는 방향으로 결정할 것을 권한다.

④ 각 대학의 복잡한 임금 체계 등을 고려해 볼 때 정교수, 부·조교수, 비정년 트랙 교수로 3분하여 정액의 조합비를 책정하는 방안도 장단점이 있지만, 조합비를 최소화한다면 단일 조합비가 간편하다.

12. 노동조합 가입과 9 to 5 논란

일부 대학에서는 교수가 노동조합에 가입하여 노동자가 되고, 그러면 직원과 마찬가지로 9 to 5를 해야 한다고 주장한다. 한마디로 어불성설語不成說이다. 왜 그런지 점검해보자.

첫째, 교수는 노동조합에 가입하건 안 하건 이미 법적으로 노동자이다. 자신이 조합원이 아니므로 노동자가 아니라고 한다면 그것은 개인 생각일 뿐 법적 신분은 분명히 노동자이다. 일반 직장에도 조합원이 아닌 노동자가 훨씬 많지만, 조합원이 아니므로 노동자가 아니라는 주장을 성립하지 않는다.

둘째, 교수와 직원 모두 대학에 근무하는 노동자지만 하는 일과 근무 형태가 판이判異하므로 단체협상도 따로 해야 한다. 따라서 직원의 상황을 들어 교수를 억압하는 것은 부당노동행위이다. 만약 직원처럼 9 to 5를 해야 한다고 주장하려면 퇴근 시간 이후 또는 주말에 연구실에 나와서 연구를 하면 1.5~2배에 달하는 시간 외 수당을 지급해야 한다. 그렇지 않으면 부당노동행위에 속한다. 사학법인이 파산을 각오하지 않는 한 재정적으로 감당할 수 있는 일이 아니다.

셋째, 노동조합을 설립하고 가입할 수 있게 법적 조치가 내려진 것은 교수들의 노동조건이 법적으로 보호해야 할 정도로 열악해졌다고 헌법재판소, 정부, 국회가 모두 인정하였기 때문이다. 따라서 노동권을 보호받기 위해 노동조합을 설립하고 가입하면 사용자는 최대한 그에 부응하는 선의적 행동을 해야 한다. 만약 이전에 없던 출근부 서명 등 9 to 5를 강요하면서 조합원을 괴롭힌다면 이것은 명백한 부당노동행위로서 「노동조합법」 제81조 제4호에 적시된 지배개입금지 위반에 해당한다. 만약 이런 일이 발생하면 즉시 관할 노동지청에 진정하면 된다. 노동지청에서 법에 따라 처리할 것이다. 형사처벌을 각오하고 교수노조에 9 to 5를 강요할 정도로 무모한 이사장이나 총장이 있을 것 같지는 않다.

13. 부당노동행위에 관한 처벌

ILO 98호 협약을 비롯해 각국 노동관계법에 부당노동행위에 관한 행위 규범이 들어 있기는 하지만, 우리나라 「노동조합법」에는 부당노동행위 unfair labor practices를 명문화하고 엄격한 처벌을 두었다는 점에서 매우 각별하다.

미국 노동법에서 유래한 부당노동행위 처벌 규정은 일본을 거쳐 한국에 도입되었기 때문에 한·미·일 3국만 노동관계법에 명문화되었다. 하지만 미국과 일본이 부당노동행위로 인한 피해

구제를 손해배상 등 경제적 원상회복을 원칙으로 하는 데 반해 우리는 형사처벌을 원칙으로 한다는 점, 그리고 그 처벌 규정이 2년 이하의 징역 또는 2,000만 원 이하의 벌금형(제90조)으로 매우 엄중하다는 점에서 확실히 구별된다.

또 법인 또는 단체의 대표자, 법인·단체 또는 개인의 대리인·사용인 기타의 종업원이 그 법인·단체 또는 개인의 업무에 관하여 부당노동행위를 한 경우에 행위자를 벌하는 외에 그 법인·단체 또는 개인에 대하여도 2천만 원 이하의 벌금에 처하도록 규정하고 있다(제94조). 「노동조합법」 제81조 각호에서 규정한 부당노동행위는 다음과 같다.

① 제1호 및 제5호: 노동자가 노동조합을 조직하거나 가입, 기타 정당한 조합활동, 정당한 단체행동 참가, 노동위원회에 부당노동행위 신고·증언·증거 제출 등을 이유로 사용자가 불이익을 주는 행위를 할 수 없다는 규정(불이익취급),
② 제2호: 노동조합에 가입하지 않거나 탈퇴 또는 특정한 노동조합 가입 등 향후 조합 활동 여부를 채용조건으로 하는 행위의 금지(반조합계약),
③ 제3호: 사용자가 정당한 이유 없이 노동조합의 교섭 요구를 거부하거나 해태하는 것에 대한 금지(단체교섭거부),
④ 제4호: 근로자가 노동조합을 조직 또는 운영하는 것을 지배하거나 이에 개입하는 행위, 노조 전임자에게 급여를 지원하거나 노동조합의 운영비를 원조하는 행위에 대한 금지(지배개입).

제1호·제5호의 불이익취급 처벌 규정은 노동자와 노동조합의 단결권과 단체행동권을, 제2호의 반조합계약 처벌 규정은 단결권을, 제3호의 단체교섭거부 처벌 규정은 단체교섭권을, 제4호 지배개입 처벌 규정은 노동조합의 자주성을 보장하기 위한 것이다.
　부당노동행위에 대한 형사처벌 규정은 1953년 「노동조합법」 제정 당시 도입되었다가 1963년 개정 때 삭제되고 노동위원회를 통한 구제 절차로 대치하였다. 그러다가 1986년 개정으로 부당노동행위에 대한 형사처벌 규정이 다시 회복되었다. 부당노동행위가 한·미·일 3국 노동관계법에만 명문화된 점, 부당노동행위 처벌 대상이 사용자에게만 부과된 것에 대하여 사용자의 반발이 있으나 이는 그만큼 한·미·일 3국 노동환경이 부실함을 말해주는 것이다. 유럽도 단결권의 본질적 내용인 불이익취급이나 반조합계약 행위에 대하여는 금지 입법이 있고, 노동자의 권리 형태로 부당노동행위가 금지되고 있다(문무기, 2005, 요약, 7~11).
　부당노동행위로 법인 이사장이나 총장이 징역이나 벌금형을 받으면 일반 기업과 달리 즉시 자격 박탈로 대학을 떠나야 한다는 점에서 매우 엄격한 법이다.

14. 가입에 따른 권익 증대

　노동조합 설립의 가장 중요한 목적 가운데 하나가 조합원의 신분보장과 노동조건 안정이다. 교수는 특별법인 「사립학교법」과 「고등교육법」에 근거한 신분보장이 있지만 두 법이 교수의 신분보장을 위해 제정된 법이 아니라서 교수의 신분보장은 부수적 조항에 불과하다. 따라서 노동조합에 가입하면 이들 법에 없는 사항을 「일반노조법」과 「교원노조법」에 의해 더욱 확실하게 보장받게 된다.

보다 구체적으로는 승진 및 재임용 규정은 물론 강의시수·연구실적·연구년 규정 등의 노동조건 변경은 지금도 교수들의 명시적인 동의를 얻어야만 가능하고, 그것도 개별 동의가 아닌 단체동의를 얻어야만 한다고 법으로 정해져 있다. 하지만 대학본부가 이런 법령을 어겨도 누가 나서서 법적으로 항의하지 않기 때문에 일방적인 변경이 가능했던 것이다. 특히 취업 때 강의시수와 연구실적, 연봉 등을 계약한 교수의 계약을 변경하려면 대학당국은 반드시 교수의 동의를 구해야 하며, 그것도 교수 개인의 부담을 줄여주기 위해 단체로 의사를 묻는 방식을 취하도록 법에 규정되어 있다. 만약 과반수 교수노조가 있을 경우, 반드시 교수노조의 동의를 얻어야만 가능하므로 개인 부담이 줄어든다.

교수의 신분과 노동조건은 ①「교원노조법」, ②「근로기준법」, ③ 단체협약, ④ 취업규칙, ⑤ 개별계약 순으로 상위법의 적용을 받는다. 교수노조가 없던 지금까지 교수들은 형식상 4단계인 취업규칙, 사실상 5단계인 개별계약에 의해 자신의 신분과 노동환경을 적용받았으나 교수노조에 가입하면 형식적으로는 3단계, 실질적으로는 4단계 강화된 「교원노조법」의 보호를 받게 된다.

또 교수의 신분보장이 개인 차원이 아닌 노동조합 차원에서 보장받게 되는 장점도 있다. 교수노조의 출범에 대해 정부와 법인이 긴장하는 이유는 노동조합이 교수들의 신분을 강력하게 보장해 줄 수 있기 때문이다.

한편 교수노조에 가입하면 대학으로부터 불이익을 당하지 않을까 우려하는 교수들도 있다. 하지만 앞에서도 언급한 것처럼 조합원의 권익 보호를 위해 신상은 본인의 동의 없이는 공개하지 않는 것을 원칙으로 한다. 이는 법적으로도 엄격하게 보호받는 것이어서 본인이 노동조합에 가입하였다고 말하지 않는 한 노동조합에 가입하였는지 여부를 대학에서 파악할 길이 없다. 만약 조합원이 전체의 과반수를 넘어서 부담이 없을 때는 조합원의 동의를 얻어서 공개할 수도 있겠지만 그것도 엄격한 절차를 거쳐야 한다.

한편 노동조합 가입은 단순히 개인의 권익 보호만 위한 것은 아니다. 법적 기구라는 장점을 기반으로 대학의 민주화와 경영합리화를 촉구할 수 있고, 나아가 고등교육 환경을 건강하게 만드는 합법적 구심적 역할을 할 수 있다. 따라서 노동조합에 가입하지 않는 것은 자신의 신분을 보장받고, 대학 민주화와 발전을 추구할 수 있는 권한을 스스로 포기하는 것이다.

15. 정교수와 노동조합

교수노조의 설립 및 가입에 대한 당위성과 필요성에 대한 인식은 대학과 전공에 따라, 근무연수에 따라 매우 큰 차이를 보인다. 그 가운데 가장 직접적인 요인은 신입생 모집에 따른 부담 정도이다.

주요 대학 정교수는 신분과 임금 모두 상대적으로 우세하기 때문에 노동자로서의 정체성도 약하고 노동조합 결성의 필요성도 절실하지 않은 편이다. 노동조합 가입에 따른 실익도 크지 않은 것이 사실이다. 하지만 교수노조의 설립과 발전에 가장 중요한 요인은 바로 이해관계가 적은 정교수들의 적극적인 참여 여부이다.

현재 전국 어느 대학이건 재정적 어려움에 시달리고 있으며, 이런 상황은 코로나19로 인해 더욱 악화되었고, 전반적인 경기 침체로 향후 전망 또한 낙관적이지 않다. 지금까지 노동조합 없어도 잘 지내왔다고 할 수도 있지만 갈수록 위축되는 대학 재정을 고려해 볼 때, 교수노조는 법인, 대학당국과 함께 정부와 국회, 여론을 상대로 난국을 타개하는 주체가 되어야 한다. 그리고 교수노조·강사노조·직원노조·조교노조 등 다양한 노동조합이 설립되고 각각 소속 조합원의 이익 증대를 위해 선의의 경쟁을 할 것이다. 결국 제한된 파이를 재분배할 때 노동조합을 설립하지 않은 단위, 노동조합에 가입하지 않는 교수, 특히 정교수에게 가장 큰 불이익이 돌아갈 수밖에 없을 것이다.

정교수의 가입은 승진과 재임용 등으로 법인이나 대학본부의 시선을 의식할 수밖에 없는 조교수·부교수 등 후배 교수들의 권익을 지켜주기 위한 선배 교수의 도덕적 책무이기도 하다. 또 학문 후속세대가 비정년 트랙으로 취업하는 환경을 만들지 않는 것 역시 후배와 제자에 대한 정교수의 책무 가운데 하나이다.

|제5절| 협상과 조정: 노사협의회와 단체협상

1. 노사협의회 설치 목적과 성격

　노사협의회는 박정희 정부가 「노동조합법」(1963)을 개정하면서 처음 만든 협의기구다. '노사 협조와 산업평화 유지'를 목적으로 하는 기구라고 하였지만, 실제로는 노동조합의 활동을 무력화 또는 대치하기 위한 수단으로 노동조합이 조직되어 있는 사업장에 설치하게 하였다. 마찬가지 목적에서 전두환 정부도 「노사협의회법」(1980.12)을 제정하여 노동조합의 설립 유무에 상관없이 일정 규모 이상의 사업체에 의무적으로 설립하게 하였다. 김영삼 정부는 「노사협의회법」을 「근로자 참여 및 협력 증진에 관한 법률」(1997.3, 「근로자참여법」)로 대체하면서 30인 미만 규모의 사업체에는 그 설립을 유예하여 주었지만, 30인 이상의 사업장에는 노사 공동 협의기구로 '노사협의회'를 설치하도록 의무화하고 그 기능과 권한을 더욱 강화하였다.

　박정희·전두환 정부는 노동조합을 대체 또는 약화시키기 위해 노사협의회를 만들면서 노동조합 조합원만 대표하는 것이 아니라 직장 내 모든 노동자를 대표한다는 명분을 내세워 대표성을 강조하였고, 사용자위원과 근로자위원의 수 역시 동수(각 3~10인 이내)로 하여 노동조합보다 더 민주적인 협의기구임을 표방하였다.

하지만 「헌법」 제33조의 노동권을 구체화해주는 노동관계법과는 달리 「근로자참여법」은 헌법적 근거가 희박하다. 특히 노동관계법이 노사의 갈등을 전제로 문제가 발생하면 노동조합이 실력행사를 통해서 부당노동 행위를 해결하게 함으로써 상호 견제가 가능하게 한 데 반해 「근로자참여법」은 노사의 공동이익 추구를 목표로 하고 있어 노사의 갈등이 없다는 것을 전제로 한다. 그래서 합의사항을 위반해도 벌칙이 적용될 뿐 노동조합의 실력행사는 배제된다. 그래서 노동조합의 단체교섭 및 활동은 영향을 받지 않는다고 「근로자참여법」 제5조(노동조합과의 관계)에 밝혀 두 법의 충돌을 방지하여 두었다.

「근로자참여법」은 사업주와 노동자의 공동결정권을 정점으로 노동자의 강력한 참가권을 보장하는 독일의 「사업장조직법」과 외형상 유사한 형태를 지니고 있다. 「사업장조직법」에서 노동자에게 부여하는 참가권의 대상 영역은

① 임금·노동시간 등의 기본적 근로조건을 중심으로 하는 사회적 사항
② 인사계획·배치전환·해고 등의 인사적 사항
③ 생산·판매·투자계획 등의 경제적 사항

등 3개 사항이며, 사항마다 정도를 달리하는 참가권이 규정되어 있다.

참가권의 내용은 합의에 의해서 결정하는 공동결정권과 최종 실시 여부를 사용자에게 유보하는 관여권으로 크게 나누어진다. 공동결정권에는 이의신청권·동의권이 있고, 관여권에는 노동자 대표의 발언권 강도에 따라 정보청구권·청취권·협의권·제안권

등 4단계로 나뉜다.

① 이의신청권은 종업원협의회가 이의를 제기하면 일방적 결정을 할 수 없는 것이다.
② 동의권은 종업원협의회의 동의가 꼭 필요한 것이어서 매우 강력한 권한이다.
③ 정보청구권은 사용자에게 특정 대상에 관한 정보를 제공할 의무, 즉 보고 의무를 부담시키는 권한이다.
④ 청취권은 사용자에게 종업원협의회의 의견을 청취할 의무를 부담시키는 권한이다.
⑤ 협의권은 사용자에게 종업원협의회와의 협의 의무를 부담시키는 권한이다.
⑥ 제안권은 종업원협의회의 제안을 부담시키는 권한이다.

사회적 사항은 공동결정권(동의권)을 중심으로, 인사적 사항은 이의신청권 및 각종 관여권을 중심으로 규정되어 있고, 경제적 사항에 대해서는 관여권만이 인정된다. 각 사항에 대한 참가권의 내용과 정도는 모두 「사업장조직법」에서 상세하게 정하고 있어 노사 간 재량은 크게 제한되는데 이는 불필요한 분쟁을 방지하기 위한 것이다(이상 김훈 2000, 3~6, 120~121).

이런 독일의 「사업장조직법」을 간략하게 변형시켜 불순한 동기로 도입한 제도이지만, 독일의 「사업장조직법」에서 유래한 것이어서 운영하기에 따라서는 노사협의회의 역할을 얼마든지 긍정적으로 활용할 수 있다. 노사협의회는 급변하는 환경에 신속하고 능동적으로 대응할 수 있도록 연 4회 이상의 정기적인 협의를 의무화하고 있고, 필요하면 임시회의도 개최할 수 있다. 회의에서 사용자는 기밀로 분류되지 않는 광범위한 경영 여건 및 계획을 충분히 보고·설명해야 하는 자료 제출 의무가 부과되어 있다.
　시행규칙 제5조(사용자의 보고·설명사항)에 따르면 사용자의 보고 의무 사항은

① 경영계획 전반 및 실적에 관한 사항(단기 및 중·장기 경영계획, 경영실적과 전망, 기구개편, 사업확장·합병·공장 이전 및 휴업·폐업 등 경영상 중요한 결정 사항)
② 분기별 생산계획과 실적에 관한 사항(분기별 생산계획과 실적, 사업부서별 목표와 실적, 신제품개발과 기술·기법의 도입)
③ 인력계획에 관한 다음 사항(인사방침, 증원이나 감원 등 인력 수급계획, 모집과 훈련)
④ 기업의 경제적·재정적 상황에 관한 사항(재무구조에 관한 일반 현황, 자산현황과 운용 상황, 부채현황과 상환 상황, 경영수지 현황)
⑤ 그 밖의 사항(사용자가 보고하도록 협의회에서 의결된 사항, 근로자가 정당하게 보고를 요구한 사항)

으로 경영 전반에 걸쳐있다.
　또 노사협의회를 정기적으로 개최하지 않을 경우, 자료 제출 의무를 준수하지 않을 경우, 의결 사항을 정당한 사유 없이 이행하지 않을 경우 각각 200만 원, 500만 원, 1천만 원 이하의 벌금에 처하도록 하는 등 강제 집행력을 법으로 보장하고 있다. 일반 기업체와 달리 대학의 이사장이나 총장은 이런 벌금을 받으면 즉시 대학을 떠나야 한다는 점에서 중요한 의미를 지닌다.
　이처럼 사용자가 보고해야 할 광범위한 사안은 대학 경영정보 전반을 망라한 것이어서 대한 운영 현황을 파악할 수 있는 매우 중요한 기회를 제공해준다. 대부분 대학에서 직원들이 평교

수는 물론이고 보직교수보다 대학의 핵심 경영정보를 훨씬 많이 알고 있고, 일부 대학에서는 이를 활용해 직원들이 교수를 직간접 통제하는 횡포가 자행되고 있는데, 그것은 직원노조가 노사협의회 근로자위원을 독점하고 정보를 독점했기 때문이다. 법 규정과 무관하게 단체협상에 관한 전반적인 내용도 노사협의회를 통해서 그 얼개가 마련되곤 했던 것이 대다수 대학의 현실이다.

2. 노사협의회의 불법적 구성과 운영 관행

근로자위원은 노동조합의 대표가 아니라 전체 노동자들의 대표이므로 전체 노동자가 선출해야 하나 노동자 과반수로 조직된 노동조합이 있는 경우에만 노동조합 대표자와 그 노동조합이 위촉하는 자를 선출하도록 하였다. 노동조합에서 위촉한 근로자위원이 조합원의 이익을 우선 대변하기 쉬운 점을 고려하여 고용노동부는 비조합원의 추천을 적극적으로 권고하고 있지만(고용노동부, 2011, 50). 교수가 노사협의회에 참여하는 경우가 전국에 하나도 없다는 것은 고용노동부의 권고가 무용지물임을 말해준다.

헌법재판소는 2015년 5월 28일, 교수도 노동자라고 결정하였다(헌재 2015.5.28, 2013헌마671등). 현재 대부분 대학에서 교수의 수가 직원보다 2~3배 이상 많으므로 대학 최대의 노동자군은 교수이다. 따라서 기왕에 임명된 근로자위원의 임기를 고려하더라도 2015년 이후부터는 교수가 근로자위원으로 참여했어야 한다. 하지만 전국 모든 대학의 노사협의회 근로자위원을 소수 노동자로 구성된 직원노조가 독점하고 있다. 이는 명백한 불법 구성이며 불법 운영에 해당한다.

　근로자위원을 선출하려면 사학법인이 우선 전 구성원을 상대로 근로자위원 선출 공고를 해야만 한다. 하지만 이런 의무를 준수한 법인은 전국에 하나도 없다. 직원노조도 법인의 불법행위를 잘 알지만, 자신들의 기득권을 지키기 위해 침묵하였고, 교수들은 아무것도 모른 채 자신들의 권리를 침탈당하며 지내왔다.

　하지만 2019년 말에 신성대 교수협의회는 전국 최초로 이런 문제점을 지적하고 직원노조와 협상에 들어가 교수 3명, 직원 2명으로 노사협의회를 재구성하기로 원만하게 합의하였다. 이어서 2020년 6월, 중앙대 교수노조도 노사협의회 구성의 이런 불법적 관행에 대하여 고용노동부와 노동지청에 질의한 결과 양측으로부터 불법 구성이 분명하다는 회신과 함께 노동지청은 중앙대 총장과 직원노조에게 조속한 시정을 명하고, 시정하지 않을 경우, 의법 조처하겠다고 통보하여 현재 교수노조와 재구성을 논의 중이다. 중앙대 논의가 확정되면 이를 바탕으로 대학마다 노사협의회 구성을 적법한 상태로 환원시키는데 나서야 할 것이다.

　교수노조가 주체가 되어 3년 임기의 노사협의회 근로자위원을 위촉하고 호선으로 선임하는 노사협의회 의장직을 맡을 경우, 그동안 소문으로만 접했던 대학의 경영정보를 정확하게 파악할 수 있게 된다는 점에서 노사협의회 참여는 교수노조의 핵심적 이익에 해당한다. 교수노조 설립에 대해 직원노조가 가장 우려하는 부분도 바로 여기에 있다.

　독일에서 「사업장조직법」을 제정한 목적은 노동자의 적극적 참여를 유도해 경쟁력을 강화하려는 것이었다. 또 소속 조합원만 대표하는 노동조합과 달리 전체 노동자를 대표하는 노사협의회가 더 폭넓게 노사 공동의 이익을 추구할 수 있다는 점도 고려하였다. 이 점은 자율성을 존중해야 더 효율적으로 작동하는 대학 고유의 특성과도 부합하는 점이다. 따라서 노사협의회는 대학의 경쟁력 강화를 위해서라도 노사 모두 적극적으로 활용할 필요가 있다. 교수노조가 아무리 적극적으로 활동하더라도 직원·학생 등 다양한 구성원의 이해를 조정해야 하는 숙제가 뒤따르며, 각 직종 내 복수노조가 출현하면 이해관계가 더욱 복잡해질 것이다. 그럴 경우, 노사협의회의 역할은 더욱 커질 것으로 전망된다.

3. 법령체계와 취업규칙

법의 위계는 헌법> 법률·조약> 명령> 규칙 순이다. 최상위법인 헌법은 국민투표를 거쳐 국회의 표결로 제정된다. 법률은 국회 의결을 거쳐 제정되고, 명령은 대통령이 제정하며, 규칙은 국무총리나 장관이 제정한다. 대통령이 다른 나라와 체결하여 맺어진 조약은 법률과 같은 효력을 지닌다. 모든 법은 상위법이 하위법보다 우선이며, 신법이 구법보다 우선이고, 특별법이 일반법보다 우선이다.

「노동조합법」, 「근로기준법」, 「근로자참여법」 등은 헌법에 근거하여 국회 의결을 거쳐서 제정된 대표적인 노동 관련 법률이다. 이 법률 내에 모든 내용을 구체적으로 적시하거나 사회 변화에 맞춰 제때 개정하기 어려우므로 법률에는 원칙적인 내용 또는 반드시 준수해야 할 사항만 간결하게 명기하고 구체적인 사항은 하위법인 명령이나 규칙에서 정하도록 하고 있다.[31]

법조문 가운데 '~한 사항은 대통령령으로 정한다'라고 한 것이 바로 그것인데, 이렇게 법률을 시행하기 위해 법률로 위임받은 명령을 가리켜 시행령이라고 한다. 시행령은 대통령만 제정할 수 있으므로 대통령령과 같은 뜻이다.

대통령령인 시행령을 시행하려면 더욱 상세하고 구체적인 내용의 명령이 필요하다. 이를 가리켜 시행규칙이라고 한다. 시행규칙은 국무총리나 장관만 제정할 수 있으므로 총리령·부령이라고 한다. 그 밖에도 지방자치 단체에서 정하는 조례와 규범이 있다. 조례는 지방의회가, 규범은 지방자치단체장이 정하는 자치법규이고, 그 효력은 관할지역으로 제한된다.

법은 아니지만, 행정기관 내부명령인 행정규칙이 있다. 국회와 법원에 대하여 구속력을 갖는 법규명령과 달리 행정규칙은 행정부 내부를 규율하기 위한 행정입법이므로 그 효력은 행정조직 내부로 제한된다. 행정규칙은 고시> 예규> 훈령> 지시> 일일명령으로 구분한다. 고시는 법적 근거에 의한 행정업무 처리기준이고, 예규는 법규문서 이외의 문서로 지시하는 행정업무 기준이며, 훈령은 하급기관에 대한 장기적 지시 명령을 의미한다. 지시는 특정 사안에 대한 구체적 명령이며, 일일명령은 당직·출장·휴가 등 일일 업무에 대한 명령이다(이근호, 2016, 134~136).

행정기관이 발하는 예규·훈령·지시 등은 형식적으로는 하급 관청만 구속할 뿐 국민에게 법적 구속력을 미치지 않는다고 하지만 여기에 담긴 행정해석은 정부의 노동정책 지침, 즉 노사관계에 대한 정부의 유권해석 또는 공권적 해석이므로 노동법

---

31) 단 「민법」과 「형법」은 법률이지만 시행령이나 시행규칙이 없다.

적용에 큰 영향력을 행사한다. 행정해석이 곧 재판규범이 되는 것은 아니지만 중요한 참고자료가 되기 때문이며, 특히 근로감독관 등이 해석예규에 구속되기 때문에 매우 직접적인 영향력이 있다(강희원, 2011a, 275~278).

취업규칙은 그 명칭 때문에 기업 내 규칙이나 규범으로 오해하는 경우가 많은데, 사용자가 정한 근무 규정과 임금 등 노동조건에 관한 사회규범을 뜻한다. 노동관계법령에서 취업규칙으로 통칭하나 기업에서는 사규·내규·규정·지침 등 다양한 명칭으로 불린다. 법원은 명칭과 형식을 불문하고 노동조건에 관해 사용자가 정한 것이면 「근로기준법」에서 정한 취업규칙으로 본다(대법 2006다83246, 근로기준과-1118).

4. 취업규칙의 내용, 작성·변경권

취업규칙은 노동자가 준수해야 할 규율과 노동조건에 관한 구체적인 사항을 정한 규칙으로 상시 10인 이상의 노동자를 사용하는 모든 사용자는 「근로기준법」 제93조 각호의 사항을 규정한 취업규칙을 작성하여 노동부에 신고하도록 규정하고 있다.

신고사항은 ① 총칙, ② 채용 및 근로계약, ③ 복무, ④ 인사(인사위원회, 배치·전직 및 승진, 휴직 및 복직), ⑤ 근로시간, ⑥ 휴일·휴가, ⑦ 모성보호 및 일·가정 양립 지원, ⑧ 임금, ⑨ 퇴직·해고 등, ⑩ 퇴직급여, ⑪ 표창 및 징계, ⑫ 교육, ⑬ 직장 내 괴롭힘 방지, ⑭ 직장 내 성희롱의 금지 및 예방, ⑮ 안전보건, ⑯ 재해보상, ⑰ 보칙 등으로 구성되어 있으며, 노동자 전체에 적용될 사항을 반드시 기재해야 한다. 단 직제상 기구나 정원, 인사고과 등은 사용자의 경영권과 인사권에 해당하는 것으로서 취업규칙에 해당하지 않는다. 고용노동부는 취업규칙 작성의 편리를 위해 표준양식을 제작하여 배포하고 있는데, 총 137쪽으로 매우 방대하다(고용노동부,「표준취업규칙」, 2019).

이렇게 취업규칙이 매우 포괄적인 데다 관행까지 포함하는 것은 노동 현장에서 발생하는 다양한 내용을 취업규칙에 다 담을 수 없기 때문이다. 예를 들어 구두로 매년 상여금 지급을 약속하고 실제로 지급했다면 문서가 없더라도 취업규칙에 해당한다. 또 법원은 한 사업장이라도 노동조건과 작업 특성에 따라 별도의 취업규칙을 작성할 수 있다고 판단하고 있다(이상 대법 2006다83246, 근로기준과-1118).

기업 내 노사관계는 장기 지속되는 것이어서 어떤 형태건 관행이 생기기 마련이며, 거기에는 나름의 이유가 있기 마련이다. 따라서 비록 법적 규정은 아니더라도 관행은 기업 내 중요한 사회규범으로 간주되어 재판에서도 중요한 판단기준으로 작용한다. 특히 노동조건 관행은 불문의 단체협약 내지 취업규칙의 성격을 지닌 것으로 인정되므로 한쪽의 의사표시로 관행이 실효되는 것은 신뢰 상실을 초래하는 것으로 간주한다. 관행으로는 전임자제도 관행, 전임자 없는 경우 임원이 근무시간에 조합업무를 수행하는 관행, 조합비 원천징수 관행, 조합사무실·게시판·집회장소 등 시설이용 관행 등은 사실상 노동조건을 결정하는 규범으로서 매우 중요한 역할을 한다(강희원, 2011a, 290~293).

취업규칙을 작성하면 신속하게 관할 노동지청에 신고하여야 하며, 노동지청은 접수 후 20일 이내에 심사하고, 만약 법령에 위반되는 사항이 있으면 변경 명령을 하여야 한다. 그리고 작성된 취업규칙을 상시 각 사업장에 게시 또는 비치하여 노동자에게 주지시켜야 한다. 따라서 교수들은 자신의 취업규칙(강의시수, 연구실적, 평가방식 등)이 어떻게 노동지청에 신고되었는지 확인할 권리가 있고, 법인은 게시해야 할 의무가 있다.

 취업규칙의 작성과 변경권은 사용자에게 있다. 그러나 「근로기준법」은 노동자에게 부당한 불이익이 가지 않도록 작성과 변경 때 노동자 과반수로 조직된 노동조합이 있는 경우에는 그 노동조합에, 과반수 노동조합이 없으면 노동자 과반수의 의견을 듣도록 하고 있다. 특히 노동자에게 불리하게 내용을 변경할 경우, 반드시 그 동의를 얻어야 하며(제94조 제1항 단서), 취업규칙을 신고할 때 이러한 의견을 기록한 문서를 첨부해야 한다(제97조 제2항).

 만약 노동자의 집단적 의사결정 방식에 의한 동의를 얻지 않고 노동자에게 불리하게 취업규칙을 변경하면 그 변경은 무효가 되고 종전의 규칙이 그대로 효력을 지니게 된다. 개인적 의사를 묻는 방식으로의 동의 또한 부당한 압박으로 간주하여 인정하지 않는다. 대학에서 교수들의 집단적인 방식에 의한 동의를 얻지 않고 일방적으로 강의시수나 승진·재임용, 연구년 자격 심사의 기준을 변경하는 것은 취업규칙 위반으로 부당노동행위에 해당한다.

 강희원은 전체 노동자의 과반수의 의견을 청취하면 (불이익한 변경이 아닌 한) 동의와 무관하게 사용자가 일방적으로 취업규칙의 작성·변경이 가능하다는 점에서 제정 절차가 비민주적이라고 지적하고[32] 이런 가부장적 잔재는 적어도 노동조건에 관한 한 노사협정으로 대체되어야 한다고 주장하면서도 취업규칙을 가장 효력이 있는 법적 규범이라고 긍정적으로 평가한다.[33]

5. 단체협약의 의미

대규모 사업장을 운영하는 사용자가 항상 직면하는 문제는 대규모 집단에 내재되어 있는 잠재적 저항력이다. 이것을 사전에 파악하고 해소하는 것이 사용자의 가장 중요한 과제이다. 성숙한 권리의식의 부족과 분쟁을 해결하는 제도의 부족이 신뢰 부족 내지 불신과 맞물리면 분쟁이 초래되기 마련이다. 따라서 공적인 시스템 정비가 중요한 과제인데 유럽의 '분쟁모델'보다 조정과 합의로 분쟁을 해결하는 '조정모델'이 대학에 더 적합하다. 노동법이 추구하는 가치도 그러하다.

노동법은 전체 조화에 의한 갈등 없는 사회를 목적으로 한다. 하지만 갈등이 없을 수 없고 갈등이 없다면 민주주의 사회가 아니다. 따라서 노동법은 불가피한 갈등을 제도화하고 안정화하기 위한 노사 공동의 규범복합체이며, 사회적 안정에 대한 욕구 충족이 노동법이 추구하는 정의이다. 따라서 사용자가 '노동자는 오

---

[32] 사용자가 일방적으로 만든 취업규칙을 법원法源으로 인정한다면 전제군주의 전제입법과 다를 바가 없으므로 어떤 형태로든 노동자의 동의를 거쳐야 한다(강희원, 2011a, 287).

[33] 「근로기준법」 제93조에서 법규범인 취업규칙의 제정권을 사용자에게 수권했지만, 보호법 원리에 모순되지 않는 범위에서의 인정이라는 점, 제97조에서 취업규칙의 기준에 미달하는 근로조건을 정한 근로계약 구분을 무효로 하고 그 기준까지 인상해야 한다고 한 점은 취업규칙의 법원성을 명확하게 해주는 요인이다(강희원, 2011a, 289).

직 임금을 통해서만 경제와 관련된다'고 생각한다면 그것은 심각한 오해다. 노동법은 사회적 차원에서 결정되어야 한다는 점에서 '인간법'이고 '동지법'을 지향하며(이상 강희원, 2011a, 194, 214, 245; 2011b, 295~298, 447), 이는 일반 제조업과 성격이 크게 다른 대학에서 더욱 중시하고 진지하게 추구해야 할 가치이다.

그동안 교수들과 관련된 단체협약 사안은 교수협의회가 나서서 대학 측과 논의하였으나 노동조합이 아니라는 법적 한계 때문에 사용자인 법인과 직접 만나서 문제를 해결할 수 없었고, 사용자를 위해 일하는 총장이나 총장의 지시를 받아야 하는 부총장과 협의를 하는 것이 상례였다. 하지만 실제 임금 인상률 결정은 법인과 직원노동조합의 단체협상의 결과에 따라 좌우되었다. 교수들에게는 가장 중요한 노동조건에 대하여 협상은커녕 협의할 자리조차 마련되지 않은 상태가 70년 동안 지속되었다. 이는 노동법에서 추구하는 '인간법', 노동법에서 지향하는 '동지법'에서 교수들이 철저하게 배제되었음을 말해준다. 이는 대학에서 가장 중시하는 가치인 자치와 자율에도 정면 역행하는 일이다.

진쯔하이머는 단체협약의 자율성 확보를 위한 기초 사상으로 자치주의 원리를 강조하였다.[34] 자치주의 원리라고 하는 것은 국가와 사회의 관계에서 '사회'의 법 창조 기능을 긍정하고 그런 자치 규범의 역할을 중시하는 것을 말한다. 자치주의 원리의 핵심은 한마디로 '단체의 법 창조력'에 있다. 노동법이 추구하는 '사회적 자치법', 즉 노사의 자율적인 교섭과 작용으로 사회규범을 형

---

[34] 진쯔하이머가 1916년에 간행한 『단체협약입법』의 부제가 '법에 있어서 사회적 자기 결정의 이념'인 것이 바로 자치주의에 대한 진쯔하이먼의 생각을 반영한다(이원희, 1996, 216).

성하는 것으로는 조합규약, 단체협약, 노사협정, 취업규칙 등이 있다.35).

노사 간의 사회적 자치에 의한 법 형성은 국가라는 우회로를 필요로 하지 않고, 경제적 변동 등에 신속하게 대응할 수 있는 유연성이 있으며, 사회적 자치 능력을 향상시키는 등의 많은 장점이 있다. 이런 사회적 자치법을 만들어가는 과정이 바로 노동법의 기초 사상인 자치주의 원리에 입각한 노사 간의 자율적인 규범 창조인 것이다.

단체협약은 본래 근로조건의 집단적 규제를 위해서 인출된 기술이어서 협약 조항에는 임금·근로시간·휴일·휴가 등 노동자 개인 근로조건 규율이 있고, 노조 자체의 지위나 권리 의무조항도 들어 있는 것이 일반적인데, 전자는 근로기준 조항, 후자는 노사관계 조항이라고 할 수 있다. 그리고 강희원은 우리나라에서는 기업별 노조가 많아 단체성이 결여되었기 때문에 단체협약이라기보다는 '노사협약' 또는 '노동협약'이라고 칭하는 것이 더 타당하다고 보았다.(이상 이흥재, 1991, 18; 강희원, 2011a, 196~198, 281, 283).

6. 교섭창구 단일화와 교섭의 구속력

현행 「교원노조법」의 단체협상 관련 법령에서 가장 문제가

---

35) 북미법에서는 단체협약을 신사협정이나 단순계약으로 취급하지만, 그 외에는 단체협약을 제정법 또는 그에 준하는 법규범으로 인정하는 것이 일반적 경향이다(강희원, 2011a, 281).

되는 것은 '교섭창구 단일화' 조항이다. 노동3권을 과도하게 제한한 「노동조합법」도 위헌요소가 다분하지만 2011년 7월에 복수노조를 허용하면서 '교섭 창구 단일화제도'를 동시에 허용한 제29조 제2항은 더욱 그러하다(강희원, 2011b, 332~333). 그런데도 더불어민주당 한정애韓貞愛 의원과 고용노동부가 발의한 「교원노조법」 개정안(의안 번호 18746, 2019.2.21 발의)에는 이 조항을 두어 단일화가 되지 않으면 사용자 측에서 교섭에 응하지 않아도 무방하게 하였다. 이 조항이 설훈 의원 안에도 그대로 들어가 노동조합의 교섭권을 크게 제한하는 악법이라며 사교조를 비롯한 많은 교수단체가 반대하였고, 법사위 논의 과정에서도 더불어민주당 박주민朴柱民·이재정李在汀, 정의당 여영국余永國 의원 등이 반대하였지만 원안 그대로 의결되었다.

1991년, 정부는 ILO에 가입하면서 핵심협약(「결사의 자유에 관한 협약」) 비준을 약속하고도 30년이나 미뤄왔는데, 이제 약속을 지키지 않으면 한-EU FTA의 파기나 막대한 벌칙을 감수해야 하는 상황에 처하였다. 그래서 이번 정기국회에 비준 추진 위해 「노동조합법」·「공무원조합법」·「교원노조법」 개정안을 제출하였다(2020.06.30). 개정안 가운데 「교원노조법」 관련 쟁점은 모두 세 가지다.

  ① 현직 근로자가 아닌 자(해직 조합원)의 조합원 자격 문제
  ② 전임자 임금 지급 금지 규정 문제
  ③ 교섭창구 단일화 문제

이 가운데 제1항은 ILO 규약에 따라 해직 교원의 노조 가입

을 허용함으로써 법외노조로 있는 전교조 문제를 해결하려는 것이다. 따라서 개정이 이루어지면 교원노조 가입대상이 현직 교원에서 교원이었던 자로 확대되며, 그 구체적인 내용은 노조 규약으로 정하게 하였다. 제2항과 제3항은 일반노조와 달리 공무원노조와 교원노조에게만 적용을 배제하고 있어 향후 개정을 위한 노력이 절실하게 요구된다. 그 가운데 우선 교섭창구 단일화와 관련된 문제를 살펴보면 다음과 같다.

첫째, 헌법상의 기본권인 노동권의 단체교섭권과 단체협약권을 제한하는 창구 단일화 절차와 과정에 관한 규정을 대통령령으로 정하는 것은 국민의 기본권 제한은 법률로만 가능하다는 헌법상의 법률유보 원칙에 위배되어 위헌적이다. 따라서 교섭창구 단일화 관련 조항은 법률로 규율해야 마땅하다.

둘째, 「교원노조법」과 「공무원노조법」은 노동조합 대표자에게 단체교섭권과 단체협약 체결권을 부여하고 있고, 조합원으로 교섭위원을 구성하도록 규정하고 있지만, 교섭위원 권한에 대한 규정은 없다. 따라서 창구 단일화를 위한 노동조합의 교섭대표단(교섭위원단)의 책임과 권한을 명기하고, 교섭대표단(교섭위원단)의 구성과 그 의사 결정의 절차와 과정을 명확히 정하도록 법 개정을 하여야 한다.

셋째, 「일반노조법」은 '과반수 대표교섭노조제'를 채택하여, 배타적 교섭권을 부여하고, 그 절차와 과정을 자세하게 규정하였다. 하지만 「공무원노조와 교원노조에게는 사용자에게 창구 단일화를 요구할 권한을 법으로 부여한 데 반해 노동조합의 창구 단일화 절차와 방법은 모두 시행령에 위임하게 하여 시행령 제정권을 당사자인 정부가 장악하게 하였다. 이렇게 되면 공무원노조는 물론 교원노조도 단일화에 대한 정부 요구에 무조건 따라야 하는 불공평성이 발생한다.

넷째, 복수노조가 출현하면 교섭창구 단일화를 위한 과정을 거쳐야 비로소 단체협상이 가능한 데, 노조 간 자율적인 협의가 이루어지지 않으면 교섭위원 구성을 강제할 방법이 없다는 점이다(이장원, 2020, 발표문). 이럴 경우, 잘못하면 단체협상을 하지도 못하고 주저앉을 수도 있다.

하지만 복수노조가 출현하더라도 과반수를 차지하는 교수노조가 있으면 상대 노조는 무력화된다. 제1노조가 협상권을 갖기 때문이다. 여기에서 과반이라는 뜻은 전체 교수의 과반이 아니라 노동조합에 가입한 조합원의 과반을 뜻한다. 이는 노동조합에 가입하지 않은 교수의 권익은 누구도 지켜주지 않는다는 말이기도 하다. 과반을 점하는 제1노조가 없으면, 노조끼리 협상권을 일정 비율로 나누어 가져야 한다. 또 제2, 제3노조가 연합하여 과반을 차지하면 비록 제1노조라도 협상권을 빼앗길 수 있다. 따라서 과반수 노조원을 확보하는 것이 가장 중요하다.

법적으로 복수노조 설립이 허용되므로 어용노조의 출현을 제도적으로 막을 수는 없다. 또 어떤 노동조합이건 교수들의 권익 증진에 힘쓰겠다고 강조할 것이고, 출범 초기에는 법인이 어용노조의 편을 들어주어 임금인상 등의 당근을 제시하며 교수노조를 장악할 수도 있어 선명성의 강조만으로는 어느 교수노조가 어용인지 구분하기 힘들다. 하지만 복수노조가 출현하면 어떤 형태건 노선의 차이가 생기기 마련이고, 경쟁의 과정에서 살아남기 위한 수단으로 더 치열한 경쟁이 생겨 법인에게 부담을 줄 수도 있지만 법인과 유착할 가능성도 상존한다. 아무튼 복수노조의 출현은 교수사회의 분열과 갈등을 초래할 수 있다는 점에서 반드시 막아야 한다. 교수들의 단결이 무엇보다도 중요하다.

아마 어용노조가 출범하면 또 전국단위 어용노조연맹이 생길 가능성도 있다. 그러면 개별 대학 어용노조보다 더 강력한 힘을 발휘할 수도 있다. 「노동조합법」 제2조 제4항에는 노동조합의 형태를 갖추긴 했지만, 노동조합으로 간주할 수 없는 경우가 적시되어 있다. 관건은 "사용자 또는 항상 그의 이익을 대표하여 행동하는 자"인지 여부이다. 그 구체적인 내용은 다음과 같다.

① 형식적인 직급 명칭이나 지위보다는 직무 내용 및 규정의 운영실태, 노동자에 관한 사항에의 관여나 정도 등 구체적인 사실관계를 토대로 근로자의 인사, 후생, 노무관리 등 근로조건의 결정 또는 업무상의 명령이나 지휘, 감독 등에 대한 사업주로부터 권한과 책임을 부여받았는지 여부.
② 근무평정 권한 및 책임이 최종적으로 귀속되는지 여부.
③ 근로관계에 대한 계획과 방침 등 사용자의 기밀에 속하는 사항을 접하고 있어 근로자의 현 직책상의 직무수행에 수반하는 책임과 의무가 노동조합의 조합원으로서의 활동에서 요구되는 성의와 책임에 직접 저촉되는지 여부

만약 위에 해당하는 노동조합이 있다면 그것은 어용 여부를 넘어서 불법 노동조합이 된다. 따라서 노동조합연맹은 각 대학의 교수노조가 가입 신청할 때, 일정 정도의 심사를 통해 확인해야 하며, 특히 복수노조가 있으면 엄밀한 심사를 하여 어용노조를 가려내야 한다. 하지만 전국단위 어용노조연맹이 결성되면 어용노조끼리 합법적인 활동을 할 가능성도 있다.

특히 어용노조가 교수들에게 불리한 내용의 단체협약을 체결

하게 되면 기존의 취업규칙이나 교수가 취업하면서 체결한 개별 계약까지 모두 무력화된다. 교수들을 대표하는 교수노조의 대표가 체결한 것이므로 임금은 물론 강의시수, 연구실적, 승진 및 재임용 기준, 징계 기준, 학과 구조조정 등 모든 것을 교수들은 무조건 따라야만 한다. 또 교수노조 위원장은 이런 단체교섭을 법인과 단독으로 체결할 수도 있으므로 조합원은 위원장 선출에 각별히 유념해야 한다.

교섭을 진행한 노동조합의 노조원이 전체 교수의 과반 수를 넘으면 교섭 결과는 비노조원을 포함한 전체에게 동등하게 적용된다. 만약 노조원이 전체 교수의 과반을 넘지 않으면 교섭 결과는 노조원에게만 적용된다. 교섭을 진행하면서 노조원에게 유리한 교섭 결과를 요구할 수는 있어도 비노조원에게 불리한 결과를 요구할 수는 없다.

7. 교섭요구 및 예비교섭(단체교섭①)

단위대학별 노동조합 위원장은 사립학교 설립·경영자에게 단체교섭을 요구할 수 있는 법적 주체이며, 조합원에게 교섭권·체결권까지 위임할 수도 있다. 노동조합에서 단체교섭을 요구할 경우, 대응의 의무자는 법인 이사장이 된다. 총장은 사용자를 위하여 일하는 자이므로 대응 의무자가 될 수 없다.

단체교섭 요구는 위원장 명의로 작성된 「단체교섭요구서」(「교섭요구서」)을 통해서 해야 하며 교섭요구서에는 교섭 요구사항 등이 구체적으로 적시되어야 한다. 그리고 조합원을 지명하며 교섭 내용·일시·장소 등에 관하여 예비교섭을 시작하여야 한다. 복수노조일 경우 상호 합의에 따라 선정하되, 합의를 이루지 못한 경우, 조합원 수에 비례하여 선정한다. 조합원 수 확인이 필요하면 단체통장에 납부된 조합비를 근거로 계산하며 관련 자료를 상대 노동조합에 제공해야 한다. 그래도 합의가 이루어지지 못하면 관할 노동지청에 조합원 수 확인을 의뢰하여 결정한다.

예비교섭에서는 노사 간에 「단체교섭 절차 및 방법 등에 대한 합의서」(「절차합의서」)를 작성하는 것이 바람직하다. 「절차합의서」는 통상 ① 제목, ② 목적, ③ 용어의 정리, ④ 교섭의 당사자와 담당자, ⑤ 교섭의 운영, ⑥ 교섭 내용, ⑦ 실무간사, ⑧ 교섭일정, ⑨ 교섭위원, ⑩ 교섭위원 통보 및 교섭 성립요건, ⑪ 교섭 시간 및 장소, ⑫ 회의진행 방식, ⑬ 본교섭 진행절차, ⑭ 실무교섭 진행절차, ⑮ 의사진행 규칙, ⑯ 합의서 해석, ⑰ 일시 및 서명 순으로 작성한다.

예비교섭은 일종의 '교섭의 룰'을 정하는 것인데, 원만하게 교섭이 이루어지지 못하더라도 본교섭 개시를 미룰 수는 없다. 교섭 절차 등에 대한 사전협의 미비를 이유로 교섭을 거부하면 정당한 사유 없는 단체교섭 거부에 해당할 수 있다. 교섭요구안을 수정하거나 추가할 경우, 1회에 한하여 본교섭(상견례) 전까지 서면으로 제출하도록 한다.

단체교섭에서 합의된 절차나 관행을 위반하는 경우, 합리적 절차를 정당한 사유 없이 거부하는 경우 모두 성실교섭의무 위반에 해당한다. 이는 분쟁 발생 시 판결에 중요한 근거가 되므로 관련 자료를 잘 수집·보관하여야 한다(이상 김용서, 2020.9.18).

8. 본교섭(단체교섭②)

실무교섭에서는 교섭안건을 축조심의하고, 교섭안에 대한 합의를 거쳐 본교섭에 상정하는 역할을 담당한다. 실무교섭은 통상 월 2회, 1일 3시간씩 하며 장소 등은 합의에 따르면 된다. 본교섭과 실무교섭은 공개를 원칙으로 하되, 합의하에 비공개로 진행할 수 있다. 본교섭과 실무교섭에서 속기사를 배치하되, 노사 양측은 자율적으로 회의록을 작성할 수 있다. 녹화·녹취는 상호 합의에 의해 가능하나 속기록과 녹취 내용은 합의서에 우선할 수 없고, 단체협약 해석상의 근거자료로만 사용 가능하다. 배석자 수는 노사 각각 10인 이하로 하고, 노사 양측의 사전협의에 의해 참석할 수 있으며, 배석자는 상대방의 동의를 얻어야 발언할 수 있다. 내부 의견 조율이나 휴식 등을 위하여 필요한 경우 정회할 수 있다.

「일반노조법」에 단체교섭 대상을 적시하지 않은 것은 가급적 자율적으로 교섭할 수 있도록 배려한 것이므로 조합원의 사회적·경제적 지위(임금·근무조건·후생복지) 향상에 관한 것은 모두 대상이 될 수 있다. 이렇게 '금지교섭사항'이나 '비교섭사항'은 없지만, 정부 정책 등이 조합원의 권익과 밀접할 경우라도 노동조합이 그것을 단체협상에 넣는 것은 일반적으로 인정되지 않는다.[36] 다만 사학법인은 조합원의 권익과 관련된 법률이나 정책의

---

36) 교육부는 ① 교육정책에 관한 사항, ② 인사권의 행사에 관한 사항, ③ 교육과정에 관한 사항, ④ 기관의 관리 운영 등에 관한 사항, ⑤ 사립학교에 대한 사항, ⑥ 제3자에 관한 사항 등을 '비교섭사항'으로 분류하고 있으나 이는 아무런 법적 근거가 없는 교육부의 자의적 분류에 불과하다(김용서, 2020.9.18).

개정을 국회나 정부에 제출하고 개정을 요청하는 신의칙상의 책임은 부담해야 한다. 반면 국립대학은 사용자가 정부이므로 단체협상에 정부 정책을 포함시키는 것이 상대적으로 편리하다.

「교원노조법」 제6조에서 단체협약 체결 시 여론조사나 공청회를 통하여 국민 여론 및 학부모의 의견을 수렴하도록 정하고 있는데, 이는 주로 초·중등교원과 관련된 조항이지만, 향후 학생복지에 대한 요구가 커질 경우, 대학도 학생복지나 학습권 보호 등에 관한 사항이 단체협약에 포함될 수 있을 것이다(이상 김용서, 2020.9.18).

9. 잠정합의서 작성(단체교섭③)

최종 단체협약서를 체결하기 전에 일단 잠정합의서를 체결한 후 노동조합 내부의 인준을 받아야 한다. 따라서 잠정합의서에 노사 양측 교섭위원 전원이 서명 또는 날인한 경우라도 교섭위원에게 협약체결권이 없으면 단체협약을 체결한 것으로 볼 수는 없다. 하지만 아무리 '잠정합의서'라고 해도 협약체결권자가 교섭위원에 포함되어 서명署名 또는 날인捺印하였다면 단체협약으로서의 효력을 부인하기 어려우므로 각별히 유의하여야 한다. 협약체결권자의 구두 합의 또한 마찬가지다.

교섭 과정에서 양측 협약체결권자가 개별조항별로 합의할 때마다 서명·날인하되, 최종적으로 단체협약 전체 조항에 대해 포괄적으로 서명·날인하기로 한 경우, 이는 합의 조항을 확인하기 위한 목적으로 작성된 문서이므로 단체협약이라고 볼 수 없다.

하지만 이 또한 단체협약으로서의 효력을 발생시키려는 당사자들의 의사가 분명하고, 문서로 작성되었다면 단체협약으로서 효력이 있을 수 있다. 따라서 이런 경우라면 각 조항 끝에 '단체협약과 동일한 효력을 가진다'라고 명시하는 것이 바람직하다(이상 김용서, 2020.9.18).

10. 단체협약 체결(단체교섭④)

「일반노조법」과 「교원노조법」 모두 '비교섭사항'을 적시하지 않았기 때문에 단체협약은 조합원의 사회적·경제적 지위에 관하여 노사 간 합의된 문서이면 충분하다. 단체협약의 실제 명칭이 '합의서·협정서·확인서·각서覺書(memorandum)', 또는 '○○에 관한 사항' 등 모두 무방하다. 별도로 정해진 문서 형식도 없다, 단지 노사 양측의 합의가 문서로 작성되고 양측 체결권자가 서명·날인한 것이라면 단체협약으로서 유효하다.

또 단체협약이 무효라고 볼만한 특별한 사정이 없는 한 단체교섭 없는 노동조합 대표자의 독단적인 단체협약 체결도 가능하고 또한 그 단체협약도 유효하다. 따라서 단체협약체결권을 가진 상태에서 문서에 서명·날인하는 것에 각별하게 유념할 필요가 있다.

단체교섭이 마무리되고 최종 합의가 이루어졌는데도 합리적인 이유 없이 단체협약의 체결을 지연하거나 단체협약서에 서명·날인을 하지 않을 경우, 사용자 측의 단체교섭 거부나 해태에 해당하여 부당노동행위가 성립한다. 단체협약의 유효기간은 2년을 넘길 수 없다. 법인 측에서는 가급적 2년 단위로 체결하는 것을 선호하지만 노동조합으로서는 1년 단위 체결이 바람직하다.

단체협약의 당사자는 단체협약의 체결일부터 15일 이내에 이를 행정관청에 신고하여야 하며, 행정관청은 단체협약 중 위법한 내용이 있는 경우에는 노동위원회의 의결을 얻어 그 시정을 명할 수 있다(이상 김용서, 2020.9.18).

11. 교섭 결렬과 조정, 중재(단체교섭⑤)

교섭이 결렬될 경우, 노사 가운데 어느 한쪽이 노동위원회에 조정을 신청하면 노동위원회는 지체 없이 조정을 개시한다. 조정 기간은 신청일로부터 일반 사업장 10일, 공익사업 15일, 공무원 30일 이내인데 교원노조는 30일에 해당한다. 조정 기간은 당사자 합의로 각 10일, 15일, 30일 이내에서 연장이 가능하다. 노동위원회 조정안을 노사가 수용하면 조정이 성립되었다고 한다.

노사의 합의나 단체협약에 근거하여 노동위원회가 아닌 사람이나 단체로부터 사적 조정이나 중재를 받을 수도 있다. 이때 관련 절차와 규정은 공적 조정이나 중재와 마찬가지로 적용되며, 사적 조정의 효과는 공적 조정과 같다. 또 사적 조정이나 중재를 진행하는 중이라도 당사자 합의로 노동위원회 조정과 중재 신청이 가능하다.

노동위원회를 통한 공적 조정은 중앙노동위원회에서 해당 위원회를 설치하여 조정하는 방안이 있다. 전국단위 노동조합 지회의 교섭 결렬은 각 지역의 특수성을 고려하여 지방노동위원회의 조정을 받는 것이 효율적일 수 있다.

중재는 조정과 달리 노사 당사자를 구속하는 법률상 효력이 있는 처분을 말한다. 노사가 함께 중재 신청을 할 수도 있고, 노사 가운데 한쪽이 단체협약에 근거하여 중재를 신청할 수도 있다. 중재에 회부되면 그날부터 15일간 쟁의행위를 할 수 없다. 노동위원회가 내린 중재재정仲裁裁定은 단체협약과 동일한 효력을 지니므로 당사자는 그에 따라야 한다.

|제6절| 경쟁과 상생: 구성단체와의 관계와 과제

1. 법인과의 관계

유럽의 노사관계는 산업혁명 이후 오랜 과정을 거치면서 매우 격렬한 투쟁을 통해 조금씩 만들어졌다. 격렬했던 만큼 희생도 컸지만 상호 이해의 폭도 커졌고, 특히 공멸을 피하기 위한 적절한 타협의 필요성에 대한 공감대가 형성되었다. 그래서 안정적인 국면에 접어들 수 있었다. 반면 산업화의 역사가 짧고, 국가 주도로 경제개발이 이루어진 우리나라에서는 정부와 재벌이 노동정책을 주도하였고, 거기에 보수언론이 가세하여 경제적 수준에 전혀 어울리지 않는 노동환경과 노사관계가 형성되었다. 이는 대학도 크게 다르지 않다. 안타깝지만 지난 70여 년 동안 교육부는 법인을, 법인은 교수를 통제의 대상으로만 간주해 왔다.

또 우리 기업은 노동자에게 직장을 순수한 경영조직이라기보다 하나의 공동체로 인식하게 해서 내부의 자체 규범으로 구성원을 우선 규율하게 하고 그것을 위반할 경우에는 공동체 구성원으로서의 적격성이 결여된 사람으로 비난이나 배척의 대상이 되게 만들었다. 이런 직장 문화 속에서 조직에 대한 독립성을 갖추고 자의적 권력 행사에 대해 조합의 연대에 기대어 시스템을 변화시키려는 비판 정신을 갖춘 노동자보다는 기업에 대한 신뢰와 협력 정신이 충만한 집단주의적 노동자가 정상으로 여겨져

왔다(강희원, 2011a, 438).

　조속한 경제개발과 국가발전을 위해 이런 아쉬움을 참고 고비를 넘기면 우리 사회는 물론 대학에도 민주주의의 꽃이 피고 건설적인 비판의 명징한 소리가 캠퍼스 곳곳에서 푸른 잎처럼 솟아날 줄 알았다. 하지만 민주화의 열기로 대학을 덮었던 독재의 어두운 그늘이 걷히자마자 대학 민주화의 과제보다 더 급해 보이는 경쟁력 향상의 과제가 교수들에게 떨어졌다. 군부독재의 무력보다 더 교묘해지고 안개처럼 보이지 않는, 그러나 이미 익숙해진 신자유주의의 경제적 압박이 대학 사회를 엄습하였다.

　멀리 있는 청와대를 향한 항의보다 총장실을 향한 비판이 더 어렵고, 이사장실을 향한 비판은 더더욱 어려웠다. 구조조정과 경쟁력 강화가 절대적 가치가 되고, 대학 평가순위가 발표될 때마다 교수들은 위축되었다. 모든 것이 실적으로 줄을 서면서 원로교수의 목소리도 줄어들었고, 코로나19로 온라인 수업이 진행되자 연륜과 경험이 설 자리는 더욱 축소되는 것처럼 보였다. 학생들에게 비판정신이야말로 대학에서 배워야 할 최고의 덕목이라고 강조하면서도 정작 대학 내의 문제점에 대하여 침묵과 무관심으로 일관하는 교수들이 늘어나기 시작하였다.

　여기에 더해진 것은 대학의 세대교체였다. 창업 세대와 그들을 보좌한 세대가 교체되면서 대학은 외면적인 합리성과 효율성을 갖추었지만, 한편으로는 모범적 인재로 인한 한계도 함께 지니게 되었다. 우치다 타츠루內田樹는 기업은 기백 있는 창업자, 태평한 관리직, 성실한 신입사원으로 노·장·청이 어우러진 아름다운 삼색기 상태일 때 전성기를 맞이한다며, 창업자 세대와 태평한 세대가 은퇴하여 '예스맨'만 남게 되었을 때, 회사는 예외

없이 곧장 쇠퇴의 길로 들어선다고 지적하였다. 도산하는 기업은 거의 모두 이 패턴을 따라간다며 모든 조직――세계제국부터 자본주의 기업까지――은 다양성을 유지할 때 번성하고 '번성하고 있다'는 이유 때문에 균질한 개인을 결집시키고, 그 결과 조직으로서의 다양성을 잃고 쇠퇴한다고 하였다(우치다, 2015,104~107).

강희원도 폐쇄성이야말로 집단주의의 가장 큰 병폐이며 일반사회에서 요구하고 있는 보편적 가치와 행동을 기업 내에서는 관철할 수 없게 한 요인이라고 지적하였다. 또 기업의 집단주의가 기업의 힘을 실제 이상으로 강화시켜 사회 전체가 기업을 중심으로 구성되게 작용하였다고도 하였다(강희원, 2011a, 439). 이러한 기업의 특성이 우리 사립대학에서 쉽게 찾아볼 수 있는 까닭은 무엇일까? 교수들 스스로 비판정신에 투철한 '강한 자아'를 갖추지 못했기 때문이 아닐까?

대학을 둘러싼 대내외적 환경이 갈수록 어려워져 가고 있는 것은 분명한 사실이다. 이는 법인에게도 마찬가지의 압력이다. 그리고 교수노조 설립은 그 자체로 법인에게 상당한 부담으로 작용할 것이다. 교수노조가 기존의 직원노조보다 훨씬 큰 규모로 설립될 수 있다는 부담 외에도 노동조합에 수반되는 법적 지위가 더욱 부담스러울 수 있다. 게다가 「고등교육법」상 교원 자격을 획득하여 새로운 위상을 갖게 된 강사노조를 비롯하여 조교노조라는 새로운 노조를 상대해야 하는 등 대학 사회의 일대 변화는 법인에게 부담이 되지 않을 수 없다.

법인이 법률과 사회 상규를 지키지 않아 대학자치와 교권이 훼손될 때 월급쟁이 교수가 개인적으로 선택할 수 있는 수단은 한계가 뚜렷하다. 교원소청 등 교권 보호를 위한 제도적 장치는 무기력했고, 교수협의회도 성명서를 통해 여론전을 펴는 것 외에 확실한 저항 수단이 없었다. 법인이 패소할 줄 알면서도 무리한 파면과 해임 등 징계을 남발하는 것은 교수 개인에게 경제적 부담과 사회적 불명예를 안겨 순치시키려는 전형적인 수법이었다. 비정년 트랙 등 고용이 불안한 교수들은 법인의 부당한 차별에 대해 아무런 항의 수단도 가지고 있지 못하다. 이것이 바로 헌법재판소가 인정한 대학의 현실이며, 보수적인 경향을 지닌 법조인이 노동조합 설립이 유일한 대안이라고 인정한 까닭이다.

앞에서도 언급한 것처럼 「교원노조법」의 개정과 교수노조의 출범으로 그동안 개별계약에 의해 보호받던 교수의 신분보장과 노동조건은 앞으로 ①「교원노조법」, ②「근로기준법」, ③ 단체협약, ④ 취업규칙, ⑤ 개별계약 순으로 상위법의 적용을 받게된다. 법인과 총장을 비롯한 대학본부의 보직자들은 이런 변화된 현실을 직시하고 보다 열린 자세로 교수들을 대하게 될 것이다.

하지만 교수노조가 법인에게 부담만 주는 것은 아니다. 정상적으로 운영되는 대학이라면 교수노조와 법인의 이해 상충이 크지 않을 것이다. 법인과 교수노조의 대화와 신뢰 회복은 교육부의 지나친 통제로 인해 황폐해진 대학의 문제점을 당사자 손으로 극복할 수 있는 계기가 될 수 있고, 등록금 동결, 대학평가 등 대학을 압박하는 부당한 요인을 해결하기 위해서 양자가 손을 잡고 함께 나설 수도 있기 때문이다.

과도한 법률 의존성과 비공식적 타협 해결에 대한 의존 등 노사자치 원칙의 결여는 우리나라 노사관계의 후진성을 대표하는 특징이다. 노사자치를 존중한다며 진정한 노사자치의 원칙을 확립하지 못한 것이 이런 문제를 낳은 것인데, 자유를 누리기 위해서는 개인에게 고도의 통찰 능력이 있어야 한다는 것이 자유민주주의 국가의 전제이다(강희원, 2011a, 373, 427, 437). 대학이 노사관계의 모범을 보이지 못한다면 그것은 자기부정일 수 있다는 점에서, 또 우리 사회에 만연한 갈등과 높은 사회적 비용을 절감하는 '사회적 대화'의 좋은 선례가 될 수도 있다는 점에서 법인과 교수노조가 함께 노력해야 할 도덕적 책무가 있다.

이를 위해 교수노조와 법인은 처음부터 서로 존중하고 신뢰하는 바람직한 관계와 전통을 형성하기 위해 함께 노력하는 것이 중요하다. 실현 가능한 제안과 점진적인 해결방안을 함께 모색하고 소통할 필요가 있다. 아울러 조합원에게 법인과의 논의 과정을 투명하고 신속하게 전달함으로써 불필요한 오해를 불식시키고 서로 신뢰를 증진할 수 있도록 해야 한다.

2. 대학본부와의 관계

총장 선출제를 비롯한 대학 민주화가 제도적으로 갖춰지고 학생 충원과 재정 여건 등 대학 운영이 안정적인 대학은 노동조합 설립의 욕구가 비교적 낮은 편이다. 현 교수진 가운데 교수를 꿈꾸며 공부하던 시절, 교수가 노동자이며 노동조합을 설립해야 한다는 점을 의식했던 이는 아마 거의 없었을 것이다. 그런 점에서 교육과 연구에만 몰두할 수 있는 대학, 교수노조 설립 욕구가 없을 정도로 민주적이고 합리적으로 경영되는 대학이야말로 가장 바람직한 대학이라고도 할 수 있다. 하지만 안타깝게도 그런 대학은 우리나라 사립대학 가운데 극소수이다. 따라서 노동조합 설립 욕구를 느끼지 않을 정도로 경쟁력을 갖춘 대학이야말로 역설적으로 우리나라 사립대학의 발전을 위해 견인차로의 역할을 감당해야 할 도덕적 책무가 있다고 생각한다.

민주적이고 합리적으로 경영되는 대학을 가늠하는 가장 중요한 기준은 총장 선출제에 달려 있다고 해도 과언이 아니다. 그렇다고 직선제가 곧 대학 민주화의 기준은 아니다. 모든 제도는 나름대로 장단점을 안고 있고, 대학마다 주어진 여건과 전통이 다르므로 어떤 제도가 가장 바람직하다고 단정할 수 없다. 직선제를 채택한 몇 안 되는 대학도 그 속사정을 들여다보면 그 결이 같지는 않다. 다만 법인과 구성원이 상호 존중하고 소통하며 각자의 입장이 합리적으로 반영될 수 있는 제도는 아닐지라도 최소한의 형식적 절차조차 갖추지 못한 대학이라면 총장이 제대로 된 리더십을 발휘하기 힘들 것이고 정상적인 교수노조와 갈등이 발생할 가능성이 클 수밖에 없다.

노동조합은 임금에 대한 교섭과 더불어 사업장 안의 지배관계를 상하관계가 아닌 대등관계로 변화시키는 역할을 담당한다. 노동조합이 통상적 임금교섭 이외에 노동조건——노동시간·채용조건·고용안정·작업환경 등을 포함하는 개념——의 개선을 위하여 행하는 단체교섭에 사용자의 일방적 지배를 완화하기 위한 여러 항목이 포함되는 이유가 바로 이 때문이다.

물론 대학본부와 교수노조는 현실 인식과 해석이 각기 다를 수 있고, 서로 관철하려는 목표가 다르기 마련이다. 교수노조는 노동조건의 개선을 각 대학의 현황, 교수들의 의지 등을 고려하여 신중하고 점진적으로 해결하는 방향으로 가야 하겠지만, 거기에는 총장의 역할이 중요하다. 상호 경험과 신뢰가 축적되지 않은 상태에서 단체협상을 통해 모든 것을 한꺼번에 얻으려 할 경우, 그만큼 부작용도 따를 수 있겠지만, 총장이 모든 것을 움켜쥐려고만 한다면 그에 따른 대가를 마찬가지로 치뤄야 하기 때문이다. 한편 단체협상 과정에서 발생한 법률 해석의 차이를 중재해 줄 노동위원회에 좋은 선례가 될 수 있도록 노사 양측이 노력하는 것도 중요하다.

3. 교수협의회와의 관계

교수협의회와 교수노조의 역할과 기능은 앞으로 「교원노조법」이 어떻게 개정되느냐에 따라 달라질 수 있겠지만, 양자 모두 대학 민주화와 교권 수호를 위해 존재한다는 점에서는 다를 수 없다. 굳이 차이를 꼽는다면 형식적으로는 교수협의회가 임의단체인 데 비해 교수노조는 법적단체이며, 내용상으로는 교수협의회가 교수를 고등교육 전문가로 보고 대학 운영의 주체로 간주하는 측면이 강한 데 비해 교수노조는 교수를 노동 약자로 보고 그 권익을 보호하는 데 보다 중점을 두는 점이다.

교수협의회는 「고등교육법」에 근거한 법적 기구인 '대학평의원회' 의원을 선출할 수 있다는 점에서 법적 기구의 성격을 지니고 있지만, 그 점을 제외하면 임의기구라는 애매한 정체성을 갖고 있다. 대다수 대학의 교수협의회 회칙을 보면 대학의 모든 일에 영향력을 행사할 수 있을 것처럼 보이지만 실제 영향력은 대학마다 각양각색, 천차만별이다. 교수협의회 임원의 역량에 따른 부침과 단절도 극심하다. 그것은 빈약한 대학자치의 전통과 파편화된 교수사회의 책임이 크지만, 대학의 공공성과 자율성을 저해하는 법적 모순도 한몫한다.

한편 교수협의회는 임의단체라는 한계가 역으로 운신의 폭을 제한하지 않는 장점도 있다. 그래서 교육과 연구의 주체로서 대학정책에 대한 폭넓은 의견 제시와 비판을 할 수 있다는 장점이 있다. 또 교수들이 교수협의회 회원으로 가입하고 활동하는 것을 당연시하거나 부담스러워하지 않는 점도 교수협의회의 장점이다. 30여 년 동안 활동하면서 축적된 신뢰 또한 중요한 자산이다. 단 법적 강제력이 없어서 제안과 비판을 넘어선 역할 수행에 한계를 보인다는 점은 오랜 숙제이다.

반면 노동조합은 헌법과 법률로 엄격히 보호받고 있는 노동자의 기본권에 근거한 조직이어서 법이 제공하는 권한과 보호를 부여받은 점이 가장 큰 장점이다. 특히 교수노조의 합법적인 교섭 요구에 대해 사용자 측이 이유 없이 거부하거나 지체하면 법인의 책임자가 형사처벌 될 수 있고, 단체협약은 그 자체로 법률적 효력을 지닌다는 점에서 교수협의회와 구분된다.

반면 노동조합은 조합원의 경제적·사회적 지위 향상이란 본연의 업무를 제외한 분야에 대한 발언은 제한받게 된다. 다만 초·중등교원과 달리 고등교육정책은 교수들의 노동조건과 밀접한 관련이 있어 그 범주가 매우 유동적이며, 다른 노동조합 등과 연대하여 교육정책 전반에 대한 변화를 보다 효과적으로 관철할 수 있다는 장점도 가지고 있다. 하지만 지금 막 출범하였기 때문에 앞으로 어떤 행로를 걸을지, 어떤 성취를 거둘 수 있을지는 기다려봐야 한다.

교수의 노동자성에 대한 논란과 관련하여 제기되는 의견 가운데 하나는 교수가 법인과 비교해 볼 때는 보호받아야 할 노동 약자지만 한편으로는 보직 등을 통해 대학 경영에 참여하는 대학자치의 주체라는 점이다. 교수의 이런 특수성을 고려해 볼 때 교수협의회와 교수노조는 상생의 길을 가는 것이 필수적이며, 교수노조가 활성화되고 상호 역할에 대한 검증이 확인될 때까지 반드시 함께 가야 한다. 또 교수노조는 교수협의회가 학칙 기구가 될 수 있도록 최선을 다할 필요가 있다.

4. 대학평의원회와의 관계

교수노조 설립으로 대학평의회 구성과 기능에 관한 법령이 일부 조정될 가능성이 있다. 교수협의회와 교수노조 가운데 어느 기구가 전체 교수를 대표하는지, 두 기구의 참여 비율이 어떻게 될지 그 구성은 물론 기능에 대한 변화가 예상되며, 그 구체적인 내용은 앞으로 「고등교육법」이 어떻게 개정될지에 따라 달라질 것이다. 법 개정에 따라 대학평의회의 기능이 축소될 가능성도 있고 반대로 커질 수도 있다. 따라서 「고등교육법」을 바람직한 방향으로 개정하는 것이 중요하다.

그때까지 교수노조는 대학평의회 참여에 대해 서두르지 말고 기다리면서 준비하는 것이 바람직하다. 하지만 법적 기구인 교수노조가 교수협의회와 함께 대학평의원회 교수대표로 참여하여 적극적으로 활동한다면 대학평의원회의 심의·자문 기능이 지금보다 더 강화될 수도 있을 것으로 전망된다.

5. 직원노조와의 관계

하나의 사업장에 복수의 노조가 있으면 노조 가운데 교섭권을 행사할 수 있는 교섭대표노동조합을 결정해야 한다. 하지만 같은 사업장이라도 고용 형태, 근로조건, 교섭 관행 등이 현격히 다르면 노동위원회에 신청하여 교섭 단위를 분리할 수 있다. 교수노조와 직원노조는 고용 형태, 근로조건, 교섭 관행 등에서 현격히 다르므로 별개의 교섭단체를 구성할 수 있고, 또 그것이 당연하므로 교섭권을 놓고 경쟁할 필요가 없다. 특히 적용되는 법 자체가 「교원노조법」과 「일반노조법」으로 서로 다르다.

그럼에도 불구하고 대학의 재정 위축으로 말미암아 교수노조와 직원노조가 한정된 파이를 차지하기 위해 서로 다툴 수밖에 없는, 배타적 관계가 될 가능성이 불가피할 것이라는 생각이 지배적이다. 하지만 대학의 파이가 정말 한정된 것인지는 재검토가 필요하다. 물론 대학이 처한 현실과 미래가 낙관적이지 않으며, 그에 대한 냉철한 대비가 필요하다. 하지만 그 위기의 정도가 얼마인지, 그 진행 속도가 어느 정도인지에 관해서는 보다 냉정한 분석이 필요하다.

지금 대학에 닥친 학령인구 감소는 지난 100년 동안 한 번도 겪어보지 못한 경험이다. 지금 진행 중인 노령화도 1990년부터 본격화된 것이어서 모든 나라가 처음 맞닥뜨린 문제이다. 경제학도 정치학도 인구감소에 따른 총수요 감소라는 문제에 진지하게 분석하거나 대처해 본 일이 없다. 한마디로 말해 그런 역사적 전환을 경험해 본 사람이 하나도 없다는 것이다(우치다, 2015, 178~181).

그런데도 교육 전문가라는 사람이 각 대학과 지역의 학생 유출입 등에 대한 구체적인 통계도 없이 전국적 통계만으로 일괄 재단하며 어설픈 처방을 남발하고 있다. 예를 들어 지역의 대학 신입생 출신 고등학교, 전학·편입·휴학 등으로 인한 유출입, 졸업 후 지역에 남는 학생과 수도권·고향으로 이동하는 학생 등에 대한 통계가 대학별로 정확하게 작성되어 있지 못하며, 있더라도 대학의 속사정을 보여주길 꺼리기 때문에 대외적으로 공개하지 않고 있다.

그래서 시·도·광역시에 맞춤으로 대응할 수 있는 정책자료가 부족하며 제대로 검토되지 못한 실정이다. 이렇게 지역마다 대학마다 여건과 사정이 천차만별인데, 그에 대한 실증적 자료에 근거한 분석과 대응책을 마련하지 않고 그저 벚꽃 피는 순서대로 대학이 망할 것이라는 등의 직관적·주관적 위기론을 주장하는 전문가가 많고, 언론도 교육부도 이런 검증되지 않은 주장을 마구 퍼 나른다.

하지만 '대학이 벚꽃 피는 순서대로 망한다'는 말이 과연 맞는 말인지. 그런 말을 하는 사람이 정말 대학을 잘 알고 하는 말인지, 또 그런 말에 따라 교육부가 일부 대학을 퇴출 대상이라며 낙인을 찍기에 급급한 것은 아닌지 정말로 이런 모든 문제를 솔직하게 검토하고 대책을 강구해야 한다.

우선 인구감소가 급속히 진행될수록 경쟁력 없는 대학이 늘어나고, 반대로 인구감소가 완만하게 진행되면 경쟁력 없는 대학이 줄어든다니 도대체 교육부가 말하는 경쟁력의 실체는 무엇인가? 1995년 대학설립준칙주의자들은 대학의 설립을 억제한 것이 우리나라 대학 경쟁력이 취약한 원인이라고 주장하였다. 거짓말이었다. 대학의 설립을 자유롭게 해서 대학을 늘려주면 대학의 경쟁력이 강화될 것이라고 주장하였다. 더더욱 거짓말이었다. 준칙주의자의 대표주자로 대학 설립에 앞장선 전 교과부장관 이주호는 반값 등록금 실시에도 앞장서면서 고등교육 재정투자 확대, 기업·개인의 대학 기부 및 투자 여건 개선, 대학재정 수입구조 개선을 병행할 것이므로 대학 경쟁력에 지장이 없을 것이라고 하였다. 새빨간 거짓말이었다.

그런데 지금은 서둘러 대학을 줄여야 경쟁력이 생긴다고 주장하는 교육전문가들의 세상이다. 하지만 전례 없는 일에는 정답이 있기 힘들다. 이럴 때는 바람직한 대학의 미래상을 그리고 그것을 달성하기 위해 한걸음 씩 나아가는 것이 그나마 가장 나은 길이다. 학령인구가 감소하니 일부 대학을 과감하게 퇴출시켜서 수급관계를 조정하는 것이 유일한 대안이라고 주장한다면 대학설립준칙주의의 뒤집기 버전과 100% 일치한다. 우치다 타츠루는 이런 '유해한 존재'가 일본에도 많다며 다음과 같이 말한다.

> '전대미문의 상황'에 부딪쳤을 때 가장 도움이 되지 않는 것은 그것을 '이미 아는 것으로 환원하는' 형태로만 이해하는 두뇌다.

이렇게 쉽게 전문가가 될 수 있다면 누군들 전문가가 되길 마다하겠는가. 교육부와 대학은 우선 이들 교육전문가의 과거 언행을 검증하는 데서 잘못된 진단의 실마리를 찾아야 한다.

우리보다 빠르게 인구감소와 노령화의 어려움에 직면한 일본이 잘못된 처방을 남발하면서 계속 수렁에 빠지고 있는 것은 매뉴얼에 익숙한 나라의 약점일 것이다. 초유의 사태에 과거의 경험을 일반화해서 처방하다 보니 대증요법에 그쳐서 효과가 떨어지는 것이다. 역사가 돌고 돈다지만 같은 유형일 뿐 같은 모양은 아니다. 다소 싱겁게 느낄 수도 있지만, 우리와 비슷한 문제에 처한 일본의 대학에 대해서 우치다가 지적한 말에 귀 기울여 볼 필요가 있다.

우치다는 대학은 일반적인 시장 원리에 따라 최적의 대학이 살아남고, 그렇지 못한 대학이 도태되는 식의 과정을 밟지 않는다고 지적한다. 대학은 수험생의 평가와 기업의 평가란 이중의 평가를 받고 있는데, 전자의 평가가 더 중요하다. 그것은 우수한 대학이 양질의 교육을 하는 대학이 아니라 우수한 학생이 모이는 대학이기 때문이다. 그리고 우수한 학생이 모이는 데는 대학의 브랜드가 주는 이미지가 결정적인데, 대학 스스로 학문적 권위를 훼손시키는 잘못된 결정을 자주 내리고 있다고 지적한다.

대학교육에서 가장 중요한 것은 학생이 이미 알고 있는 지식을 양적으로 확대시키는 것이 아니라 그런 것이 있는지 몰랐던 학생에게 그런 세계와 마주칠 수 있는 장소와 기회를 제공해주는 것이다. 캠퍼스는 바로 그런 공간이며, 단순히 검색만 잘하는 학생이 아니라 무엇을 검색해야 하는지를 아는 전前지성적인 능력을 몸에 배게 해주는 것이라고 주장한다. 대학이 양질의 교육 서비스를 판매하는 곳이라고 자처하는 것은 일종의 자해행위라는 말이다(이상 우치다, 2015, 174~190)

아무리 CEO형 총장이라고 해도 대학이 기업이 아닌 이상 어설픈 흉내 내기에 불과할 수밖에 없다. 지난 20년 동안 남들이 알아주지도 않는 흉내 내기에 몰두한 결과 대학만 초라해지고 만 것이다. 어차피 결혼률과 출생률 및 인구의 감소, 그리고 노령화의 부담은 피할 길이 없다. 그렇다면 갈 길은 정해져 있다. 1인 2역, 1인 3역을 할 수 있도록 소수의 인력을 잘 키우는 일이다. 대학도 해야 할 일이 분명하다. 대학이 그런 역할을 할 수 있도록 내부적으로 시스템을 정비하고 사회적 신뢰를 회복하며 최상의 교육경쟁력을 갖추는 일이다. 이것만이 대학이 살길이고 우리나라가 살길이다.

교육부에 무슨 특별한 전문가가 있는 결코 아니다. 오히려 교육부 관료들은 자신들의 기억 속에 남아 있는 대학의 잔상 때문에 현재의 대학에 대하여 더 잘 모르는지도 모른다. 각 대학의 미래를 밝힐 수 있는 해답은 그 대학의 교수와 직원에게 있을 가능성이 크며, 만약 대학에 그 해답이 없다면 해답 찾기를 포기하는 쪽이 빠를 것이다.

대학마다 자신들에게 최적화되고 실현 가능한 솔루션을 개발하는 일에 몰두할 때며, 교수와 직원이 서로 머리를 맞대고 고민할 수 있도록 교수노조와 직원노조가 힘을 모아야 한다. 그러기 위해서는 불필요한 노노갈등을 줄이고 상생하기 위한 전제로 zero-sum 논리에 매몰되지 않아야 하며, 서로를 이해하고 소통할 수 있게 하는 적절한 프로그램의 개발과 활용이 필요하다. 그럴 때 소모적인 배타적 관계 대신 생산적인 상생의 관계가 가능해질 것이다.

6. 교수노조의 정치참여

교수의 정치참여는 「정당법」 제22조 제1항 제1호와 「공직선거법」제60조 제1항 제4호 단서에 의해 보장되었으나 「교원노조법」제3조(정치활동의 금지)에는 교수노조의 정치참여와 단체행동이 금지되어 있다. 이 조항은 교수 개인의 정치참여는 자유이나 조합원으로서 교수의 정치참여는 불법이라는 말이어서 모순되는 조항이다.

이는 본래 「교원노조법」이 초중등 교원을 대상으로 만들어졌는데, 전교조의 정치참여에 대하여 민감하게 반응한 정부에 의해서 이루어진 조항으로 국제기군에 부합하지 않는 과잉금지조항에 해당한다. 이는 교수의 노동조합 설립을 허용하도록 「교원노조법」 개정하면서 함께 처리되었어야 했는데 그렇지 못하여 발생한 입법 지체현상일 뿐이다.

고용노동부도 「교원노조법」을 개정(2020.5.20)하기 위해 제출한 개정 사유에 "ILO 결사의 자유 협약(제87, 98호)은 노동기본권에 대한 보편적 국제기준이자 핵심협약으로써 비준을 통해 국제위상에 걸맞은 국격과 국가 경쟁력 향상을 위해서는 핵심협약과 상충되는 현행법 개정이 필수적이고, 주요 선진국도 대부분 교원 단결권을 제한 없이 폭넓게 인정하고 있음"이라고 언급하고 있다. 이에 관하여 사교조가 이미 헌법소원을 제기하였으므로 조만간 위헌결정이 나올 것으로 예상된다.

제5장

교수노조의 법적 근거와 쟁점

| 제1절 | 헌법

1. 국민의 권리와 의무(제2장)

제10조 모든 국민은 인간으로서의 존엄과 가치를 가지며, 행복을 추구할 권리를 가진다. 국가는 개인이 가지는 불가침의 기본적 인권을 확인하고 이를 보장할 의무를 진다.

제21조 ① 모든 국민은 언론·출판의 자유와 집회·결사의 자유를 가진다.

② 언론·출판에 대한 허가나 검열과 집회·결사에 대한 허가는 인정되지 아니한다.

제22조 ① 모든 국민은 학문과 예술의 자유를 가진다.

제31조 ④ 교육의 자주성·전문성·정치적 중립성 및 대학의 자율성은 법률이 정하는 바에 의하여 보장된다.

⑤ 국가는 평생교육을 진흥하여야 한다.

⑥ 학교 교육 및 평생교육을 포함한 교육제도와 그 운영, 교육재정 및 교원의 지위에 관한 기본적인 사항은 법률로 정한다.

제32조 ③ 근로조건의 기준은 인간의 존엄성을 보장하도록 법률로 정한다.

제33조 ① 근로자는 근로조건의 향상을 위하여 자주적인 단결권·단체교섭권 및 단체행동권을 가진다.

② 공무원인 근로자는 법률이 정하는 자에 한하여 단결권·단체교섭권 및 단체행동권을 가진다.

제37조 ① 국민의 자유와 권리는 헌법에 열거되지 아니한 이유로 경시되지 아니한다.

② 국민의 모든 자유와 권리는 국가안전보장·질서유지 또는 공공복리를 위하여 필요한 경우에 한하여 법률로써 제한할 수 있으며, 제한하는 경우에도 자유와 권리의 본질적인 내용을 침해할 수 없다.

2. 헌법적 가치와 대학

헌법은 독일어 페어파슝Verfassung을 일본에서 '헌憲' 또는 '헌법憲法[1])'이라고 번역한 데서 출현한 용어다. 헌법에는 법원法源으로서의 헌법, 이데올로기로서의 헌법, 제도로서의 헌법이란 세 가지 의미가 있다. 법원으로서의 헌법은 법의 연원淵源, 즉 법을 제정한 본래 취지와 의미를 역사적 맥락에서 접근하고 이해하는 것이며, 이데올로기로서의 헌법은 헌법의 사전적 의미에 현재의 가치판단에 따른 새로운 의미를 부여하는 것이다. 제도로서의 헌법은 권력의 인증 하에 현실에 강제력을 가지고 통용되는 헌법질서를 말한다.

---

[1] 憲은 害+目+心으로 이루어진 글자이다. 害는 거푸집의 뚜껑을 그린 宀, 이음매를 그린 丯, 아래 거푸집을 그린 囗로 이루어져 '위아래 거푸집을 떼어내다'를 뜻한다. 여기에 살펴본다는 罒(=目), 유의한다는 心을 더하여 거푸집을 떼어내면서 조심하여 살피는 모습을 그린 글자이다. 여기에서 꼭 주의해야 할 중요한 법이란 뜻으로 파생되었다.

프랑스대혁명 이후 헌법은 국가권력의 설정과 행사, 국가와 사회와의 관계를 근저에서 규율하는 규범 복합체와 동일시되었다. 헌법은 인간의 존엄과 가치라는 기본권 보장을 법적으로 제도화함으로써 국가권력을 정당화하는 원천으로 삼았다. 독일 헌법에서 제기한 인간 존엄[2]의 세 가지 명제는

① 인간의 존엄은 자유민주제와 「독일기본법」의 최고 가치이다.
② 인간은 인격이 있어 존엄을 갖는다.
③ 모든 인권은 인간의 인격이 가지고 있는 존엄에 기초한다. 따라서 인간의 존엄에 대한 정의는 인격에 대한 정의와 같다.

그러므로 기본권 보장은 현대국가의 법질서에 있어서 출발점이자 종착점이다. 그런데 국가는 그 주인인 국민의 인권을 보장하기 위한 수단이지 목적이 아니다. 우리 헌법 어디에도 국가를 목적으로 하는 규정은 없다. 적어도 헌법에 따르면 국가는 어디까지나 개인 행복 추구의 수단이다. 다만 인간의 존엄과 가치는 구체적인 현실 조건 속에서 결정되기 때문에 새로운 기본권을 발굴하고 확보하기 위한 노력이 계속되어야 한다.[3](이상 강희원, 2011b, 9~12, 282~283, 292).

헌법과 법률이 변하지 않고 있는데도 위헌 결정이 계속 나오

---

[2] 「독일기본법」 제1조 제1항: "인간의 존엄성은 불가침이다. 이를 존중하고 보호하는 것은 모든 국가권력의 의무이다."; 스페인 「헌법」 제10조 제1항: "인간의 존엄성은 정치질서 및 사회평화의 기초이다."(강희원, 2011b, 291 재인용).
[3] 이는 인간의 존엄과 가치가 기본권의 이념적 기초이자 목적 가치임을 말해준다. 하지만 인간 존엄이란 형이상학적 개념과 현실적인 필요성 사이에 놓여 있는 것이어서 구체적으로 정의하기는 힘든 개념이다(강희원, 2011b, 282, 285).

는 것은 해석이 변하기 때문인데, 법 해석에서 결정적인 것은 '정의' 감정이다.[4] 법적 안정성 또는 법치주의라는 것도 결국 무엇이 정의인가를 결정하는 하나의 기준에 불과하다(강희원, 2011a, 486). 그러므로 대학운영과 대학자치, 교권과 교육 등 많은 면에서 헌법적 가치가 얼마나 잘 구현되고 있는지, 더욱 개선하고 발전시켜야 할 것이 무엇인지 지속적인 관심과 성찰이 필요하다.

3. 교육의 자주성과 대학의 자율성

「헌법」 제10조는 우리 헌법이 추구하는 최고의 가치로서 인간의 존엄과 가치, 그리고 행복의 추구를 들고 있다. 이는 대학이 인간으로서의 존엄과 가치를 가르치고 행복을 추구할 수 있는 역량을 배양해야 하는 곳임을 말해준다. 그렇다면 근대 이래 계속 강조하고 고양되어 온 인간의 존엄성을 추구하고 체득할 수 있는 대학이 되려면 대학의 모습은 어떠해야 할까?

인간의 존엄성이란 합리적 이성을 지닌 독립적 인격체를 전제로 한다. 그렇다면 대학 존엄성의 전제조건은 바로 학문공동체로서의 자율성이라고 할 수 있을 것이다. 제22조에서 '학문과 예술의 자유'를 누구도 제한할 수 없는 천부적 자연권 영역으로 인정하고, 제31조에서는 교육의 자주성 · 전문성 · 정치적 중립성, 그리고 대학의 자율성을 법률로 보장한다고 천명한 까닭도 바로

---

[4] 정의가 무엇인가에 대한 객관적 규준이 존재하는가에 대한 견해로는 윤리적 자연주의, 윤리적 직관주의, 가치정서설 등이 있는데, 그 가운데 가치정서설이 주류를 이룬다(강희원, 2011a, 486).

여기에 있다.

　1948년에 제정된 제헌헌법에는 이 조항이 없었다가 1962년 제3공화국 헌법에 처음으로 "교육의 자주성과 정치적 중립성은 보장된다"고 명시되었고, '전문성'은 1980년 제5공화국 헌법에서 추가된 것이다.

　그러면 교육의 자주성과 자율성이란 무엇인가? 다양한 견해가 있지만, 자주성은 외부적 지배로부터의 독립을, 자율성은 타율이 아닌 자치의 개념이라고 할 수 있다. 따라서 교육의 자주성은 교육의 '자유와 독립'을, 자율성은 '학교와 교원의 자치'를 뜻하며, 그 구체적 실천은 권력으로부터의 독립과 구성원에 의한 대학자치라고 할 수 있다. 또 자주성은 전문성 보장을 위해 요구되는 것이고, 중립성은 자주성을 보장하는데 필요한 것이어서 서로 밀접한 연관성을 가지고 있다(이상 신현직, 1999, 153, 155~156).

　그러면 헌법에 명시된 대학의 자율성을 보장하는 법률로 어떤 것이 있느냐고 묻는다면 '헌법을 실제 뒷받침해 줄 관련 법률이 없다'는 것이 안타깝지만 대학이 직면하고 있는 현실이다. 우선 대학의 존립 근거를 명시적으로 밝힌 「대학법」, 즉 「국립대학법」과 「사립대학법」이 아직도 마련되어 있지 않다. 우리나라 대학은 마치 난민이나 망명객처럼 사회적 관습과 얼기설기 엮은 파편적 법령에 의존해 존립하고 있을 뿐이다.

　국립대학은 1953년에 공포된 「국립학교설치령」이란 대통령 명령이 그 존립의 근거이다. 이렇게 법률이 아닌 대통령 명령에 근거하여 만들어진 국립대학을 「국립대학회계법」 등 여러 상위 법률이 뒷받침하고 있으니 법률체계가 전도된 셈이다. 사립대학 또한 다르지 않다. 사립대학은 1963년에 제정된 「사립학교법」이 그 존립의 근거인데, 「사립학교법」은 대학만을 위한 법이 아니라 유치원부터 대학원까지 모든 사립학교의 설립과 운영 전반을 포괄하는 법이다. 이처럼 유치원부터 대학원까지 하나의 법에 묶을 수 있었던 것은 「사립학교법」이 교육보다는 사학법인의 존립과 운영에 초점을 두고 만들어진 법이기 때문이다.

이처럼 「사립대학법」 없이 「사립학교법」만 있는 기형적 상태가 오랫동안 지속하다 보니 대다수 국민은 물론 교수들까지 「사립학교법」을 「사립대학법」으로 오해할 뿐 아니라 법인과 대학을 동일시한다. 심지어 「헌법」에서 천명한 대학의 자율을 법인의 자율로 잘못 아는 경우까지 있다. 따라서 「헌법」에서 천명한 대학의 자율성을 법적으로 담보할 수 있는 가장 시급한 과제는 바로 「국립대학법」과 「사립대학법」을 조속히 제정하는 것이라고 하겠다.[5]

4. 사립대학 교수의 모순된 법적 지위

헌법상 사립학교는 학문의 자유에 관한 「헌법」 제22조 제1항보다는 교육에 관한 「헌법」 제31조, 특히 교육제도에 대한 법률주의가 존립의 근거가 된다(이시우, 2001, 105~106). 그리고 「헌법」

---

[5] 최근 몇 년 동안 「국립대학법」과 「사립대학법」을 제정하기 위해 국교련과 사교련이 손을 잡고 꾸준히 노력하였다. 국교련과 사교련은 대학법의 순탄한 제정을 위해 「국립대학법」을 우선 추진하기로 합의하고, 2017년 대통령선거를 앞두고 더불어민주당 문재인 후보, 국민의 당 안철수 후보와 정책 합의를 한 바 있지만, 선거 이후 「국립대학법」 제정이 답보상태에 있어 「사립대학법」 추진은 아직 본격적인 시도도 하지 못하고 있는 실정이다.

제31조 제6항에 "교원의 지위에 관한 기본적인 사항은 법률로 정한다"고 하였는데, 이처럼 교원의 지위를 법률로 정한다고 헌법에 명시한 경우는 다른 나라 헌법에서 찾아보기 힘든 매우 우호적인 조항이다(고전, 2017, 171). 헌법의 이런 '교원지위 법정주의'에 근거하여 제정된 법률로는 「교육기본법」, 「교원지위법」, 「고등교육법」, 「교육공무원법」, 「사립학교법」 등이 있는데, 교원의 지위에 따른 권리와 의무는 「교원노조법」에서 보장한 노동권보다 앞선다는 것이 헌법재판소의 결정이다.6)

헌법과 교원 지위에 관련된 법률을 통해서 확인할 수 있는 매우 중요한 개념 가운데 하나는 다른 직업과 달리 교원에 관해서는 국공립 교원과 사립 교원을 구분하지 않는다는 점이다. 이는 「교육기본법」, 「교원지위법」, 「고등교육법」 모두 국공립과 사립학교 교원을 구분하여 기술하지 않았고, 「사립학교법」 제52조(자격)에 "사립학교의 교원의 자격에 관하여는 국공립학교의 교원의 자격에 관한 규정에 의한다"고 하였으며, 제55조(복무) 제1항에서도 "사립학교의 교원의 복무에 관하여는 국공립학교의 교원에 관한 규정을 준용한다"고 밝힌 데서도 확인할 수 있다.

그것은 일반 노동과 달리 교육은 교원과 학생과의 특수한 관계를 통해서 이루어지며, 일반 직업과 다른 고유의 공공성, 즉

---

6) 헌법재판소는 교원지위법정주의의 근거인 「헌법」 제31조 제6항과 근로기본권에 관한 「헌법」 제33조 제1항의 상호관계에 대하여 다음과 같이 결정하였다: "「헌법」 제31조 제6항은 국민의 교육을 받을 기본적인 권리를 보다 효과적으로 보장하기 위하여 교원의 보수 및 근무조건 등을 포함하는 개념인 '교원의 지위'에 관한 기본적인 사항을 법률로서 정하도록 한 것이므로 근로기본권에 관한 「헌법」 제33조 제1항에 우선하여 적용된다고 보아야 할 것이기 때문이다."(헌재 1991.7.22. 결정89헌가106, 전교조에 가입한 사립학교 교원을 면직시킬 수 있는 「사립학교법」 규정의 위헌 여부-합헌)

사회적 책임과 윤리를 지니고 있다는 점에서 국공립과 사립학교 교원이 구분되지 않는다고 보기 때문이다. 이는 교육에 대한 책임이 국가에 있음을 전제로 한 것이며, 모든 교육기관이 국공립 위주로 이루어지고 사립이 일부 보조하는 형태일 경우에 이런 전제가 무난하게 성립될 수 있다.[7)]

하지만 우리나라 초중등교육에서 사립이 차지하는 비중이 상당히 커서 2017년 현재 학교 수는 중학교가 637개 교(19.8%), 고등학교가 947개 교(40.1%), 특수학교가 92개 교(53.2%)이며, 학생 수는 중학교가 238,101명(17.2%), 고등학교가 709,907명(42.5%), 특수학교가 11,028명(43%)이다(교육통계서비스). 사립학교 교원은 공법보다는 사법의 대상이라는 점에서 교원 관련 법령이 모순을 안고 있기는 하지만 국가가 초·중등교원의 임금과 복지를 책임지기 때문에 현실에서 큰 문제가 발생하지 않는다.

문제는 사립대학이다. 정부는 법령을 통해 사립대학 교수들에게 공무원과 같은 수준의 제약과 의무를 요구하고 있지만, 그에 합당한 사립대학 교수들의 권리와 복지에 대해서는 '사립대학의 자율성'을 들어 외면하고 있다. 이것이 현재 사립대학 교수들이 직면한 최대의 법적 모순이다. 책임과 권리의 불균형이 이보다 더 심할 수가 없다.

---

7) 사립학교 교원은 교육공무원이 아니지만, 교육공무원의 법적 의무가 적용되는데, 그에 대한 보상으로 「공무원연금법」과 유사한 「사립학교교원연금법」이 적용된다. 연금 부담은 직원의 경우, 본인과 법인이 각각 50%씩 부담하나 교원은 기준소득월액의 8.75%, 법인이 5.147%, 국가 3.603%씩 각각 50·30·20%씩 부담하며, 2018년도 국가부담금은 3,808억 원이다. 또 그동안 정부는 사립학교 교직원 퇴직수당을 100% 부담했으나 2014년부터 법인 40%, 국가 60%를 부담하고 있으며 점차 국가 부담금을 줄여나가기로 하였다(뉴시스, 2013.8.2; 조선, 2019.8.22).

5. 교원의 노동3권 제한

「헌법」 제33조에서 "자주적인 단결권·단체교섭권 및 단체행동권"을 보장하되 공무원인 근로자에 한하여 법률로 제한한다고 하였으며, 제37조에서 "국가안전보장·질서유지·공공복리를 위하여 필요한 경우에 한하여 법률로써 제한할 수 있다"고 하였다. 그리고 이 제33조와 제37조의 기본권 제한 단서 조항에 근거하여 군인은 국가안전보장을 위해, 경찰은 질서유지를 위해, 대학교수는 공공복리를 위해 노동3권을 제한하였다.

군인이 강력한 무력을 장악하고 있고, 전쟁 수행이라는 특수한 직역을 담당하고 있다는 점을 고려하여 전 세계 어느 나라나 군인의 노동권을 제한하는 것이 상례이며, 이는 ILO도 인정한다. 사회의 치안과 질서유지를 담당하는 경찰의 노동권 제한도 광범위하게 인정되었으나 점차 제한을 해제하고 있는 것이 세계적인 추세이며, OECD 회원국 대다수가 경찰의 노동권을 인정하고 있다. 하지만 교원의 노동권 제한은 OECD 회원국은 물론 세계적으로도 드문 일이다. 왜냐하면 대학교수가 노동3권을 갖는 것이 공공복리에 위해를 줄 가능성이 크다는 법률유보의 논리가 어디에 근거한 것인지, 어떤 합리성을 가지고 있는 것인지 납득하기 힘들기 때문이다.

고용노동부도 「교원노조법」 개정을 위해 제출한 개정 사유서에서 "ILO 핵심협약과 상충되는 현행법 개정이 필수적이고, 주요 선진국도 대부분 교원 단결권을 제한 없이 폭넓게 인정하고 있음"이라고 언급함으로써 우리나라 교원의 노동권 제한이 과도함을 인정하고 있다. 이런 점에서 2020년 6월부터 교수노조의 설립이 가능하게 된 우리나라의 상황은 매우 특수하다고 하지 않을 수 없다.

「헌법」제32조 제3항에서 "근로조건의 기준은 인간의 존엄성을 보장하도록 법률로 정한다"고 하였다. 그리고 여러 법률에서 교원의 존엄성을 보장하는 규정을 선언하고 있어 외형상으로는 문제가 없어 보이기도 한다. 하지만 사립대학 교수의 존엄성에 대한 실질적인 법적 보장은 매우 취약하며, 심지어는 일반적인 사회상규에도 미치지 못하는 경우가 있으니, 노동권 제한은 그 가운데 가장 대표적인 사례라고 할 수 있다.

노동자의 단결권은 「헌법」제21조 제1항에서 천명한 결사의 자유에 속하므로 「헌법」제21조 제2항에서 밝힌 집회·결사에 대한 허가는 인정되지 않는다는 원칙이 노동조합에도 적용되어야 마땅하다. 물론 교수 스스로 '교수가 왜 노동자냐'고 반문하면서 자신이 기본권을 제한당하는 것에 대하여 대수롭지 않게 여기는 것은 개인의 자유이다. 또 노동조합 가입 여부도 전적으로 개인의 선택에 달려 있다. 하지만 노동조합 가입 여부와 관계없이 모든 국민에게 허용한 기본권을 교수라서 제한하고, 또 그것을 별 문제의식 없이 자연스럽게 받아들이는 것은 깊이 생각해 볼 일이다.

|제2절| **교육기본법**

1. 주요 조문

제1조(목적) 이 법은 교육에 관한 국민의 권리·의무 및 국가·지방자치단체의 책임을 정하고 교육제도와 그 운영에 관한 기본적 사항을 규정함을 목적으로 한다.

제2조(교육이념) 교육은 홍익인간의 이념 아래 모든 국민으로 하여금 인격을 도야하고 자주적 생활 능력과 민주시민으로서 필요한 자질을 갖추게 함으로써 인간다운 삶을 영위하게 하고 민주국가의 발전과 인류공영의 이상을 실현하는 데에 이바지하게 함을 목적으로 한다.

제5조(교육의 자주성 등) ① 국가와 지방자치단체는 교육의 자주성과 전문성을 보장하여야 하며, 지역 실정에 맞는 교육을 실시하기 위한 시책을 수립·실시하여야 한다.

제6조(교육의 중립성) ① 교육은 교육 본래의 목적에 따라 그 기능을 다하도록 운영되어야 하며, 정치적·파당적 또는 개인적 편견을 전파하기 위한 방편으로 이용되어서는 아니 된다.

제7조(교육재정) ① 국가와 지방자치단체는 교육재정을 안정적으로 확보하기 위하여 필요한 시책을 수립·실시하여야 한다.
② 교육재정을 안정적으로 확보하기 위하여 지방교육재정교부금 등에 관하여 필요한 사항은 따로 법률로 정한다.

제11조(학교 등의 설립) ① 국가와 지방자치단체는 학교와 사회교육 시설을 설립·경영한다.

② 법인이나 사인은 법률로 정하는 바에 따라 학교와 사회교육 시설을 설립·경영할 수 있다.

제14조(교원) ① 학교 교육에서 교원의 전문성은 존중되며, 교원의 경제적·사회적 지위는 우대되고 그 신분은 보장된다.

제15조(교원단체) ① 교원은 상호 협동하여 교육의 진흥과 문화의 창달에 노력하며, 교원의 경제적·사회적 지위를 향상시키기 위하여 각 지방자치단체와 중앙에 교원단체를 조직할 수 있다.

② 제1항에 따른 교원단체의 조직에 필요한 사항은 대통령령으로 정한다.

제25조(사립학교의 육성) 국가와 지방자치단체는 사립학교를 지원·육성하여야 하며, 사립학교의 다양하고 특성 있는 설립목적이 존중되도록 하여야 한다.

2. 「교육기본법」의 출현과 성격

「교육기본법」은 자유민주주의 교육체제를 지향하는 헌법정신을 구현하고[8] 학교 교육과 사회교육을 포괄하는 교육에 관한 기

---

[8] 「헌법」 제31조에서 밝힌 교육에 관한 기본 사항은 ① 교육의 기회균등, ② 의무교육 이행, ③ 무상 의무교육, ④ 교육의 자주성·전문성·정치적 중립성 및 대학의 자율성, ⑤ 평생교육 진흥, ⑥ 교육제도·재정·교원 지위 등 6개 항이다.

본적인 사항을 규정한 교육관계법의 기본법으로 제정되었다.9)

「교육기본법」은 총 3장, 29개 조로 구성되었으며, 제1장 총칙에서 교육이념과 학습권, 기회균등과 의무교육, 교육의 자주성과 중립성, 학교 교육과 사회교육, 학교설립과 교육재정을, 제2장 교육 당사자에서는 학습자와 보호자, 교원과 교원단체, 설립자와 국가를, 제3장 교육진흥에서는 영재교육, 육아교육, 직업교육 등 분야별 교육의 법적 근거를 마련하였다.

본래 「헌법」 제31조에 근거하여 제정된 최초의 교육 관련 법률은 1949년 12월에 법률 제86호로 공포된 「교육법」이다.10) 「헌법」에서 사립학교에 대해 별도로 언급하지 않았기 때문에 사립학교의 법적 근거는 「교육법」이다. 총 11장 173개 조로 구성된 「교육법」은 교육환경의 변화에 따라 모두 38회나 개정되면서 법체계와 일관성에 문제가 많아졌다. 이에 「사립학교법」(1963)과 「사회교육법」(1982)을 만들어 보완하였으나 1990년대 들어 한계가 더욱 분명하게 드러났다.

이에 1997년 「교육법」을 「교육기본법」으로 대체하고, 하위법률로 「초·중등교육법」과 「고등교육법」을 만들었다. 그리고 「유아교육진흥법」을 「유아교육법」(2004)으로, 「사회교육법」을 「평생교육법」(1999)으로 대체하여 기본교육·학교교육·사회교육 법규로 구성된 현 교육 관련 법률체계가 이루어졌다11)(이상 고전, 200

---

9) 법제처, 국가법령정보센터, 「교육기본법 재·개정 이유」(김갑석, 2019, 2에서 재인용).
10) 교사·교원·교관·교수 등 다양하게 불리던 명칭은 바로 이 교육법을 통해서 교원으로 일원화되었다(고전, 1997, 173).
11) 1949년 교육법 제정 당시 문교부는 「교육기본법」, 「학교교육법」, 「사회교육법」 등 교육3법안을 국회에 제출하였는데, 이는 일본 교육3법의 형식과 내용을

8, 7~8).

3. 교육이념, 자주성과 중립성

인간의 존엄과 가치, 그리고 행복의 추구는 최고의 헌법적·인권적 가치이다. 따라서 교육의 목적은 인간 존엄의 실현에 두어야 하며, 그 핵심은 바로 '자주적 인간으로서의 인격 형성'이어야 한다(이시우, 2001, 109). 그래야 1948년 국제연합에서 채택한 「세계인권선언」 제26조 제2항의 내용과도 일맥상통한다.[12]

그런데 「교육기본법」은 제2조에서 홍익인간을 교육의 이념으로 제시하였는데, 홍익인간은 1941년 임시정부의 건국강령에 건국 정신으로 채택된 이래 미군정의 조선교육심의회에서도 최고의 인본주의 사상을 강조하는 교육이념으로 채택되었고, 1949년 「교육법」에서 교육이념으로 규정되어 「교육기본법」에 계승되었다(김갑석, 2019, 12). 하지만 홍익인간에 이어 인류공영의 이상 실현을 교육의 목적으로 한다고 함으로써 이념을 다시 목적으로 서술하는 논리적 아쉬움이 있다.[13]

모방한 것이었다. 국회는 일본 법제 모방에 대한 반감과 사회교육을 실행할 수 있는 여건이 미흡하다는 점을 들어 이 3법을 「교육법」으로 통합하였다. 그러나 1997년 「교육기본법」과 함께 「초·중등교육법」·「고등교육법」이 제정됨으로써 그 내용은 다르지만 「사회교육법」(1982)과 함께 법체계에서는 일본 법체제로 복귀하였다(신현직, 1999, 154~155; 고전, 2008, 3) 그 구체적인 입법 과정에 대하여는 고전, 2008, 3~6 참조.

12) 「세계인권선언」 제26조 제2항: "교육은 인격의 완전한 발전과 인권과 기본적 자유에 대한 존중의 강화를 목표로 한다. 교육은 모든 국가, 인종 또는 종교 집단 간의 이해, 관용 및 우의를 증진하며, 평화의 유지를 위한 국제연합의 활동을 촉진하여야 한다."

또 교육의 목표를 인격의 완성에 두었던 「교육법」의 내용을 '인간다운 삶을 영위하는데 필요한 인격의 도야'로 바꾸고, '공민'을 민주시민으로서의 자질로 바꿈으로써 교육을 수단으로 본 것도 문제이며, 나아가 민주국가 발전과 인류공영의 이상 실현에 이바지하는 것을 목적으로 함으로써 교육 주체를 타자화한 것도 문제이다(신현직, 1999, 158). 심지어 교육에 대한 국가의 지배를 정당화하는 여지마저 남겨두었다는 점도 간과할 수 없다(이시우, 2001, 109; 고전, 2008. 3).

이런 왜곡된 교육 목적의 설정은 헌법재판소의 결정문으로도 이어져 헌법재판소는 교육의 목적이 개인의 인격 발달이나 인간 존엄의 앙양에 있는 것이 아니라 국가를 위한 것인 만큼 외부세력의 부당한 간섭을 막기 위한 국가권력의 교육 독점을 인정하는 결정을 내렸고, 그것이 교육의 자주성과 전문성을 보장하는 이유라고 하였다.[14]

하지만 「교육기본법」은 제5조에서 교육의 자주성에 대해서 헌법을 동어 반복하였을 뿐 좀 더 구체적인 내용은 언급하지 않았다. 제6조 역시 정치적 중립을 강조하였을 뿐 중립을 유지하기 위한 구체적 대안으로 대학의 자율과 자치에 대해서는 언급하지

---

13) 「교육기본법」에서 홍익인간의 추상적·포괄적 개념을 조금 더 구체화할 필요가 있었는데 그렇게 하지 못하였고, 오히려 인류공영의 이상을 조문의 마지막에 넣음으로써 홍익인간과 인류공영의 개념적·논리적 모호함을 낳은 점도 아쉬운 부분이다(고전, 2008, 8).

14) "교육이 국가의 백년대계의 기초인 만큼 국가의 안정적인 성장발전을 도모하기 위하여서는 교육이 외부세력의 부당한 간섭에 영향받지 않도록 교육자 내지 교육 전문가에 의하여 주도되고 관할되어야 할 필요가 있다는 데서 비롯된 것"(신현직, 1999, 158~159에서 재인용).

않은 아쉬움을 지녔다.

기본법은 헌법과 일반법의 중간에서 관련 법률의 통합 규범 역할을 해야 한다. 따라서 헌법과 같은 방향성을 지녀야 하고 일반법의 지침이 될 수 있도록 장기적이고 종합적인 관점에서 제정되어야 한다(김갑석, 2019, 5~6). 따라서 「교육기본법」 제2조는 헌법정신과 국제규약에 맞게 개정되는 것이 마땅하다.

4. 고등교육에 대한 국가 책임의 부재

「교육기본법」 제11조는 학교 설립의 책임 주체가 국가와 지방자치단체임을 밝히고, 법인과 사인은 법률이 정하는 바에 의해서만 학교를 설립·경영할 수 있다고 제한하였다.[15] 하지만 우리나라 대학은 학교 수와 재학생 수 등 모든 면에서 사립이 80%를 넘어 전 세계에서 사립대학의 비중이 가장 높은 나라이다.

인구 1천만의 서울에 국립 종합대학이 하나도 없고,[16] 인구의 절반인 2,500만 명이 밀집된 수도권 전체를 통틀어도 대형 사립 종합대학에 필적할 만한 국립대학이 없는 것은 세계적으로도 유례를 찾아보기 힘든 현상이다. 이는 고등교육에 대한 국가의 권리 주장과 책임의 불균형, 심지어는 권리만 주장하고 책임을 방

---

15) 독일은 사립학교를 자유롭게 운영할 자유를 헌법인 「독일기본법」 제7조 4항에 명문화하고 있지만 우리는 헌법에 명기되지 않아 「교육기본법」 제11조가 사립학교 설립의 법적 근거가 된다(허종렬, 2015, 99).
16) 서울대는 '국립대학법인 서울대학교'가 운영하는 대학으로서 국가가 세워서 직접 관리·운영하는 국립대학과 법적으로 구분된다. 인천대 역시 마찬가지이다.

기하는 심각한 문제이다. 그런데도 우리 사회는 물론 교수들도 이를 자연스럽게 받아들이고 있다.

5. 교원단체의 법적 근거 불비

「교육기본법」제15조 제1항에 "교원의 경제적·사회적 지위를 향상시키기 위하여 각 지방자치단체와 중앙에 교원단체를 조직할 수 있다"고 하였고, 제2항에 "교원단체의 조직에 필요한 사항은 대통령령으로 정한다"고 하였다. 교원단체에 대한 규정은 1949년도에 제정된 「교육법」에도 있던 내용이다.

현재 교원단체라고 자칭하는 단체로는 '한국교원단체총연합회(한국교총)'가 있는데, 한국교총은 자신들의 설립 근거로 「교육기본법」 제15조 제1항과 민법 제32조(비영리법인의 설립과 허가)를 제시하면서 교원의 지위 향상과 교권 확립을 기하는 것이 설립 목적이라고 표방하고 있다.[17]

하지만 교원단체 조직에 관한 사항을 대통령령에 위임한다고 한 제15조 제2항의 규정과 달리, 법이 제정되고 20년이 넘도록 대통령령이 만들어지지 않아 제15조 제1항까지도 법적으로 불완전한 상태이다. 따라서 교총이 교원단체라는 법적 근거는 여전히 불비한 상태이다.

한국교총은 정식 교원단체가 아니지만, 광복 이후 지금까지

---

17) 한국교총 정관 제2조(설립 목적): "회원 상호 간의 강력한 단결을 통하여 교원의 전문적·사회적·경제적 지위 향상과 교권 확립을 기함으로써 교육의 진흥과 문화의 창달에 기여하기 위함"

교원단체로서의 지위를 누려왔다. 하지만 한국교총은 순수한 교원들의 단체가 아니라 처음부터 반관반민의 성격을 지니고 출범하였다. 한국교총의 전신은 1947년 11월 당시 문교부장이던 오천석이 중심이 되어 만든 조선교육연합회(조교련)였는데, 예산의 상당 부분이 문교부 지원금과 방학책 독점 판매에서 나왔다. 조교련은 1948년 정부 수립과 함께 대한교육연합회(대한교련)로 바꾸고 평교사 단체가 아니라 교장 등 관리자 단체로 운영되어 왔다. 그래서 교원 복지나 교육개혁에는 별 관심이 없고 정부의 교육정책을 홍보하거나 정권의 전위대 역할을 마다하지 않아서 대표적인 어용단체라는 비판이 끊이지 않았다. 가장 대표적인 것이 유신헌법과 전두환 정권 출범 지지 결의문 채택이다(경향, 2015.2.13).

그러다가 1980년대 교육민주화운동이 확산되면서 어용단체인 대한교련에 대해 실망한 교사들이 대한교련을 대체할 조직으로 '민주교육추진전국교사협의회(전교협)'을 구성하고 출범하였다(1987.9), 그리고 교사에 대한 국가통제기구인 대한교련이 일괄 징수하던 회비 납부를 거부하고 탈퇴운동을 시작하였다. 그러자 대한교련은 그간의 잘못을 시인하며 문교부와의 수평적 관계 정립, 평교사와 여교사가 참여하는 회원을 위한 조직으로 거듭나겠다고 밝혔지만, 노태우 정부가 출범하자 거의 모든 약속을 파기하고 원위치하였다.

그러다가 1989년 5월, 전교조가 창립되자 여당 대변인조차 "대한교련이 관료적·비민주적 운영으로 인해 교사로부터 외면받아 왔다"고 비판하고 교장 대신 평교사 중심으로 운영하라며 정관을 변경하라고 지시하였다. 정부와 여당이 정관 변경을 지시하는 것 자체가 대한교련의 성격을 말해준다. 대한교련은 그 뒤로 명칭만 한국교총으로 바꾸었을 뿐이다(상세한 내용은 제3장 7절 참조).

　문제는 초·중등교원을 중심으로 구성된 한국교총이 대학교수들의 교권을 보호한다는 명분만 내세우고 아무런 행동도 하지 않는다는 점이다. 최근 국교련과 사교련이 대학교원의 교권을 보호하기 위한 교원단체로서의 지위를 요구하고, 국교조와 사교조가 결성되자 다급해진 한국교총은 자신들만 교원단체로서의 독점적 지위를 인정해달라는 별도의 입법 청원을 하고 있다. 이런 난맥상을 해결하기 위해서는 교권 확립에 기여할 수 있는 교원단체를 만들 수 있도록 제15조 제2항에 의한 대통령령이 조속히 만들어져야 할 것이다.

6. 법을 위배하는 평가 방향

　「교육기본법」 제25조에는 '국가와 지방자치단체가 사립학교의 다양한 설립목적을 존중하는 방향으로 지원·육성하여야 한다'고 하였다.
　그러나 지난 25년 동안 진행한 수많은 대학평가는 결코 사립대학의 다양한 설립목적을 존중하는 방향으로 진행되지 못하였다는 것이 중론이다. 특히 최근 10년간 진행된 거의 모든 평가는 대학 정원의 축소를 목표로 한 획일적 정량지표 위주여서 대학의 다양성과 특성은 평가가 진행될수록 오히려 위축되었다.
　법과 현실의 괴리는 늘 존재하기 마련이지만 대학을 진단하고 평가할 때 입법 취지를 우선 고려하는 것은 너무도 당연하다. 각기 다른 설립 목적을 가지고 있는 대학의 다양성을 존중해주는 것이 대학의 발전을 물론 고등교육 생태계의 정상적인 발전을 위해서도 필요하다. 따라서 향후 모든 대학평가에서 대학의 다양성과 특성을 존중하는 방향으로 평가지표가 구성되었는지 확인하는 절차가 마련되어야 한다.

| 제3절 | 교원지위법

1. 주요 조문

제1조(목적) 이 법은 교원에 대한 예우와 처우를 개선하고 신분보장과 교육활동에 대한 보호를 강화함으로써 교원의 지위를 향상시키고 교육 발전을 도모하는 것을 목적으로 한다.

제2조(교원에 대한 예우) ① 국가, 지방자치단체, 그 밖의 공공단체는 교원이 사회적으로 존경받고 높은 긍지와 사명감을 가지고 교육활동을 할 수 있는 여건을 조성하도록 노력하여야 한다.

③ 국가, 지방자치단체, 그 밖의 공공단체는 그가 주관하는 행사 등에서 교원을 우대하여야 한다.

제3조(교원 보수의 우대) ① 국가와 지방자치단체는 교원의 보수를 특별히 우대하여야 한다.

② 「사립학교법」 제2조에 따른 학교법인과 사립학교 경영자는 그가 설치·경영하는 학교 교원의 보수를 국공립학교 교원의 보수 수준으로 유지하여야 한다.

제4조(교원의 불체포특권) 교원은 현행범인 경우 외에는 소속 학교의 장의 동의 없이 학원 안에서 체포되지 아니한다.

제6조(교원의 신분보장 등) ① 교원은 형벌의 선고, 징계처분 또는 법률로 정하는 사유에 의하지 아니하고는 그 의사에 반하여

휴직·강임降任 또는 면직을 당하지 아니한다.

② 교원은 해당 학교의 운영과 관련하여 발생한 부패행위나 이에 준하는 행위 및 비리 사실 등을 관계 행정기관 또는 수사기관 등에 신고하거나 고발하는 행위로 인하여 정당한 사유 없이 징계조치 등 어떠한 신분상의 불이익이나 근무조건상의 차별을 받지 아니한다.

제7조(교원소청심사위원회의 설치) ① 각급학교 교원의 징계처분과 그 밖에 그 의사에 반하는 불리한 처분(「교육공무원법」 제11조의4 제4항 및 「사립학교법」 제53조의2 제6항에 따른 교원에 대한 재임용 거부처분을 포함한다. 이하 같다)에 대한 소청심사訴請審査를 하기 위하여 교육부에 교원소청심사위원회(이하 "심사위원회"라 한다)를 둔다.

제9조(소청심사의 청구 등) ① 교원이 징계처분과 그 밖에 그 의사에 반하는 불리한 처분에 대하여 불복할 때에는 그 처분이 있었던 것을 안 날부터 30일 이내에 심사위원회에 소청심사를 청구할 수 있다. 이 경우에 심사청구인은 변호사를 대리인으로 선임選任할 수 있다.

② 본인의 의사에 반하여 파면·해임·면직처분을 하였을 때에는 그 처분에 대한 심사위원회의 최종 결정이 있을 때까지 후임자를 보충 발령하지 못한다. 다만, 제1항의 기간 내에 소청심사 청구를 하지 아니한 경우에는 그 기간이 지난 후에 후임자를 보충 발령할 수 있다.

제10조(소청심사 결정) ① 심사위원회는 소청심사 청구를 접수한 날부터 60일 이내에 이에 대한 결정을 하여야 한다. 다만, 심사위원회가 불가피하다고 인정하면 그 의결로 30일을 연장할

수 있다.

제11조(교원의 지위 향상을 위한 교섭·협의) ①「교육기본법」제15조 제1항에 따른 교원단체는 교원의 전문성 신장과 지위 향상을 위하여 특별시·광역시·특별자치시·도 및 특별자치도(이하 "시·도"라 한다) 교육감이나 교육부장관과 교섭·협의한다.

② 시·도 교육감(이하 "교육감"이라 한다)이나 교육부장관은 제1항에 따른 교섭·협의에 성실히 응하여야 하며, 합의된 사항을 시행하기 위하여 노력하여야 한다.

제12조(교섭·협의 사항) 제11조 제1항에 따른 교섭·협의는 교원의 처우 개선, 근무조건 및 복지후생과 전문성 신장에 관한 사항을 그 대상으로 한다. 다만, 교육과정과 교육기관 및 교육행정기관의 관리·운영에 관한 사항은 교섭·협의의 대상이 될 수 없다.

제13조(교원지위향상심의회의 설치) ① 제11조 제1항에 따른 교섭·협의 과정에서 당사자로부터 교섭·협의 사항에 관한 심의 요청이 있는 경우 이를 심의하기 위하여 교육부와 시·도에 각각 교원지위향상심의회를 두되 교육부는 7명 이내, 시·도는 5명 이내의 위원으로 구성한다. 다만, 위원장을 제외한 위원의 2분의 1은 교원단체가 추천한 사람으로 한다.

2. 「교원지위법」의 출현과 성격

「교원지위법」의 정식 명칭은 「교원의 지위 향상 및 교육활동

보호를 위한 특별법」(1991)이다. 교원에 대한 예우와 처우 개선, 신분보장 강화를 목적으로 만든 특별법을 표방하고 있지만, 본래는 전교조의 출범으로 위기를 느낀 대한교련이 기득권을 지키기 위해 특별법 제정을 추진하였고,[18] 노태우 정부 역시 「교원노조법」 제정 요구를 회피하기 위해 동조해서 만든 대체 입법의 성격이 강하다.[19]

1991년 당시 교원 지위 향상을 위한 특별법 제정이 설득력 있었던 것은 특별법이 필요할 정도로 교원의 지위가 열악했고, 사회의 전반적인 민주화 진전에 비해 교육계가 한참 뒤떨어져 있었기 때문이다. 이런 상황의 타개를 명분 삼아 제정된 「교원지위법」은 교원 지위에 관한 선언적 내용은 비교적 풍부하나 기존 법령과 일부 중복되며, 징계 재심 관련 사항은 상세하나 정작 교섭·협의권은 매우 소략하고 양자의 개념도 모호하다는 한계가 있다.

「교원노조법」 제정으로 「교원지위법」의 입법 취지도 상당 부분 해결되었으나 제정 당시의 상황과 비교해 볼 때 임금 부분을 제외한 교권 문제는 갈수록 심각해지고 있다. 따라서 「교원지위법」은 교원의 권익 보호를 위해 여전히 유효한 법률이며, 특히

---

18) 1947년 출범한 이래 관변 교원단체로서 독점적 지위를 누려온 대한교련은 1989년 전교조의 출범으로 위기를 맞이하게 되자 국면 전환을 위해 1989년부터 「교원지위법」 제정 운동을 대대적으로 추진하면서 단체 명칭을 한국교총으로 바꾸었다. 그 구체적인 입법 청원 과정에 대해서는 강경석, 2000, 262~265 참조.
19) 1989년 전교조가 결성되자 노태우 정부는 전교조 교사에 대해 파면·해임 등 강경한 대응을 하면서도 한편으로는 교사들의 요구를 수렴하기 위한 새로운 법을 제정할 필요성을 느껴 대한교련과 함께 새로운 법 제정을 추진하였다.

교원노조에 가입하지 않은 교원에게 그러하다. 하지만 제14조~제21조 조항의 내용과 잦은 개정은 초중등교육 현장에서 교권이 얼마나 빠른 속도로 훼손되고 있는지, 그리고 「교원지위법」의 한계가 무엇인지를 여실히 반영하고 있다.

3. 교원단체 교섭권

「교원지위법」 제11조에는 교원의 전문성 신장과 지위 향상을 위하여 교원단체가 교육부장관·시도교육감과 교섭·협의하며, 교육부장관·시도교육감은 합의된 사항을 시행하기 위하여 노력하여야 한다고 규정하였다. 「교직단체 업무편람」에 따르면 교섭·협의권은 매우 광범위하다.[20]

> 제3조(교섭·협의사항의 범위) 교섭·협의사항의 범위는 다음 각 호와 같다.
> (1) 봉급 및 수당체계의 개선에 관한 사항
> (2) 근무시간·휴게·휴무 및 휴가 등에 관한 사항
> (3) 여교원의 보호에 관한 사항
> (4) 안전·보건에 관한 사항
> (5) 교권신장에 관한 사항
> (6) 복지·후생에 관한 사항
> (7) 연구 활동 육성 및 지원에 관한 사항
> (8) 전문성 신장과 연수 등에 관한 사항
> (9) 기타 근무조건에 관한 사항

---

[20] 「교원지위 향상을 위한 교섭·협의에 관한 규정」(1992.6.2. 제정, 3차 개정 2008.2.29).

따라서 교원으로서는 자신들의 권익을 대변해줄 교원단체가 중요한데, 교육부는 1991년 법 제정 당시부터 한국교총에만 단체교섭 협의권을 부여하였다. 그것은 당시 정부로서는 전교조를 회피하기 위한 관변단체가 필요했기 때문이었다. 이에 당시 전교조는 관변단체 성격이 강한 한국교총에게 단체교섭 협의권을 부여한 것은 교원노조를 무력화하려는 조치라고 강하게 반발하였다.

지난 20년 동안 한국교총은 회원 가운데 사립대학 교수들의 수는 얼마나 되는지, 과연 어떤 근거로 사립대학 교수를 대표한다고 주장하는지, 어떤 의견수렴 절차를 거쳤는지, 어떤 교섭과 협의가 이루어졌는지, 단체교섭의 결과를 어떻게 통보했는지 제대로 한 일이 하나도 없다. 그것은 한국교총의 태생적 한계 때문이다.

우선 한국교총은 민법상의 사단법인이어서 교육부가 설립·허가 및 취소권은 물론 정관변경 승인권과 사무 감사권을 갖고 있어 교육부와 협의할 수 있는 대등한 법적 관계에 있지 않다. 또 노동조합이 아니기 때문에 합의사항 이행에 대한 강제 수단도 갖고 있지 않으며, 합의서의 유효기간 규정도 없다는 점에서 구조적인 한계를 갖고 있다(강경석, 2000, 274, 279~280).

또 한국교총은 평교사로 구성된 교원노조와 달리 관리자인 학교장을 포함한 전 교원으로 이루어져서 매우 보수적인 성향이 강하며, 심지어는 절대다수인 평교사 이익에 반하는 행보도 서슴치 않았다. 교총은 유신체제 지지, 4.13호헌조치 지지를 비롯해 한나라당의 「사립학교법」 개정 반대에 적극적으로 동조하는 등 교사들의 입장보다 사학법인의 편에 섰고, 박근혜 정부의 한국사 교과서 국정화를 찬성하기도 했다.

이처럼 한국교총이 교원단체로서의 기능과 역할을 다하지 못한 것이 전교조 출범의 요인 가운데 하나이며, ILO, OECD, UNESCO, EI 등의 국제기구와 국제교원기구가 교원의 결사의 자유를 인정하라고 지속적인 건의와 압력을 행사했던 것 역시 한국교총을 제대로 된 교원단체로 인정하지 않았기 때문이다(강경석, 2000, 262).

　　우리나라 교육법 체계의 혼란은 이루 다 말하기 힘들 정도지만 한국교총이 주도하여 만든 「교원지위법」과 전교조가 주도하여 만든 「교원노조법」과의 애매한 공존 문제가 제대로 정리되어야 교원의 권리 증진에 도움이 된다.[21] 한때 교육부도 임금 및 근로조건은 교원노조와, 교육정책 등 교원의 전문성과 관련된 것은 한국교총과 단체교섭을 하는 이원화를 고려했으나 한국교총의 강력한 반발로 무산되고, 여전히 구속력이 없는 형식적인 단체교섭과 협의를 병행하고 있다(강경석, 2000, 279). 따라서 이제는 그동안의 성과를 평가하고 보다 바람직한 대비책을 강구할 시점이 되었다고 생각한다.

4. 교원지위향상심의회

　　「교원지위법」과 관련한 또 하나의 논쟁은 제13조에 명기된

---

[21] 교총의 교섭·협의권은 그 법적 근거가 「교원지위법」이고 전교조의 단체교섭권은 그 법적 근거가 「교원노조법」이다. 이렇게 단체교섭권이 애매하게 양분된 것은 향후 초중등 교원의 권익 증진을 위해 개선되어야 할 것이다(강경석, 2000, 263).

'교원지위향상심의회'의 설치와 운영이다. 교육부에 7명 이내, 시·도에 5명 이내의 위원으로 이루어진 심의회를 두고, 위원의 1/2을 교원단체가 추천한다는 내용이다.

그런데 13조에는 구성 원칙만 정했을 뿐 기능에 대한 명확한 규정이 없고 심의의결서의 법적 효력에 대한 규정도 없어서 실제 어떤 의미있는 활동을 하기도 어렵다(강경석, 2000, 281). 실제로 지난 20년 동안 '교원지위향상심의회'가 무슨 활동을 했는지, 어떤 실적이 있는지는 물론이고 존재 여부마저 미미하였다. 그렇다면 심의회에 관한 규정의 보완과 함께 위원을 추천하고 활동한 한국교총은 그 동안의 상황을 교수들에게 설명하고 향후 활동 방향에 대해서도 의견을 구했어야 했다.

5. 선언적 법률의 존재 의미

「교원지위법」과 관련해 사립대학 교수의 이해와 직접 관계되는 조항의 하나는 제3조(교원 보수의 우대)이다. 제2항에 사립대학 "교원의 보수를 국공립학교 교원의 보수 수준으로 유지하여야 한다"는 내용이 있기 때문이다. 또 "노력하여야 한다·우대하여야 한다"는 등 선언적 문구가 유달리 많은 「교원지위법」에서 "유지하여야 한다"고 명확하게 서술하였다는 점에서도 그러하다.

하지만 「사립학교법」에는 보수에 관한 규정이 별도로 마련되어 있지 않다. 그것은 사적인 임용계약에 의한 것이므로 계약 당사자 간의 합의 및 결정 사항에 속하는 일이라고 보기 때문이다. 그 결과 제3조 제2항이 있다는 사실이 민망할 정도로 최근 사립대학 교수들의 연봉과 복지는 현저하게 악화되고 있으며, 이의 개선이 초미의 과제이다. 실효성을 확보하기 위한 전방위적 노력이 시급하며 이 역시 그동안 제3조를 놓고 교육부와 어떻게 교섭하였는지 한국교총이 답해야 할 문제이다.

최근 「교원지위법」 제3조를 준수하라며 사립대학의 한 전직 교수가 교육부를 상대로 진행한 소송에서 법원은 제3조가 '선언적 규정'에 불과하다며 원고 패소 판정을 내렸다. 헌법의 선언적 규정을 실효적으로 뒷받침하기 위해 만든 특별법조차 선언적 규정이라면 「교원지위법」이 존재해야 하는 이유가 무엇인지 묻지 않을 수 없다. 이 판결은 「교원지위법」이 제정되던 당시부터 논란이었던 법의 실효성에 대한 의문에 대해 전면적인 재검토를 요하게 한 사안이라고 할 수 있다.

한편 이런 중요한 문제를 특정인이 소송하였다가 패소하면 전체 교수들에게 불리한 판례가 만들어진다는 점에서 소송은 개인의 판단과 의사에 따라 진행해서는 안 된다. 모든 교수의 교권과 관련된 소송은 반드시 관련 교수단체나 교수노조의 협조를 받아서 함께 논의하고 신중하게 처리해야 한다.

6. 교원소청심사위원회

「교원지위법」에서는 징계처분에 대한 불복절차로 재심청구를 할 경우, 국공립과 사립을 구분하지 않고 모두 교육부 교원소청심사위원회로 일원화한 것은 국공립과 사립 교원을 동일하게 다루겠다는 의지가 반영된 것이다. 이처럼 사립학교 교원의 신분·

복무·징계는 법인을 상대로 한 행정소송만 할 수 없을 뿐 국공립 교원과 같은 법 적용을 받는다.

하지만 교원소청심사에서 부당 징계로 확정을 받아도 그 결정을 반드시 준수해야 한다는 강제 규정이 없어 일부 사립대학에서는 이를 악용하고 있다. 동일한 법규에 적용을 받지만, 실제 징계권 행사에 있어서 사립대학과 국공립대학이 다르다는 점을 고려해 볼 때, 사립대학 교수가 공법과 사법 두 법의 해당자가 된다는 공사법이원론公私法二元論(상세한 내용은 제3장 5절 참조)이 사립대학 교수의 신분 안정성을 심각하게 훼손한다는 점에서 본격적인 검토가 필요하다(임재홍, 2006, 141, 152~153; 고전, 2017, 160~161).

|제4절| 교육공무원법

1. 주요 조문

제2조(정의) ⑥ 이 법에서 '임용'이란 신규채용, 승진, 승급, 전직轉職, 전보轉補, 겸임, 파견, 강임降任, 휴직, 직위해제, 정직停職, 복직, 면직, 해임 및 파면을 말한다.

제24조(대학의 장의 임용)

제24조의2(선거운동의 제한)

제24조의3(대학의 장 후보자 추천을 위한 선거사무의 위탁)

제25조(교수 등의 임용) ① 교수·부교수는 대학의 장의 제청으로 교육부장관을 거쳐 대통령이 임용하고, 조교수는 대학의 장의 제청으로 교육부장관이 임용한다.

제34조(보수결정의 원칙) ① 교육공무원의 보수는 우대되어야 한다.

제36조(명예퇴직) ① 교육공무원으로 20년 이상 근속한 사람이 정년 전에 스스로 퇴직하는 경우에는 예산의 범위에서 명예퇴직수당을 지급할 수 있다.

제43조(교권의 존중과 신분보장) ① 교권敎權은 존중되어야 하며, 교원은 그 전문적 지위나 신분에 영향을 미치는 부당한 간섭을 받지 아니한다.

② 교육공무원은 형의 선고나 징계처분 또는 이 법에서 정하

는 사유에 의하지 아니하고는 본인의 의사에 반하여 강임·휴직 또는 면직을 당하지 아니한다.

③ 교육공무원은 권고에 의하여 사직을 당하지 아니한다.

제48조(교원의 불체포특권) 교원은 현행범인인 경우를 제외하고는 소속 학교의 장의 동의 없이 학원 안에서 체포되지 아니한다.

2. 「교육공무원법」과의 종속관계

사립대학 교수들에게 「교육공무원법」은 아무 관계가 없는 것처럼 보인다. 하지만 제5장 제1절에서 언급한 것처럼 사립대학 교수들은 신규채용부터 시작하여 복무규정에 이르기까지 「교육공무원법」의 적용 또는 준용 대상이 된다. 우선 「교육공무원법」 제2조 제6항의 임용 관련 용어 정의와 「사립학교법」 제2조 제4항의 임용 관련 용어 정의는 '전직'이 삭제된 것을 제외하면 완전히 일치한다. 제43조와 제48조의 교권을 누릴 권리도 일치한다.

교수노조 설립과 관련하여 고용노동부 측 관계자와 만났을 때 고용노동부는 사립대학 교수들이 처한 구체적 현실은 자기들의 소관 사항이 아니며, 사립대학 교수도 법률상 '임용'되었기 때문에 국립대학 교수와 같은 법규 적용을 받아야 한다고 주장한다. 반면 교육부는 「사립학교법」이 법인의 재산권 보호를 우선하는 민법의 특별법이므로 사립대학 교수는 법률상 개인회사 직원과 같다는 입장을 취하고 있다. 같은 대한민국 정부 부처지만 이처럼 각자 해석이 다르다.

한편 대법원은 "학교법인은 민법상 재단법인의 일종으로서 재단법인법의 영역에서 사적 자치의 자유를 누리고, 또한 국가에 대한 관계에서 기본권을 주장할 수 있는 사법인으로서의 성격을 갖고 있으며, 구체적으로 사학의 설립 및 운영의 자유, 재산권 등이 인정된다"고 판시하였고,[22] 헌법재판소 역시 "학교법인은 민법상 재단법인의 일종으로서 사학의 설립 및 운영의 자유나 재산권 등 기본권을 향유하고, 학교법인의 자율성은 사립학교의 공공성을 해치지 않는 범위 내에서 최대한 존중되어야 한다."고 결정하였다.[23] 정부의 해석과 무관하게 법조계에서의 사립대학 교수는 사기업에 고용된 신분으로 보고 있다.

3. 명목과 실질의 불일치

이렇게 사립대학 교수의 법적 신분은 '교직'이라는 특성을 매개로 국립대학 교수들과 적지 않게 얽혀 있다.[24] 그것은 교사의 교육권이 학생을 가리키는 지위에서 파생한 것이어서 국공립과 사립의 구분에 따른 차이가 존재하지 않는다는 데서 기인한다(고전, 1997, 183).

그러나 채용부터 신분보장과 연봉 등의 실제적인 면에서 전

---

22) [이사회 결의 무효확인청구](대법원 2007.5.17. 선고 2006다19054. 전원합의체 판결)
23) [사립학교법 제25조 제3항 위헌소원](헌법재판소 2009.4.30. 2005헌바101 전원재판부)
24) 그동안 헌법재판소의 다수의견은 사립학교 교원은 임용 절차만 다를 뿐 국공립교원과 동질적이라고 보았고 그 근거로 「사립학교법」에 준용되는 대상임을 들었다(허종렬, 2000, 291~292, 296~297).

혀 동질감을 찾아볼 수 없다. 오히려 애매한 법규가 사립대학 교수들의 정당한 권익 요구조차 가로막는 요인이 되기도 한다.[25] 사립학교 교수와 관련된 법령 체제의 가장 큰 문제점은 헌법에서 규정하고 있는 교원 지위 법정주의의 원칙이 법률의 포괄적·추상적 위임조항으로 인해 실제 입법 과정에서 지켜지지 않고 있다는 점이다.

　사립대학 교수는 공무원인 국공립대학 교수와 다른 사적 신분을 갖고 있음에도 불구하고 「교육공무원법」을 차용하거나 준용하는 것은 양자의 실질적인 법적 지위를 전혀 고려하지 않은 것으로서 사학의 특수성을 저해하고 법적 지위에 심각한 혼란을 초래하고 있다. 따라서 대학교육의 주체라는 동질성과 국·사립의 신분 차이를 합리적으로 규정하는 단일법전 속에서 체계적으로 규정되어야 한다(이상 이인수, 2017, 171~172).

　사립대학 교수의 법적 신분은 교원이라는 명예적 신분과 사적 고용인이라는 현실적 신분 사이에 애매하게 걸쳐있다. 명예적 신분에 만족한다면서 임금을 비롯한 근무환경에 대하여 불만을 표하면 그것도 자기모순이다. 하지만 그렇다고 명예적 신분을 포기하기도 힘들며 그래서도 안 된다. 또 주어진 현실을 무시하고 근무환경 개선을 요구할 수 있는 권리를 포기하기도 힘들며 그래서도 안 된다. 그렇다면 가장 바람직한 것은 사립대학 교수에 적합한 새로운 신분 영역을 법적으로 보장받는 것이다.

　이제 사립대학 교수들에게 선택의 시간이 다가왔다고 생각한

---

25) 총장을 선출할 수 있는 권리인 「교육공무원법」 제24조, 제24조의2, 제24조의4가 「사립학교법」에는 없다는 점도 국립과 사립이 명백하게 다른 세계임을 확인하게 해준다.

다. 언제까지 교육공무원이 비춰주는 달빛처럼 희미한 불빛에 의존해 길을 갈 수는 없다. '교직'이란 명분으로 국립대학 교수들과의 사이에 놓여 있는 일방통행의 다리를 쌍방향 통행으로 바꾸거나 아니면 사립대학 교수만의 다리를 건설하거나 양자택일해야 할 때가 다가온 것이다.

| 제5절 | 고등교육법

1. 주요 조문

제4조(학교의 설립 등) ② 국가 외의 자가 학교를 설립하려는 경우에는 교육부장관의 인가를 받아야 한다.

제6조(학교규칙) ② 학칙의 기재사항, 제정 및 개정 절차 등 필요한 사항은 대통령령으로 정한다.

제7조(교육재정) ① 국가와 지방자치단체는 학교가 그 목적을 달성하는 데에 필요한 재원財源을 지원하거나 보조할 수 있다.
② 학교는 교육부령으로 정하는 바에 따라 예산과 결산을 공개하여야 한다.
③ 교육부장관은 전체 국가재정 중고등교육 지원 비율 확대를 위한 5개년 기본계획을 수립하고, 이를 반영하여 매년 고등교육 지원계획을 수립하여 정기국회 개회 전까지 국회에 제출하여야 한다.
④ 교육부장관은 제3항에 따른 기본계획 및 지원계획을 수립할 때에는 대통령령으로 정하는 바에 따라 미리 관계 중앙행정기관의 장과 협의하고 지방자치단체의 장의 의견을 들어야 한다.

제8조(실험실습비 등의 지급) 국가는 학술 또는 학문 연구와 교육 연구를 진흥시키기 위하여 실험실습비·연구조성비·장학금

지급 등 필요한 조치를 마련하여야 한다.

제11조(등록금 및 등록금심의위원회) ⑥ 등록금심의위원회는 등록금 산정을 위하여 필요한 경우 대통령령으로 정하는 바에 따라 학교의 장에게 관련 자료의 제출을 요청할 수 있다. 이 경우 그 요청을 받은 학교의 장은 정당한 사유가 없는 한 이에 따라야 한다.

제11조의2(평가 등) ④ 정부가 대학에 행정적 또는 재정적 지원을 하려는 경우에는 제2항에 따른 평가 또는 인증 결과를 활용할 수 있다.

제14조(교직원의 구분) ② 학교에 두는 교원은 제1항에 따른 총장이나 학장 외에 교수·부교수·조교수 및 강사로 구분한다.
③ 학교에는 학교운영에 필요한 행정직원 등 직원과 조교를 둔다.
④ 각종학교에는 제1항부터 제3항까지의 규정에 준하여 필요한 교원, 직원 및 조교(이하 "교직원"이라 한다)를 둔다.

제14조의2(강사) ① 제14조 제2항에 따른 강사는 대통령령으로 정하는 임용기준과 절차, 교수시간에 따라 임용기간, 임금 등 대통령령으로 정하는 사항을 포함한 근무조건을 정하여 서면계약으로 임용하며, 임용기간은 1년 이상으로 하여야 한다. 다만, 다음 각 호의 어느 하나에 해당하는 경우에는 1년 미만으로 임용할 수 있다.
② 강사는 「교육공무원법」, 「사립학교법」 및 「사립학교교직원 연금법」을 적용할 때에는 교원으로 보지 아니한다

제15조(교직원의 임무) ② 교원은 학생을 교육·지도하고 학문을 연구하되, 필요한 경우 학칙 또는 정관으로 정하는 바에 따라

교육·지도, 학문연구 또는 「산업교육진흥 및 산학연협력촉진에 관한 법률」 제2조 제6호에 따른 산학연협력만을 전담할 수 있다.

제17조(겸임교원 등) ① 학교에는 대통령령으로 정하는 바에 따라 제14조 제2항의 교원 외에 명예교수·겸임교원 및 초빙교원 등을 두어 교육이나 연구를 담당하게 할 수 있다.

제19조의2(대학평의원회의 설치 등) ① 학교는 다음 각 호의 사항을 심의하기 위하여 교직원과 학생 등으로 구성되는 대학평의원회(이하 "대학평의원회"라 한다)를 설치·운영하여야 한다. 다만, 제2호 및 제3호는 자문사항으로 한다.
　1. 대학 발전계획에 관한 사항
　2. 교육과정의 운영에 관한 사항
　3. 대학헌장의 제정 또는 개정에 관한 사항
　4. 학칙의 제정 또는 개정에 관한 사항
　5. 다른 법률에 따른 학교법인 임원 또는 개방이사추천위원회 위원 추천에 관한 사항(사립학교에 한정한다)
　6. 그 밖에 교육에 관한 중요 사항으로서 학칙 또는 정관으로 정하는 사항

제28조(목적) 대학은 인격을 도야陶冶하고, 국가와 인류사회의 발전에 필요한 심오한 학술이론과 그 응용 방법을 가르치고 연구하며, 국가와 인류사회에 이바지함을 목적으로 한다.

2. 「고등교육법」의 성격

「교육기본법」을 비롯한 다수의 교육 관계 법령이 초중고와 대학을 명확하게 구분하지 않았으며, 「사립학교법」도 사학법인에 관한 법이기 때문에 대학의 목적과 종류, 대학교원의 임무를 구분하여 서술하지 않았다. 따라서 「고등교육법」이 대학에 관한 본격적인 법률이라고 할 수 있다.

「고등교육법」은 제28조에서 "대학은 인격을 도야陶冶하고, 국가와 인류사회의 발전에 필요한 심오한 학술이론과 그 응용방법을 가르치고 연구하며, 국가와 인류사회에 이바지함을 목적으로 한다"고 대학의 존립 목적을 밝혔고, 제15조에서는 교원의 임무가 무엇인지 명백하게 밝히고 있다. 또 대학 설립요건, 등록금 징수와 사용, 교수의 구분과 신분, 학칙 제정과 그 내용, 신입생 선발과 입학사정관 운영, 입시전형료의 징수와 사용, 수업 시간과 학점 부여의 기준, 졸업 사정 등 학사 운영 전반에 관해 상세히 밝혔다.

「고등교육법」은 제2절~제7절에서 일반대학과 대학원, 산업대학과 교육대학, 전문대학과 기술대학, 원격대학과 각종학교의 설립 기준과 목적을 명확하게 정의하고 있으며, 일반법과 달리 매우 상세하고 촘촘하게 규정한 일종의 실무지침 같은 법안이어서 교수들이 반드시 읽고 이해할 필요가 있다.

3. 「고등교육법」의 빈틈과 모순

그러나 이처럼 촘촘해 보이는 「고등교육법」에도 빈틈과 모순은 여전하다. 우선 「교육기본법」과 마찬가지로 「고등교육법」에서도 학교 설립의 주체가 국가임을 명확하게 밝히면서 그 외의 자는 교육부 장관의 인가를 받아야 한다고 규정하고 있다. 그렇다면 교육의 공적 책임을 다하기 위한 국가의 대안이 함께 제시되는 것이 상식이다. 하지만 「고등교육법」 역시 학교 설립의 주체가 국가이므로 사립학교를 관리 감독할 권리가 국가에 있다는 것만 일방적으로 강조하고 있다.

또 제6조(학교규칙)에 근거한 「고등교육법」 시행령 제4조(학칙) 제16항에는 "교수회가 있는 경우"에 그에 관한 사항을 학칙에 기재해야 한다고 밝혔을 뿐 대학의 실질적인 자율성 향상을 위한 조항을 거의 찾아보기 힘들다. 그런데 우리나라 대학의 교수회는 총장이 주관하는 전체 교수회의와 통상 교수협의회라고 하는 자율기구인 교수회와 명확하게 구분되지 않기 때문에 시행령 제4조 제16항의 구체적 적용대상이 무엇인지도 명확하지 않다.

「고등교육법」 제14조 제2항에서 대학의 교원은 "교수·부교수·조교수 및 강사로 구분한다"고 명기하고, 제17조 제1항에서는 "겸임·초빙교원을 둘 수 있다"고 하였다. 단 그 대우는 강사 관련 규정을 준용한다고 제17조 제2항에 밝힘으로써 겸임·초빙교원을 둘 수 있게 한 목적이 무엇인지 의문이 들게 한다.

또 「고등교육법」 제14조 제4항에서 "교원, 직원 및 조교(이하 "교직원")"이라 한다"고 하여 조교가 교직원의 일원임을 분명히 하였다. 하지만 조교가 교직원의 일원이라는 이 조항은 국립대학의 경우 문제가 없지만, 사립대학의 현실과는 전혀 부합하지 않는 조항이다. 사립대학 가운데 조교를 교직원으로 인정하고 그에 합당한 대우를 해준 곳이 있는지 의문이며, 만약 법 조항대로 교직원이라면 그동안 교육부는 사립대학 조교를 교직원으로 대우하기 위해 어떤 노력을 하였는지, 앞으로 어떻게 할 것인지 묻지 않을 수 없다.

그 밖에도 교육재정에 관한 제7조, 실험실습비 지급 등에 관한 제8조도 사립대학 구성원에게는 피부로 느끼기 힘든 조항이며, 제19조의2에 명기된 대학평의원회의 설치와 운영이 본래의 입법 취지와 달리 매우 많은 한계를 안고 있어 힘겹게 운영되고 있다는 점도 공공연한 사실이다.

결국 사립대학에 관한 거의 모든 법령이 그렇듯 「고등교육법」 역시 정부가 통제하는 데는 적극적인 데 반해 정부가 책임져야 하거나 지원해야 하는 분야는 매우 소극적이라는 점에서 그 명칭과 달리 사실상 대학의 발전을 도모하기 위한 법적 장치라기보다는 우리나라 교육부가 대학을 얼마나 일방적인 통제의 대상으로 보고, 치밀하게 통제하고 간여하는지를 잘 보여준다.

| 제6절 | 사립학교법

1. 주요 조문

제1조(목적) 이 법은 사립학교의 특수성에 비추어 그 자주성을 확보하고 공공성을 앙양함으로써 사립학교의 건전한 발달을 도모함을 목적으로 한다.

제2조(정의) 4. "임용"이란 신규채용, 승진, 전보轉補, 겸임, 파견, 강임降任, 휴직, 직위해제, 정직停職, 복직, 면직, 해임 및 파면을 말한다.

제14조(임원) ① 학교법인에는 임원으로서 7인 이상의 이사와 2인 이상의 감사를 두어야 한다. 다만, 유치원만을 설치·경영하는 학교법인에는 임원으로서 5인 이상의 이사와 1인 이상의 감사를 둘 수 있다.

제26조의2(대학평의원회) ① 대학교육기관에 다음 각 호의 사항을 심의하게 하기 위하여 대학평의원회를 둔다. 다만, 제3호 및 제4호는 자문사항으로 한다.

  1. 대학의 발전계획에 관한 사항
  2. 학칙의 제정 또는 개정에 관한 사항
  3. 대학헌장의 제정 또는 개정에 관한 사항
  4. 대학교육과정의 운영에 관한 사항
  5. 추천위원회의 위원의 추천에 관한 사항

6. 그 밖에 교육에 관한 중요 사항으로서 정관으로 정하는 사항

제52조(자격) 사립학교의 교원의 자격에 관하여는 국공립학교의 교원의 자격에 관한 규정에 의한다.

제55조(복무) ① 사립학교의 교원의 복무에 관하여는 국공립학교의 교원에 관한 규정을 준용한다.

2. 「사립학교법」의 제정

우리나라 최초의 사립학교 관련 법은 1908년 대한제국 칙령 제62호로 제정된 「사립학교령」이었는데, 실은 사립학교가 민족적 각성과 항일운동의 근거지가 되지 못하게 막으려고 통감부가 제정한 것이었다. 조선총독부는 1911년에 전문 30조로 구성된 「조선교육령」을 공포하여 교육에 관한 기본 법제로 삼았고 사립학교에 대해서는 「사립학교규칙」을 만들어 통제에 나섰다. 그리고 1915년에 다시 선교사가 설립한 사립학교를 대상으로 더욱 규제를 강화하였다(황준성, 2006, 211~214).

정부 수립 후 사립학교는 「교육법」과 「민법」의 통제를 받았는데, 「교육법」 제82조와 제83조가 사립학교를 설립·경영할 수 있는 근거였고, 제7조에서는 '모든 학교는 국가의 공기公器'라고 하여 사립학교도 공교육 기관의 하나임을 강조하면서 사립학교의 건학이념 등 고유한 특성과 사학법인의 자율성에 대해서는 언급하지 않았다(황동연, 2019, 244).

1950년대 한국전쟁 종전 후의 혼란과 재정적 어려움 등으로

인해 정부의 사립대학 관련 정책은 자유방임 일변도였고, 사립대학의 부실과 부정은 사회적 문제로 부상할 정도였다. 1961년 쿠데타를 통해 권력을 장악한 군부는 '인간개조'를 문교정책의 기본 방향으로 제시하고, 「교육에 관한 임시 특례법」(「임시특례법」)을 제정하여 학교·학과 통폐합, 2년제 교육대학 설치, 교원노조 집단행동 폐지, 학사 자격 고시, 교원 임면 절차 및 사립대학 감독 등의 규정을 만들어 추진하였으며, 이어서 「대학설치기준령」을 발표하였다.

「사립학교법」은 「임시특례법」에 의한 편의적 법 집행을 종료시키고 사립학교의 부실과 부패를 방지하기 위한 목적으로 1963년 12월에 제정되었다.[26] 하지만 한편으로는 4.19혁명과 6.3사태로 거듭 확인한 학생운동을 원천적으로 차단하기 위해서는 사립대학에 대한 강력한 통제를 가능하게 하는 법적 근거가 필요하였다. 그래서 「사립학교법」은 교육보다는 사학의 설립과 운영구조에 초점이 맞춰졌고, 공법과 사법, 규제법과 조성법, 실체법과 절차법의 성격을 동시에 지니고 있으며, 일반 교육법과 관련해서는 특별법의 성격을 갖고 있다(황준성, 2006, 210~211). 「사립학교법」은 제1장 총칙, 제2장 학교법인, 제3장 사립학교 경영자, 제4장 사립학교 교원, 제5장 보칙, 제6장 벌칙 등 총 6장 74개 조항으로 이루어졌다.

---

26) 1963년 제정 당시의 과정과 주요 내용에 대해서는 황동연, 2019, 248~251 참조.

3. 「사립학교법」 개정 논란

「사립학교법」은 1963년 6월에 제정된 이래 2020년 2월까지 총 60여 차례 크고 작은 개정이 이루어졌다. 이처럼 1년에 한 번 꼴로 잦은 개정이 이루어지고 수많은 단서 조항이 있는 것은 우리나라 교육환경이 빠르게 변했기 때문이기도 하지만 유치원부터 대학원까지 각양각색의 학교를 사학법인이라는 이유만으로 한 법령에 모아 놓은 법체계의 문제점 때문이기도 하다.[27]

하지만 '학벌사회'의 특성으로 사립학교가 우리 사회의 거대한 이익 카르텔의 중심에 자리하고 있다는 점과 함께 사학법인의 불법행위와 그에 대한 학내의 반발이 잦은 개정의 요인으로도 작용하였다. 실제로 「사립학교법」 개정에는 정치적 고려가 크게 작용하였고, 특히 정권 교체기마다 사립학교에 대한 정부의 개입과 통제가 반복되었다.[28]

민주화가 이루어진 이후 「사립학교법」 개정 논란은 주로 학내 의사결정 구조에 대한 관계 정립,[29] 즉 법인의 운영 자율성

---

[27] 유치원이 정부 지원금을 부당하게 사용하는 것을 막기 위해 2018년 더불어민주당 박용진朴用鎭 의원이 대표 발의한 이른바 '유치원 3법'에 「유아교육법」・「학교급식법」과 함께 「사립학교법」이 포함된 것도 바로 이런 이유에서다.

[28] 「사립학교법」은 한일회담 반대 시위 기간에 이루어진 제2차 개정(1964.11), 유신쿠데타 이후 이루어진 제6차 개정(1973.2), 신군부 쿠데타 이후 이루어진 제13차 개정(1981.2)이 공공성 강화를 명분으로 대학의 통제를 대폭 강화한 대표적인 사례이다(황동연, 2019, 254~255).

[29] 1981년 제12차 개정으로 대학 교직원 임면권을 법인에서 총학장으로 이관했다가 1990년 제15차 개정으로 다시 법인으로 재이관하였고, 1997년 교육3법(「교육기본법」,「초·중등교육법」,「고등교육법」) 제정 때 교수회의 학칙기구화 시도 무산, 1998년 공익이사제 도입 무산 등이 그 대표적인 사례다(이시우, 2001, p.102).

주장과 구성원의 운영 참여권 주장을 둘러싼 대립과 갈등이 주를 이루었다.30) 그 가운데 가장 대표적인 것이 제39차(2007.7) 개정이었다.

2004년 제17대 총선 당시 열린우리당은 「사립학교법」 개정을 4대 개혁입법이란 총선 공약으로 내세웠고, 사학법인연합회는 "사립학교의 모든 재산은 학교법인의 사유재산"이라며 강력한 반대에 나섰다. 이후 총선에서 승리한 열린우리당이 개정을 강행 처리하였지만, 사학법인연합회와 종단, 한국교총의 격렬한 반대, 한나라당의 장외투쟁에 굴복하여 재개정에 동의함으로써 「사립학교법」 개혁은 무위로 돌아갔고, 그로 인해 노무현 정부의 개혁 의지는 급속도로 위축되었고 레임덕은 본격화되었다(상세한 내용은 제3장 제4절과 제7절 참조).

4. 사립학교의 특수성

「사립학교법」의 특성을 가장 잘 드러내고 있는 것은 바로 제1조(목적)이다. '사립학교의 특수성에 비추어 그 자주성을 확보한다'고 한 것은 「사립학교법」의 입법 취지가 고등교육의 목적을 달성하기 위한 대학법이 아니라 법인을 위한 법임을 분명히 하고 있다. 그러면 제1조에서 강조한 사립학교의 특수성은 구체적

---

30) 법인 이사회 구성, 총장선출제, 교수자치조직의 학칙기구화, 교수 신분보장, 학칙의 자율적 제정, 대학 운영의 공개' 등 법인의 대학 경영권과 구성원의 대학 자치권이 수십 년 동안 지속한 대표적 분쟁 요인이다(이시우, 2001, 102~103).

으로 무엇을 말하는가?

사립학교의 특수성에 대해서는 다양한 견해가 존재하나 우선 생각해 볼 수 있는 것은 역사적 특수성이다. 광복과 남북분단, 한국전쟁 등으로 공교육을 감당할 수 있는 정부의 재정 능력이 한계에 처해 있을 때 사립대학은 이를 자발적으로 보완해주는 역할을 담당함으로써 공공재의 보완재 역할을 충실히 감당하였다. 이에 대한 인정과 보상의 요구는 정부의 고등교육에 대한 책임 문제와 관련해 상당한 설득력을 갖고 있다. 하지만 사립대학에 대한 정부의 태도는 자못 이중적이다. 그 기여를 인정하면서도 사립대학 성장의 이면에 있던 부정적 요소에 대한 정부의 방관을 매우 시혜적인 보상처럼 여겨왔다.

이는 지금도 마찬가지여서 「사립학교법」 제43조에서 국가와 지방자치단체는 보조를 신청한 사학법인 등에 대해 보조금을 교부하거나 기타의 지원을 할 수 있다고 규정하고 있는데, 이는 여전히 사학에 대한 지원을 시혜적 차원으로 간주하고 있음을 말해준다. 실제로도 정부의 시책에 순응하는 각종 평가지표를 확보할 때만 선별적으로 재정지원을 하고 있어 사학의 공공재로서의 성격을 정부 스스로 존중하지 않고 있다.

5. 「사립학교법」의 논리적 모순

좋은 법은 입법자의 입장과 수범자의 입장이 일치하는 법률이며, 법률을 평가하는 준거로는 법률 제정의 불가피성, 법질서의 통일성, 법률 내용의 명확성, 규정 이해의 용이성 등의 실질적 요건, 입법 과정의 투명성, 투명성과 합리성 제고를 위한 제도 정비, 법률 요건을 갖추기 위한 편집 및 검토과정 등 절차적 요건을 들 수 있다(고전, 2009, 2).

이상의 기준을 적용해 볼 때 「사립학교법」은 여러 가지로 문제가 많은 법이다. 우선 지적할 것은 제1조 목적에서 밝힌 것처럼 사립학교 설립의 특수성과 자주성 확보가 선결과제이고, 그것을 바탕으로 공공성을 지향한다는 것이 과연 합당한 논리인가 하는 점이다. 대학의 자율성은 헌법에 명시적으로 보장되었다. 그것은 대학의 자율성이 「헌법」 22조 제1항의 학문과 예술의 자유를 보장하는 것과 일맥상통하기 때문이다. 따라서 아무리 사학법인이라 할지라도 공공성의 지향을 전제로 법인의 특수성과 자주성을 부여하는 것이 합리적이다.

또 사립대학 교수들의 신분보장 규정을 사학법인의 특수성과 자주성을 우선하는 「사립학교법」 안에 넣어두었기에 사립대학 교수들의 교권은 오로지 사학법인의 관용과 시혜에 의존해야 하는 모순을 안게 된다. 교수의 신분과 관련해 분쟁이 끊이지 않고 교수들이 을의 입장에 설 수밖에 없는 주된 원인이 여기에 있다.[31]

---

31) 헌법재판소와 대법원은 사학법인이 사법인이고, 교원의 임면권은 학교법인의 고유권한이며, 사립학교 교원은 사인私人으로서의 지위를 갖는다는 점에 대해 일관된 입장을 견지하고 있다. 특히 대법원은 사립학교 교원과 학교법인 사이의 임용계약을 사법상의 고용계약으로 판결하고 있다(고원, 2017, 1)

6. 「사립학교법」의 개정 방향

사학법인들의 권익을 강고하게 지켜주던 「사립학교법」이 앞으로도 그 역할을 다 할 수 있을 것인지에 대해서는 부정적인 의견이 더 많다. 우선 지난 70년간 지속한 성장 일변도의 대학 환경이 학령인구의 감소, 등록금의 동결, 낮은 취업률, 산업구조의 변화 등으로 인해 전례 없는 변화에 직면했기 때문이다.

대학의 구조조정을 요구하는 사회적 여론이 거센 실정에서 법인의 일방적인 운영과 독선은 더는 법인의 생존에 도움이 되지 않는다. 2007년 당시 「사립학교법」 개정에 격렬하게 반대하면서 사학법인연합회가 주장한 "사립학교의 모든 재산은 학교법인의 사유재산"이라는 주장은 사유재산에 대한 정부의 재정 지원을 불가능하게 하는 부메랑이 돼서 재정압박에 시달리는 사립대학의 숨통을 더욱 조이고 있다.

대학 경영은 일종의 학문 관리의 성격을 지니고 있으므로 법인의 경영권이 무제한적 지배권을 의미하는 것으로 이해되어서는 곤란하다는 지적을 열린 자세로 경청할 시기가 된 것이다. 법인은 1997년 교육개혁위원회가 제시했으나 입법화하지 못했던 「고등교육법」 시안 제16조 제5항의 "구성원은 법령과 학칙이 정하는 바에 따라 자치행정에 참여할 권리와 의무가 있다"는 정도의 상식적 요구를 정관에 수용하는 개방성을 보여야 한다(이시우, 2001, 113, 120).

정부와 법인 모두 국립대학은 국가-대학의 2원적 관계이지만, 사립대학은 국가-대학-법인의 3원적 관계이기 때문에 학문의 자유와 대학의 자유도 각기 다른 개념을 가질 수밖에 없는데(이시우, 2001, 106), 아직도 이에 대한 합리적인 공감대가 형성되지 못한 점을 솔직히 인정하고 보다 대범한 대화를 통해 해결해야 한다. 전례 없이 악화 일로에 있는 대학의 환경을 고려해볼 때 사립대학의 정체성에 관한 사회적 합의는 빠를수록 좋으며 사립대학이기에 부족하기 마련인 공공성에 대한 정부의 적극적인 지원과 보완이 필요할 수밖에 없을 것이다.

보다 구체적으로는 「초·중등교육법」과 「고등교육법」이 분리되었듯, 「사립학교법」도 우선 초·중등학교와 대학을 분리하는 방안과 함께 일반대학과 종립대학을 구분하는 개정을 검토할 필요가 있다. 거버넌스의 선진화를 이룩한 선한 법인과 대학에 대해 정부가 선별적인 지원을 하는 방안도 고려해야 한다.[32]

---

[32] 「사립학교법」은 법인의 경영권을 치밀하게 보장하는 데 비해 대학자치는 매우 미흡하므로 학문의 자유와 대학의 자치를 제도적으로 보장하기 위해서는 학문 활동의 주체인 교수집단의 대표자가 이사회에 참여할 수 있도록 관련 법령을 개정하는 것이 바람직하다는 의견도 있다(이시우, 2001, 116~117).

| 제7절 | 노동조합 및 노동관계조정법(일반노조법)

1. 주요 조문

제2조(정의) 이 법에서 사용하는 용어의 정의는 다음과 같다.
    1. "근로자"라 함은 직업의 종류를 불문하고 임금·급료 기타 이에 준하는 수입에 의하여 생활하는 자를 말한다.
    4. "노동조합"이라 함은 근로자가 주체가 되어 자주적으로 단결하여 근로조건의 유지·개선 기타 근로자의 경제적·사회적 지위의 향상을 도모함을 목적으로 조직하는 단체 또는 그 연합단체를 말한다. 다만, 다음 각목의 1에 해당하는 경우에는 노동조합으로 보지 아니한다.
        가. 사용자 또는 항상 그의 이익을 대표하여 행동하는 자의 참가를 허용하는 경우
        나. 경비의 주된 부분을 사용자로부터 원조받는 경우
        다. 공제·수양 기타 복리사업만을 목적으로 하는 경우
        라. 근로자가 아닌 자의 가입을 허용하는 경우. 다만, 해고된 자가 노동위원회에 부당노동행위의 구제신청을 한 경우에는 중앙노동위원회의 재심판정이 있을 때까지는 근로자가 아닌 자로 해석하여서는 아니 된다.
        마. 주로 정치운동을 목적으로 하는 경우
제5조(노동조합의 조직·가입·활동) 근로자는 자유로이 노동조합

을 조직하거나 이에 가입할 수 있다. 다만, 공무원과 교원에 대하여는 따로 법률로 정한다. <개정 2021.1.5.>

②사업 또는 사업장에 종사하는 근로자(이하 "종사근로자"라 한다)가 아닌 노동조합의 조합원은 사용자의 효율적인 사업운영에 지장을 주지 아니하는 범위에서 사업 또는 사업장 내에서 노동조합 활동을 할 수 있다. <신설 2021.1.5.>

③종사근로자인 조합원이 해고되어 노동위원회에 부당노동행위의 구제신청을 한 경우에는 중앙노동위원회의 재심판정이 있을 때까지는 종사근로자로 본다. <신설 2021.1.5.>

[제목개정 2021.1.5.]

[시행일 : 2021.7.6.] 제5조

제23조(임원의 자격 등) ①노동조합의 임원 자격은 규약으로 정한다. 이 경우 하나의 사업 또는 사업장을 대상으로 조직된 노동조합의 임원은 그 사업 또는 사업장에 종사하는 조합원 중에서 선출하도록 정한다. <개정 2021.1.5.>

②임원의 임기는 규약으로 정하되 3년을 초과할 수 없다.

[제목개정 2021.1.5.]

[시행일 : 2021.7.6.] 제23조

제9조(차별대우의 금지) 노동조합의 조합원은 어떠한 경우에도 인종, 종교, 성별, 연령, 신체적 조건, 고용형태, 정당 또는 신분에 의하여 차별대우를 받지 아니한다.

제81조(부당노동행위) 사용자는 다음 각 호의 어느 하나에 해당하는 행위(이하 "不當勞動行爲"라 한다)를 할 수 없다.

   1. 근로자가 노동조합에 가입 또는 가입하려고 하였거나 노

동조합을 조직하려고 하였거나 기타 노동조합의 업무를 위한 정당한 행위를 한 것을 이유로 그 근로자를 해고하거나 그 근로자에게 불이익을 주는 행위
2. 근로자가 어느 노동조합에 가입하지 아니할 것 또는 탈퇴할 것을 고용조건으로 하거나 특정한 노동조합의 조합원이 될 것을 고용조건으로 하는 행위. 다만, 노동조합이 당해 사업장에 종사하는 근로자의 3분의 2 이상을 대표하고 있을 때에는 근로자가 그 노동조합의 조합원이 될 것을 고용조건으로 하는 단체협약의 체결은 예외로 하며, 이 경우 사용자는 근로자가 그 노동조합에서 제명된 것 또는 그 노동조합을 탈퇴하여 새로 노동조합을 조직하거나 다른 노동조합에 가입한 것을 이유로 근로자에게 신분상 불이익한 행위를 할 수 없다.
3. 노동조합의 대표자 또는 노동조합으로부터 위임을 받은 자와의 단체협약체결 기타의 단체교섭을 정당한 이유 없이 거부하거나 해태하는 행위
4. 근로자가 노동조합을 조직 또는 운영하는 것을 지배하거나 이에 개입하는 행위와 노동조합의 전임자에게 급여를 지원하거나 노동조합의 운영비를 원조하는 행위. 다만, 근로자가 근로시간 중에 제24조 제4항에 따른 활동을 하는 것을 사용자가 허용함은 무방하며, 또한 근로자의 후생자금 또는 경제상의 불행 기타 재액의 방지와 구제 등을 위한 기금의 기부와 최소한의 규모의 노동조합사무소의 제공은 예외로 한다.
5. 근로자가 정당한 단체행위에 참가한 것을 이유로 하거나

또는 노동위원회에 대하여 사용자가 이 조의 규정에 위반한 것을 신고하거나 그에 관한 증언을 하거나 기타 행정관청에 증거를 제출한 것을 이유로 그 근로자를 해고하거나 그 근로자에게 불이익을 주는 행위

제83조(조사 등) ① 노동위원회는 제82조의 규정에 의한 구제신청을 받은 때에는 지체 없이 필요한 조사와 관계 당사자의 심문을 하여야 한다.

제84조(구제명령) ① 노동위원회는 제83조의 규정에 의한 심문을 종료하고 부당노동행위가 성립한다고 판정한 때에는 사용자에게 구제명령을 발하여야 하며, 부당노동행위가 성립되지 아니한다고 판정한 때에는 그 구제신청을 기각하는 결정을 하여야 한다.

③ 관계 당사자는 제1항의 규정에 의한 명령이 있을 때에는 이에 따라야 한다.

|제8절| 근로자참여 및 협력증진에 관한 법률(근로자참여법)

1. 주요 조문

제1조(목적) 이 법은 근로자와 사용자 쌍방이 참여와 협력을 통하여 노사 공동의 이익을 증진함으로써 산업평화를 도모하고 국민경제 발전에 이바지함을 목적으로 한다.

제3조(정의) 이 법에서 사용하는 용어의 뜻은 다음과 같다.
   1. "노사협의회"란 근로자와 사용자가 참여와 협력을 통하여 근로자의 복지증진과 기업의 건전한 발전을 도모하기 위하여 구성하는 협의기구를 말한다.
   2. "근로자"란 「근로기준법」 제2조에 따른 근로자를 말한다.

제4조(노사협의회의 설치) ① 노사협의회(이하 "협의회"라 한다)는 근로조건에 대한 결정권이 있는 사업이나 사업장 단위로 설치하여야 한다.

제5조(노동조합과의 관계) 노동조합의 단체교섭이나 그 밖의 모든 활동은 이 법에 의하여 영향을 받지 아니한다.

제6조(협의회의 구성) ① 협의회는 근로자와 사용자를 대표하는 같은 수의 위원으로 구성하되, 각 3명 이상 10명 이하로 한다.
   ② 근로자를 대표하는 위원(이하 "근로자위원"이라 한다)은 근로자가 선출하되, 근로자의 과반수로 조직된 노동조합이 있는

경우에는 노동조합의 대표자와 그 노동조합이 위촉하는 자로 한다.

제8조(위원의 임기) ① 위원의 임기는 3년으로 하되, 연임할 수 있다.

② 보궐위원의 임기는 전임자 임기의 남은 기간으로 한다.

③ 위원은 임기가 끝난 경우라도 후임자가 선출될 때까지 계속 그 직무를 담당한다.

제12조(회의) ① 협의회는 3개월마다 정기적으로 회의를 개최하여야 한다.

② 협의회는 필요에 따라 임시회의를 개최할 수 있다.

제14조(자료의 사전 제공) 근로자위원은 제13조 제3항에 따라 통보된 의제 중 제20조 제1항의 협의 사항 및 제21조의 의결사항과 관련된 자료를 협의회 회의 개최 전에 사용자에게 요구할 수 있으며 사용자는 이에 성실히 따라야 한다. 다만, 그 요구 자료가 기업의 경영·영업상의 비밀이나 개인정보에 해당하는 경우에는 그러하지 아니하다.

제16조(회의의 공개) 협의회의 회의는 공개한다. 다만, 협의회의 의결로 공개하지 아니할 수 있다.

제20조(협의 사항) ① 협의회가 협의하여야 할 사항은 다음 각 호와 같다.

    1. 생산성 향상과 성과 배분
    2. 근로자의 채용·배치 및 교육훈련
    3. 근로자의 고충 처리
    4. 안전·보건, 그 밖의 작업환경 개선과 근로자의 건강증진
    5. 인사·노무관리의 제도 개선

6. 경영상 또는 기술상의 사정으로 인한 인력의 배치전환·재훈련·해고 등 고용조정의 일반원칙
7. 작업과 휴게시간의 운용
8. 임금의 지불 방법·체계·구조 등의 제도 개선
9. 신기계·기술의 도입 또는 작업 공정의 개선
10. 작업 수칙의 제정 또는 개정
11. 종업원지주제從業員持株制와 그 밖에 근로자의 재산형성에 관한 지원
12. 직무 발명 등과 관련하여 해당 근로자에 대한 보상에 관한 사항
13. 근로자의 복지증진
14. 사업장 내 근로자 감시 설비의 설치
15. 여성 근로자의 모성보호 및 일과 가정생활의 양립을 지원하기 위한 사항
16. 「남녀고용평등과 일·가정 양립 지원에 관한 법률」 제2조 제2호에 따른 직장 내 성희롱 및 고객 등에 의한 성희롱 예방에 관한 사항
17. 그 밖의 노사협조에 관한 사항

② 협의회는 제1항 각 호의 사항에 대하여 제15조의 정족수에 따라 의결할 수 있다.

제21조(의결 사항) 사용자는 다음 각 호의 어느 하나에 해당하는 사항에 대하여는 협의회의 의결을 거쳐야 한다.
1. 근로자의 교육 훈련 및 능력개발 기본계획의 수립
2. 복지시설의 설치와 관리
3. 사내근로복지기금의 설치

4. 고충처리위원회에서 의결되지 아니한 사항
		5. 각종 노사공동위원회의 설치
제22조(보고 사항 등) ① 사용자는 정기회의에 다음 각 호의 어느 하나에 해당하는 사항에 관하여 성실하게 보고하거나 설명하여야 한다.
		1. 경영계획 전반 및 실적에 관한 사항
		2. 분기별 생산계획과 실적에 관한 사항
		3. 인력계획에 관한 사항
		4. 기업의 경제적·재정적 상황
	② 근로자위원은 근로자의 요구사항을 보고하거나 설명할 수 있다.
	③ 근로자위원은 사용자가 제1항에 따른 보고와 설명을 이행하지 아니하는 경우에는 제1항 각 호에 관한 자료를 제출하도록 요구할 수 있으며 사용자는 그 요구에 성실히 따라야 한다.
제23조(의결 사항의 공지) 협의회는 의결된 사항을 신속히 근로자에게 널리 알려야 한다.
제25조(임의 중재) ① 협의회는 다음 각 호의 어느 하나에 해당하는 경우에는 근로자위원과 사용자위원의 합의로 협의회에 중재기구仲裁機構를 두어 해결하거나 노동위원회나 그 밖의 제삼자에 의한 중재를 받을 수 있다.
제26조(고충처리위원) 모든 사업 또는 사업장에는 근로자의 고충을 청취하고 이를 처리하기 위하여 고충처리위원을 두어야 한다.
제30조(벌칙) 다음 각 호의 어느 하나에 해당하는 자는 1천만 원

이하의 벌금에 처한다.
>   1. 제4조 제1항에 따른 협의회의 설치를 정당한 사유 없이 거부하거나 방해한 자
>   2. 제24조를 위반하여 협의회에서 의결된 사항을 정당한 사유 없이 이행하지 아니한 자
>   3. 제25조 제2항을 위반하여 중재 결정의 내용을 정당한 사유 없이 이행하지 아니한 자

제31조(벌칙) 사용자가 정당한 사유 없이 제11조에 따른 시정명령을 이행하지 아니하거나 제22조 제3항에 따른 자료 제출 의무를 이행하지 아니하면 500만 원 이하의 벌금에 처한다.

제32조(벌칙) 사용자가 제12조 제1항을 위반하여 협의회를 정기적으로 개최하지 아니하거나 제26조에 따른 고충처리위원을 두지 아니한 경우에는 200만 원 이하의 벌금에 처한다.

2. 「근로자참여법」의 제정 목적

노사협의회는 박정희 정부가 「노동조합법」(1963)을 개정하면서 노동조합의 활동을 무력화 또는 대치하기 위한 수단으로 처음 만든 협의기구이다. 전두환 정부도 같은 목적으로 「노사협의회법」(1980.12)을 제정하여 일정 규모 이상의 사업체에 의무적으로 설립하게 하였다. 김영삼 정부는 「노사협의회법」을 「근로자참여법」(1997.3)으로 대체하면서 '노사협의회' 설치를 의무화하고 그 기능과 권한을 더욱 강화하였다.

노사협의회는 노동조합 조합원만 대표하는 것이 아니라 직장

내 모든 노동자를 대표하며 노사 공동이익 추구를 목표로 한다. 「근로자참여법」은 사업주와 노동자의 공동결정권 등 노동자의 참가권을 보장하는 독일의 「사업장조직법」에서 유래한 것으로서 불필요한 노사 갈등을 방지하고, 나아가 기업이 지속 가능한 경쟁력을 확보하기 위해서는 노동자를 통제·관리하는 과거의 경영관리방식에서 벗어나 노동자들이 습득한 지식·기술·열정을 활용할 수 있는 참여적·자율적 경영관리방식으로의 전환이 필요하다는 인식하에 설치하였다.33)

연구 결과에 따르면 노사관계가 협력적이고 노사협의회가 활성화될수록 혁신적 인사관리제도를 많이 수용하고, 혁신적 인사제도의 도입은 기업성과에 긍정적 영향을 미치는 것으로 나타났다(고용노동부, 2011, 10).

노사협의회 제도는 그 도입 동기와 상관 없이 노동자의 적극적 참여를 통한 기업의 경쟁력 강화를 위한 제도로 설치되었다는 점에서 자율성을 근간으로 하는 대학에도 매우 적합한 제도이다. 특히 교수·직원·학생 등 다양한 구성원의 이해를 조정할 수 있고, 복수노조의 출현으로 이해관계가 더욱 복잡해진 상황에서 효율적인 소통의 기능을 담당할 수 있다(상세한 내용은 제4장 제5절 참조).

---

33) 고용노동부, 2011, 9; "노동자 참여 문제는 더 이상 실시 여부의 문제가 아니라 어떻게 실시할 것인가의 문제이다."(ILO 오슬로 국제학술회의, 1974).

3. 노동조합과 노사협의회

단체교섭은 노동3권을 바탕으로 하여 '조합원'의 권익향상을 위해 사용자와 교섭하여 노동조건의 증진 등에 기여하는 것이 목적인 반면, 노사협의회는 '전체노동자'를 대표하여 참여와 협력을 통해 노사공동의 이익을 증진시키고자 하는 목적을 가진다.

이에 따라 단체교섭은 단체협약의 유효기간 동안 평화의무를 부여함으로써 산업 현장에서의 노사안정을 도모하고 있으나, 노사협의회는 급변하는 기업 환경에 노사가 능동적으로 대처할 것을 요구하고 있으므로 정기적인 협의를 주된 특성으로 한다.

노사 간 합의된 사항의 효력에 있어서도 양자는 차이가 있는데, 단체교섭을 통해 노사가 합의한 단체협약에 대해서는 규범적 효력을 통해 강제성을 부여하는 반면, 노사협의회에서 의결된 사항의 경우 규범적 효력은 없으나 불이행 시 처벌을 통해 강행성을 부여한다(이상 고용노동부, 2011, 14).

4. 근로자위원 선정과 노사협의회 설치

노사협의회를 과반수 노조가 대표하는 것은 노동조합의 지위로서가 아니라 「근참법」에서 전체 노동자를 대표하는 지위를 부여함으로써 가능해진 것이므로 노사는 이를 엄격히 구분하는 것이 필요하다.

노사협의회는 전체 노동자를 대표하는 성격을 지니고 있기 때문에 근로자위원 위촉 시 노동자들의 다양한 특성과 이해가 반영되도록 하고 특히 비조합원의 참여 활성화를 적극적으로 고려하는 것이 바람직하다(이상 고용노동부, 2011, 50). 하지만 지금까지 이를 준수한 대학이 없다는 점에서 노사협의회 구성의 일대 혁신이 필요하며 가급적 학내 구성원의 다양한 목소리가 반영되도록 근로자 위원을 구성하여야 한다.

노사협의회는 노동조건에 대한 결정권이 있는 사업이나 사업장 단위로 설치하여야 하므로 대학의 경우 통상 1개만 설치하면 된다. 따라서 교수와 직원의 업무가 다르더라도 별도의 노사협의회를 구성해서는 안 된다.

노사협의회는 3개월마다 정기적으로 회의를 개최하게 되어 있고, 사용자의 보고 의무와 자료의 사전 제공 의무가 엄격하게 규정되어 있으며, 협의 및 의결 사항이 노동조합의 범주보다 훨씬 광범위하다. 또 위반사항에 대한 벌칙 규정도 강력하여, 노사협의회 합의는 단체협상 이상의 실질적인 강제력을 지닐 수 있다.

|제9절| 서울행정법원 결정문

1. 위헌법률심판제청 결정문(2015.12.18. 결정, 2015아11475, p.20)

"대학의 교원은 학생을 교육·지도하고 학문을 연구하되 학문 연구만을 전담할 수 있어(「고등교육법」 제15조 제2항) 학문 연구를 전담하는 교수에게 노동3권을 보장하더라도 학생들의 교육권 보장에 방해가 된다고 볼 수 없다.

「고등교육법」 상 교원의 교육대상인 대학생은 스스로의 가치판단에 따라 의사를 결정하고 행동할 수 있는 성인으로서 '대학의 장 임용추천위원회' 위원이 되는 등 대학자치의 주체로서의 지위까지 보장받고 있어 「고등교육법」 상 교원이 노동3권을 행사하더라도 그로 인하여 대학생들의 교육권이 침해될 우려는 초중등학교 학생들에 비하여 오히려 적다고 할 것이다."

2. 교수의 노동권과 대학생의 교육권

서울행정법원에서는 초·중등 교원과 달리 대학교수 가운데 일부, 예를 들어 연구교수 등은 교육 대신 연구만 전담하고, 산학협력 교수 역시 교육에 종사하지 않을 수 있기 때문에 노동3권을 보장하더라도 학생의 학습권을 침해하지 않는다고 보았다.

또 대학생은 학생 신분이기는 하지만 한편으로는 대학평의원회·등록금심의위원회·총장선출위원회 등에 참여하는 대학자치의 주체이기 때문에 교수가 일방적으로 노동3권을 행사할 수 없을 것이라고 판단하였다. 「교원노조법」에서 교수들의 단체행동권을 제한하였지만, 교수들이 수업을 거부하면서 노동운동을 하려면 학생들의 절대적인 동의를 얻어야만 한다는 실질적인 제한이 따르기 때문에 설령 단체행동권을 부여받더라도 그 행사는 매우 제한적일 수밖에 없다.

단 서울행정법원의 결정문은 교사들의 영향력이 더욱 큰 초중등 교원에게도 노동조합의 조직과 가입을 허용하면서 대학교수에게만 노동조합을 조직하고 가입할 수 없다고 한 것은 법리적으로 문제가 있다는 판결이라는 점에서 큰 의미가 있다.

제6장

교수노조에 관한 국제 협약

|제1절| ILO의 노동자 기본권과 핵심협약

1. ILO의 출범과 목표

　1919년, 제1차 세계대전이 끝난 뒤, 과도한 무역 경쟁과 노사 갈등이 전쟁과 러시아혁명을 일으킨 요인이라는 것에 대한 공감대가 넓게 형성되었다. 이에 부당한 국제 경쟁을 억제하고 노동조건을 개선하여 사회적 불안을 해소하고 나아가 평화증진을 이룩할 수 있도록 국제연맹 자매기관으로 국제노동기구ILO(International Labor Organization)를 설립하기로 합의한 뒤 관련 내용을 베르사유 조약 약관에 포함하였다.[1]

　ILO는 헌장 서문에서 "보편적이고 지속적인 평화는 사회정의에 근거한 경우에만 확립될 수 있다"고 밝히고 '노동시간 규정, 생활임금 지급, 아동·여성 보호 등을 적극적으로 추진하였다. 2차 대전의 와중에 루즈벨트 대통령이 ILO 뉴욕총회(1941)에서 밝힌 "경제정책은 그것 자체가 목적이 될 수 없고, 사회적 목적을 달성하기 위한 수단에 불과하다"는 선언은 ILO의 중요한 지침으로 중시되었다.

---

[1] 1차대전은 일견 모순되어 보이지만 서로 관련된 두 가지 결과를 노동의 역사에 가져왔다. 하나는 '인적 자원'을 산업적으로 관리하는 테일러즘의 확산이고, 다른 하나는 '진정으로 인간적인 노동체제'를 정초해야 한다는 요청으로 ILO를 탄생시킨 것이다(쉬피오, 2016, 394).

또 ILO는 제2차 세계대전 종전을 앞두고 유명한 「국제노동기구의 목적에 관한 선언(필라델피아 선언)」(1944)'을 채택하여 전후 활동의 원칙을 밝혔는데, 선언에서 확인한 근본 원칙은 다음과 같다.

① 노동은 상품이 아니다.
② 표현 및 결사의 자유는 부단한 진보의 필수 불가결한 조건이다.
③ 일부의 빈곤은 전체의 번영을 위험하게 한다.
④ 결핍과의 전쟁은 각국 안에서는 불굴의 의지로, 그리고 노동자와 사용자 대표는 정부 대표와 동등한 지위에서 일반 복지의 증진을 위한 자유로운 토의와 민주적인 결정에 함께 참여하는 지속적이고도 협조적인 국제적 노력에 의하여 수행할 것을 요한다.

그리고 항구적 평화는 사회정의에 기초함으로써만 확립될 수 있다는 국제노동기구 헌장 선언의 진실성은 경험상 충분히 증명되었다고 믿고 총회는 다음 사항을 확인한다.

① 모든 인간은 인종·종교·성별과 상관없이 자유와 존엄, 경제적 안정과 평등한 기회 속에서 자신의 물질적 복지와 정신적 발전 둘 다 추구할 권리를 갖는다.
② 모든 국가적 국제적 정책과 조치, 특히 경제적·정치적 성격의의 정책과 조치는 이런 과정에서 판단되어야 하며, 근본 목표의 달성을 촉진해야 하며, 방해되지 않는 한도 내에서 채택되어야 한다(이하 생략).

총회는 다음 사항을 국제노동기구의 엄숙한 책무로 승인한다.

① 완전 고용 및 생활 수준의 향상
② 임금과 소득, 노동시간과 기타의 노동조건과 관련하여, 모두가 경제발전의 과실을 정당하게 공유할 수 있도록 보장하고 모든 고용 노동자와 보호를 필요로 하는 모든 사람에게 최저 생활 임금을 보장하는 정책
③ 단체교섭권의 실질적인 인정, 생산 효율성의 지속적인 향상을 위한 노사의 협력
④ 사회적 보호와 충분한 의료를 필요로 하는 모든 사람에게 기본 소득을 제공하기 위한 사회보장 조치의 확대 등(이상 노사발전재단/ILO헌장과 필라델피아선언)

ILO는 1946년에 유엔의 전문기관으로 편입되었으며, 노사화합을 통한 세계평화에 기여한 공로를 인정받아 1969년 노벨 평화상을 수상하였다. ILO가 경제 분야가 아닌 평화 분야로 노벨상을 수상한 것은 노사문제가 단순한 경제적 문제가 아니고 사회적 목적 달성을 위한 수단에 불과하다는 루즈벨트 대통령의 말이 무슨 뜻인지를 입증한 것이다.

2. ILO의 노동인권 향상과 우리의 상황

ILO는 노동환경의 개선을 위해 많은 협약을 체결하였는데, 시작 단계였던 1920년대에는 주로 인간다운 삶을 보장하기 위한 노동시간의 단축과 공정계약에 초점이 맞춰졌다. 2차대전 이후에는 산업안전과 이민노동자의 권리보호에 힘썼고, 1950년대에는 동일노동에 대한 동일임금 등 노동시장에서의 차별 철폐로 나아갔다. 그리고 1960년대에는 이미 내외국인의 동등한 사회보장과

업무상 재해 등 사회복지로 그 중점을 옮겼다. 이런 ILO의 활동은 노동운동이 단순한 노동환경의 개선이나 생존권 투쟁이 아니라 인권의 확대라는 인도주의적인 차원에서 전개되고 있음을 알 수 있다.

한 가지 놀라운 것은 협약의 내용과 체결연도를 살펴보면 중요한 협약 대부분이 이미 일제강점기 또는 한국전쟁 기간에 이루어졌다는 점이다. 당시 생존조차 쉽지 않았던 우리로서는 노동권이란 생각조차 하기 힘들었던 권리였고, 산업화 과정이 한편으로는 남북 간의 체제경쟁 과정이어서 병영적 노동 통제 속에서 노동은 단지 경제성장을 위해 동원된 자원의 하나로 간주되었다. 따라서 노동권을 기본권으로 대하는 인식 자체가 없었을 뿐 아니라 노동운동을 '빨갱이에 의한 체제 전복 시도'로 불온시하는 인식이 널리 유포되었다.

그 뒤 경제 상황이 크게 좋아졌음에도 불구하고 냉전의 최첨단에서 형성된 노동운동 자체를 좌경화로 간주하는 인식이 고착되어 노동운동은 본격적인 공론화를 거친 사회적 공감대로 성장하지 못한 채 노동운동이 곧 노사대립인 것처럼 곡해되었다. 특히 외환위기 이후 신자유주의 논리에 근거한 노동시장 유연화가 국제 경쟁력 강화에 필수적이라는 여론이 조성되면서 노동조합은 이런 개혁을 저해하는 집단이기주의의 본산처럼 여겨졌다.

특히 대기업과 중소기업의 불공정한 원청-하청관계를 더욱 악화시키는 주범이 노동조합이라는 인식이 확산되면서 노동조합 자체에 대한 불신과 폄훼로 이어졌다(이상 조성재, 2018, 34~35). 그 결과 노동환경의 전반적인 개선은 물론 특히 법적, 제도적 미흡함을 보완하는 데 성공하지 못하였다. 아무튼 우리나라는 전 세계 거의 모든 회원국이 비준한 핵심협약도 다 비준하지 않았을 뿐 아니라 2011년 이후 비준한 협약이 없는 등 노동환경은 세계적인 추세와 동떨어져 있다(메이어, 2018, 3).

이런 노동 후진국 상태는 각종 객관적 지표를 통해서 얼마든지 확인 가능하다. 제4장 제3절에서도 언급한 바와 같이 세계경제포럼WEF에서 발표한 국가경쟁력은 종합 13위인데, 노동 관련 경쟁력은 51위이고 그 세부 항목인 노동자 권리는 93위, 노사협력은 130위로 최하위를 기록하고 있다. 이는 바람직한 노사관계의 정립이 가장 시급한 과제임을 말해준다. 또 국제노동조합총연맹ITUC(국제노총)이 144개국의 노동자 권리지수를 산출해 발표한 「2020 ITUC Global Rights Index」에 따르면 우리나라는 노동권 보장 수준은 최하위 5등급으로 내전 상태에 있는 국가보다 겨우 나은 상태에 불과하다. OECD 회원국을 대상으로 한 「2019 Worker's Rights Index」 역시 36개 국가 가운데 36위였으며 '삶의 만족도Life Satisfaction Score' 지수 역시 마찬가지였다. 극심한 퍼주기 논란에도 불구하고 OECD 회원국의 국내총생산GDP 대비 공공사회복지 지출 비율도 평균치의 절반에 불과하다.

이처럼 ILO의 노동운동이 임금 인상 등 생존권을 넘어서 인간의 존엄과 상생을 위한 기본권 개념의 확대로 나아가고 있는 동안 우리는 계속 경제성장이나 직장 내의 이익 분배에만 매달려 노동의 인간화라는 큰 숙제를 소홀히 해왔음을 인식하고 그 개선책을 차분히 찾아가야 할 것이다.

3. ILO의 주요 노동협약 목록

1919년부터 2000년까지 체결된 주요 협약 목록을 살펴보면 지금으로부터 무려 70년 전에 체결된 주요 협약 가운데 상당수를 아직도 우리가 도입하지 못하였거나 아니면 최근에 겨우 도입하였음은 우리의 노동 지체현상을 객관적으로 말해준다.

① 일제강점기 이전 체결된 주요 협약
  (1)「공업부문 사업장 노동시간을 1일 8시간, 1주 48시간으로 제한하는 협약」(제1호, 1919)
  (2)「실업에 관한 협약」(제2호, 1919)
  (3)「선박의 멸실 또는 침몰의 경우 실업 보상에 관한 협약」(제8호, 1920)
  (4)「농업노동자 결사 및 조합의 권리에 관한 협약」(제11호, 1921)
  (5)「농업부문 노동자의 보상에 관한 협약」(제12호, 1921)
  (6)「공업부문 사업장에서의 주휴 적용에 관한 협약」(제14호, 1921)
  (7)「노동자 재해보상에 대한 내·외국인 노동자의 균등대우에 관한 협약」(제19호, 1925)
  (8)「해원海員의 고용계약에 관한 협약」(제22호, 1926)
  (9)「해원海員의 송환에 관한 협약」(제23호, 1926)
  (10)「최저임금결정제도의 수립에 관한 협약」(제26호, 1928)
  (11)「강제노동에 관한 협약」(제29호, 1930)
  (12)「상업 및 사무직 부문의 노동시간 규제에 관한 협약」(제30호, 1930)
  (13)「노동시간의 1주 40시간 단축에 관한 협약」(제47호, 1935)
  (14)「선원의 질병, 상해 또는 사망의 경우에 있어서 선박소유자의 책임에 관한 협약」(제55호, 1936)
② 1945~1949년 체결된 주요 협약

(1) 「선박 승무원에 대한 식량 및 조리에 관한 협약」(제68호, 1946)
(2) 「선박 조리사의 증명에 관한 협약」(제69호, 1946)
(3) 「선원의 연금에 관한 협약」(제71호, 1946)
(4) 「선원의 건강진단에 관한 협약」(제73호, 1946년)
(5) 「유능한 갑판 부원의 증명에 관한 협약」(제74호, 1946년)
(6) 「공업 및 상업 부문에서 노동 감독에 관한 협약」(제81호, 1947)
(7) 「결사의 자유 및 단결권 보호에 관한 협약」(제87호, 1948)
(8) 「직업안정기관의 구성에 관한 협약」(제88호, 1948)
(9) 「선내 선원 설비에 관한 협약」(제92호, 1949 개정)
(10) 「공계약公契約에 있어서 노동조항에 관한 협약」(제94호, 1949)
(11) 「임금 보호에 관한 협약」(제95호, 1949)
(12) 「이민노동자에 관한 협약」(제97호, 1949 개정)
(13) 「단결권 및 단체교섭권 원칙의 적용에 관한 협약」(제98호, 1949)

③ 1950~1959년 체결된 주요 협약
(1) 「농업에서의 최저임금결정제도에 관한 협약」(제99호, 1951)
(2) 「동일가치노동에 대한 남녀노동자의 동등 보수에 관한 협약」(제100호, 1951)
(3) 「사회보장의 최저기준에 관한 협약」(제102호, 1952)
(4) 「강제노동의 폐지에 관한 협약」(제105호, 1957)
(5) 「상업 및 사무 부문의 주휴에 관한 협약」(제106호, 1957)
(6) 「국가가 발급하는 선원신분증명서에 관한 협약」(제108호, 1958)
(7) 「농원노동자의 고용조건에 관한 협약」(제110호, 1958)
(8) 「고용 및 직업에 있어서 차별대우에 관한 협약」(제111호, 1958)
(9) 「어선원의 건강진단에 관한 협약」(제113호, 1959)

④ 1960~1969년 체결된 주요 협약
(1) 「사회보장에서 내외국인의 균등대우에 관한 협약」(제118호,

            1962)
        (2) 「상업 및 사무 부문의 위생에 관한 협약」(제120호, 1964)
        (3) 「업무상 재해급여에 관한 협약」(제121호, 1964)
        (4) 「고용정책에 관한 협약」(제122호, 1964)
        (5) 「장해·노령 및 유족급여에 관한 협약」(제128호, 1967)
        (6) 「의료보호 및 상병급여에 관한 협약」(제130호, 1969)
    ⑤ 1970~1979년 체결된 주요 협약
        (1) 「개발도상국을 특히 고려한 최저임금결정에 관한 협약」(제131호, 1970)
        (2) 「에 관한 협약」(제132호, 1970 개정)
        (3) 「기업에서 근로자대표에게 제공되는 보호 및 편의에 관한 협약」(제135호, 1971)
        (4) 「취업의 최저연령에 관한 협약」(제138호, 1973)
        (5) 「유급교육휴가에 관한 협약」(제140호, 1974년)
        (6) 「이민근로자의 기회 및 대우 균등 증진에 관한 협약」(제143호, 1975)
        (7) 「공해, 소음 및 진동에 기인하는 작업환경 상 위험으로부터의 근로자 보호에 관한 협약」(제148호, 1977)
        (8) 「간호인의 고용, 근로조건 및 생활에 관한 협약」(제149호, 1977)
        (9) 「공공부문에서의 단결권 보호 및 고용조건의 결정을 위한 절차에 관한 협력」(제151호, 1978)
    ⑥ 1980~1989년 체결된 주요 협약
        (1) 「단체교섭 촉진에 관한 협약」(제154호, 1981)
        (2) 「산업안전보건 및 작업환경에 관한 협약」(제155호, 1981)
        (3) 「가족부양책임이 있는 남녀근로자에 대한 기회 및 대우 균등에 관한 협약」(제156호, 1981)
        (4) 「사회보장권리의 보전을 위한 국제체제 확립에 관한 협약」(제157호, 1982)
        (5) 「장애인 직업재활 및 고용에 관한 협약」(제159호, 1983)
        (6) 「석면 사용 시 안전에 관한 협약」(제162호, 1986)
        (7) 「단체교섭 및 실업보호에 관한 협약」(제168호, 1988)

⑦ 1990~2000년 체결된 주요 협약
  (1)「야간노동에 관한 협약」(제171호, 1990)
  (2)「사용자 파산 시 노동자의 청구권 보호에 관한 협약」(제173호, 1992)
  (3)「가사노동에 관한 협약」(제177호, 1996)
  (4)「가혹한 형태의 아동노동 철폐에 관한 협약」(제182호, 1999)
  (5)「모성보호 협약」(제183호, 2000)(이상 노사발전재단/ILO협약)

4. 기본권 보장을 위한 핵심협약

ILO협약은 노동자의 기본권을 보장하기 위해 정한 국제적인 노동기준으로서 ILO는 지금까지 총 189개의 협약과 205개의 권고를 채택했는데, 그 가운데서도 '노동은 상품이 아니다'라고 명시한 필라델피아 선언(1944)과 노동자 기본권(기본적인 인권협약) 선언(1998)을 통합한 핵심협약은 모든 회원국이 지켜야 할 가장 중요한 규범이다.[2]

ILO는 개인의 노동으로 얻은 가치가 공평하게 분배되어야 경제가 지속 성장할 수 있고, 노동권이 적법하게 보호되는 것이 공정한 세계화를 보장하는 '사회적 장social floor'이라며 ILO헌장에 명시된 다음 3개 조항을 노동자의 기본적인 권리로 보고 비준을 권고하고 있다.

---

[2] 아동노동을 금지한 제182호 협약은 1998년의 기본적인 인권협약 선언에 대한 후속 조치로 1999년에 채택되었다.

① 결사의 자유 및 단체교섭권의 효과적 인정,
② 모든 형태의 강제노동 철폐,
③ 고용과 직업상의 차별금지

국제노동총회ILC 역시 기본협약의 보편적 비준을 요구하고 있고, 유엔의 「기업과 인권 이행 원칙UNGP」에서도 국가의 인권 보호 의무와 기업의 인권 존중 책임을 중시하고 있다. 또 ILO는 결사의 자유와 단체교섭권에 관해 국제적으로 단일한 표준 및 객관적인 단일 중재자를 제공하는데, 1996년 싱가포르에서 발표된 「WTO각료선언」에서도 ILO가 WTO보다 100년 경험을 가진 중재자임을 인정하였고, 2019년에 이를 거듭 확인하여 주었다.

ILO는 세계화가 진행될수록 국제협력을 통해 산업과 노동이 관리되어야 한다며, 핵심협약을 OECD 소속 다국적 기업의 가이드 라인으로 권고하였는데, 아동노동으로 생산된 상품에 대한 수입 제한 등 ILO 협약은 이미 모두가 준수해야 할 일반적 국제 규범이 되었다. 또 핵심협약은 FTA체결의 기준이기도 하다(이상 메이어, 2018, 5~9). ILO 핵심협약은 [표42]와 같이 4개 분야, 8개 협약으로 이뤄져 있다. 이 가운데 제87호 「결사의 자유 및 단결권 보호 협약」은 총 14조로 이루어졌으며 주된 내용은 다음과 같다.

[표42] ILO 핵심협약

분야	협약명	연도	비준 국가	한국 비준
결사의 자유	제 87호 결사의 자유와 단결권 보장	1948	155	×
	제 98호 단결권과 단체교섭권	1949	166	×
강제노동금지	제 29호 강제노동	1930	178	×
	제105호 강제노동철폐	1957	175	×
차별금지	제100호 동등보수	1951	173	○
	제111호 차별(고용과 직업)	1958	175	○
아동노동금지	제138호 최저연령	1973	171	○
	제182호 가혹한 형태의 아동노동	1999	186	○

(문체부 정책위키/ILO 핵심협약)

① 노동자와 사용자는 어떤 차별도 없이 스스로의 선택에 의해 단체를 설립·가입할 수 있는 권한을 갖는다.
② 노동자와 사용자 조직은 규약과 규칙을 작성하고 대표자를 자유롭게 선출하여 관리하고 행동하며, 그 계획을 수립할 권리를 가진다.
③ 공공기관은 이 권리를 제한하거나 합법적인 행사를 방해하고자 하는 어떤 간섭도 삼가야 한다.
④ 노동자와 사용자 조직은 행정 당국에 의해 해산되거나 활동이 정지되어서는 안 된다.
⑤ 노동자와 사용자 조직은 연합단체와 총연합단체를 설립하고 가입할 권리를 가지며, 이들 단체는 국제 조직에 가입할 권리를 가진다.
⑥ 이 협약에서 규정한 권리를 행사함에 있어 노동자와 사용자 및 이들의 조직은 국내 법령을 존중하여야 한다. 그러나 국내 법령은 협약에 규정된 보장 내용을 손상하거나 훼손하지 않아야 한다.

제98호 「단결권 및 단체교섭권에 대한 원칙의 적용에 관한 협약」은 총 7조로 이루어졌으며 주된 내용은 다음과 같다.

① 단결권 행사 중인 노동자에 대한 보호, 노동자 단체와 사용자 단체 간의 상호 불간섭, 자발적인 단체교섭 추진을 목적으로 한다.
② 노동자는 노동조합원이라는 이유로 인한 고용 거부, 노동조합원 또는 노동조합원 활동 참여로 인한 차별 및 편견으로부터 보호받아야 한다.
③ 노동자 단체와 사용자 단체는 서로 간섭행위에 대하여 보호를 받아야 한다.
④ 사용자나 사용자 단체가 노동자 단체를 지배, 재정지원, 통제하려는 행위에 대해서도 보호가 이루어져야 한다.
⑤ 필요한 경우 협약에 명시된 단결권을 보장하기 위하여 각국의 상황에 맞는 기관을 설립하여야 한다.
⑥ 필요한 경우 각국의 상황에 맞는 조치들을 취하여 고용조건과 상황을 규제하기 위한 자발적인 단체교섭 개발 및 이용을 격려, 촉진하여야 한다.

제29호 「강제노동에 관한 협약」은 총3조로 이루어졌으며 주된 내용은 다음과 같다.

① 강제노동이라 함은 처벌의 위협 하에서 강요받거나 임의로 제공하는 것이 아닌 모든 노동으로서 다음의 다섯 개 항목은 포함되지 않는다. 의무 군 복무, 공민으로서의 특정 의무, 교도소 내의 강제 노동, 비상시의 강제 노동, 소규모 공동체 노동이 있다.
② 강제노동의 불법적인 강요는 형사 범죄로 처벌되어야 한다.

제29호의 쟁점은 공익근무요원과 외국인 노동자에 대한 사업장 이동 제한 규정이다. 제29조는 공익근무요원제도가 군 복무도 아니면서 공공기관 업무를 별다른 보상도 없이 강제하므로 강제노동의 성격을 지닐 수 있다는 것이고 외국인 노동자에 대한 고용허가제 법규 역시 그런 점을 지니고 있다는 것이다.

제105호 「강제노동 폐지에 관한 협약」의 주된 내용은 다음과 같다.

① 정치적 강압이나 교육의 수단이나 정치적 견해 또는 기존의 정치 · 사회 · 경제 제도에 사상적으로 반대하는 견해를 가지거나 표현하는 것에 대한 제재
② 경제발전을 위하여 노동을 동원하고 이용하는 수단
③ 노동규율의 수단
④ 파업 참가에 대한 제재
⑤ 인종 · 사회 · 민족 또는 종교적 차별대우의 수단(이상 노사발전재단/ILO주요협약)

ILO 협약을 준수하지 않거나 위배할 경우, 국제무역과 투자 등에서 상당한 불이익을 받게 된다. 더구나 우리는 세계 10위권의 무역 대국이기 때문에 ILO 협약 준수는 필수적인 사안이 되었다. 정부는 그동안 남북대치 등 우리가 처한 지정학적 특성을 내세워 계속하여 비준을 지연하였지만, 이제는 더 이상 지연할 수 없는 상황까지 왔기 때문에 현재 비준을 적극 추진 중이다.

협약 비준은 회원국의 자율에 속하는 사안이지만 일단 비준되면 국제조약으로서 해당 국가에 대하여 법적 구속력을 갖는다. 우리나라도 회원국으로서 협약을 준수할 의무가 있고, "일반적으로 승인된 국제법규는 국내법과 같은 효력을 가진다"라는 「헌법」

제6조 제1항에 의거, 정부 정책이나 입법에 대한 중요한 기준이 된다.

정부도 이번에도 제105호의 비준은 추진하지 않겠다는 입장을 취하고 있다. 만약 제105호를 비준하려면 「집회 및 시위에 관한 법률」(집시법)에서 정한 제한·금지 및 벌칙 조항, 「국가보안법」에서 금지하고 있는 각종 금지와 처벌 조항, 「노동조합법」·「공무원법」 등에서 정한 노동운동 수단에 대한 징역형 등이 정리되어야 하는데, 정부로서는 남북분단이 현실과 형벌체계에 대한 대규모 정비의 부담을 들어 제105호 비준 추진은 포기한 상태이다.

5. 교원노조에 대한 ILO의 협약 및 권고

ILO는 공공근로자 가운데 군인, 경찰, 고위직 공무원, 고도의 기밀업무를 담당하는 공무원은 국내 법령에 의거, 단결권 및 단체교섭권이 제한될 수 있다고 인정하고 있다. 하지만 그 외에 소방직 공무원, 교정직 공무원, 교원, 일반 관리직·감독직·기밀직 공무원에 대하여는 공공근로자임을 이유로 단결권 및 단체교섭권을 제한할 수 없다고 하였다.

ILO의 일관된 입장은 공무원·교원을 막론하고 모든 노동자에게 결사의 자유가 인정되어야 한다는 것이다. 교원의 단체행동권 역시 노동자·노동조합의 기본권이며, 자신들의 직업적 이익을 증진·옹호할 수 있는 필수적인 수단 중의 하나라고 보고 있다. 또 ILO '결사의 자유 위원회CFA(Committee on Freedom of Association)'는 위원회가 제시한 긴급조정 대상 필수공익사업 범위를 고려하면 교육 활동은 「노동조합법」상 파업권이 제한되는 긴급조정 대상 공익사업에 포함할 필요성이 없다고 하였다.

그리고 1993년 전교조에서 제소한 사립학교 교원의 노조설립권, 공무원의 단체행동권 등을 제한하고 있다는 주장을 심의하고, 결사의 자유 인정과 해직 교사 복직을 수용할 것을 우리 정부에 '권고' 결의한 이래(1993.3), 1993년 11월부터 최근까지 15회에 걸쳐 위와 같은 취지의 「권고」를 계속 제시하였다.3) ILO의 「권고」는 비준되지 않은 협약과 마찬가지로 법적 구속력은 없지만 우리나라는 회원국으로서 「권고」를 준수할 의무가 있고, 국제적으로 통용되는 준수사항이어서 정부 정책과 입법의 국제적 기준이 된다.

이런 ILO의 권고와 압박은 1999년 7월 「교원노조법」의 제정, 2018년 8월 대학교원의 단결권을 인정하지 않는 「교원노조법」이 위헌이라는 결정을 내리게 한 중요한 외적 요인으로 작용하였으며, 나아가 2020년 9월 전교조가 고용노동부를 상대로 '법외노조 통보처분 취소'를 요구하며 낸 상고심에서 승소 판결을 받을 수 있게 한 또 하나의 힘이었다.

2019년 5월 「교원노조법」이 대학교원의 노동조합 설립을 허용하도록 개정되었지만, 여전히 대학교원, 특히 사립대학 교원의 특수성을 인정하지 않는 방향으로 매우 불완정하게 개정되었다. 이런 입법 불비의 상태를 정상으로 되돌리는데 ILO의 협정과 권

---

3) 1998년 11월 19일 제273차 ILO 이사회에 보고 및 승인된 내용 중 '결사의 자유 위원회' 권고안: "노사정 합의 때 선언한 바와 같이, 교원의 단결권 보장이 가능한 한 조속히, 늦어도 노사정 합의에 밝힌 시한 내에 인정될 수 있도록 적절히 조치할 것을 요청하며, 교사의 노조결성권이 법제화되는 즉시 전교조를 등록시켜, 동 단체가 합법적으로 구성원의 이익을 대변할 수 있도록 하여야 한다."(노동부 보도자료, 1998.11.19).

고는 여전히 큰 힘이 될 것이며,「교원노조법」이 정상적으로 개정될 수 있도록 앞으로도 긴밀한 협조를 해나가야 할 것이다.

|제2절| UNESCO와 EI의 권고

1. UNESCO의 「교원 지위에 관한 권고」

　UNESCO는 1996년에 채택된 「교원 지위에 관한 권고(Recommendation concerning the Status of Teachers)」에서 교원의 보수와 근무 조건은 교원단체와 고용자 간의 교섭과정을 통해 결정되어야 하는 당위성을 제시하고 있고(제82조),[4] 교원이 그들의 사용주와 교섭할 수 있는 권리의 보장과 법적 또는 임의의 교섭 기관 설치를 '권고'하고 있으며(제83조),[5] 교원과 사용자 간의 고용 기간과 조건에 관한 분쟁 해결을 위한 적절한 합동기구를 설치하여야 하며, 교원단체는 교섭이 교착되는 경우, 그 해결방안을 강구할 권리를 가져야 한다(제84조)[6]는 점을 분명히 하고 있다.
　이 '권고'는 교원단체에 관련된 조항으로, 교원단체의 교육정

---

[4] 제82조는 "교원의 봉급과 근무 조건은 교원단체와 교원들의 사용자 간에 교섭과정을 거쳐 결정되어야 한다"고 규정하고 있다.
[5] 제83조는 "법적 내지 임의의 교섭 기관을 설치하고, 이것에 의하여 교원에게는 그들의 단체를 통하여 공·사립을 막론하고 그 사용자와 교섭할 수 있는 권리가 보장되어야 한다"고 규정하고 있다.
[6] 제84조는 "고용기간과 고용조건에 관하여 사용자 간에 발생하는 분쟁의 해결을 다룰 수 있도록 적절한 합동기구가 마련되어야 한다. 만인 이러한 목적을 위하여 마련된 수단과 절차가 미흡하거나 쌍방 간의 교섭이 교착되었을 경우, 교원단체는 다른 단체가 그 정당한 이익을 보호하기 위하여 보통 가지고 있는 것과 다른 방안을 강구할 권리를 가져야 한다"고 규정하고 있다.

책 결정에의 참여보장(제9조), 교원단체의 교원충원정책 참여 권장(제38조), 교원의 승진(제44조) 및 징계사항(제49조)에 있어서 교원단체와 합의하여 엄격한 전문적 기준 내지 징계 기관을 설치해서 협의를 통해 결정하도록 권장한다.

교원과 교원단체의 새로운 교육과정, 교과서 및 학습 보조 자료 개발에의 참여(제62조), 교원 윤리강령 및 행동강령을 제정하는 것이 바람직하다는 것(제73조) 등을 세계 각국의 정부에 강력하게 권고하였다.

또 제29차 회의(1997.11)에서 고등학교 교원의 지위 향상과 학문의 자유 및 인권 보장 등의 내용을 포함한 「고등교육 교원 지위에 관한 권고안」(Recommendation concerning the Status of Higher-Education Teaching Personnel, 「권고안」)을 채택하였다. 「권고안」에는 교원들의 권리를 보장하기 위한 교원단체의 설립과 교원단체의 자유로운 활동, 그리고 교원과 사용자 간의 분쟁 조정 등에 관한 제도적 장치가 마련되어야 한다는 원칙이 포함되어 있다(이상 유네스코 한국위원회/국제규범).

2. 국제교육연맹EI의 권고

국제교육연맹EI(Education International)은 1993년 1월 당시 세계 양대 교원 단체였던 세계교직단체연합회WCOTP와 국제자유교원조합연맹IFFTIJ을 발전적으로 해체·통합하여 결성한 기구이다. 2009년 현재 172개국 401개 가맹단체가 있으며 회원 수는 3천만 명이다. EI 정관에 나타난 기관의 목표는 다음과 같다.

① 교원의 권익 증진을 통하여 노동조합권 및 전문직적 권리 옹호, 고용 및 근무 조건의 향상을 강조한다.
② 교육의 발전을 통하여 평화, 민주주의, 사회정의 및 평등사회를 조성한다.
③ 교육정책 수립 및 결정 과정에의 적극 참여를 보장받도록 노력한다.
④ 모든 형태의 편견 및 차별을 타파하고 여성의 참여를 확대한다.
⑤ 회원 단체 간 유대 및 상호협력 체제를 유지한다.

EI는 기본적으로 독립성, 민주주의, 교원노동조합이라는 3대 이념을 추구하고 있다. 이러한 정책 노선에 따라 EI는 ILO, UNESCO 등의 국제기구 및 국제노동단체와 연대하여 인권 및 단체 활동 등에 관하여 정책 활동을 전개하고 있다.

EI는 2015년 5월 인천에서 개최된 '세계교육포럼'에서 전교조의 법외노조 처분에 대하여 비판하면서 우리 정부가 결사의 자유를 존중해야 한다는 ILO의 권고를 계속 무시하였다고 지적하였다. EI는 다음과 같은 세 가지 요구 사항을 우리 정부에게 제출하였다.

① 국제 노동 기준의 준수, 차별 없는 결사의 자유와 단체협상의 권리를 보장하고 증진할 것.
② 모든 교사와 교육 노동자, 공무원이 시민으로서의 시민적 · 정치적 기본권을 향유할 수 있도록 보장하고, ILO와 UNESCO의 권고 제80호(1966)를 준수할 것
③ 전교조에 부과된 일체의 징벌적 조치를 지체 없이 철회하고

세계교육포럼에 전교조가 함께 참여할 수 있도록 할 것(한겨레, 2015.3.9)

|제3절| OECD와 EU의 권고 및 압력

1. OECD의 교육 및 노동정책

한국은 1996년 말 경제협력개발기구OECD(Organization for Economic Corporation and Development)에 회원국으로 가입하게 되면서 OECD 정책과 밀접한 관련을 맺고 있다. OECD에서는 회원국들이 국제규범에 맞는 정책을 채택하도록 지속적으로 요구하고 있다.

OECD의 노동관계 정책은 ILO, UNESCO 등 국제기구의 관점을 동유하고 있다. OECD 고용·노동·사회문제위원회는 노동자들의 자유로운 노동단체 결성과 자유로운 노조 활동을 지지하고 있다. 이와 같은 정책은 교원단체에도 그대로 적용하고 있다.

현재 추진 중인 교육개혁의 정신에 비추어 보더라도 교원들의 자유로운 결사의 자유를 인정해야 한다는 점을 강조하고 있다. OECD 교육위원회(Education Committee)는 1996년 10월 서울에서 개최된 한국교육정책 평가회의에서 교원 단체에 관하여 평가한 내용도 ILO와 유사한 입장을 취하면서, 제한 없는 결사의 자유Freedom of association 인정을 정부에 건의하였다.

1997년 3월에 개최된 제90차 OECD 고용·노동·사회문제위원회에서도 한국의 개정 노동법에 관한 발표와 토론이 있었다. 회원국들은 한국 정부의 개정노동법에 대해 전반적으로 긍정적인 평가를 하면서, 교원 및 공무원의 단결권 보장에 관한 향후 개혁의 구체적 계획 등을 포함한 일부 사항에 관해서는 추가적인 자료를 요구하였다.

또 중요한 것은 OECD 교육위원회가 매년 독자적인 교육지표를 통해 회원국의 상황을 평가하고 있다는 점이다. 우리 교육부도 이 교육지표에 따라 교사 1인당 학생 수와 학급당 학생 수, GDP 대비 공교육비 및 학생 1인당 공교육비, 고등교육 이수율 등에 대한 자료를 매년 발표하고 있는데, 이것이 교육관련 정책 수립에서 매우 중요한 좌표가 된다. 2020년 9월, 교육부와 한국교육개발원이 발표한 2017년 공교육비 지표는 초중등교육 3.0%, 고등교육 0.6%로 평균치에 미달했고, 특히 민간투자, 즉 학부모 부담과 비교하면 초중등은 87.3%, 고등은 38.1%에 불과하여 고등교육에 대한 국가의 책임이 매우 부실함을 알 수 있다(교육부 보도자료, 2020.9.8).

2. EU의 노동 관련 법령 개정 요구

우리 정부는 1996년 OECD 가입 때 ILO 제87조와 제98조 협약를 비준하겠다고 약속하였으나 약속을 지키지 않다가 1997년 외환위기를 맞아 국제적 압력을 이기지 못해 마지못해 비준하였다.[7] 2010년 한·EU FTA, 2015년 한·캐나다 FTA에서도 같은 약속을 했으나 지금까지도 이행하지 않았다.

---

7) 제100호 협약은 1997년, 제111호 협약은 1998년, 제138호 협약은 1999년, 제182호 협약은 2001년에 비로소 비준하였다.

최근 EU 집행위원회는 한·EU FTA 체결 때 우리가 약속한 ILO 핵심협약 비준이 10년 동안 이루어지지 않았음을 들어 거듭 비준을 요구하면서 2018년 3월에도 아래와 같은 내용의 서한을 보내왔다.

> 2011년 FTA의 발효 이후, EU는 대한민국과 무역과 지속 가능 발전상의 약속 이행에 대해 수 차례 논의해 왔습니다. 그럼에도 우리의 우려는 여전히 남아 있습니다. 우리는 한국 정부가 국내법과 관행에서 결사의 자유와 단체교섭의 효과적인 인정이라는 ILO의 핵심 원칙을 존중할 것을 요청합니다. 우리는 결사의 자유와 단체교섭관련 2개와 강제노동 철폐관련 2개 등 4개 미비준 ILO 핵심협약을 비준할 것을 요청합니다.

그리고 2019년 4월, 세실리아 말스트롬Cecilia Malmström EU 집행위원회 통상담당 집행위원은 이재갑李載甲 고용노동부 장관을 만나, ILO 핵심협약 비준은 한-EU 자유무역협정 상의 노동 관련 의무인데, 수년간 지연되고 있다고 지적하고, 조속한 시일에 비준을 위한 가시적 진전이 없을 경우 전문가 패널 개시가 불가피할 것이라는 우려를 표명했다.

결국 EU는 한국이 결사의 자유를 포함한 ILO 핵심협약 비준과 준수를 위해 노력해야 한다는 FTA 규정을 제대로 이행하려는 노력이 불충분inadequate하다며 노동 관련 규정 위반으로 경제제재를 위한 전문가 패널 소집을 결정하였다(2019.05.22.). EU는 FTA 규정 준수의 의무는 정부는 물론 국회와 국제규범을 준수해야 할 책임이 있는 모든 기관에 적용된다며 정부의 비준안 제출만으로는 노력을 다했다고 보기 힘들다고 하였다. 특히 해고자와 실업자는 물론이고 특수고용직으로 포함한 자영업자 등을 결사의 자유에서 배제하는 등 노동조합법상의 노동자 개념이 협소하고, 노동조합 신고제, 노동조합 임원을 조합원으로 제한한 점 등을 문제점으로 지적하였다(연합, 2020.1.17).

전문가 패널은 한국과 EU, 그리고 제3국 전문가로 구성되며, 3개월의 활동을 마치고 보고서를 채택하게 되는데, 보고서는 한-EU 간 협의회인 '무역과 지속가능발전위원회'에서 점검하게 된다. 여기서 우리가 FTA를 위반한 것으로 인정되면 EU는 물론 미국·캐나다로부터도 관세·수출입 물량 제한·벌과금 등의 무역 제재를 받을 가능성이 발생한다. 이는 전 세계 FTA 역사상 초유의 일이 된다.

2020년 10월에 화상으로 개최된 한-EU FTA 전문가 패널 심리에서 EU 일부 회원국도 ILO협약을 이해하는 데 어려움이 있다며 2017년 이후 우리 정부의 노력을 인정하면서도 결단력과 지속력이 약하여 실질적인 조치가 없었다고 불만을 표하였다. 그리고 EU는 분쟁 발생시 결사의 자유 위원회의 판정을 논거로 삼는다는 점을 강조하였다(고용노동부, 2020, 패널심리).

한-미, 한-EU FTA 등을 통해 노동조항은 포괄적 무역협정에서 단골 메뉴가 되고 있다. 노동권에 대한 보호 없이 공정한 경쟁이 가능하지 않기 때문이다. ILO 핵심협약 비준을 비롯하여 국제 수준의 노동 규범을 확립하는 것은 국제사회의 일원으로서 반드시 실천해야 할 의무이자, 경제적 고도화를 위한 전략적 자산이라는 새로운 인식이 필요하다. 왜냐하면 노동권에 대한 보호를 전제로 혁신을 위해 노력하는 것이 우리의 경제 구조를 더욱 건강하게 만드는 길이기 때문이다(이상 문체부 정책위키/ILO 핵심협약).

| 제4절 | 정부의 핵심협약 비준 준비와 전망

1. 국가인권위원회의 협약 가입 권고

국가인권위원회는 ILO의 제87호, 제98호 협약의 내용인 ① 노동조합 등 단체 설립에 대한 자유, ② 결사의 자유 행사의 방해 배제, ③ 자주적인 단체 운영과 활동, ④ 노동조합 등의 활동을 이유로 한 불이익 취급 배제 등이 우리 헌법이 규정하고 있는 결사의 자유(제21조 제1항)와 노동3권인 자주적인 단결권·단체교섭권·단체행동권(제33조 제1항) 보장과 그 내용이 다르지 않다고 보았다.

「헌법」 제33조는 근로자의 노동3권 보장을 대전제로 하면서 공무원인 근로자의 노동3권(제33조 제2항)과 단체행동권(제33조 제3항)에 대하여 법률 유보를 통하여 노동3권을 일부 제한하고 있으나, 전체적으로는 노동3권을 보장하여야 한다는 취지가 헌법상 노동 관련 조항의 주요한 특징이며, 이는 ILO 결사의 자유에 관한 핵심협약의 내용과 다르지 않다고 평가하였다.

따라서 결사의 자유에 관한 ILO 핵심협약에 가입함으로써 「헌법」에서 보장하고 있는 헌법적 가치를 수호하고, 국제인권기준에 비추어 국내 관련 법령과의 정합성을 강화할 필요가 있다고 판단하였다(이상 인권위 보도자료, 2018.12.12.).

2. 정부의 핵심협약 비준 준비

우리나라는 1991년 UN 가입을 통해 ILO 회원국이 되었고, 1996년 OECD에 가입하면서 선진국 클럽에 가입하였으며, 무역과 경제 규모는 세계 10위 권이다. 하지만 국제 노동 규범의 이행은 세계 평균 수준에도 한참 미치지 못해 ILO 등으로부터 계속 시정 권고를 받고 있다.

ILO 전체 협약 189개 가운데 회원국은 평균 47개, OECD 회원국은 평균 61개를 비준하였으나 우리나라는 총 29개 협약만 비준하여 전체 회원국 가운데 가장 적은 편이다. 특히 회원국이면 모두 비준해야 할 8개 핵심 협약, 그 가운데서도 결사의 자유(87·98호)와 강제노동(29.105호)에 관한 협약을 비준하지 않은 국가는 191개 회원국 가운데 6개국으로 우리나라가 포함되어 있다. 또 OECD 회원국 가운데 제87조와 제98조를 비준하지 않은 나라는 우리가 Global Standard로 절대시하는 미국과 우리나라 두 나라뿐이다.

ILO 핵심협약 비준은 문재인 대통령의 대선공약이며, 문재인 정부 100대 국정과제 가운데 63번째 과제인 '노동 존중사회 실현'에 ILO 핵심협약 비준을 통한 노동기본권 보장을 그 주요 내용에 포함하였다. 또 문재인 대통령은 방한한 가이 라이더Guy Ryder ILO 사무총장을 만난 자리에서도 핵심협약 비준 의사를 밝힌 바가 있다(2017.09.04). 그리고 그 추진 주체로 노사정 합의로 출범한 사회적 대화기구인 경제사회노동위원회(경사노위)를 출범시켰다(2018.11).

하지만 경사노위를 중심으로 진행된 협의에서 결국 합의를 끌어내지 못하자 결국 정부안을 중심으로 비준을 추진 중이다. 정부는 4개 핵심협약 가운데 제105호 강제노동철폐를 제외한 3개 핵심협약만 비준을 추진 중이다. 제105호는 우리나라의 형벌체계, 분단 상황 등을 고려하여 추가적인 검토가 필요하다고 판단하고 있다.

정부는 핵심협약 체결을 위해서는 먼저 「노동조합법」, 「공무원노조법」, 「교원노조법」 등 3개 법률의 개정이 추진되어야 하므로 3개 법안 개정안과 ILO 핵심협약 비준 동의안을 국무회의에서 의결하고 정기국회에 제출하였다(2020.10).

「노동조합법」 개정안의 주요 내용은 다음과 같다.

① ILO의 결사의 자유 원칙에 부합하도록, 실업자·해고자도 기업별 노동조합에 가입할 수 있게 하였다. 현재 우리나라의 전체 노동조합 조합원의 절반 이상을 차지하는 초기업노조는 대법원 판례에 따라 실업자·해고자가 가입·활동할 수 있고 기업별 노동조합도 교섭권 위임 등을 통해 실업자·해고자가 단체교섭 등에 참여할 수 있으나 일반 조합원으로의 가입은 제한되고 있어 이들의 기업별 노동조합 가입을 인정하는 것이다. 다만, 우리나라 기업별 노사관계 현실을 고려하여 실업자·해고자 조합원의 노동조합 활동이 기업 운영을 저해하지 않도록 보완 장치도 함께 마련했다.
② 노조 임원 자격은 노동조합 규약으로 자율적으로 결정할 수 있도록 했다. 다만, 우리나라 기업별 노사관계 관행을 고려하여 기업별 노조의 임원 자격은 사업 또는 사업장에 종사하는 조합원으로 한정했다.
③ 전임자 급여 지급에 대한 국가의 직접적 개입을 최소화하기 위해, 국제노동기구에서 삭제를 권고해 온 노조 전임자 급여 지급 금지 규정은 삭제했다. 다만, 과도한 전임자 급여 지급을

방지하기 위해 현행 근로시간면제제도의 기본 틀을 유지하여 근로시간 면제 한도 내에서만 급여를 지급할 수 있도록 했다.
④ 교섭창구 단일화 절차와 관련하여 사용자 동의로 개별교섭 진행 시 사용자에게 모든 노조에 대한 성실 교섭 및 차별금지 의무를 부여했다.
⑤ 단체협약 유효기간 상한을 현행 2년에서 3년으로 연장하고, 사업장 내 생산 및 그 밖의 주요 업무 시설의 전부 또는 일부를 점거하는 형태의 쟁의행위를 금지했다.
⑥ 노동조합 운영비 원조, 양벌규정 등 헌법재판소가 헌법에 위반된다고 판단한 사항에 대해 헌법에 합치하는 방향으로 개정했다.

「공무원노조법」 개정안의 주요 내용은 다음과 같다.

① 공무원노조 가입범위를 6급 이하로 제한한 직급 기준을 삭제하였다. 다만, 직급기준 제한을 삭제하더라도 '지휘·감독자·업무총괄자 등' 직무에 따른 가입 제한은 유지된다.
② 특정직 공무원 중 소방공무원의 노조 가입을 허용했다.
③ 퇴직공무원의 공무원노조 가입을 허용하되, 조합원 자격은 노동조합이 규약으로 정하도록 했다.

「교원노조법」 개정안의 주요 내용은 다음과 같다.
① 교원노조 가입대상 범위를 확대했다. 우선 헌법재판소 헌법불합치 결정에 따라 「고등교육법」에 따른 교원(강사 제외)의 교원노조 설립 및 가입을 허용했다. 아울러, 퇴직 교원의 교원노조 가입을 허용하되, 조합원 자격은 노동조합이 규약으로 정하도록 하고, 「유아교육법」에 따른 교원도 이 법의 적용 대상임을 명확히 했다.
② 「고등교육법」에 따른 교원은 학교별 근무 조건 등이 다른 점을 고려하여 개별학교 단위로도 노조를 설립하고 교섭할 수 있도록 했다.

③ 복수노조 제도에 따른 교섭 시 예상되는 교섭 혼란 등을 최소화하고 효율적 교섭 진행 등을 위해 교원노조의 교섭창구단일화 절차 규정을 마련하였다(이상 고용노동부 보도자료, 2020.10.1.).

정부가 추진 중인 있는 주요 입법안은 다음 표와 같다.

[표43] ILO 핵심협약 관련 정부 입법안 주요 내용

노동조합법	실업자·해고자	노조 형태와 무관하게 가입 인정
	임원자격	노조규약으로 결정, 기업별 노조는 재직자만 가능
	전임자 급여지급	근로시간 면제 한도 내에서 급여 지급 가능
	교섭창구 단일화	개별교섭 성실의무, 분리된 교섭단위 통합근거 신설
	사업장 점거	생산 업무 시설 전부 또는 일부 점거 금지
	단체협약 유효기간	2년에서 3년으로 확대
공무원노조법		퇴직자·5급 이상·소방공무원 노조 가입 가능
교원노조법		퇴직교원 노조 가입·대학교원 노조 설립, 단위대학별 노조 설립 가능

(고용노동부 보도자료 2019.10.1)

3. 비준 전망과 과제

앞에서 살펴본 것처럼 우리나라의 노동법은 치열한 노동운동에도 불구하고 여전히 후진적이며 정부의 태도는 매우 보수적이다. 정부와 국회 모두 사용자 편에서 노동법을 다루었고, 대다수 국민도 노동법 개정에 대해 사용자의 시각을 갖고 있다. 이는 재벌과 관료의 강고한 결합, 냉전체제의 후유증, 대기업 중심의 노

조 구성, 유난히 높은 자영업자 비중, 갈수록 심각해지는 청년실업과 노령화, 노동조합의 홍보전략 부족 등이 빚어낸 결과이다.

　노동법 개정 자체는 환영할 일이지만 노동법 개정은 언제 어디서나 그랬듯이 기득권의 '양보정책'의 소산이었다는 점을 간과하면 안 될 것이다. 특히 우리나라의 경우 이나마 노동법 개선이 이루어지게 된 것이 OECD 가입, FTA 체결 등 일반적으로 노동자의 권익을 훼손할 가능성이 매우 큰 신자유주의 정책과 맞물려 진행되었다는 점에서 매우 특이하고 아이러니하기도 하다. 무역의존도가 높은 우리나라의 특성상 대등한 노동조건을 요구하는 관련국의 압박을 거부할 수 없었기 때문에 할 수 없이 수용했다는 말인데, 노동법의 개선이 사용자나 정부의 최소한의 양보가 아니라 노동운동을 적대시하는 신자유주의를 숙주로 진행되고 있다는 점은 우리 노동환경이 얼마나 열악한 것인지를 역설적으로 설명해준다.

　유럽에서 파업으로 인한 노동시간 손실이 가장 적은 국가는 스위스, 독일이고, 영국은 독일의 6배, 프랑스는 20배, 스페인은 35배나 된다. 여기에는 각국의 산업구조와 노동환경, 문화적 전통 등이 크게 작용하겠지만 가장 결정적인 요인은 노사 간 파트너십의 공고함 여부이다(프레시안, 2013.12.4.). 그런데도 사측은 ILO 핵심협약 비준과 EU 기준에 부합하는 노동조건의 제공에 부담을 느껴 반대하고 있고, 민주노총 등은 사업장 점거를 통한 파업 금지와 3년 단위 임금협상 등의 제약조건을 들어 반대하고 있다.

　정부로서도 원만한 합의를 끌어내는 데 어려움이 많았겠지만 「노동조합법」에 비해 「공무원노조법」이, 「공무원노조법」에 비해

「교원노조법」의 개정에 불합리하거나 불비한 점이 많은 점도 지적하지 않을 수 없다. 「공무원노조법」와 마찬가지로 「교원노조법」 개정도 노동조합 가입대상의 범위 확대에 초점이 맞춰졌을 뿐인데, 초중등 교원과 고등교원의 차이가 전혀 반영되지 않았고, 전임자 임금 지급 금지조항과 창구단일화 요구 등 일반노조에 비해 지나친 차별조항이 포함되는 등 정상적인 노동조합 활동을 심각하게 저해하고 있어 추후 개정이 불가피하다.

노동지표, 행복지표 등 우리나라의 사회적 지표는 다른 분야보다 현저하게 낮다. 이처럼 소득수준과 사회적 지표의 괴리가 심각한 점은 조속해 개선해야 할 과제이지만 「교원노조법」의 핵심은 정상적인 교권의 행사를 가능하게 한다는 점에서 일반적 노동지표와 다른 접근이 필요하다.

아무튼 ILO 핵심협약 비준은 단순한 노동 규범의 강화라는 차원을 넘어서 기본적인 국제규범을 준수하겠다는 국가적 차원의 약속이라는 점에서 환영할 일이며, 향후 국내 노사관계의 안전과 발전, 삶의 질 향상에 큰 도움을 줄 것으로 보인다. 특히 생존권 차원에서 전개되었던 기존의 노동운동이 기본권 차원으로 한 차원 높게 발전할 수 있는 계기가 될 것으로 전망하면서도 유독 낙후된 「교원노조법」이 정상적인 노동법으로 자리 잡을 수 있도록 온 힘을 집중해야 할 것이다.

제7장

「교원노조법」 조문과 해설

|제1절| 입법 과정과 주요 내용

1. 「교원노조법」과 시행령의 입법

총 15개 조와 부칙 1개 조로 이루어진 「교원의 노동조합 설립 및 운영 등에 관한 법률」(「교원노조법」)은 정부 발의로 국회 교육위원회에 회부되었고(1998.12.3), 후에 소관 상임위원회가 환경노동위원회로 변경되어 원안 그대로 위원회(1998.12.29)와 본회의(1999.1.6)에서 가결되었다. 그리고 정부로 이송(1999.1.15)되어 법률 제5727호로 공포되었다(1999.1.29).

총 9개 조와 부칙으로 구성된 「교원의 노동조합 설립 및 운영 등에 관한 법률 시행령」(「교원노조법 시행령」)은 대통령령 제16389호로 제정되었다(1999.6.8).

「교원노조법」과 「시행령」에 관한 업무는 고용노동부 '공무원노사관계과'(044-202-7653) 소관이다.

2. 국회의 개정안 발의

「교원노조법」 제정 이후 여러 차례 개정안이 발의되었으나 모두 국회의원 임기 만료 등으로 폐기되었고 마지막 위원회 개정안만 제20대 국회 회기 종료 직전에 통과되었다(2020.5.20). 다음은 발의된 주요 개정안이다.

새천년민주당 신계륜申溪輪 의원이 대표 발의한 개정안은 교원노조 전임자에게 급여를 지급할 수 있게 하는 것이 주요 내용이었다(의안 번호 161745; 2002.9.24. 발의).

새천년민주당 이호웅李浩雄 의원이 대표 발의한 개정안은 「교원노조법」의 적용대상에 대학교수를 포함하는 것이 주요 내용이었다(의안 번호 162025; 2002.12.4. 발의).

무소속 정몽준鄭夢準 의원이 대표 발의한 개정안은 학부모와 국민 여론을 수렴하여 단체교섭을 진행하도록 한 제6조 제4항의 절차 규정이 미비하므로 관련 절차를 대통령령으로 정하도록 하는 것이 주요 내용이었다(의안 번호 163017; 2003.12.16. 발의)(이상 박재윤, 2007, 19~20).

더불어민주당 박경미朴炅美 의원이 대표 발의한 개정안은 헌법재판소에서 「교원노조법」 제2조를 헌법불합치로 결정한 것을 반영하여 대학교원의 교원노조 설립을 허용하고, 단기계약직(비정년트랙) 교수의 근무조건 향상을 위한 교섭을 허용하는 것이 주요 내용이었다(의안 번호 15483; 2018.9.13. 발의).

더불어민주당 한정애 의원이 대표 발의한 개정안은 헌법재판소 결정을 반영하여 대학교원의 노동조합 설립을 허용하되, 교섭창구 단일화 조항을 포함시켜 사실상 단체협상을 저해하려는 의도가 농후한 것이 주요 내용이었다(의안 번호 18746; 2019.2.21. 발의).

정의당 여영국 의원이 대표 발의한 개정안은 헌법재판소 위헌 결정을 반영하여 대학교원의 노동조합 설립을 허용하되, 가입 범위를 전·현직 교원으로 확대하고 그 자격은 노조 규약으로 정하도록 하였다. 또 정치활동 금지조항, 교섭창구 단일화 조항, 쟁의행위 금지조항, 노동쟁의 조정신청 의무조항 등의 삭제가 포함되고 노조 전임자의 경우 임용권자의 허가가 아닌 단협안 혹은 임용권자의 동의로 가능하게 하는 ILO 등 국제규약에 가장 부합하는 내용으로 이루어졌다(의안 번호 23002, 2019.10.24. 발의).

더불어민주당 설훈 의원이 발의한 개정안은 헌법재판소 결정을 반영하되 조속한 통과를 위해 대학교원의 노동조합 설립과 단위대학별 노동조합 설립의 허용하는 최소한 개정을 주요 내용으로 하였다(의안 번호 23595; 2019.11.5. 발의).

제377회 국회(임시회) 제1차 고용노동소위원회(2020.5.11.)는 박경미 의원과 설훈 의원 등이 발의한 2건의 개정안을 심사한 뒤 각각 본회의에 부의하지 않기로 하고, 각 법률안의 내용 중 일부를 통합·조정하여 위원회 대안을 마련했다. 같은 날 환경노동위원회는 앞의 고용노동소위원회에서 심사 보고한 것을 위원회 대안으로 제안하기로 의결하였다(고전, 2020, 39~40). 이 위원회안에는 대학교원의 노동조합 설립 허용, 단위대학별 노동조합 설립 허용, 그리고 교섭창구 단일화 조항이 포함되었다.

3. 「교원노조법」의 주요 내용

「교원노조법」은 교원의 노동조합 결성과 노동운동을 제한한 「국가공무원법」과 「사립학교법」의 특례법으로 제정되었다. 교원노조의 대상을 「초·중등교육법」에서 규정한 교원으로 제한하였으나 이 조항은 헌법재판소에서 헌법불합치로 결정되어(2018.8.31)

2020년 4월 1일부터 실효되었다. 이후 교원노조 설립을 금하는 법령은 없어졌으나 설립을 허가하는 법적 근거가 마련되지 못하는 법적 불비 상태가 지속되다가 2020년 5월 20일 개정으로 설립 허가 근거가 마련되었다. 「교원노조법」의 주요 내용은 다음과 같다.

① 노동조합 설립 자격을 초·중등교원에서 고등교원으로 확대하였다.
② 교원노조의 정치활동을 전면 금지하였다.
③ 교원노조의 설립을 전국 또는 시·도 단위로 제한하였던 규정을 바꿔서 유·초·중등교원에만 적용하고 고등교원에게는 단위대학별 노동조합 설립을 허용하였다.
④ 교원노조 전임자만 노조 활동을 할 수 있으며, 전임자로 활동하는 기간은 무급 휴직으로 처리하도록 하여 일반노조와 차별하였다.
⑤ 교원노조 대표자는 교육부장관·교육감, 사립학교 설립자·경영자 대표와 단체협약을 체결할 수 있게 하였다.
⑥ 복수의 교원노조는 교섭창구를 단일화하여 단체교섭을 요구하도록 하였다.
⑦ 단체협약 시 교육권 보호를 위해 국민 여론과 학부모의 의견을 수렴하고, 권한을 남용하지 못하게 하였다.
⑧ 단체협약은 법령·조례·예산의 범위 내에서 하도록 하였다.
⑨ 교원노조와 조합원의 모든 쟁의행위를 금지하였다.
⑩ 중앙노동위원회에 교원노동쟁의를 중재·조정하는 별도의 교원노동관계조정위원회를 두도록 하였다.
⑪ 중앙노동위원회의 중재재정은 단체협약과 같은 효력을 지닌다고 하였다.
⑫ 조합원이 노동위원회에 구제 신청할 경우, 교원소청심사위원회 소청 심사는 청구할 수 없도록 하였다.

⑬ 「교원노조법」에 정해지지 않은 사항은 모법인 「노동조합 및 노동관계조정법」(「일반노조법」)을 따르게 하였다.

|제2절| 「교원노조법」 전문과 시행령

1. 「교원노조법」(법률 제17430호)

제1조(목적) 이 법은 「국가공무원법」 제66조 제1항[1] 및 「사립학교법」 제55조[2]에도 불구하고 「노동조합 및 노동관계조정법」 제5조[3] 단서에 따라 교원의 노동조합 설립에 관한 사항을 정하고 교원에 적용할 「노동조합 및 노동관계조정법」에 대한 특례를 규정함을 목적으로 한다.

제2조(정의) 이 법에서 "교원"이란 다음 각 호의 어느 하나에 해당하는 사람을 말한다. 다만, 해고된 사람으로서 「노동조합 및 노동관계조정법」 제82조 제1항[4]에 따라 노동위원회에 부당노동행위의 구제신청을 한 사람은 「노동위원회법」 제2조[5]

---

1) 제66조(집단 행위의 금지) ① 공무원은 노동운동이나 그 밖에 공무 외의 일을 위한 집단 행위를 하여서는 아니 된다. 다만, 사실상 노무에 종사하는 공무원은 예외로 한다.
2) 제55조(복무) ① 사립학교의 교원의 복무에 관하여는 국공립학교의 교원에 관한 규정을 준용한다.
3) 제5조(노동조합의 조직·가입) 근로자는 자유로이 노동조합을 조직하거나 이에 가입할 수 있다. 다만, 공무원과 교원에 대하여는 따로 법률로 정한다.
4) 제82조(구제신청) ① 사용자의 부당노동행위로 인하여 그 권리를 침해당한 근로자 또는 노동조합은 노동위원회에 그 구제를 신청할 수 있다.
5) 제2조(노동위원회의 구분·소속 등) ② 중앙노동위원회와 지방노동위원회는 고용노동부장관 소속으로 두며, 지방노동위원회의 명칭·위치 및 관할구역은 대통령령으로 정한다.

에 따른 중앙노동위원회(이하 "중앙노동위원회"라 한다)의 재심판정이 있을 때까지 교원으로 본다.
1. 「유아교육법」 제20조 제1항에 따른 교원
2. 「초·중등교육법」 제19조 제1항에 따른 교원
3. 「고등교육법」 제14조 제2항6) 및 제4항에 따른 교원. 다만, 강사는 제외한다.

[2020.6.9. 법률 제17430호에 의하여 2018.8.30. 헌법재판소에서 헌법불합치 결정된 이 조를 개정함.]

제3조(정치활동의 금지) 교원의 노동조합(이하 "노동조합"이라 한다)은 어떠한 정치활동도 하여서는 아니 된다.

제4조(노동조합의 설립) ① 제2조 제1호·제2호에 따른 교원은 특별시·광역시·특별자치시·도·특별자치도(이하 "시·도"라 한다) 단위 또는 전국단위로만 노동조합을 설립할 수 있다.

② 제2조 제3호에 따른 교원은 개별학교 단위, 시·도 단위 또는 전국단위로 노동조합을 설립할 수 있다.

③ 노동조합을 설립하려는 사람은 고용노동부장관에게 설립신고서를 제출하여야 한다.

제5조(노동조합 전임자의 지위) ① 교원은 임용권자의 허가가 있는 경우에는 노동조합의 업무에만 종사할 수 있다.

② 제1항에 따라 허가를 받아 노동조합의 업무에만 종사하는 사람(이하 "전임자專任者"라 한다)은 그 기간 중 「교육공무원법」

---

6) 제14조(교직원의 구분) ② 학교에 두는 교원은 제1항에 따른 총장이나 학장 외에 교수·부교수·조교수 및 강사로 구분한다.

④ 각종학교에는 제1항부터 제3항까지의 규정에 준하여 필요한 교원, 직원 및 조교(이하 "교직원"이라 한다)를 둔다.

제44조[7] 및 「사립학교법」 제59조[8]에 따른 휴직 명령을 받은 것으로 본다.

③ 전임자는 그 전임기간 중 봉급을 받지 못한다.

④ 전임자는 그 전임기간 중 전임자임을 이유로 승급 또는 그 밖의 신분상의 불이익을 받지 아니한다.

제6조(교섭 및 체결 권한 등) ① 노동조합의 대표자는 그 노동조합 또는 조합원의 임금, 근무 조건, 후생복지 등 경제적·사회적 지위 향상에 관하여 다음 각 호의 구분에 따른 자와 교섭하고 단체협약을 체결할 권한을 가진다.

1. 제4조 제1항에 따른 노동조합의 대표자의 경우: 교육부장관, 시·도 교육감 또는 사립학교 설립·경영자. 이 경우 사립학교 설립·경영자는 전국 또는 시·도 단위로 연합하여 교섭에 응하여야 한다.

2. 제4조 제2항에 따른 노동조합의 대표자의 경우: 교육부장관, 특별시장·광역시장·특별자치시장·도지사·특별자치

---

[7] 제44조(휴직) ① 교육공무원이 다음 각 호의 어느 하나에 해당하는 사유로 휴직을 원하면 임용권자는 휴직을 명할 수 있다. 다만, 제1호부터 제4호까지 및 제11호의 경우에는 본인의 의사와 관계없이 휴직을 명하여야 하고, 제7호, 제7호의2 및 제7호의3의 경우에는 본인이 원하면 휴직을 명하여야 한다.

11. 「교원의 노동조합 설립 및 운영 등에 관한 법률」 제5조에 따라 노동조합 전임자로 종사하게 된 경우

[8] 제59조(휴직의 사유) ① 사립학교의 교원이 다음 각 호의 어느 하나에 해당하는 사유로 휴직을 원하는 경우에는 당해 교원의 임용권자는 휴직을 명할 수 있다. 다만, 제1호 내지 제4호 및 제11호의 경우에는 본인의 의사에 불구하고 휴직을 명하여야 하고, 제7호 및 제7호의2의 경우에는 본인이 원하는 경우 휴직을 명하여야 한다.

11. 「교원의 노동조합 설립 및 운영 등에 관한 법률」 제5조에 따라 노동조합 전임자로 종사하게 된 경우

도지사(이하 "시·도지사"라 한다), 국·공립학교의 장 또는 사립학교 설립·경영자
② 제1항의 경우에 노동조합의 교섭위원은 해당 노동조합의 대표자와 그 조합원으로 구성하여야 한다.
③ 삭제<2020.6.9>
④ 노동조합의 대표자는 제1항에 따라 교육부장관, 시·도지사, 시·도 교육감, 국·공립학교의 장 또는 사립학교 설립·경영자와 단체교섭을 하려는 경우에는 교섭하려는 사항에 대하여 권한을 가진 자에게 서면으로 교섭을 요구하여야 한다.
⑤ 교육부장관, 시·도지사, 시·도 교육감, 국·공립학교의 장 또는 사립학교 설립·경영자는 제4항에 따라 노동조합으로부터 교섭을 요구받았을 때에는 교섭을 요구받은 사실을 공고하여 관련된 노동조합이 교섭에 참여할 수 있도록 하여야 한다.
⑥ 교육부장관, 시·도지사, 시·도 교육감, 국·공립학교의 장 또는 사립학교 설립·경영자는 제4항과 제5항에 따라 교섭을 요구하는 노동조합이 둘 이상인 경우에는 해당 노동조합에 교섭창구를 단일화하도록 요청할 수 있다. 이 경우 교섭창구가 단일화된 때에는 교섭에 응하여야 한다.
⑦ 교육부장관, 시·도지사, 시·도 교육감, 국·공립학교의 장 또는 사립학교 설립·경영자는 제1항부터 제6항까지에 따라 노동조합과 단체협약을 체결한 경우 그 유효기간 중에는 그 단체협약의 체결에 참여하지 아니한 노동조합이 교섭을 요구하여도 이를 거부할 수 있다.
⑧ 제1항에 따른 단체교섭을 하거나 단체협약을 체결하는 경

우에 관계 당사자는 국민여론과 학부모의 의견을 수렴하여 성실하게 교섭하고 단체협약을 체결하여야 하며, 그 권한을 남용하여서는 아니 된다.

⑨ 제1항, 제2항 및 제4항부터 제8항까지에 따른 단체교섭의 절차 등에 관하여 필요한 사항은 대통령령9)으로 정한다.

제7조(단체협약의 효력) ① 제6조 제1항에 따라 체결된 단체협약의 내용 중 법령·조례 및 예산에 의하여 규정되는 내용과 법령 또는 조례에 의하여 위임을 받아 규정되는 내용은 단체협약으로서의 효력을 가지지 아니한다.

② 교육부장관, 시·도 교육감, 국·공립학교의 장 및 사립학교 설립·경영자는 제1항에 따라 단체협약으로서의 효력을 가지지 아니하는 내용에 대하여는 그 내용이 이행될 수 있도

---

9) 제3조(교섭절차) ① 노동조합의 대표자는 법 제6조 제1항에 따라 상대방(사립학교를 설립·경영하는 자의 경우 이들을 구성원으로 하는 단체가 있을 때에는 그 단체의 대표자를 말한다. 이하 이 항에서 같다)과 단체교섭을 하려는 경우에는 교섭 시작 예정일 30일 전까지 상대방에게 서면으로 알려야 한다.

② 사립학교를 설립·경영하는 자는 제1항에 따라 교섭 통보를 받았을 때에는 전국 또는 시·도 단위로 교섭단을 구성하여야 한다.

③ 제1항에 따라 교섭 통보가 있는 경우 노동관계 당사자는 그 소속원 중에서 지명한 사람으로 하여금 교섭 시작 예정일 전까지 교섭 내용, 교섭위원 수, 교섭 일시 및 장소, 그 밖에 교섭에 필요한 사항에 관하여 협의를 하도록 한다.

④ 노동관계 당사자는 교섭 시작 예정일 전까지 교섭위원을 선임하여야 한다.

제4조(국민여론 등 의견수렴) ① 노동관계 당사자는 법 제6조 제4항에 따라 국민여론 및 학부모의 의견을 수렴할 때에는 여론조사를 하거나 공청회 등을 개최할 수 있다.

② 제1항에 따른 여론조사 및 공청회 개최 등은 노동관계 당사자가 공동으로 실시할 수 있다.

록 성실하게 노력하여야 한다.

제8조(쟁의행위의 금지) 노동조합과 그 조합원은 파업, 태업 또는 그 밖에 업무의 정상적인 운영을 방해하는 어떠한 쟁의행위爭議行爲도 하여서는 아니 된다.

제9조(노동쟁의의 조정신청 등) ① 제6조에 따른 단체교섭이 결렬된 경우에는 당사자 어느 한쪽 또는 양쪽은 중앙노동위원회에 조정調停을 신청할 수 있다.

② 제1항에 따라 당사자 어느 한쪽 또는 양쪽이 조정을 신청하면 중앙노동위원회는 지체 없이 조정을 시작하여야 하며 당사자 양쪽은 조정에 성실하게 임하여야 한다.

③ 조정은 제1항에 따른 신청을 받은 날부터 30일 이내에 마쳐야 한다.

제10조(중재의 개시) 중앙노동위원회는 다음 각 호의 어느 하나에 해당하는 경우에는 중재仲裁를 한다.

  1. 제6조에 따른 단체교섭이 결렬되어 관계 당사자 양쪽이 함께 중재를 신청한 경우

  2. 중앙노동위원회가 제시한 조정안을 당사자의 어느 한쪽이라도 거부한 경우

  3. 중앙노동위원회 위원장이 직권으로 또는 고용노동부장관의 요청에 따라 중재에 회부한다는 결정을 한 경우

제11조(교원노동관계조정위원회의 구성) ① 교원의 노동쟁의를 조정·중재하기 위하여 중앙노동위원회에 교원노동관계조정위원회(이하 "위원회"라 한다)를 둔다.

② 위원회는 중앙노동위원회 위원장이 지명하는 조정담당 공익위원 3명으로 구성한다. 다만, 관계 당사자가 합의하여 중

앙노동위원회의 조정담당 공익위원이 아닌 사람을 추천하는 경우에는 그 사람을 지명하여야 한다.

③ 위원회의 위원장은 위원회의 위원 중에서 호선互選한다.

제12조(중재재정의 확정 등) ① 관계 당사자는 중앙노동위원회의 중재재정仲裁裁定이 위법하거나 월권越權에 의한 것이라고 인정하는 경우에는 「행정소송법」 제20조[10])에도 불구하고 중재재정서를 송달받은 날부터 15일 이내에 중앙노동위원회 위원장을 피고로 하여 행정소송을 제기할 수 있다.

② 제1항의 기간 이내에 행정소송을 제기하지 아니하면 그 중재재정은 확정된다.

③ 제2항에 따라 중재재정이 확정되면 관계 당사자는 이에 따라야 한다.

④ 중앙노동위원회의 중재재정은 제1항에 따른 행정소송의 제기에 의하여 효력이 정지되지 아니한다.

⑤ 제2항에 따라 확정된 중재재정의 내용은 단체협약과 같은 효력을 가진다.

제13조(교원소청심사 청구와의 관계) 「노동조합 및 노동관계조정법

---

10) 제20조(제소기간) ① 취소소송은 처분 등이 있음을 안 날부터 90일 이내에 제기하여야 한다. 다만, 제18조 제1항 단서에 규정한 경우와 그 밖에 행정심판 청구를 할 수 있는 경우 또는 행정청이 행정심판 청구를 할 수 있다고 잘못 알린 경우에 행정심판 청구가 있은 때의 기간은 재결서의 정본을 송달받은 날부터 기산한다.

② 취소소송은 처분 등이 있은 날부터 1년(제1항 단서但書의 경우는 재결裁決이 있은 날부터 1년)을 경과하면 이를 제기하지 못한다. 다만, 정당한 사유가 있는 때에는 그러하지 아니하다.

③ 제1항의 규정에 의한 기간은 불변기간으로 한다.

」 제81조 제1호 및 제5호[11])에 따른 행위로 교원이 해고나 그 밖의 불이익을 받은 것을 이유로 해당 교원 또는 노동조합이 같은 법 제82조 제1항[12])에 따라 노동위원회에 구제를 신청한 경우에는 「교원의 지위 향상 및 교육활동 보호를 위한 특별법」 제9조[13])에도 불구하고 교원소청심사위원회에 소청심사를 청구할 수 없다.

제14조(다른 법률과의 관계) ① 교원에 적용할 노동조합 및 노동관계조정에 관하여 이 법에서 정하지 아니한 사항에 대하여는 제2항에서 정하는 경우를 제외하고는 「노동조합 및 노동관계조정법」에서 정하는 바에 따른다(이하 생략).

---

11) 제81조(부당노동행위) 사용자는 다음 각 호의 어느 하나에 해당하는 행위(이하 "부당노동행위不當勞動行爲"라 한다)를 할 수 없다.

    1. 근로자가 노동조합에 가입 또는 가입하려고 하였거나 노동조합을 조직하려고 하였거나 기타 노동조합의 업무를 위한 정당한 행위를 한 것을 이유로 그 근로자를 해고하거나 그 근로자에게 불이익을 주는 행위

    5. 근로자가 정당한 단체행위에 참가한 것을 이유로 하거나 또는 노동위원회에 대하여 사용자가 이 조의 규정에 위반한 것을 신고하거나 그에 관한 증언을 하거나 기타 행정관청에 증거를 제출한 것을 이유로 그 근로자를 해고하거나 그 근로자에게 불이익을 주는 행위

12) 제82조(구제신청) ① 사용자의 부당노동행위로 인하여 그 권리를 침해당한 근로자 또는 노동조합은 노동위원회에 그 구제를 신청할 수 있다.

13) 제9조(소청심사의 청구 등) ① 교원이 징계처분과 그 밖에 그 의사에 반하는 불리한 처분에 대하여 불복할 때에는 그 처분이 있었던 것을 안 날부터 30일 이내에 심사위원회에 소청심사를 청구할 수 있다. 이 경우에 심사청구인은 변호사를 대리인으로 선임選任할 수 있다.

② 본인의 의사에 반하여 파면·해임·면직처분을 하였을 때에는 그 처분에 대한 심사위원회의 최종 결정이 있을 때까지 후임자를 보충 발령하지 못한다. 다만, 제1항의 기간 내에 소청심사 청구를 하지 아니한 경우에는 그 기간이 지난 후에 후임자를 보충 발령할 수 있다.

제15조(벌칙) ① 제8조를 위반하여 쟁의행위를 한 자는 5년 이하의 징역 또는 5천만 원 이하의 벌금에 처한다.
② 제12조 제3항을 위반하여 중재재정을 따르지 아니한 자는 2년 이하의 징역 또는 2천만 원 이하의 벌금에 처한다.

O 부칙<법률 제17430호, 2020.6.9>
이 법은 공포한 날부터 시행한다.

2. 「교원노조법」 시행령(대통령령 제30931호)

제1조(목적) 이 영은 「교원의 노동조합 설립 및 운영 등에 관한 법률」에서 위임된 사항과 그 시행에 필요한 사항을 규정함을 목적으로 한다.

제2조(노동조합 산하 조직의 설립신고) 교원의 노동조합(이하 "노동조합"이라 한다)의 지부·분회 등 산하 조직은 그 명칭 여하를 불문하고 다음 각 호의 구분에 따라 「교원의 노동조합 설립 및 운영 등에 관한 법률」(이하 "법"이라 한다) 제4조에 따른 노동조합의 설립신고를 할 수 있다.

  1. 법 제4조 제1항에 따른 노동조합 중 둘 이상의 특별시·광역시·특별자치시·도·특별자치도(이하 "시·도"라 한다)에 걸치는 노동조합: 시·도 단위로 설립신고
  2. 법 제4조 제2항에 따른 노동조합 중 둘 이상의 시·도에 걸치는 노동조합: 개별학교 단위 또는 시·도 단위로 설립신고
  3. 법 제4조 제2항에 따른 노동조합 중 하나의 시·도 단위

로 설립된 노동조합: 개별학교 단위로 설립신고

제3조(단체교섭 요구 및 절차 등) ① 노동조합의 대표자는 법 제6조 제1항 및 제4항에 따라 다음 각 호의 어느 하나에 해당하는 자(이하 이 조 및 제3조의2에서 "상대방"이라 한다)에게 단체교섭을 요구하려는 경우 노동조합의 명칭, 대표자의 성명, 주된 사무소의 소재지, 교섭 요구 사항 및 조합원 수(단체교섭을 요구하는 날을 기준으로 한다) 등을 적은 서면으로 알려야 한다.
  1. 교육부장관
  2. 특별시장·광역시장·특별자치시장·도지사·특별자치도지사(이하 "시·도지사"라 한다)
  3. 시·도 교육감
  4. 국·공립학교의 장
  5. 사립학교 설립·경영자(법 제6조 제1항 제1호에 따른 사립학교 설립·경영자의 경우 이들을 구성원으로 하는 단체가 있을 때에는 그 단체의 대표자를 말한다. 이하 같다)

② 제1항 제5호의 사립학교 설립·경영자는 법 제4조 제1항에 따른 노동조합의 대표자로부터 제1항에 따른 단체교섭을 요구받은 때에는 그 교섭이 시작되기 전까지 전국 또는 시·도 단위로 교섭단을 구성해야 한다.

③ 상대방은 제1항에 따른 단체교섭을 요구받은 때에는 법 제6조 제5항에 따라 관련된 노동조합이 알 수 있도록 지체 없이 자신의 인터넷 홈페이지 또는 게시판에 그 사실을 공고해야 한다.

④ 법 제6조 제5항에 따라 단체교섭에 참여하려는 관련된 노동조합은 제3항에 따른 공고일부터 7일 이내에 제1항에 따른

서면으로 상대방에게 교섭을 요구해야 한다.

⑤ 상대방은 제4항에 따른 교섭 요구 기한이 지나면 지체 없이 제1항 및 제4항에 따라 교섭을 요구한 노동조합(이하 "교섭노동조합"이라 한다)을 자신의 인터넷 홈페이지 또는 게시판에 공고하고, 교섭노동조합에 그 공고한 사항을 알려야 한다.

⑥ 교섭노동조합과 상대방(이하 "노동관계 당사자"라 한다)은 제5항에 따른 공고가 있는 경우(법 제6조 제6항에 따라 둘 이상의 노동조합이 교섭창구를 단일화하려는 경우에는 제3조의2에 따라 교섭위원의 선임이 완료된 경우를 말한다) 그 소속원 중에서 지명한 사람에게 교섭 내용, 교섭 일시·장소, 그 밖에 교섭에 필요한 사항에 관하여 협의하도록 하고, 교섭을 시작해야 한다.

⑦ 상대방은 제4항에 따른 교섭 요구 기간에 교섭 요구를 하지 않은 노동조합의 교섭 요구를 거부할 수 있다.

제3조의2(교섭위원의 선임) ① 교섭노동조합은 제3조 제5항에 따른 공고일부터 20일 이내에 법 제6조 제2항에 따른 노동조합의 교섭위원(이하 "교섭위원"이라 한다)을 선임하여 상대방에게 교섭노동조합의 대표자가 서명 또는 날인한 서면으로 그 사실을 알려야 한다. 이 경우 교섭노동조합이 법 제6조 제6항에 해당하면 교섭노동조합의 대표자가 연명으로 서명 또는 날인해야 한다.

② 교섭위원의 수는 교섭노동조합의 조직 규모 등을 고려하여 정하되, 10명 이내로 한다.

③ 제1항 및 제2항에 따라 교섭위원을 선임할 때 교섭노동조합이 둘 이상인 경우에는 상호 합의에 따라 교섭위원을 선임하되, 제1항 전단에 따른 기간에 자율적으로 합의하지 못했을

때에는 교섭노동조합의 조합원 수에 비례(산출된 교섭위원 수의 소수점 이하의 수는 0으로 본다)하여 교섭위원을 선임한다. 이 경우 교섭노동조합은 전단에 따른 조합원 수를 확인하는 데 필요한 기준과 방법 등에 대하여 성실히 협의하고 필요한 자료를 제공하는 등 교섭위원의 선임을 위하여 적극 협조해야 한다.

④ 제3항에 따른 조합원 수에 비례한 교섭위원의 선임은 제1항 전단에 따른 기간이 끝난 날부터 20일 이내에 이루어져야 한다.

⑤ 교섭노동조합이 제3항에 따른 조합원 수의 산정과 관련하여 이견이 있는 경우 그 조합원의 수는 제3조 제5항에 따른 공고일 이전 1개월 동안 「전자금융거래법」 제2조 제11호에 따른 전자지급수단의 방법으로 조합비를 납부한 조합원의 수로 하되, 둘 이상의 노동조합에 가입한 조합원에 대해서는 다음 각 호의 구분에 따른 방법으로 해당 조합원 1명에 대한 조합원 수를 산정한다. 이 경우 교섭노동조합은 임금에서 조합비를 공제한 명단을 상대방에게 요청할 수 있고, 상대방은 지체 없이 해당 교섭노동조합에 이를 제공해야 한다.

1. 조합비를 납부하는 노동조합이 1개인 경우: 조합비를 납부하는 노동조합의 조합원 수에 숫자 1을 더한다.
2. 조합비를 납부하는 노동조합이 둘 이상인 경우: 숫자 1을 조합비를 납부하는 노동조합의 수로 나눈 후에 그 산출된 숫자를 그 조합비를 납부하는 노동조합의 조합원 수에 각각 더한다.

⑥ 교섭노동조합은 제3항부터 제5항까지의 규정에도 불구하고

조합원 수에 대하여 이견이 계속되거나 제4항에 따른 기간에 교섭위원을 선임하지 못한 경우 고용노동부장관 또는 노동조합의 주된 사무소의 소재지를 관할하는 지방고용노동관서의 장에게 조합원 수의 확인을 신청할 수 있다. 이 경우 고용노동부장관 또는 해당 지방고용노동관서의 장은 조합원 수의 확인을 위한 자료가 불충분하여 그 확인이 어려운 경우 등 특별한 사정이 없으면 신청일부터 10일 이내에 조합원 수를 확인하여 제3조 제5항에 따라 공고된 교섭노동조합에 알려야 한다.

제4조(국민여론 등 의견수렴) ① 노동관계 당사자는 법 제6조 제4항에 따라 국민여론 및 학부모의 의견을 수렴할 때에는 여론조사를 하거나 공청회 등을 개최할 수 있다.

② 제1항에 따른 여론조사 및 공청회 개최 등은 노동관계 당사자가 공동으로 실시할 수 있다.

제5조(단체협약의 이행 통보) 교육부장관, 시·도지사, 시·도 교육감, 국·공립학교의 장 및 사립학교 설립·경영자는 법 제7조 제1항에 따라 단체협약으로서의 효력을 가지지 않는 단체협약 내용에 대한 이행 결과를 다음 교섭 시까지 교섭노동조합에 서면으로 알려야 한다.

제6조(노동쟁의의 조정 등) ① 노동관계 당사자는 법 제9조 또는 제10조에 따른 조정調停 또는 중재仲裁를 신청할 때에는 고용노동부령으로 정하는 바에 따라 「노동위원회법」 제2조에 따른 중앙노동위원회(이하 "중앙노동위원회"라 한다)에 신청하여야 한다.

② 제1항에 따른 신청을 받은 중앙노동위원회는 그 신청 내용

이 법 제9조 또는 제10조에 따른 조정 또는 중재의 대상이 아니라고 인정하는 경우에는 신청인에게 그 사유와 조정 또는 중재 외의 다른 해결 방법을 알려주어야 한다.

③ 중앙노동위원회는 법 제9조 또는 제10조에 따라 노동쟁의 조정 또는 중재를 하게 된 경우에는 지체 없이 서면으로 관계 당사자에게 각각 알리고, 법 제11조에 따른 교원 노동관계 조정위원회를 구성하여야 한다.

제7조(수당 등의 지급) 법 제11조 제2항 단서에 따라 교원 노동관계 조정위원회의 위원으로 지명된 사람에게는 그 직무의 집행을 위하여 예산의 범위에서 「노동위원회법」 제2조에 따른 노동위원회(이하 "노동위원회"라 한다)의 위원에 준하는 수당과 여비를 지급할 수 있다.

제8조(구제신청 접수의 통보) 노동위원회는 법 제13조에 따라 구제신청서를 접수하였을 때에는 그 사실을 지체 없이 교원소청심사위원회에 알려야 한다.

제9조(다른 시행령과의 관계) ① 교원에게 적용할 노동조합 및 노동관계조정에 관하여 이 영에서 정하지 아니한 사항에 관하여는 제2항에서 정하는 경우를 제외하고는 「노동조합 및 노동관계조정법 시행령」에서 정하는 바에 따른다. 이 경우 같은 영 제9조 제1항 각 호 외의 부분 중 "고용노동부장관, 특별시장·광역시장·도지사·특별자치도지사, 시장·군수 또는 자치구의 구청장(이하 "행정관청"이라 한다)"은 "고용노동부장관"으로, 같은 영 제9조 제3항 및 제13조 제4항 중 "당해 사업 또는 사업장의 사용자나 사용자단체에"는 각각 "교육부장관, 시·도지사, 시·도 교육감, 국·공립학교의 장 또는 사립

학교 설립·경영자에게"로, 같은 영 제10조 제2항 중 "다른 행정관청의 관할구역"은 "다른 지방고용노동관서의 관할구역"으로, "새로운 소재지를 관할하는 행정관청"은 "고용노동부장관"으로, 같은 영 제11조 제2항 중 "제1항 제3호 및 제4호"는 "제1항 제3호"로, "당해 사업 또는 사업장의 사용자나 사용자단체에도"는 "교육부장관, 시·도지사, 시·도 교육감, 국·공립학교의 장 또는 사립학교 설립·경영자에게도"로, 같은 영 제29조 제1항 중 "노동위원회"는 "중앙노동위원회"로, 같은 영 제30조 제1항 중 "중재위원회"는 "교원 노동관계 조정위원회"로 보고, 같은 영 중 "근로자"는 각각 "교원"으로, "사용자"는 각각 "교육부장관, 시·도지사, 시·도 교육감, 국·공립학교의 장, 사립학교 설립·경영자 또는 교원에 관한 사항에 대하여 교육부장관, 시·도지사, 시·도 교육감, 국·공립학교의 장, 사립학교 설립·경영자를 위하여 행동하는 자"로, "행정관청"은 각각 "고용노동부장관"으로 본다.

② 교원의 노동조합에 관하여는 「노동조합 및 노동관계조정법 시행령」 제7조, 제11조 제1항 제4호, 제11조의2부터 제11조의6까지, 제14조, 제14조의2부터 제14조의12까지, 제17조, 제18조, 제20조부터 제22조까지, 제22조의2부터 제22조의4까지, 제23조부터 제26조까지, 제28조, 제29조 제2항, 제31조, 제32조 및 제33조 제1항 제10호·제12호·제13호·제14호(「노동조합 및 노동관계조정법」 제96조 제1항 제3호만 해당한다)·제17호·제18호는 적용하지 않는다.

○ 부칙(대통령령 제30931호)

제1조(시행일) 이 영은 공포한 날부터 시행한다.

|제3절| 목적(제1조)

1. 조문

제1조(목적) 이 법은 「국가공무원법」 제66조 제1항 및 「사립학교법」 제55조에도 불구하고 「노동조합 및 노동관계조정법」 제5조 단서에 따라 교원의 노동조합 설립에 관한 사항을 정하고 교원에 적용할 「노동조합 및 노동관계조정법」에 대한 특례를 규정함을 목적으로 한다.

2. 조문 해석

「국가공무원법」 제66조 제1항과 「사립학교법」 제55조는 교원의 노동운동을 제한하고 있지만, 노동권은 헌법에서 보장한 기본권에 해당하므로 그 제한은 반드시 별도의 법률에 따라 이루어져야만 한다. 「일반노조법」 제5조에 공무원 및 교원노조에 관한 별도의 법률을 만들 수 있다는 단서 조항이 있으므로 그것에 근거하여 교원노조 설립에 필요한 법률을 만들었는데, 그것이 바로 「교원노조법」이다. 「교원노조법」은 노동자 가운데 교원만을 대상으로 하고 있어서 「일반노조법」의 특별법 성격을 지닌다.

3. 관련 법령

「국가공무원법」 제66조(집단 행위의 금지) ① 공무원은 노동운동이나 그 밖에 공무 외의 일을 위한 집단행위를 하여서는 아니 된다. 다만, 사실상 노무에 종사하는 공무원은 예외로 한다.

「사립학교법」 제55조(복무) ① 사립학교의 교원의 복무에 관하여는 국공립학교의 교원에 관한 규정을 준용한다.

「일반노조법」 제5조(노동조합의 조직·가입) 근로자는 자유로이 노동조합을 조직하거나 이에 가입할 수 있다. 다만, 공무원과 교원에 대하여는 따로 법률로 정한다.

4. 입법 취지와 제정 과정

전 세계적으로 노동조합을 조직하거나 가입할 수 없도록 제한한 가장 대표적인 직종은 군인과 경찰이다. 이는 군인이 지닌 특수성, 즉 막강한 물리력과 전쟁수행이라는 특수한 역할 때문이며, 경찰은 고유의 치안유지 기능 때문이다. ILO도 제87조 협약에서 군대와 경찰을 단결권 보호의 예외 직종으로 인정하고 각국의 국내법에 따르도록 하고 있다. 하지만 선진국의 경우, 경찰도 노동조합 결성이 자유로워서 유럽경찰노조협의회에는 독일과 이탈리아를 포함해 17개국의 경찰노조가 가입되어 있고, 영국과 스웨덴 등 북구 각국은 국가별 경찰노조를 결성하여 운영하고 있다.

반면 교원의 노동조합 결성을 금지했던 우리나라의 경우는 세계적으로 매우 드문 사례였고,[14] OECD 회원국 가운데 유일한 국가였다. 그렇다고 우리나라에 본래부터 교원노조를 법적으로 금지하였던 것은 아니다. 1953년 「노동조합법」이 제정될 당시 노동조합을 조직하거나 가입할 수 없게 제한한 직종은 군인과 군속, 경찰과 교정직, 소방공무원뿐이었고 교원은 제한 대상이 아니었다. 다만 오랜 유교적 전통으로 인해 교원=스승이라는 관념이 강해서 노동자로서의 교원 정체성에 관해 사회적 공감대가 폭넓게 형성되지 못하였고, 냉전 체제의 특성상 교원노조를 설립하지 못하였을 뿐이다.

그러나 자유당 정권이 교원을 정권의 하수인처럼 부리고 특히 3.15부정 선거에 대거 동원하는 등 교권을 짓밟자 교원노조 설립이 필요하다는 인식이 자연스럽게 대두되어 '대한교원노동조합총연합회(교조)'가 설립되었다(1960.7), 교원노조 설립을 법적으로 금지하고 철저하게 탄압하기 시작한 것은 박정희 정권이 들어선 1963년부터의 일이다(상세한 내용은 제3장 3절 참조). 따라서 그동안 교수노조 설립을 불허한 것은 명확한 법적 논리나 근거에 의한 것이 아니라 사회적 공감대의 부족과 군부정권의 강압에 길들어진 관습의 소산이라고 해도 무방할 것이다.

그랬던 정부가 교원의 노동운동을 일방적 제한에서 부분적 제한으로 전환한 것은 해직과 파면을 불사한 전교조의 오랜 투쟁, 그리고 국제적 압력 때문이었다. 우리나라는 1991년 ILO 가입 이후 ILO로부터 교원의 단결권 인정에 대한 「권고」를 계속

---

14) 우리 못지않게 보수적 법령을 유지하고 있는 일본도 자위대·경찰·해상보안청·교정 공무원의 단결권만 제한하고 있다(박재윤, 2007, 148).

받았고, 1996년 OECD 가입 이후, 같은 취지의 입법 「권고」를 지속적으로 받았다. OECD 가입은 기존의 국제규범을 준수하고 나아가 바람직한 국제규범을 만들어가는 데 적극적으로 협조하겠다는 국가적 의사 표현이므로, OECD 회원국이 되려면 국제규범에 대한 준수가 의무적인 사안이다. 따라서 정부는 그 준수를 이미 여러 차례 약속하고도 지키지 않았던 것이 거듭 「권고」를 받게 된 이유였다.

전교조의 끈질긴 투쟁에도 불구하고 교원노조의 설립을 완강하게 반대하였던 정부가 할 수 없이 「교원노조법」 제정에 나서게 된 결정적 계기는 이런 국제적 압력 때문이었음은 헙법재판소도 공식적으로 인정하였던 바이다.[15] 아마 이런 국제적 압력이 없었다면 우리 정부는 국제규범 준수 약속을 계속 어기면서까지 「교원노조법」 제정에 반대하였을 가능성이 농후하다.

국제적 압력에 직면한 우리 정부는 1996년에 비로소 '노사관계개혁위원회'를 설치하여 공무원과 교원의 단결권에 대한 논의를 시작하였다. 하지만 별다른 진전을 보지 못한 채 교착상태에 있다가 1997년 말에 외환위기가 발생하자 노·사·정 대타협을 통해 위기를 극복하려던 김대중 정부는 1998년 1월에 '노사정위원회'를 발족하고 교원노조 문제를 비롯한 여러 현안을 본격적으로 다루기 시작하였다.

당시 노동계는 국제적 기준에 크게 미달하는 노동 관련 법령의 개선을 적극적으로 요구하였고, 정부와 재계도 낙후된 법령이

---

15) 「노동조합 및 노동관계조정법 제5조 단서 등 위헌제청」(헙법재판소 2018.8.30. 선고 2015헌가38 전원재판부 결정)

외환위기를 초래한 원인의 하나라고 보고 법령을 국제적 기준, 이른바 Global Standard에 맞춰 개정하고자 하였다. 1998년 노사정위원회는 교원의 노동조합 결성권을 보장하기로 합의하고, 이듬해 「교원노조법」을 법률 제5727호로 제정·공포하여(1999.1.29) 7월 1일부터 시행하게 되었다.

하지만 우리 정부는 노동계의 요구, 국제적 압력, 외환위기 탈출을 위한 노사정의 협조 필요성 때문에 「교원노조법」을 제정한 것일 뿐 구체적인 내용에 대하여는 시종 소극적 내지 부정적인 입장이었다. 이런 입법 자세는 「교원노조법」의 구성이 제1조(목적), 제2조(정의)에 이어 노동조합 설립에 관한 사항이 차례로 기술되어야 하는 상식을 어기고 제3조(정치활동 금지)가 먼저 기술된 데서도 잘 드러난다. 정부는 교원노조의 정치활동을 가장 부담스러워하며, 그것을 가장 부정시하고 있다는 점을 노골적으로 드러낸 것이다.

이런 인식은 서울특별시교육청에서 편찬한 「교원단체 업무편람」에서 「교원노조법」의 제정 사유에 대하여 설명하면서 정작 중요한 헌법재판소의 개정 사유에 대하여는 전혀 언급하지 않은 채 다음과 같이 설명하고 있는 데서도 엿볼 수 있다.

① 교직은 관점에 따라 성직관, 전문직관, 공직관, 노동직관으로 분류
② 오늘날 교직의 성격은 이 네 측면을 모두 공유하고 있는 상태라고 보는 것이 일반적 견해임
③ 이와 같은 교직의 특수성으로 말미암아 일반 근로자와 다르게 교원의 노동기본권을 보장하고 있는 점은 학생의 학습권과의 조화를 꾀하기 위함

④ 따라서, 「교원노조법」은 「일반노조법」의 특별법으로 제정됨(2012, 9)

마치 서울시교육청이 헌법재판소보다 상위기관인 양 「교원노조법」의 성격을 '교육학적'으로 재해석하고 있는 것이야말로 정부가 강조해 마지않는 정치행위 금지에 위배되는 매우 '정치적'인 행위라고 할 수 있다.

아무튼 「교원노조법」은 교원의 노동운동을 제한한 「국가공무원법」 제66조 제1항, 「사립학교법」 제55조에도 불구하고 「일반노조법」의 단서 규정을 근거로 교원노조를 설립 운영할 수 있다는 점을 입법 근거로 밝히고 있다. 그리고 「교원노조법」은 「일반노조법」의 특별법으로 제정되었기 때문에 특례에 해당하는 사항만 규정하고 그 외 사항은 모법인 「일반노조법」에 따르도록 하였다.

| 제4절 | 정의(제2조)

1. 조문

1) 개정 전 조문

제2조(정의) 이 법에서 "교원"이란 「초·중등교육법」 제19조 제1항에서 규정하고 있는 교원을 말한다. 다만, 해고된 사람으로서 「노동조합 및 노동관계조정법」 제82조 제1항에 따라 노동위원회에 부당노동행위의 구제신청을 한 사람은 「노동위원회법」 제2조에 따른 중앙노동위원회(이하 "중앙노동위원회"라 한다)의 재심판정이 있을 때까지 교원으로 본다.
[헌법불합치, 2015헌가38, 2018.8.30. 교원의 노동조합 설립 및 운영 등에 관한 법률(2010.3.17. 법률 제10132호로 개정된 것) 제2조 본문은 헌법에 합치되지 아니한다. 위 법률조항은 2020.3.31.을 시한으로 개정될 때까지 계속 적용한다.]

2) 개정 후 현 조문

제2조(정의) 이 법에서 "교원"이란 <u>다음 각 호의 어느 하나에 해당하는 사람</u>을 말한다. 다만, 해고된 사람으로서 「노동조합 및 노동관계조정법」 제82조 제1항에 따라 노동위원회에 부당노동행위의 구제신청을 한 사람은 「노동위원회법」 제2조에

따른 중앙노동위원회(이하 "중앙노동위원회"라 한다)의 재심판정이 있을 때까지 교원으로 본다.
1. 「유아교육법」 제20조 제1항에 따른 교원
2. 「초·중등교육법」 제19조 제1항에 따른 교원
3. 「고등교육법」 제14조 제2항 및 제4항에 따른 교원. 다만, 강사는 제외한다.
[2020.6.9. 법률 제17430호에 의하여 2018.8.30. 헌법재판소에서 헌법불합치 결정된 이 조를 개정함.]

2. 조문 해석

「교원노조법」의 대상이 되는 '교원'은 개정 전 법령에서는 「초·중등교육법」 제19조 제1항의 유치원·초등학교·중학교·고등학교·공민학교·고등공민학교·고등기술학교·특수학교의 교원만 뜻하였다. 그러나 2020년 6월 개정을 통해 고등교육 교원이 새로 포함되었다.

단 해고된 교원 가운데 중앙노동위원회에 부당노동행위를 구제해달라고 신청한 경우, 중앙노동위원회의 재심 판정이 있을 때까지는 교원의 자격을 유지하는 것으로 간주한다는 규정은 변함이 없다.

헌법재판소는 2018년 8월 30일, 대학교원의 노동조합 설립과 활동을 제한한 「교원노조법」 제2조는 헌법에 합치되지 않는다고 결정하였다. 그리고 경과조치로 2020년 3월 31일까지 헌법에 합치하도록 관련 규정을 개정하되, 그때까지는 이 조항이 유효하다고 하였다. 이런 헌법재판소의 결정에 따라 2020년 6월 9일 개정된 「교원노조법」(법률 제17430호)에서는 헌법불합치 조항인 제2조를 개정하였다.

3. 관련 법령

「일반노조법」 제82조(구제신청)
　① 사용자의 부당노동행위로 인하여 그 권리를 침해당한 근로자 또는 노동조합은 노동위원회에 그 구제를 신청할 수 있다.
「노동위원회법」 제2조(노동위원회의 구분·소속 등) ② 중앙노동위원회와 지방노동위원회는 고용노동부장관 소속으로 두며, 지방노동위원회의 명칭·위치 및 관할구역은 대통령령으로 정한다.
「유아교육법」 제20조(교직원의 구분) ① 유치원에는 교원으로 원장·원감·수석교사 및 교사를 두되, 대통령령으로 정하는 일정 규모 이하의 유치원에는 원감을 두지 아니할 수 있다.
「초·중등교육법」 제19조(교직원의 구분) ① 학교에는 다음 각 호의 교원을 둔다.
　　1. 초등학교·중학교·고등학교·공민학교·고등공민학교·고등기술학교 및 특수학교에는 교장·교감·수석교사 및 교사를 둔다.
「고등교육법」 제14조(교직원의 구분) ② 학교에 두는 교원은 제1항에 따른 총장이나 학장 외에 교수·부교수·조교수 및 강사로 구분한다.

④ 각종학교에는 제1항부터 제3항까지의 규정에 준하여 필요한 교원, 직원 및 조교(이하 "교직원"이라 한다)를 둔다.

4. 입법 취지와 쟁점

「유아교육법」(법률 제7120호, 2004.1)이 제정되기 전까지 초·중등교육과 유아교육을 별도로 구분하지 않았다. 그래서 「초·중등교육법」(법률 제5438호, 1997.12)이 제정될 당시 유치원 교원은 「초·중등교육법」 제19조(교직원의 구분) 제1항에 포함되어 있었다. 따라서 개정 전 「교원노조법」의 교원 범주에 유치원·초등·중등교원이 모두 포함되어 있었다.[16]

제2조는 「교원노조법」의 대상을 유·초·중등교원으로 제한하고, 대학교수의 노동자로서의 지위를 인정하지 않는다는 것이 주된 내용이었으나 헌법재판소에서 헌법불합치 결정이 나서 법령 개정의 대상이 되었다. 그러나 2020년 3월 31일까지 개정해야 한다는 헌법재판소의 결정에도 불구하고 20대 국회는 개정에 착수하지 않아 최종 기한을 넘기고 말았다.

그 결과 「교원노조법」 제2조는 헌법재판소 결정에 따라 2020년 4월 1일부터 법적 효력이 중지되었다. 그리고 2020년 6월 9일 개정될 때까지 교수노조 설립을 금지하는 조항이 없어져서 교수노조 설립은 자유로워졌지만, 설립을 허용하는 조항도 없어서 설립신고증을 발급해 줄 수 없는 입법 불비 상태가 2개월 동

---

16) 전국국공립유치원교사노동조합(국공립유치원교사노조)과 교사노동조합연맹(교사연맹)은 초등·중등과의 명칭의 연계성, 그리고 일제강점기의 용어라는 점을 들어 유치원을 유아학교로 변경하기 위한 「유아교육법」 개정을 추진하고 있다(한국유아교육신문, 2020.10.27).

안 지속되었다.

5. 교수 노동에 관한 헌법재판소의 입장

헌법재판소는 1991년에도 사립학교 교원의 노동3권 제한은 교원 지위의 특수성과 역사적 현실을 종합하여 교육제도의 공공성을 유지하기 위한 것이므로, 교원노조 설립을 허용하라는 국제법상의 선언과 규약, 권고가 있기는 하지만 현실을 고려하지 않은 채 무조건 수용할 필요는 없다며 사립학교 교원의 노동조합 설립을 금지한 법령이 합헌이라고 결정한 바 있다. 그러면서 교원이 노동자인 것은 맞지만 단순한 행정집행자가 아니라 학생 스스로 이해력과 통찰력을 개발하게 하여 지적 흥미를 유발할 수 있는 능력을 갖추고, 사물에 대한 자신만의 견해를 가질 수 있게 지도하는 사람이라며 교원의 자주성을 강조하였다.[17]

당시 헌법재판소가 강조한 교원 지위의 특수성과 역사적 현실이란 무엇을 말하는가? 이에 대해서는 다양한 견해가 있겠지만 미성년 학생에 대한 교원의 일방적인 영향력 행사 가능성, 한국전쟁과 남북대치 등을 통해 형성된 역사적 특수성 등을 고려하여 교원노조의 설립을 보수적으로 접근할 필요가 있다고 생각한 것으로 보인다. 하지만 교원의 기본권 제한을 합헌으로 인정하면서 그 근거로 교원은 노동조합이 불필요할 정도로 자주성을 갖추어야 하는 직업이라고 하였는데, 헌법재판소의 결정에는 일

---

17) 「사립학교법 제55조 제58조 제1항 제4호에 관한 위헌 심판」(헌법재판소 1991. 7.22. 선고, 89헌가106, 전원재판부).

반화의 오류——모든 교원과 학생이 같고, 모든 교원과 학생의 관계가 같다는——라는 커다란 모순이 존재한다.

　우선 헌법재판소는 유·초·중등교원과 고등교원을 동일시하였고, 국공립교원과 사립교원을 동일시하였다. 유·초·중등교원은 교육을, 고등교원은 교육·연구·사회봉사를 맡는다는 업무상의 차이가 있고, 국공립과 사립 교원은 고용 주체가 다르며, 특히 사립대학 교수들은 국가가 임금 지불을 책임지지 않는다는 점에서 신분이 다른데도 불구하고 모두 교원이라는 점에서 같다고 강조함으로써 무리한 일반화의 오류를 범하였다. 유치원생과 대학생 모두 학생이라는 같다는 주장도 억지에 불과하다. 또 납득할 만한 사유 없이 기본권을 제한당한 대학교수가 어떻게 자주성을 가질 수 있고, 자주적인 학생을 양성할 수 있단 말인가? 이 점에서 헌법재판소의 결정에는 커다란 모순이 존재한다.

　그 뒤로 「교원노조법」 제정 당시 대학교수도 노동조합 가입 대상에 포함하여야 한다는 논의가 제기되었으나 교수의 노동자로서의 정체성에 대한 결론이 나지 않은 상태로 추후 논의로 미뤄졌고, 그 뒤 2015년에 교수가 노동자임이 헌법재판소 결정으로 확인되었음에도 불구하고(헌재 2015.05.28. 2013헌마671등), 2020년 6월까지 대학교수의 노조 결성이 허용되지 않았다.

　대학교수가 노동자임이 분명하다는 헌법재판소의 결정에도 불구하고 2018년 8월 30일 헌법재판소에서 「교원노조법」 제2조의 헌법불합치 결정을 내렸을 때 반대했던 재판관 2명의 소수의견에는 이를 부인하는 내용이 담겨있다. 이들의 반대 의견을 통해 대학교수의 단결권을 제한할 필요가 있다는 반대론의 내용과 논거가 무엇인지 살펴볼 필요가 있다. 이들의 반대 의견은,

첫째, 교육제도·교육재정·교원제도 등에 관한 사항을 법률로 정해야 한다는 헌법의 규정은 국민의 교육권 보장을 그 본질로 하며, 교원의 지위와 권익 보호 규정은 교육권 보장을 위한 수단일 뿐이라고 보았다. 또 「사립학교법」을 포함한 교육관계 법령에서 공·사립학교를 불문하고 교원의 지위를 균등하게 규율한 점, 보수·연수·신분보장 등 모든 면에서 일반 노동자와 달리 그 특수성을 인정한 점 역시 국민의 교육권 보호를 위한 것이라고 주장하였다.

둘째, 초·중등교원에게는 교육을, 대학교원에게는 교육과 연구를 요구하는 등 직무를 달리 규정하고 있으며,[18] 대학교원에게는 상대적으로 학문연구와 사회활동의 자유, 노동시간에 대한 유연성이 더 많이 인정되고, 교수 내용과 방법에 관한 독자적인 결정권과 학문적 견해를 자유로이 표명할 수 있는 '교수의 자유'도 보장되며, 연구 성과물도 자신의 지적 재산이 되는 등 많은 우대가 따른다는 점을 지적하였다.

셋째, 학내에서도 총장선출권을 행사하며, 보직교수로 대학을 경영하고, 대학평의원회·교수협의회 등을 통한 대학자치 참여 등 의사결정 과정에 참여하므로 교수는 사용자와 노동자의 중간적 성격을 지니므로 노동조합을 결성해서는 안 된다고 보았다.

넷째, 정치활동의 자유가 보장되고, 장·차관 등 정·관계의 주요 직책, 위원회와 정부기관 연구 활동 등을 통해 사회적 영향

---

[18] "초·중등교원은 「교육기본법」 제9조, 「초·중등교육법」 제20조 제4항 등 법령에서 정하는 바에 따라 학생을 교육하고, …… 공교육을 담당하는 교원으로서 일반 국민에 대한 봉사자이므로(헌재 2006.12.28. 2004헌바67), 「초·중등교육법」에 따라 교원의 집단적 표준성, 의무교육성, 동일성이 요구된다."

력을 발휘하면서 자신들의 요구를 국가정책에 반영시킬 수 있는 점, 아울러 정부로부터 사학연금 기여금의 약 30% 정도를 받고 있다는 점도 교수노조 결성의 반대 의견으로 제시하였다.[19]

이들 소수의견에서 지적한 바와 같이 학생이 교육을 받을 권리인 '교육권'은 교육 관련 모든 법령 해석에서 최우선으로 고려되는 사항이며, 교수는 다른 직업에 비해 상대적으로 많은 자유를 누리고 있고 사회적 존중의 대상이며, 그에 따른 각별한 책임을 져야 하는 것이 사실이다. 하지만 이는 지적 직업의 특성을 과도하게 일반화한 결과이며, 또 일부 교수만 향유할 수 있는 상대적으로 우월한 교수의 사회적 지위를 마치 전체 사립대학 교수들의 보편적 권리, 제도적 권리처럼 일반화한 것에 불과하다.

교수노조 설립에 반대하는 헌법재판소의 소수의견은 객관적인 제도나 실상에 근거하기보다는 재판관이 생각하는 관념상의 교수상, 또는 매우 바람직한 대학에서의 교수상을 전제로 한 것일 뿐 사립대학 교수들이 직면하고 있는 문제, 즉 천차만별의 근무 여건과 교권의 실태를 간과하고 내린 전형적인 일반화의 오류에 불과하다. 절대다수의 교수는 헌법재판소의 소수의견에서 밝힌 대학교수의 상이 현실로 구현되길 소망하며, 그런 소망을 현실화하기 위한 수단으로 교수노조의 설립이 필요한 실정이며, 헌법재판소는 다수의 의견으로 이런 현실을 인정한 것이다.

---

[19] 이상 「노동조합 및 노동관계조정법 제5조 단서 등 위헌제청」(헌법재판소 2018.8.30. 선고 2015헌가38 전원재판부 결정). 그 밖에도 등록금 의존도가 높은 사립대학에서 교수노조가 조합원의 근로조건 개선을 위한 투쟁을 전개한다면 시설지원 및 학생 교육비용은 상대적으로 축소될 수밖에 없다는 점을 들었다.

|제5절| 정치활동의 금지(제3조)

1. 조문

1) 개정 전 조문
제3조(정치활동의 금지) 교원의 노동조합(이하 "노동조합"이라 한다)은 일체와 정치활동을 하여서는 아니 된다.

2) 개정 후 현 조문
제3조(정치활동의 금지) 교원의 노동조합(이하 "노동조합"이라 한다)은 <u>어떠한</u> 정치활동도 하여서는 아니 된다.

2. 조문 해석

교원 노동조합은 어떤 정치활동도 해서는 안 된다. 모든 정치활동은 위법이다.

3. 관련 법령

「헌법」 제7조 ① 공무원은 국민 전체에 대한 봉사자이며, 국민에 대하여 책임을 진다.

② 공무원의 신분과 정치적 중립성은 법률이 정하는 바에 의하여 보장된다.

「헌법」 제8조 ① 정당의 설립은 자유이며, 복수정당제는 보장된다.

「국가공무원법」 제65조(정치운동의 금지) ① 공무원은 정당 기타 정치단체의 결성에 관여하거나 이에 가입할 수 없다.

② 공무원은 선거에 있어서 특정 정당 또는 특정인의 지지나 반대를 하기 위하여 다음의 행위를 하여서는 아니 된다.

  1. 투표를 하거나 하지 아니하도록 권유운동을 하는 것

  2. 서명운동을 기도·주재하거나 권유하는 것

  3. 문서 또는 도서를 공공시설 등에 게시하거나 게시하게 하는 것

  4. 기부금을 모집 또는 모집하게 하거나 공공자금을 이용 또는 이용하게 하는 것

  5. 타인으로 하여금 정당 기타 정치단체에 가입하게 하거나 또는 가입하지 아니하도록 권유운동을 하는 것

③ 공무원은 다른 공무원에게 제1항과 제2항에 위배되는 행위를 하도록 요구하거나 또는 정치적 행위의 보상 또는 보복으로서 이익 또는 불이익을 약속하여서는 아니 된다.

④ 제3항 외의 정치적 행위의 금지에 관한 한계는 국회규칙·대법원규칙·헌법재판소규칙·중앙선거관리위원회규칙 또는 대통령령으로 정한다.

「교육기본법」 제6조(교육의 중립성) ① 교육은 교육 본래의 목적에 따라 그 기능을 다하도록 운영되어야 하며, 어떠한 정치적

· 파당적 또는 개인적 편견의 전파를 위한 방편으로 이용되어서는 아니 된다.

「교육기본법」 제14조(교원) ① 교원은 특정 정당 또는 정파를 지지하거나 반대하기 위하여 학생을 지도하거나 선동하여서는 아니 된다.

「사립학교법」 제58조(면직의 사유) ① 사립학교의 교원이 다음 각 호의 1에 해당할 때에는 당해 교원의 임면권자는 이를 면직시킬 수 있다.

  4. 정치운동 또는 노동운동을 하거나 집단적으로 수업을 거부하거나 또는 어느 정당을 지지 또는 반대하기 위하여 학생을 지도·선동한 때

「정당법」 제22조(발기인 및 당원의 자격) ① 국회의원 선거권이 있는 자는 공무원 그 밖에 그 신분을 이유로 정당 가입이나 정치활동을 금지하는 다른 법령의 규정에 불구하고 누구든지 정당의 발기인 및 당원이 될 수 있다. 다만, 다음 각 호의 어느 하나에 해당하는 자는 그러하지 아니하다.

  1. 「국가공무원법」 제2조(공무원의 구분) 또는 「지방공무원법」 제2조(공무원의 구분)에 규정된 공무원. 다만 ······ 「고등교육법」 제14조(교직원의 구분) 제1항·제2항의 규정에 의한 총장·학장·교수·부교수·조교수인 교원을 제외한다.

  2. 총장·학장·교수·부교수·조교수를 제외한 사립학교의 교원

「공직선거법」 제9조(공무원의 중립의무 등) ① 공무원 기타 정치적 중립을 지켜야 하는 자(기관·단체를 포함한다)는 선거에 대

한 부당한 영향력의 행사 기타 선거 결과에 영향을 미치는 행위를 하여서는 아니 된다.

「공직선거법」 제53조(공무원 등의 입후보) ① 7.「정당법」 제22조 제1항 제2호의 규정에 의하여 정당의 당원이 될 수 없는 사립학교 교원

「공직선거법」 제60조(선거운동을 할 수 없는 자) ① 다음 각 호의 어느 하나에 해당하는 사람은 선거운동을 할 수 없다.

4. 입법 취지와 쟁점

정치적 자유권은 정치적 표현의 자유(언론·출판·집회·결사의 자유), 정당설립과 활동의 자유, 선거운동의 자유를 포함하며 이는 헌법이 보장한 국민의 기본권이다. 따라서 독일·프랑스·영국 등에서는 교원의 정치적 활동에 대한 제한이 없고, 미국은 교직의 특수성을 고려한 일부 제한이 있다. 여기에서 말하는 교직의 특수성을 고려한 정치적 활동에 대한 제한이란 공무원으로서의 정치적 중립 요구, 미성년자인 학생에 대한 일방적인 정치적 영향력 행사 가능성 등을 뜻한다. 제한의 내용은 주와 카운티에 따라 다르지만, 기본적으로 교원에게만 적용되는 특별법이 아니라 공공분야 노동자에게 공동 적용되는 공공노동 관계법에 따른다.

반면 우리나라와 일본은 교원의 정치적 활동에 대한 제한과 금지에 관한 법제의 논리와 내용에 있어서 매우 유사하여 공무원 지위에 관한 우리 「헌법」 제7조와 일본 「헌법」 제15조의 규정

은 같고, 우리는 「사립학교법」 제58조 제1항의4, 「정당법」 제22조 제1항의 2, 「공직선거법」 제53조 제1항의7에서 초·중등교원과 고등교원을 구분하여 전자의 정치활동을 금지하고 있다.[20] 하지만 일본의 금지 규정은 더 포괄적이어서 일본의 「교육기본법」 제8조에서는 모든 교원의 정치활동을 금하고 있을 뿐 아니라 「국가공무원법」, 「지방공무원법」, 「교육공무원특례법」, 「공직선거법」 등 모든 법에서 국·사립을 막론함은 물론 초·중등과 대학교원에 이르기까지 모든 교원과 교원단체의 정치활동을 금하고 있다(이상 박재윤, 2007, 60~64, 69~72).

우리나라에서 초·중등교원과 고등교원을 구분하여 정치적 자유권을 차별한 것에 대해 헌법소원이 제청되었는데 헌법재판소에서는 제3조의 내용이 교원의 정치적 기본권을 제한하는 면이 있는 것은 사실이나 공무원의 정치적 중립성을 규정한 「헌법」 제7조 제1항과 제2항, 교육의 정치적 중립성을 규정한 「헌법」 제31조 제4항의 규정 취지를 들어 학생의 수업권 보호 등 교육기본권 보장의 공익성이 더 크다는 점을 들이 제3조는 헌법을 위배하지 않는다고 결정하였다. 또 대학교원에게는 정당 가입과 선거운동의 자유를 허용하더라도 이는 초·중등 교원과 다른 직무를 가지고 있어 합리적인 차별에 해당하여 헌법상의 평등권을 침해한 것이 아니라고 판결한 바 있다.[21]

하지만 노동조합의 정치적 자유에 대하여는 일반 노동조합과

---

[20] 「사립학교법」 제58조 제1항의4는 초·중등교원을 대상으로 한 것임에도 불구하고 박근혜 정부는 대학 정관에 이 규정을 포함할 것을 지시하였고, 실제 20여 개 대학에서 정부 지침을 수용하여 정관에 이 조항을 포함하였다.
[21] 「정당법 제6조 제1호 등 위헌 확인」(2004.3.25. 2001헌마710, 전원재판부).

교원 노동조합을 구분하여 전자만 인정하였다. 헌법재판소는 노동조합이 공직선거에 조합 또는 그 대표 명의로 선거운동을 할 수 있게 한 것은 조합원의 복지 향상을 도모하기 위한 목적달성에 필요불가결한 수단에 해당된다고 인정하였다. 그것은 조합원인 노동자의 권익에 직접 관계되는 입법 또는 행정조치 등을 촉진하거나 반대하여 그 목적을 달성하려면 조합의 정치활동이 허용되어야 하고, 이러한 정치활동은 노동조합의 목적 범위 내의 행위로 해석되기 때문이라는 것이다.22)

하지만 교수노조의 설립이 허용되면서 노동조합의 정치적 자유에 관한 기존의 결정은 재고될 것으로 보인다. 우선 「정당법」 제22조 제①항의 1, 「공직선거법」 제53조 제①항의 7에 따라 정치활동이 허용된 대학교수를 조합원으로 한 교수노조의 정치활동을 금지하는 것은 앞뒤가 맞지 않는다. 교수로서의 정치적 발언은 합법이고 조합원으로서 정치적 발언은 위법이라는 논리가 성립될 수 없기 때문이다. 또 교수 개인의 정치활동은 허용하되 교원노조의 정치활동만 금한다는 것도 그 경계가 매우 모호하다.

개인의 정치활동의 자유와 노동조합의 정치활동 보장을 별개의 문제로 간주하는 것이 타당한지, 논의가 필요하겠지만, 이 문제는 한국사립대학교수노동조합(사교조)가 이미 2020년 9월에 「교원노조법」 제3조의 위헌 여부를 밝혀달라는 헌법소원을 헌법재판소에 제청하였기 때문에 곧 결정이 나올 것으로 본다.

그동안 헌법재판소는 사학의 자유를 학교법인의 기본권, 즉

---

22) 「공직선거 및 선거부정 방지법 제87조 단서 위헌 확인」(1999.11.25. 98헌마141, 전원재판부).

학교법인의 사학 설립 및 운영의 자유로 한정하는 등(황준성, 2006, 223, 226~227) 대학과 관련하여 매우 보수적인 입장을 견지해 왔음을 알 수 있다. 하지만 민주적 헌법 체제의 도입에도 불구하고 촛불집회가 필요할 정도로 민주주의가 생활화되지 못하고 위임민주주의의 폐단만 두드러진 것은 우리 사회가 진정한 민주주의자가 없는 민주주의 체제이기 때문이다. 이를 근본적으로 고쳐 나가기 위해서는 신중하고 조심스럽게 시작해야 하겠지만 초중등 교육부터 제대로 된 민주주의를 위한 정치교육을 도입하는 것을 검토해야 한다. 이를 위해서 모든 교원노조의 정치활동 금지조항은 삭제되는 것이 마땅하며, 더구나 교수노조의 정치활동 금지는 말이 되지 않는다.

대학생은 참정권을 행사하는 성인이고, 비록 소수이기는 하나 정당의 후보로 선거에 참여하며, 대학평의원회와 총장선출을 통해 대학자치를 구현하는 주체이다. 그런데 대학생의 정치적 참여와 활동을 적극적으로 권장해야 할 교수들로 구성된 교수노조가 어떠한 정치활동도 해서는 안 된다는 것은 억지에 불과하다.

이처럼 「교원노조법」 제3조는 학문과 예술의 자유를 천명한 「헌법」 제22조, 교육의 자주성과 대학의 자율성을 천명한 「헌법」 제31조에 역행하는 것이며, 교수의 정치참여를 보장한 「정당법」 제22조와 「공직선거법」 제60조 제1항 제4호의 단서에도 위배된다는 점에서 당연히 개정되어야 한다.

5. 대학의 정치교육 문제

영국·프랑스·미국 등의 국가들이 자유교육론의 전통을 거쳐 근대 공교육체제를 확립하였다. 자유교육 전통에는 합리성 혹은 지식 추구로서 자유교육 전통, 그리고 개인의 자율성 함양으로서의 자유교육 전통, 그리고 정치적 자유주의 교육의 전통이 있다.23) 하지만 우리가 받아들인 독일과 일본의 근대교육체계는 국가주의에 기초하여 만들어졌다. 그래서 교육의 자유를 부정하고 교육을 권리가 아닌 의무로 만들어 파시즘 체제를 구축하는 수단으로 악용되었다(신현직, 1999, 164). 브라이트Gotthard Breit는 독일의 이런 문제점에 대하여 다음과 같이 지적하였다.

> 관료주의 국가의 사고와 복종문화는 1918년 이후 지속적으로 변하지 않고 존재하고 있었다. 제1차 세계대전의 참패는 내부가 달힌 사회를 승리로 이끌 수 없음을 설명하였다. …… 바이마르 공화국은 민주주의자 없는 민주주의로 남았다. 바이마르 공화국은 본질적으로 이러한 결점 때문에 파멸했다. 단지 소수만이 민주화에 대해 알고 있었고, …… 나치 통치의 시대에는 물론 이러한 시민적 도덕을 "국가 감정을 호소하자마자 가볍게 벗어버릴 수 있는 얇은 코트 같은 것"으로 표현하였다. …… 마지막으로 중요한 점은 히틀러가 독일인들의 복종심과 정치의 몰이해를 자신의 목적을 위해 이용하였다는 것이다. 나치 통치는 전 민족을 문명에서 야만적인 집단으로 통솔하는 데 성공했다(쉴레, 2019, 125~126).

---

23) 개인의 자율성을 강조하는 자유교육론자의 주장 중에는 이미 정치적 자유주의의 많은 논의가 포함되어 있으므로 합리성 혹은 지식 추구로서의 자유교육과 개인의 자율성 함양으로서의 자유교육이면 거의 모든 자유교육을 포괄한다고 할 수 있다(유재봉, 2002, 11~12).

이처럼 국민교육이란 이름으로 진행된 근대교육은 교육의 정치적·파당적 요소를 배제한다는 명분을 내세워 국가권력의 일방적 지배를 합리화했다. 실체가 없는 교육의 중립을 표방하면서 국가가 교육을 독점한 결과, 종교와 정치 권력으로부터의 독립, 진리의 상대성 중시라는 근대교육의 원칙은 부정당하였고, 국민의 정치적 문맹이란 심각한 문제를 낳게 된 것이다. 이 점에서 국가의 정치적 중립성에 대한 쿠와바라 사쿠지桑原作次의 견해는 실로 참고할 만하다.

> 국가의 중립성이란 이상적 허구일 뿐이며, 정치 권력을 장악한 지배집단의 지배 수단인 국가가 그 권력을 행사하되 중립성을 확보한다는 것 자체가 불가능한 것이다. 중립성이란 개념 자체가 내용 없는 형식적 개념에 불과한 것이어서 정치 권력에 의해 규정되는 중립성은 정파적일 수밖에 없고, 진정으로 대중에게 인정될 만한 중립성은 굳이 권력에 의해 강제될 필요가 없는 것이다 (신현직, 1999, 165에서 재인용).

이처럼 독재국가일수록 교육의 자주성을 내세운 정치적 중립 요구를 강조한다. 하지만 교육의 정치적 중립성은 권력으로부터의 독립을 의미하는 것이지 교육 내용에서 정치적 요소를 배제하는 것이 아니다. 교원의 비정치화 또는 정치교육의 배제는 실제로는 교육의 정치 권력으로의 예속을 의미한다. 따라서 교원의 정치적 자유는 교육의 정치적 중립성을 지키기 위한 자유로 인정되어야 하며, 학생을 미래의 민주시민으로 성장하도록 하기 위한 정치교육은 반드시 보장되어야 한다(이상 신현직, 1999, 164~16

6).

물론 그러기 위해서는 국민으로부터 신뢰를 쌓을 수 있는 합리적이고 객관적인 정치교육의 원칙과 교과 내용이 선행되어야 할 것이다. 스웨덴·독일·네덜란드 등 선진국에서는 초등학교 3~4학년부터 정부의 주요 정책에 관한 정책토론을 통해 정치교육을 진행하는 것이 교과과정의 하나로 자리 잡았다. 다만 교원은 '보이텔스바흐협약'[24)]의 세 가지 원칙을 준수해야 한다. 협약의 원칙은

① 강제성 금지: 학생들은 정치 수업을 통해 독립적인 판단을 얻어낼 수 있어야 한다. 조작이나 조정, 일방적 교화는 학생의 성숙에 위배되므로 금지되어야 한다.
② 논쟁의 원칙: 정치 수업에서 서로 다른 의견과 관점들이 공개적으로 논쟁할 때 독립적인 판단을 얻을 수 있다. 의견과 관점의 폭이 좁을 때 교원에 의한 일방적인 교화가 이루어진다. 논쟁은 정치교육의 소금이다.
③ 관심 분석: 정치적 상황과 자신의 관심 상황을 분석할 수 있는 능력, 그리고 그것에 영향을 주는 수단과 방법을 찾는 능력을 갖출 수 있어야 한다(쉴레, 2019, 24, 41).

하인리히 슈나이더Heinrich Schneider는 이를 다음과 같이 간결

---

24) 보이텔스바흐 협약은 정식 협정이나 계약을 통해서 이루어진 것은 아니다. 1976년 독일의 보이텔스바흐에서 열린 바덴 뷔템베르크주 연방정치교육원의 학회의 참석자인 한스 게오르그 벨링Hans-Georg Wehling이 기록한 보고서의 세 가지 핵심 내용에 대해 참석자 모두가 찬성하고, 그것이 많은 사람에게 수용되면서 자연스럽게 '협약'이 된 것이다. 따라서 협약이라고는 하지만 주요 개념을 공유한 것이지 선언문 형식이 아니며, 원본과 함께 많은 수정 제안이 있지만, 공식 의결 문서로 만들어진 것은 아니다. 원본과 수정에 관해서는 쉴레, 2019, 300~303 참조.

하게 풀이하였다.

> 학생은 다음과 같은 능력을 갖출 수 있어야 한다. 정치적 문제를 분석하는 능력, 당사자의 상황에 처해 보는 능력, 사회적 공동생활과 정치적 전체를 위해 공동책임감을 고려하면서, 충분히 이해된 자신의 관심사인 문제 해결에 어떻게 영향을 끼칠 수 있는지에 대한 수단과 방법을 찾는 능력(쉴레, 2019, 56).

협약은 우선 학생은 교육의 주체이지 결코 수단일 수 없다는 데서 출발하는데, 이는 인간의 존엄이라는 헌법정신에 근거한 것이다. 그래서 모든 사람은 윤리적인 자기규정을 할 능력이 있고, 또 교육과 교양은 그런 능력을 갖출 수 있게 해야 한다는 것이다. 또 아무리 좋은 의도라도 사회적 위기 현상을 단기간의 정치교육으로 해결할 수는 없다. 민주주의에서 정치교육이란 정치적 도구화의 반대 개념이어야 하며 신념의 전달이 되어서는 안 되기 때문에 교사가 자기 생각을 학생에게 일방적으로 가르쳐서는 안 된다.

정치적 갈등과 그것을 수습하는 과정이 논쟁의 대상이 된다. 논쟁은 첨예한 갈등을 초래할 수도 있지만 정당한 인간적·자유주의적·사회적 갈등과 논쟁이 존재할 수 있도록 하는 것이 자유 법치국가의 이성이기도 하다. 따라서 사회적 쟁점 사항은 학교에서도 논쟁을 통해서 학습되어야 하며, 수업에서 다양한 입장과 대안을 균형 있게 제시하여야 한다. 관건은 여러 입장과 견해의 중요도를 판정하는 데 있다. 그래서 논쟁의 원칙은 불합의不合意의 원칙이라고도 할 수 있다.

정치적 논쟁이라는 힘의 각축장에서 자신의 관심 사항을 인식할 수 있어야 하며 사회를 위한 배려와 책임을 전제로 문제해결 방법을 찾는 능력을 갖추어야 한다. 정치교육은 민주주의 공동체에 호전적인 영역――이익의 다툼――이 존재한다는 것을 인정하는 데서 시작한다. 싸움을 조정하는 것도 민주주의의 본질에 속하는 것인데, 이것 때문에 정치교육이 이기주의를 촉진하는 것으로 오해하기도 한다. 하지만 조정을 위해서는 규칙과 예절, 협상력이 필요하며, 무엇보다도 개인적 관심을 넘어선 연대감――공익의 추구――을 가져야만 문제를 해결할 수 있다. 따라서 공익은 갈등을 평화롭고 자유롭고 정당하게 해결하는 가능성의 조건이라고 할 수 있다.

이처럼 정치교육은 정치적 판단에 관한 교육이며, 논쟁을 통해서 공동체의 공공정신에 부합하는 이성적 능력을 키우는 것이다. 그리고 공공정신은 공동체가 공개·대화·참여가 가능할 수 있도록 구조화되었을 때 비로소 발전하고 안정화된다(이상 쉴레, 2019, 15~18, 20, 23, 110~113, 117, 270~272, 279).

정치교육의 구체적인 실천으로 이들 선진국에서는 선거 때마다 초중등 학생도 정당 부스에는 가서 정책을 질문하고 학교에서 모의 투표를 하는 것이 일상화되었으며, 전국적인 모의투표 결과는 정당의 미래를 가늠하는 척도가 된다, 그래서 정당마다 초·중생을 대상으로 정책을 설명하고 이해시키는 데 주력하며, 필요하면 초등생과의 TV토론도 마다하지 않는다(동아, 2014.11.27). 유럽에서 30대 총리가 배출될 수 있는 것도 이런 '유소년 정치 리그'가 탄탄하게 만들어졌기 때문이다. 이들은 나이만 30대이지 이미 10~20년의 정치훈련을 받았기 때문에 우리의 30대와 서

있는 자리가 다르다. 20대 국회의원 평균연령이 55.5세였는데, 우리가 여의도의 노쇠한 정치를 젊고 역동적이면서도 노련한 정치로 바꾸려면 조기 정치교육을 실시하는 것 외에는 대안이 없다.

북유럽에서는 초중고생뿐만 아니라 성인을 위한 정치학교도 잘 조직되고 운영되고 있다. 독일은 민주주의 교육을 목표로 정치교육Politische Bildung · 장학사업 · 학술연구를 수행하는 6개 정치재단이 있는데, 그 가운데 가장 대표적인 프리드리히 에버트 재단과 콘라드 아데나워 재단은 매년 3천 건의 정치 관련 세미나와 토론회를 개최하고 있다. 스웨덴의 '민중의 집과 공원', 노동자교육협회ABF 등도 이 분야에서 대표적인 기구이며, 이런 풀뿌리 민주주의가 잘 착근한 것이 북유럽 민주주의의 장점이다. 스웨덴 전 수상 올로프 팔메Olof Palme는 이런 스웨덴 민주주의의 특성을 가리켜 '학습동아리 민주주의'라고 한 바 있다(조찬래, 2012, 32~36, 41~42, 68~80).

서유경 교수는 한나 아렌트가 정치영역, 경제영역, 개인영역을 구분하면서 각각 공영역the public realm, 사회영역the social realm, 사영역the private realm으로 지칭하였는데, 이들 영역은 일렁이는 물결처럼 지속적으로 서로에게 흘러 들어가 통합되어 모두 공적인 성격을 지닌다고 보았다며, 우리는 정치가 정치가만의 전유물이 아니고, 정치는 사람들이 타인들과 함께 사는 양식의 다른 표현일 뿐이라는 인식을 새롭게 해야 한다고 강조하였다(서유경, 2002, 170, 193).

발전하는 사회일수록 새로운 문제가 많이 발생하기 마련이다. 그때마다 공익에 충실한 시민의식과 시민참여를 통해 새로운 해답을 발견해야 한다. 그래서 공익은 공동체에 대한 결속을 의미하는 말이기도 하며(쉴레, 2019, 277) 대학이야말로 이런 정치교육의 장이 되어야 한다.

|제6절| 노동조합의 설립(제4조)

1. 조문

1) 개정 전 조문
제4조(노동조합의 설립) ① 교원은 특별시·광역시·도·특별자치도(이하 "시·도"라 한다) 단위 또는 전국단위로만 노동조합을 설립할 수 있다.
② 노동조합을 설립하려는 사람은 고용노동부장관에게 설립신고서를 제출하여야 한다.

2) 2020.6.9. 개정 후 조문
제4조(노동조합의 설립) ① 제2조 제1호·제2호에 따른 교원은 특별시·광역시·특별자치시·도·특별자치도(이하 "시·도"라 한다) 단위 또는 전국단위로만 노동조합을 설립할 수 있다.
② 제2조 제3호에 따른 교원은 개별학교 단위, 시·도 단위 또는 전국 단위로 노동조합을 설립할 수 있다.
③ 노동조합을 설립하려는 사람은 고용노동부장관에게 설립신고서를 제출하여야 한다.

3) 2021.1.5. 재개정 후 조문

제4조의2(가입범위) 노동조합에 가입할 수 있는 사람의 범위는 다음 각 호와 같다.
  1. 교원
  2. 교원으로 임용되어 근무하였던 사람으로서 노동조합 규약으로 정하는 사람
[본조신설 2021.1.5.]
[시행일 : 2021.7.6.] 제4조의2

2. 조문 해석

① 유·초·중등교원의 개별학교 단위의 교원노조 설립은 허용하지 않는다. 유·초·초·중등교원의 교원노조 설립 단위는 반드시 특별시·광역시·특별자치시·도·특별자치도 단위 또는 전국단위여야 한다.
② 고등교원은 유·초·중등교원과 달리 개별대학 단위, 시·도 단위, 전국단위 노동조합 설립이 모두 가능하다.
③ 사업장이 2개 이상의 시·도에 있거나 연합단체 노조는 고용노동부 장관에게, 시·도 단위사업장 노조는 광역시장과 도지사에게, 지역 단위사업장 노조는 시장·군수·구청장에게 각각 설립신고서를 내야 하는 일반 노동조합과 달리 교원노조의 설립신고서 제출은 모두 고용노동부장관으로 일원화한다.

「교원노조법」의 상위법인 「일반노조법」 제2조(정의)를 2021년 1월 5일 다음과 같이 개정하였다.

제2조(정의) 이 법에서 사용하는 용어의 정의는 다음과 같다. <개정 2021.1.5.>

② 사업 또는 사업장에 종사하는 근로자(이하 "종사근로자"라 한다)가 아닌 노동조합의 조합원은 사용자의 효율적인 사업운영에 지장을 주지 아니하는 범위에서 사업 또는 사업장 내에서 노동조합 활동을 할 수 있다. <신설 2021.1.5.>

「노동조합 및 노동관계조정법」
[시행 2020.6.9.] [법률 제17432호, 2020.6.9., 일부개정]

부칙 <법률 제17432호, 2020.6.9.>
이 법은 공포한 날부터 시행한다.

따라서 2021년 1월 5일 개정된 「일반노조법」 제2조(정의) ②항에 근거하여 개정된 「교원노조법」 제4조의2에 따라 현직 교원이 아닌 교원의 조합원 자격 여부는 「교원노조법」이 아닌 해당 노동조합의 규약으로 정하도록 하였다. 따라서 퇴직교원의 노동조합 가입의 길이 열렸다. 단 시행일은 2021년 7월 6일이다.

3. 관련 법령

「일반노조법」 제2조(정의) 4. "노동조합"이라 함은 근로자가 주체가 되어 자주적으로 단결하여 근로조건의 유지·개선 기타 근로자의 경제적·사회적 지위의 향상을 도모함을 목적으로

조직하는 단체 또는 그 연합단체를 말한다.

「일반노조법」 제5조(노동조합의 조직·가입) 근로자는 자유로이 노동조합을 조직하거나 이에 가입할 수 있다. 다만, 공무원과 교원에 대하여는 따로 법률로 정한다.

「일반노조법」 제10조(설립의 신고) ① 노동조합을 설립하고자 하는 자는 다음 각호의 사항을 기재한 신고서에 제11조의 규정에 의한 규약을 첨부하여 연합단체인 노동조합과 2이상의 특별시·광역시·특별자치시·도·특별자치도에 걸치는 단위노동조합은 고용노동부 장관에게, 2이상의 시·군·구(자치구를 말한다)에 걸치는 단위노동조합은 특별시장·광역시장·도지사에게, 그 외의 노동조합은 특별자치시장·특별자치도지사·시장·군수·구청장(자치구의 구청장을 말한다. 이하 제12조 제1항에서 같다)에게 제출하여야 한다.

「일반노조법」 제12조(신고증의 교부) ③ 행정관청은 설립하고자 하는 노동조합이 다음 각호의 1에 해당하는 경우에는 설립신고서를 반려하여야 한다.
    1. 제2조 제4호 각목의 1에 해당하는 경우
    2. 제2항의 규정에 의하여 보완을 요구하였음에도 불구하고 그 기간 내에 보완을 하지 아니하는 경우
  ④ 노동조합이 신고증을 교부받은 경우에는 설립신고서가 접수된 때에 설립된 것으로 본다.

「일반노조법」 시행령 제7조(산하조직의 신고) 근로조건의 결정권이 있는 독립된 사업 또는 사업장에 조직된 노동단체는 지부·분회 등 명칭 여하에 불구하고 법 제10조 제1항의 규정에 의한 노동조합의 설립 신고를 할 수 있다.

「일반노조법」 시행령 제9조(설립신고서의 보완요구 등) ① 고용노동부장관, 특별시장·광역시장·도지사·특별자치도지사·시장·군수 또는 자치구의 구청장(이하 '행정관청'이라 한다)는 법 제12조 제2항의 규정에 따라 노동조합의 설립 신고가 다음 각 호의 어느 하나에 해당하는 경우에는 보완을 요구하여야 한다.

  1. 설립신고서에 규약이 첨부되어 있지 아니하거나 설립신고서 또는 규약의 기재사항 중 누락 또는 허위사실이 있는 경우
  2. 임원의 선거 또는 규약의 제정 절차가 법 제16조 제2항 내지 제4항 또는 법 제23조 제1항의 규정에 위반되는 경우

② 노동조합이 설립신고증을 교부 받은 후 법 제12조 제3항 제1호에 해당하는 설립신고서의 반려 사유가 발생한 경우에는 행정관청은 30일의 기간을 정하여 시정을 요구하고 그 기간 내에 이를 이행하지 아니하는 경우에는 당해 노동조합에 대하여 이 법에 의한 노동조합으로 보지 아니함을 통보하여야 한다.

③ 행정관청은 노동조합에 설립신고증을 교부하거나 제2항의 규정에 의한 통보를 한 때에는 지체 없이 그 사실을 관할 노동위원회와 당해 사업 또는 사업장의 사용자나 사용자 단체에 통보하여야 한다.

「교원노조법」 시행령 제2조(산하조직의 신고) 교원의 노동조합(이하 "노동조합"이라 한다)의 지부·분회 등 산하조직은 그 명칭 여하를 불문하고 다음 각 호의 구분에 따라 「교원의 노동조

합 설립 및 운영 등에 관한 법률」(이하 "법"이라 한다) 제4조에 따른 노동조합의 설립신고를 할 수 있다.
1. 법 제4조 제1항에 따른 노동조합 중 둘 이상의 특별시·광역시·특별자치시·도·특별자치도(이하 "시·도"라 한다)에 걸치는 노동조합: 시·도 단위로 설립신고
2. 법 제4조 제2항에 따른 노동조합 중 둘 이상의 시·도에 걸치는 노동조합: 개별학교 단위 또는 시·도 단위로 설립신고
3. 법 제4조 제2항에 따른 노동조합 중 하나의 시·도 단위로 설립된 노동조합: 개별학교 단위로 설립신고

4. 입법 취지와 쟁점

제4조 제1항은 초·중등 교원의 임용권이 시·도 교육감에 있고, 임금과 근무조건 등이 법령과 예산에 의해 결정되고 있다는 점, 그리고 유치원 역시 국가와 지자체의 교육비특별회계 전입금 및 보조금·지원금을 받는다는 점을 고려한 것이며, 한편으로는 학교 단위 설립에 따른 현장에서의 갈등 요인과 관리상의 어려움을 줄이기 위한 것으로 생각된다.

2020년 6월에 신설된 제2항은 대학의 교수노조는 유아, 초·중등교원과 달리 개별대학 단위, 시·도 단위, 전국단위 노동조합 설립이 모두 허용함으로써 대학별 특성을 반영한 노동조합 설립을 인정하였다. 이는 한편으로는 전국단위의 산별노조 설립을 어렵게 하는 요인으로도 작용한다.

제3항은 일반 노동조합은 사업장의 분포에 따라서 ① 연합단체나 사업장이 2개 이상의 시·도에 있는 노동조합은 고용노동부 장관에게, ② 사업장이 2개 이상의 시·군·구에 있는 노동조합은 특별·광역시장과 도지사에게, ③ 사업장이 1개인 노동조합은 해당 지역 단체장에게 각각 설립신고서를 내야 하지만, 교원노조 설립신고서 제출은 고용노동부장관으로 일원화한다는 내용이다. 국회의 법률안 검토보고서에서는 교원노조에 대한 행정 전문성과 일관성을 위한 조치라고 밝히고 있지만,[25] 대학단위·지역단위·전국단위 설립을 다 허용하여 교수노조의 결속력을 약화시키되, 통제는 고용노동부에서 일괄적으로 하겠다는 의지의 표현으로 보인다.

교수노조 설립 단위에 관한 각 대학의 입장은 서로 다르다. 대학 자체로 노동조합을 설립하고 운영할 수 있는 대학, 즉 교수협의회가 잘 조직되고 운영되는 대규모 대학에서는 대체로 개별 단위 설립을 선호하고 있다. 반면 소규모 대학, 교수협의회 운영이 활발하지 못하거나 법인의 압력이 우려되는 대학은 전국단위의 노동조합의 지회를 선호한다. 전국단위 교수노조의 지회는 독립된 노동조합이 아니기 때문에 전국단위 교수노조의 위임을 받은 범위 내에서 단체교섭을 진행할 수 있다.

노동조합은 "노동자가 주체가 되어 자주적으로 단결하여 조직하는 단체"이다. 따라서 노동조합의 설립 단위는 각기 장단점이 있지만, 조합원의 자유로운 의지와 선택에 따라 결정되는 것이

---

[25] 국회환경노동위원회, 『교원의 노동조합 설립 및 운영 등에 관한 법률안 검토보고서』, 1998, 4(박재윤, 2007, 74에서 재인용).

마땅하며,「교원노조법」이 이런 선택권을 보장하는 방향으로 개정된 것은 긍정적으로 평가할 수 있다.

|제7절| 노동조합 전임자의 지위(제5조)

1. 조문

제5조(노동조합 전임자의 지위) ① 교원은 임용권자의 허가가 있는 경우에는 노동조합의 업무에만 종사할 수 있다.

② 제1항에 따라 허가를 받아 노동조합의 업무에만 종사하는 사람(이하 "전임자專任者"라 한다)은 그 기간 중 「교육공무원법」 제44조[26] 및 「사립학교법」 제59조[27]에 따른 휴직 명령을 받은 것으로 본다.

③ 전임자는 그 전임기간 중 봉급을 받지 못한다.

④ 전임자는 그 전임기간 중 전임자임을 이유로 승급 또는 그 밖의 신분상의 불이익을 받지 아니한다.

---

[26] 제44조(휴직) ① 교육공무원이 다음 각 호의 어느 하나에 해당하는 사유로 휴직을 원하면 임용권자는 휴직을 명할 수 있다.
    11. 「교원의 노동조합 설립 및 운영 등에 관한 법률」 제5조에 따라 노동조합 전임자로 종사하게 된 경우

[27] 제59조(휴직의 사유) ① 사립학교의 교원이 다음 각 호의 어느 하나에 해당하는 사유로 휴직을 원하는 경우에는 당해 교원의 임용권자는 휴직을 명할 수 있다.
    11. 「교원의 노동조합 설립 및 운영 등에 관한 법률」 제5조의 규정에 의하여 노동조합 전임자로 종사하게 된 때

2. 조문 해석

① 교원 가운데 노동조합 업무에만 종사하는 전임자가 되려면 임용권자의 허가를 받아야만 한다. 사립대학 교수의 임용권자는 법인 이사장이므로 이사장의 허가를 받아야만 전임자가 될 수 있다.

② 법인 이사장의 허가를 받아 전임자가 되면 전임자로서 일하는 기간은 휴직 명령을 받은 것으로 간주한다. 이는 「교육공무원법」 제44조 제1항의11, 「사립학교법」 제59조 제11항의11 규정에 근거한 것이다.

③ 노동조합 전임자가 되면 전임자로 일하는 기간은 무급 휴직으로 간주되어 월급을 받을 수 없다.

④ 노동조합 전임자로 활동하였다는 이유로 승급을 비롯한 신분상의 불이익을 주어서는 안 된다.

3. 관련 법령

「일반노조법」 제24조(노동조합의 전임자) ① 근로자는 단체협약으로 정하거나 사용자의 동의가 있는 경우에는 근로계약 소정의 근로를 제공하지 아니하고 노동조합의 업무에만 종사할 수 있다.

② 제1항의 규정에 의하여 노동조합의 업무에만 종사하는 자(이하 "전임자專任者"라 한다)는 그 전임기간 동안 사용자로부터 어떠한 급여도 지급받아서는 아니 된다.

③ 사용자는 전임자의 정당한 노동조합 활동을 제한하여서는

아니 된다.

④ 제2항에도 불구하고 단체협약으로 정하거나 사용자가 동의하는 경우에는 사업 또는 사업장별로 조합원 수 등을 고려하여 제24조의2에 따라 결정된 근로시간면제 한도(이하 "근로시간면제 한도"라 한다)를 초과하지 아니하는 범위에서 근로자는 임금의 손실 없이 사용자와의 협의·교섭, 고충처리, 산업안전 활동 등 이 법 또는 다른 법률에서 정하는 업무와 건전한 노사관계 발전을 위한 노동조합의 유지·관리업무를 할 수 있다.

⑤ 노동조합은 제2항과 제4항을 위반하는 급여지급을 요구하고 이를 관철할 목적으로 쟁의행위를 하여서는 아니 된다.

「교육공무원법」 제44조(휴직) ① 교육공무원이 다음 각 호의 어느 하나에 해당하는 사유로 휴직을 원하면 임용권자는 휴직을 명할 수 있다. 다만, 제1호부터 제4호까지 및 제11호의 경우에는 본인의 의사와 관계없이 휴직을 명하여야 하고, 제7호, 제7호의2 및 제7호의3의 경우에는 본인이 원하면 휴직을 명하여야 한다.

  11. 「교원의 노동조합 설립 및 운영 등에 관한 법률」 제5조에 따라 노동조합 전임자로 종사하게 된 경우

「사립학교법」 제59조(휴직의 사유) ① 사립학교의 교원이 다음 각 호의 어느 하나에 해당하는 사유로 휴직을 원하는 경우에는 당해 교원의 임용권자는 휴직을 명할 수 있다. 다만, 제1호 내지 제4호 및 제11호의 경우에는 본인의 의사에 불구하고 휴직을 명하여야 하고, 제7호 및 제7호의2의 경우에는 본인이 원하는 경우 휴직을 명하여야 한다.

11. 「교원의 노동조합 설립 및 운영 등에 관한 법률」 제5조에 따라 노동조합 전임자로 종사하게 된 때

4. 입법 취지와 쟁점

노조 전임자제도는 기업별 노동조합 중심인 우리나라와 일본에서만 관행적으로 채택하고 있는 고유의 제도이며, 산업별·직종별 노조가 일반적인 서구에서는 찾아보기 힘든 제도이다.

서구의 전국단위 산업노조 체제에서는 사업장 내부 문제는 노사협의회에서 자체 해결하고, 전국적인 문제만 노동조합이 해결하는 것이 상례이다. 따라서 서구에서는 노조 전임자가 사용자측과 단체협약을 체결하더라도 그것은 어디까지나 산업별 노동조합 전체 조합원을 대표해서 체결하는 것이지, 특정 사업장 노동조합을 대표하는 것은 아니다.

그래서 노조 전임자로는 전국적인 범위에서 해당 직종의 문제를 잘 파악하고 있는 전문가, 또 오랫동안 노동조합 활동을 하여 경험이 풍부한 전문가를 노동조합이 전임자로 고용하여 단체교섭을 맡기는 것이 일반적이다. 이것은 전문성을 갖춘 노조 전임자가 단체협상을 하는 것이 조합원의 이익 달성에 더 효과적이며, 한편으로는 특정 기업에 속해 있지 않아 제3자로서의 객관적 시각을 견지하기 쉽고, 오래 노동운동에 종사했던 선배의 입장에서 합리적인 중재를 하기에 유리한 입장에 설 수 있기 때문이다.

노동조합으로서도 전국단위가 되면 임금을 지급할 수 있는

여력이 있고, 우리와 달리 퇴임자에게도 조합원 및 임원 자격을 부여하므로 연금 수령자를 전임자로 뽑으면 임금의 일부만 추가해 주면 되므로 경제적 부담이 적다는 점이 긍정적으로 작용한다. 따라서 우리나라처럼 노조 간부가 전임자가 되거나 임기를 마치고 원래의 일터로 복귀하는 경우는 거의 없다(이상 박재윤, 2007, 89).

하지만 기업별 노동조합 중심인 우리나라에서는 사용자도 노동자 관리 업무의 일부를 대행해 줄 사람이 필요하고 노동조합으로서도 자신들의 대표를 맡은 사람이 필요하여 노동조합 전임자를 두는 관행이 자연스럽게 형성되었다. 하지만 전임자가 증가하고 임금 지급의 부담이 커졌고, 복수노조가 출현하여 노사관계가 변화하자 사용자의 동의, 또는 단체협약으로 노조 전임자를 둘 수는 있지만, 임금 지급은 금지하는 것으로 「일반노조법」이 개정되었다(1997.3).

그러나 전임자 임금 지급 금지 규정이 노동조합의 활동을 위축시킨다는 지적이 제기되자, 사용자의 급여지급을 원칙적으로 금지하되 일정 시간 내에서 전임자의 노조 활동을 보장해주는 근로시간면제Time-off제도를 절충안으로 도입하였다(2010.7).

이에 대하여 헌법재판소는 노조 전임자제도는 안정적인 노사관계의 형성과 유지를 위한 노사 관행의 일부로 순기능을 고려하여 근로시간 면제 제도를 도입한 것이라며 제도의 합헌성을 인정해주었다(2010헌마606, 2014.5.29.). 대법원 역시 헌법재판소 결정에 대하여 다음과 같이 긍정적으로 판결하였다.

위 규정은 노동조합이 사용자에게 경제적으로 의존하는 것을 막고 노동조합의 자주성을 확보하기 위하여 노조 전임자 급여 지원 행위를 금지하는 대신, 사용자의 노무관리업무를 대행하는 노조 전임자 제도의 순기능도 고려하여 일정한 한도 내에서 근로시간면제 방식으로 노동조합 활동을 계속 보장하기 위한 것이다 (헌법재판소의 2010헌마606에 대한 대법원 2018.4.26. 선고 2012다8239 판결).

5. 눈속임 개정과 차별의 문제

1997년 당시 노사정위원회는 복수노조 허용과 전임자 임금 지급 금지조항 신설을 연동하는 노동법 개정에 합의하면서, 이 두 규정을 3년간 유예하되, 새로 제정하는 「교원노조법」에만 이를 우선 적용하기로 하였다. 그리고 2005년에 「공무원노조법」을 제정하면서 「교원노조법」을 준용하여 복수노조 허용과 전임자 임금 지급 금지조항을 같이 적용하였다.

그러나 「일반노조법」에 대한 위 조항의 적용은 3년씩 3차례 유예되다가 결국 2010년 1월 개정 때 삭제되는 대신 '근로시간면제' 제도가 도입되었다. 그렇다면 똑같이 적용하기로 하되 우선 적용대상이 된 「교원노조법」은 물론 그것을 준용한 「공무원노조법」도 신설된 근로시간면제제도를 적용하는 것이 상식적인 조치였다.

그런데 국회는 어려운 법률 용어를 쉬운 우리말로 풀어쓰는 개정이 필요하다며 「교원노조법」과 「공무원노조법」을 개정하면서 두 법에만 전임자 임금 지급 금지조항 삭제와 근로시간면제제도 도입을 하지 않는다는 적용배제 조항을 슬쩍 끼워 넣어 버렸다(2010.3.17). 당시 공개된 개정 사유에는 근로시간면제제도의 도입을 배제한다는 언급이 전혀 없었으며, 배제에 관한 어떤 사회적 합의도 거치지 않고 단지 법률 용어의 한글화를 내세워 눈속임 개정을 한 것이다.

이런 눈속임 개정은 국회가 절대 해서는 안 될 일을 한 것이어서 도덕적으로 비난받아야 마땅하며, 그 내용에서도 다음과 같은 문제점을 지니고 있다.

① 명백한 헌법상 차별에 해당한다.
  (1) 교원과 공무원은 국민 전체에 대한 봉사자라는 점에 근거하여 기본권인 노동권을 법률로 유보하였다. 그 구체적인 내용은 바로 단체교섭권 제한과 단체행동권 금지이다.
  (2) 하지만 전임자 임금 지급 금지와 근로시간면제제도까지 단체교섭권 제한과 단체행동권 금지의 범주에 속한다는 합리적 근거는 어디에도 없다.
  (3) 일반노조의 전임자와 교원·공무원노조 전임자의 업무가 다르지 않은데도 차등하는 것은 명백한 헌법상 차별에 해당한다.
② 부당한 임금 전가에 해당한다.
  (1) 헌법재판소와 대법원 모두 노조 전임자에 대한 근로시간면제의 합당한 사유로 사용자의 노무관리업무 일부를 대행한다는 점을 들었다,
  (2) 따라서 전임자 임금 전액을 노동조합에 부담시키는 것은 사용자가 부담해야 할 임금의 일부를 노동조합에 무단하게 전가하는 부당한 결과를 초래한다.
③ ILO협약 비준 취지 위배에 해당한다.
  (1) ILO는 1998년부터 최근까지 노조 전임자에 대한 사용자의 급여지급 사항은 입법적 개입 대상이 아니고 노사의 교섭 대상이라고 여러 차례 밝혔다.
  (2) ILO 협약 제135호: 노동자 대표에게 적절한 편의를 제공하

　　　　여야 한다.
　　(3) ILO 권고 143호: "노동자 대표로서의 기능을 수행할 수 있도록 임금이나 사회적 또는 부가적 급여의 손실 없이 근로 제공 의무를 면하고 필요한 시간이 제공되어야 한다."
　　(4) ILO 결사의자유위원회 권고: '노조 전임자에 대한 사용자의 임금 지급을 금지하는 것은 입법적 관여 대상이 아니기 때문에 「노동조합법」 제24조 2항은 삭제되어야 한다.'
④ 노동조합 권리에 대한 과잉 금지에 해당한다.
　　(1) 정부는 ILO의 권고를 수용하여 「일반노동법」에서 전임자 임금 지급 금지조항을 폐지하고, 2010년부터 신설된 근로시간면제제도는 그대로 존치하였다.
　　(2) 그런데 유독 교원노조와 공무원노조에 대해서만, 전임자 임금 지급 금지조항과 근로시간면제제도 적용배제 조항을 그대로 존치하였다.
　　(3) 이는 전임자 임금 지급 금지 규정의 폐지를 권고한 ILO협약 비준 취지와 어긋나는 것으로서 노조 활동에 대한 정부의 과도한 개입이며, 노조 권리에 대한 과잉 금지이다 (이상 이장원, 2020, 발표문).

　그 밖에도 전임자가 되는 조건으로 「일반노조법」에서는 사용자의 동의나 단체협약으로 정할 수 있게 하였으나, 「교원노조법」에서는 임용권자의 허가사항으로 하였다. 또 사학법인에서 전임자를 허가하더라도 다시 전국단위 교원노조의 전임자는 교육부의 「교원노조 전임자 허가지침」에 의거, 교육부장관으로부터 전임자의 수, 전임 기간 등의 허가를 다시 받아야 하는데, 이 지침에도 전임자의 자격 등 전임자 활동을 제약하기 위한 많은 독소조항이 들어 있다.
　더욱 문제가 되는 것은 정부가 「결사의 자유에 관한 협약」 비준 추진 위해 「일반노조법」 개정안을 국회에 제출하면서도(202

0.6.30). 「공무원노조법」과 「교원노조법」의 전임자 임금 지급 금지 규정을 계속 존치시키고, 근로시간면제제도는 배제한다는 기존의 입장을 고수하고 있다는 점이다.

교수들은 타 직업과 비교하여 볼 때 교육과 연구를 중단하고 노조 전임자로 활동하다가 다시 평교수로 돌아가 교육과 연구에 집중하기가 쉽지 않다. 게다가 현행 「교원노조법」은 전임자에 대한 제약이 「일반노조법」보다 훨씬 엄격하다. ILO에서 권고한 것처럼 굳이 법률로 정할 필요가 없는 단체협약 사항을 무리하면서까지 교원노조에 불이익을 주려는 입장을 고수하고 있는 것은 헌법상의 차별이며 불공정한 처사이다. 따라서 전임자 자격 취득, 근로시간 면제 등에 대해 ILO 수준은 못되더라도 최소한 「일반노조법」 수준의 개정이 매우 시급하다.

|제8절| 교섭 및 체결 권한 등(제6조)

1. 조문

1) 개정 전 조문
제6조(교섭 및 체결 권한 등) ① 노동조합의 대표자는 그 노동조합 또는 조합원의 임금, 근무 조건, 후생복지 등 경제적·사회적 지위 향상에 관하여 교육부장관, 시·도 교육감 또는 사립학교 설립·경영자와 교섭하고 단체협약을 체결할 권한을 가진다. 이 경우 사립학교는 사립학교 설립·경영자가 전국 또는 시·도 단위로 연합하여 교섭에 응하여야 한다.
② 제1항의 경우에 노동조합의 교섭위원은 해당 노동조합의 대표자와 그 조합원으로 구성하여야 한다.
③ 조직대상을 같이하는 둘 이상의 노동조합이 설립되어 있는 경우에 노동조합은 교섭창구를 단일화하여 단체교섭을 요구하여야 한다. → 일부 제⑥항으로 변경
④ 제1항에 따른 단체교섭을 하거나 단체협약을 체결하는 경우에 관계 당사자는 국민 여론과 학부모의 의견을 수렴하여 성실하게 교섭하고 단체협약을 체결하여야 하며, 그 권한을 남용하여서는 아니 된다. → 제⑧항으로 변경
⑤ 제1항에 따른 단체교섭의 절차 등에 관하여 필요한 사항은

대통령령으로 ~~정한다.~~ → 일부 제⑨항으로 변경

2) 개정 후 현 조문
제6조(교섭 및 체결 권한 등) ① 노동조합의 대표자는 그 노동조합 또는 조합원의 임금, 근무 조건, 후생복지 등 경제적·사회적 지위 향상에 관하여 <u>다음 각 호의 구분에 따른 자와 교섭하고 단체협약을 체결할 권한을 가진다.</u>
   1. <u>제4조 제1항에 따른 노동조합의 대표자의 경우: 교육부장관, 시·도 교육감 또는 사립학교 설립·경영자. 이 경우 사립학교 설립·경영자는 전국 또는 시·도 단위로 연합하여 교섭에 응하여야 한다.</u>
   2. <u>제4조 제2항에 따른 노동조합의 대표자의 경우: 교육부장관, 특별시장·광역시장·특별자치시장·도지사·특별자치도지사(이하 "시·도지사"라 한다), 국·공립학교의 장 또는 사립학교 설립·경영자</u>
② 제1항의 경우에 노동조합의 교섭위원은 해당 노동조합의 대표자와 그 조합원으로 구성하여야 한다.
③ <삭제>
④ <u>노동조합의 대표자는 제1항에 따라 교육부장관, 시·도지사, 시·도 교육감, 국·공립학교의 장 또는 사립학교 설립·경영자와 단체교섭을 하려는 경우에는 교섭하려는 사항에 대하여 권한을 가진 자에게 서면으로 교섭을 요구하여야 한다.</u>
⑤ <u>교육부장관, 시·도지사, 시·도 교육감, 국·공립학교의 장 또는 사립학교 설립·경영자는 제4항에 따라 노동조합으로부터 교섭을 요구받았을 때에는 교섭을 요구받은 사실을</u>

공고하여 관련된 노동조합이 교섭에 참여할 수 있도록 하여야 한다.

⑥ 교육부장관, 시·도지사, 시·도 교육감, 국·공립학교의 장 또는 사립학교 설립·경영자는 제4항과 제5항에 따라 교섭을 요구하는 노동조합이 둘 이상인 경우에는 해당 노동조합에 교섭창구를 단일화하도록 요청할 수 있다. 이 경우 교섭창구가 단일화된 때에는 교섭에 응하여야 한다.

⑦ 교육부장관, 시·도지사, 시·도 교육감, 국·공립학교의 장 또는 사립학교 설립·경영자는 제1항부터 제6항까지에 따라 노동조합과 단체협약을 체결한 경우 그 유효기간 중에는 그 단체협약의 체결에 참여하지 아니한 노동조합이 교섭을 요구하여도 이를 거부할 수 있다.

⑧ 제1항에 따른 단체교섭을 하거나 단체협약을 체결하는 경우에 관계 당사자는 국민여론과 학부모의 의견을 수렴하여 성실하게 교섭하고 단체협약을 체결하여야 하며, 그 권한을 남용하여서는 아니 된다.

⑨ 제1항, 제2항 및 제4항부터 제8항까지에 따른 단체교섭의 절차 등에 관하여 필요한 사항은 대통령령28)으로 정한다.

---

28) 제3조(교섭절차) ① 노동조합의 대표자는 법 제6조 제1항에 따라 상대방(사립학교를 설립·경영하는 자의 경우 이들을 구성원으로 하는 단체가 있을 때에는 그 단체의 대표자를 말한다. 이하 이 항에서 같다)과 단체교섭을 하려는 경우에는 교섭 시작 예정일 30일 전까지 상대방에게 서면으로 알려야 한다.

② 사립학교를 설립·경영하는 자는 제1항에 따라 교섭 통보를 받았을 때에는 전국 또는 시·도 단위로 교섭단을 구성하여야 한다.

③ 제1항에 따라 교섭 통보가 있는 경우 노동관계 당사자는 그 소속원 중에서 지명한 사람으로 하여금 교섭 시작 예정일 전까지 교섭 내용, 교섭위원

2. 조문 해석

① 노동조합 대표자는 임금·근무 조건·후생복지 등 노동조합과 조합원의 경제적·사회적 지위 향상을 위하여 다음 구분에 따라 교섭하고 단체협약을 체결할 권한을 가진다.

(1) 제4조 제1항(즉 제2조 제1호·제2호에 따른 교원)[29]에 근거한 유·초·중등교원 노동조합 대표자는 교육부장관, 시·도 교육감 또는 사립학교 설립·경영자와 교섭하고 단체협약을 체결한다. 유·초·중등교원 노동조합은 시·도 단위 또는 전국단위로만 노동조합을 설립할 수 있으므로 사립학교 설립·경영자도 시·도 단위 또는 전국단위로 연합하여 교섭에 응하여야 한다.

(2) 제4조 제2항(즉 제2조 제3호에 따른 교원)[30]에 근거한 대

수, 교섭 일시 및 장소, 그 밖에 교섭에 필요한 사항에 관하여 협의를 하도록 한다.

④ 노동관계 당사자는 교섭 시작 예정일 전까지 교섭위원을 선임하여야 한다.

제4조(국민여론 등 의견수렴) ① 노동관계 당사자는 법 제6조 제4항에 따라 국민여론 및 학부모의 의견을 수렴할 때에는 여론조사를 하거나 공청회 등을 개최할 수 있다.

② 제1항에 따른 여론조사 및 공청회 개최 등은 노동관계 당사자가 공동으로 실시할 수 있다.

29) 제2조(정의)
    1.「유아교육법」제20조 제1항에 따른 교원
    2.「초·중등교육법」제19조 제1항에 따른 교원
30) 제2조(정의)
    3.「고등교육법」제14조 제2항 및 제4항에 따른 교원. 다만, 강사는 제외한다.

학교원 노동조합 대표자는 교육부장관, 시·도지사 또는 사립학교 설립·경영자와 교섭하고 단체협약을 체결한다.
  (3) 사립대학 교수노조의 경우 시·도 단위 또는 전국 단위로 노동조합을 설립할 수 있고, 그 대학교원 노동조합 대표자가 해당 지회의 대학 설립·경영자와 교섭하고 단체협약을 체결할 수 있다. 한다. 해당 대학 설립·경영자는 연합하여 교섭에 응하여야 한다.
② 단체교섭에 참여하는 노동조합 교섭위원은 해당 노동조합의 대표자와 그 조합원으로 구성하여야 한다. 조합원 외에는 교섭위원이 될 수 없다.
  (1) 이는 단체교섭에 변호사·노무사 등 외부인의 도움을 받을 수 없도록 하여 교원노조의 협상력을 약화시키려는 조항이라고 할 수 있다. 따라서 교원노조의 교섭팀은 만반의 준비를 한 뒤 교섭에 임해야 한다.
  (2) 마찬가지로 사립학교 설립·경영자 측도 변호사·노무사 등 외부인의 도움을 받을 수 없다.
  (3) 단 단체협약에 따라서 배석자에 변호사·노무사 등을 참석시킬 수도 있다.
③ <삭제> → 제⑥항으로 변경
④ 노동조합 대표자는 단체교섭을 하려면 교섭하려는 사항을 구체적으로 적시한 서면(「단체교섭요구서」)을 작성하여 교섭상대자(사립학교 설립·경영자, 즉 법인 이사장)에게 보내야 한다(상세한 내용은 제4장 제5절 참조).
⑤ 교섭을 요구받은 교섭 대응 의무자는 복수 노조가 있을 경

우 교섭을 요구받은 사실을 공고하여 관련된 다른 노동조합도 교섭에 참여할 수 있도록 하여야 한다.
⑥ 교섭을 요구받은 교섭 대응 의무자는 교섭을 요구하는 노동조합이 둘 이상이면 해당 노동조합에 교섭창구를 단일화하도록 요청할 수 있다. 교섭창구 단일화 요청이 받아들여져 교섭창구가 단일화되면 교섭 대응 의무자는 교섭에 응하여야 한다. 이는 한편으로는 교섭창구 단일화가 이루어지지 않으면 교섭에 응하지 않아도 된다는 말로 해석할 수도 있다(이 조항은 부칙 제2조에 의하여 2010년 1월 1일부터 실효되었으나 2010년 3월, 전면 개정을 통하여 회복되었다).
⑦ 교섭을 요구받은 교섭 대응 의무자가 제1항부터 제6항까지의 법규에 따라 노동조합과 단체협약을 체결하면 단체협약 유효기간 중에는 그 단체협약 체결에 참여하지 아니한 노동조합이 교섭을 요구하여도 이를 거부할 수 있다. 따라서 단체협상에 참여하려는 노조는 제⑤항의 공고 기간에 「단체교섭요구서」을 작성하고 제출하여 교섭 참여 의사를 밝히고 참여하여야만 한다.
⑧ 단체교섭을 진행하거나 단체협약을 체결할 때는 국민 여론과 학부모의 의견을 수렴하여 그들의 교육권을 존중하고 신의 성실의 원칙에 따라 교섭에 임하고, 단체협약을 체결하여야 한다. 교원노조의 권한을 남용해서는 안 된다.
⑨ 이상의 규정에 따라 진행될 단체교섭의 절차 등에 관한 구체적인 사항은 대통령령으로 정한다. 대통령령으로 정한 내용은 다음과 같다.
　(1) 단체교섭을 하려면 노동조합 대표자는 교섭 대응 의무

자에게 교섭 시작 예정일 30일 전까지 서면으로 알려야 한다.
(2) 유·초·중등 사립학교를 설립·경영하는 자는 교섭 통보를 받으면 시·도 또는 전국 단위로 교섭단을 구성하여야 한다.
(3) 교섭 통보가 있으면 노사는 그 소속원 가운데 특정인을 지명하여 교섭 시작 예정일 전까지 교섭 내용, 교섭위원 수, 교섭 일시 및 장소, 그 밖에 교섭에 필요한 사항에 관하여 조합원을 지명하며 교섭 내용·일시·장소 등에 관하여 예비교섭을 하도록 한다.
(4) 노사 당사자는 교섭 시작 예정일 전까지 교섭위원을 선임하여야 한다.
(5) 노사 당사자는 공동으로 여론조사나 공청회 등을 통해 국민 여론 및 학부모의 의견을 수렴할 수 있다.

3. 관련 법령

「헌법」제33조 ① 근로자는 근로조건의 향상을 위하여 자주적인 단결권·단체교섭권 및 단체행동권을 가진다.
② 공무원인 근로자는 법률이 정하는 자에 한하여 단결권·단체교섭권 및 단체행동권을 가진다.
「민법」제2조(신의성실) ① 권리의 행사와 의무의 이행은 신의에 좇아 성실히 하여야 한다.
② 권리는 남용하지 못한다.

「일반노조법」 제29조(교섭 및 체결권한) ① 노동조합의 대표자는 그 노동조합 또는 조합원을 위하여 사용자나 사용자단체와 교섭하고 단체협약을 체결할 권한을 가진다.

「일반노조법」 제29조의2(교섭창구 단일화 절차) ① 하나의 사업 또는 사업장에서 조직 형태에 관계없이 근로자가 설립하거나 가입한 노동조합이 2개 이상인 경우 노동조합은 교섭대표노동조합(2개 이상의 노동조합 조합원을 구성원으로 하는 교섭대표기구를 포함한다. 이하 같다)을 정하여 교섭을 요구하여야 한다. 다만, 제2항에 따라 교섭대표노동조합을 자율적으로 결정하는 기한 내에 사용자가 이 조에서 정하는 교섭창구 단일화 절차를 거치지 아니하기로 동의한 경우에는 그러하지 아니하다.

② 교섭대표노동조합 결정 절차(이하 "교섭창구 단일화 절차"라 한다)에 참여한 모든 노동조합은 대통령령으로 정하는 기한 내에 자율적으로 교섭대표노동조합을 정한다.

③ 제2항에 따른 기한내에 교섭대표노동조합을 정하지 못하고 제1항 단서에 따른 사용자의 동의를 얻지 못한 경우에는 교섭창구 단일화 절차에 참여한 노동조합의 전체 조합원 과반수로 조직된 노동조합(2개 이상의 노동조합이 위임 또는 연합 등의 방법으로 교섭창구 단일화 절차에 참여한 노동조합 전체 조합원의 과반수가 되는 경우를 포함한다)이 교섭대표노동조합이 된다.

④ 제2항과 제3항에 따라 교섭대표노동조합을 결정하지 못한 경우에는 교섭창구 단일화 절차에 참여한 모든 노동조합은 공동으로 교섭대표단(이하 이 조에서 "공동교섭대표단"이라 한다)을 구성하여 사용자와 교섭하여야 한다. 이때 공동교섭대표단에 참여할 수 있는 노동조합은 그 조합원 수가 교섭창구 단

일화 절차에 참여한 노동조합의 전체 조합원 100분의 10 이상인 노동조합으로 한다.

⑤ 제4항에 따른 공동교섭대표단의 구성에 합의하지 못할 경우에 노동위원회는 해당 노동조합의 신청에 따라 조합원 비율을 고려하여 이를 결정할 수 있다.

⑥ 제1항부터 제4항까지의 규정에 따른 교섭대표노동조합을 결정함에 있어 교섭요구 사실, 조합원 수 등에 대한 이의가 있는 때에는 노동위원회는 대통령령으로 정하는 바에 따라 노동조합의 신청을 받아 그 이의에 대한 결정을 할 수 있다.

⑧ 노동조합의 교섭요구·참여 방법, 교섭대표노동조합 결정을 위한 조합원 수 산정 기준 등 교섭창구 단일화 절차와 교섭비용 증가 방지 등에 관하여 필요한 사항은 대통령령으로 정한다.

「일반노조법」 제30조(교섭 등의 원칙) ① 노동조합과 사용자 또는 사용자 단체는 신의에 따라 성실히 교섭하고 단체협약을 체결하여야 하며 그 권한을 남용하여서는 아니 된다.

② 노동조합과 사용자 또는 사용자 단체는 정당한 이유 없이 교섭 또는 단체협약의 체결을 거부하거나 해태하여서는 아니 된다.

「일반노조법」 제31조(단체협약의 작성) ① 단체협약은 서면으로 작성하여 당사자 쌍방이 서명 또는 날인하여야 한다.

② 단체협약의 당사자는 단체협약의 체결일부터 15일 이내에 이를 행정관청에게 신고하여야 한다.

③ 행정관청은 단체협약 중 위법한 내용이 있는 경우에는 노동위원회의 의결을 얻어 그 시정을 명할 수 있다.

「교원노조법」 시행령 제3조(단체교섭 요구 및 절차 등) ① 노동조합의 대표자는 법 제6조 제1항 및 제4항에 따라 다음 각 호의 어느 하나에 해당하는 자(이하 이 조 및 제3조의2에서 "상대방"이라 한다)에게 단체교섭을 요구하려는 경우 노동조합의 명칭, 대표자의 성명, 주된 사무소의 소재지, 교섭 요구 사항 및 조합원 수(단체교섭을 요구하는 날을 기준으로 한다) 등을 적은 서면으로 알려야 한다.
  1. 교육부장관
  2. 특별시장·광역시장·특별자치시장·도지사·특별자치도지사(이하 "시·도지사"라 한다)
  3. 시·도 교육감
  4. 국·공립학교의 장
  5. 사립학교 설립·경영자(법 제6조 제1항 제1호에 따른 사립학교 설립·경영자의 경우 이들을 구성원으로 하는 단체가 있을 때에는 그 단체의 대표자를 말한다. 이하 같다)
② 제1항 제5호의 사립학교 설립·경영자는 법 제4조 제1항에 따른 노동조합의 대표자로부터 제1항에 따른 단체교섭을 요구받은 때에는 그 교섭이 시작되기 전까지 전국 또는 시·도 단위로 교섭단을 구성해야 한다.
③ 상대방은 제1항에 따른 단체교섭을 요구받은 때에는 법 제6조 제5항에 따라 관련된 노동조합이 알 수 있도록 지체 없이 자신의 인터넷 홈페이지 또는 게시판에 그 사실을 공고해야 한다.
④ 법 제6조 제5항에 따라 단체교섭에 참여하려는 관련된 노동조합은 제3항에 따른 공고일부터 7일 이내에 제1항에 따른

서면으로 상대방에게 교섭을 요구해야 한다.

⑤ 상대방은 제4항에 따른 교섭 요구 기한이 지나면 지체 없이 제1항 및 제4항에 따라 교섭을 요구한 노동조합(이하 "교섭노동조합"이라 한다)을 자신의 인터넷 홈페이지 또는 게시판에 공고하고, 교섭노동조합에 그 공고한 사항을 알려야 한다.

⑥ 교섭노동조합과 상대방(이하 "노동관계 당사자"라 한다)은 제5항에 따른 공고가 있는 경우(법 제6조 제6항에 따라 둘 이상의 노동조합이 교섭창구를 단일화하려는 경우에는 제3조의2에 따라 교섭위원의 선임이 완료된 경우를 말한다) 그 소속원 중에서 지명한 사람에게 교섭 내용, 교섭 일시·장소, 그 밖에 교섭에 필요한 사항에 관하여 협의하도록 하고, 교섭을 시작해야 한다.

⑦ 상대방은 제4항에 따른 교섭 요구 기간에 교섭 요구를 하지 않은 노동조합의 교섭 요구를 거부할 수 있다.

「교원노조법」 시행령 제3조의2(교섭위원의 선임) ① 교섭노동조합은 제3조 제5항에 따른 공고일부터 20일 이내에 법 제6조 제2항에 따른 노동조합의 교섭위원(이하 "교섭위원"이라 한다)을 선임하여 상대방에게 교섭노동조합의 대표자가 서명 또는 날인한 서면으로 그 사실을 알려야 한다. 이 경우 교섭노동조합이 법 제6조 제6항에 해당하면 교섭노동조합의 대표자가 연명으로 서명 또는 날인해야 한다.

② 교섭위원의 수는 교섭노동조합의 조직 규모 등을 고려하여 정하되, 10명 이내로 한다.

③ 제1항 및 제2항에 따라 교섭위원을 선임할 때 교섭노동조합이 둘 이상인 경우에는 상호 합의에 따라 교섭위원을 선임하되, 제1항 전단에 따른 기간에 자율적으로 합의하지 못했

을 때에는 교섭노동조합의 조합원 수에 비례(산출된 교섭위원 수의 소수점 이하의 수는 0으로 본다)하여 교섭위원을 선임한다. 이 경우 교섭노동조합은 전단에 따른 조합원 수를 확인하는 데 필요한 기준과 방법 등에 대하여 성실히 협의하고 필요한 자료를 제공하는 등 교섭위원의 선임을 위하여 적극 협조해야 한다.
④ 제3항에 따른 조합원 수에 비례한 교섭위원의 선임은 제1항 전단에 따른 기간이 끝난 날부터 20일 이내에 이루어져야 한다.
⑤ 교섭노동조합이 제3항에 따른 조합원 수의 산정과 관련하여 이견이 있는 경우 그 조합원의 수는 제3조 제5항에 따른 공고일 이전 1개월 동안 「전자금융거래법」제2조 제11호에 따른 전자지급수단의 방법으로 조합비를 납부한 조합원의 수로 하되, 둘 이상의 노동조합에 가입한 조합원에 대해서는 다음 각 호의 구분에 따른 방법으로 해당 조합원 1명에 대한 조합원 수를 산정한다. 이 경우 교섭노동조합은 임금에서 조합비를 공제한 명단을 상대방에게 요청할 수 있고, 상대방은 지체 없이 해당 교섭노동조합에 이를 제공해야 한다.
  1. 조합비를 납부하는 노동조합이 1개인 경우: 조합비를 납부하는 노동조합의 조합원 수에 숫자 1을 더한다.
  2. 조합비를 납부하는 노동조합이 둘 이상인 경우: 숫자 1을 조합비를 납부하는 노동조합의 수로 나눈 후에 그 산출된 숫자를 그 조합비를 납부하는 노동조합의 조합원 수에 각각 더한다.
⑥ 교섭노동조합은 제3항부터 제5항까지의 규정에도 불구하

고 조합원 수에 대하여 이견이 계속되거나 제4항에 따른 기간에 교섭위원을 선임하지 못한 경우 고용노동부장관 또는 노동조합의 주된 사무소의 소재지를 관할하는 지방고용노동관서의 장에게 조합원 수의 확인을 신청할 수 있다. 이 경우 고용노동부장관 또는 해당 지방고용노동관서의 장은 조합원 수의 확인을 위한 자료가 불충분하여 그 확인이 어려운 경우 등 특별한 사정이 없으면 신청일부터 10일 이내에 조합원 수를 확인하여 제3조 제5항에 따라 공고된 교섭노동조합에 알려야 한다.

「교원노조법」 시행령 제4조(국민여론 등 의견수렴) ① 노동관계 당사자는 법 제6조 제4항에 따라 국민 여론 및 학부모의 의견을 수렴할 때에는 여론조사를 하거나 공청회 등을 개최할 수 있다.
② 제1항에 따른 여론조사 및 공청회 개최 등은 노동관계 당사자가 공동으로 실시할 수 있다.

4. 입법 취지와 쟁점

「일반노조법」에서는 단체교섭의 대상을 적시하지 아니함은 물론이고 별도의 제한 규정이 없다. 따라서 조합원의 사회적·경제적 지위 향상에 관한 것은 모두 대상이 될 수 있다. 이는 가급적 노사가 자율적으로 교섭할 수 있도록 배려한 것이며, 현실적으로도 교섭대상의 다양성과 복잡성 때문에 명문화하는 것이 바람직하지 않기 때문이다. 따라서 단체협상의 대상이 되는지 여부는 개별 사안별로 법원 또는 노동위원회의 결정에 위임하고 있다(김진욱, 2014, 107~108).

반면 「교원노조법」은 제6조 제1항에서 임금·근무조건·후생복지 등에 관해서만 단체교섭을 진행할 수 있다고 명문화하였다. 임금·근무조건·후생복지가 조합원의 사회적·경제적 지위 향상에 관한 가장 대표적인 사안임이 분명하고, 별도의 '금지교섭사항'이나 '비교섭사항'을 적시하지 않아 일부 여지를 남겨두기는 했지만, 이렇게 단체교섭 대상을 적시함은 교육정책·교육과정·기관 운영 등은 교섭대상이 아님을 분명히 하기 위한 것으로 보인다.

초중등 교원의 경우 정부가 지원하는 임금 수준을 비롯하여 복무규정도 동일하다. 또 임금 등은 정부 예산에 따라서 결정되기 때문에 사실상 단체교섭 대상이라고는 하지만 교섭할 일이 별로 없다. 따라서 정작 단체교섭의 대상이 되어야 할 부분은 교육정책이나 교과과정 등인데, 법적으로 교섭대상이 되기 어려운 한계가 있다. 이처럼 결과적으로 「교원노조법」은 매우 제한적인 노사관계법이라고 할 수 있다.

그동안 사용자의 인사·경영권에 관한 사항은 교섭대상이 아니라는 것이 판례의 일관된 흐름이지만, 경영권에 관한 사항을 금지교섭사항으로까지 파악하지는 않았으며, 노동조건과 밀접하게 관련된 사안에 한해서는 예외를 인정하였다(김진욱, 2014, 113, 120~121). 정부의 고등교육정책은 대학의 전공·정원 등 구조조정과 밀접하게 관련되어 있고, 이는 교수의 노동조건에 직접적인 영향을 주고 있다. 따라서 교수노조는 적어도 교수의 노동조건과 밀접하게 관련된 교육정책은 단체협상의 대상이 되도록 요구해야 할 것이다.

제6조 제2항은 조합원 외에는 교섭위원이 될 수 없다며 제3자 위임을 금지하고 있는데, 이 또한 별도의 제한 규정이 없는 「일반노조법」과 다른 점이다. 제3자 개입을 차단하려는 조항인데, 교섭 현장에 변호사나 노무사 등 전문가의 조력을 받을 수 없게 할 경우, 단체협상의 경험이나 전문성이 취약한 교수노조의 협상력은 더욱 약화 될 가능성이 다분하다. 물론 법인연합회 측도 제3자의 도움을 받을 수 없으므로 단체협상에 이사장이 직접 협상장에 나와야 하는 부담을 같이 져야 한다. 반면 전국단위 협상의 경우, 법인연합회에서 단체협상을 위한 교섭팀을 구성하지 못해도 그에 대한 강제 규정이 없다는 점은 대단히 심각한 법적 결함이다.

제6조 제8항은 학생의 학습권을 보호하기 위한 규정으로서 단체교섭에 성실하게 임하여야 하며, 그 권한을 남용해서는 안 된다는 내용인데, 이는 「민법」 제2조(신의성실)의 조항을 그대로 옮긴 것이다. 신의·성실의 원칙은 공공성이나 사회성을 존중하는 데 목적을 둔 것인데,[31] 그 구체적인 내용과 판단은 사회 상식과 통념에 따라 변화될 수 있다.

헌법 제31조에서 천명한 교육을 받을 권리, 즉 교육권은 그 주체는 누구인가에 따라 단체교섭권의 향방이 갈리고, 그것이 다

---

[31] 「일반노조법」 제30조에서 규정한 성실 교섭 의무는 교섭 과정에서는 합의 가능성을 모색하기 위한 성실성을 뜻하며, 사측이 정당한 사유 없이 단체교섭을 거부하면 부당노동행위가 성립하며, 노동조합이 성실의무를 위반할 경우 별도의 제재는 가해지지 않으나 사측의 교섭 거부 정당성을 판별하는 기준이 된다(이희연, 2012, 20).

시 쟁의권과도 연결된다. 교육에 관한 모든 권리는 교육을 받을 수 있는 권리에서 시작하므로 학습권이 교육권의 핵심이라는 데 교육학자 대부분 의견이 일치한다. 또 자녀의 교육권을 보호해 줄 수 있도록 학부모의 교육권도 중시되어야 한다. 따라서 교원노조는 일반노조와 달리 학습권 보호를 위한 윤리적 의무를 중시해야 하며, 나아가 국민 여론과 학부모의 의견이 배제되는 교섭은 불가하다는 것이다(강경석, 2000, 276).

그리고 「교원노조법 시행령」 제4조에는 여론 및 의견수렴을 위한 구체적인 방법으로 노사 합의에 의한 여론조사 또는 공청회 등을 열 수 있도록 하였다. 따라서 제8항의 규정은 학부모와 여론을 통한 압력으로 무리한 요구로 단체교섭이 지연되는 것을 막기 위해 만든 조항으로서 주로 유·초·중등교원을 의식하여 만든 조항이다. 하지만 앞으로 학생복지에 대한 요구가 커질 경우, 대학도 학생복지나 학습권 보호 등에 관한 사항이 단체협약에 포함될 수 있을 것이며, 사립대학의 예산이나 공공성과 관련된 책임 공방이 발생할 경우, 대학과도 무관하지 않을 것이다.

5. 교섭창구 단일화 문제

또 제6항은 복수의 노동조합이 있다면 노동조합은 교섭창구를 단일화하여 단체교섭에 임해야 한다고 하였다. 이는 「일반노조법」에 신설된 규정으로 2010년부터 적용되기 시작하였다. 단일화는 교섭대표노동조합을 자율적으로 결정하되, 그렇지 못하면 과반수 노동조합이 교섭대표노동조합이 되고, 조합들이 모두 과반수 미달이면 일부가 연합·위임하여 과반수를 만들어 교섭대표 노동조합의 자격을 가질 수도 있다. 또 전체 조합원의 10% 이상의 노동조합이 공동교섭대표단을 구성해서 단체교섭을 할 수도 있다. 그런데 이런 교섭창구 단일화 규정도 「일반노조법」과 달리 「교원노조법」과 「공무원노조법」만 차별하는 등 법체계와 그 내용에 있어서 다음과 같은 문제점을 지니고 있다.

① 시행령에 의한 기본권 제한으로 위헌적·위법적이다.
　(1) 교원과 공무원은 국민 전체에 대한 봉사자라는 점에 근거하여 기본권인 노동권을 법률로 유보하였다. 그 구체적인 내용은 바로 단체교섭권 제한과 단체행동권 금지이다.
　(2) 따라서 법률이 아닌 대통령령으로 헌법상의 기본권인 노동권의 단체교섭권·단체협약권을 제한하는 창구 단일화 절차와 과정에 관한 규정을 두고 있음은 위헌적이다. 따라서 교섭창구 단일화 관련 조항을 일반 노동조합처럼 법률로 규율하도록 개정해야 한다.
　(3) 또 교섭창구 단일화까지 단체교섭권과 단체협약권 제한의 범주에 속한다는 합리적 근거가 어디에도 없다는 점에서도 개정이 필요하다.
② 교섭위원 관련 입법 불비 사안이다.
　(1) 「교원노조법」과 「공무원노조법」은 노동조합 대표자에게 단체교섭권과 단체협약 체결권을 부여하고 있고, 조합원으로 교섭위원을 구성하도록 규정하고 있지만, 교섭위원 권한에 관한 규정은 없다.
　(2) 따라서 법률상 교섭대표노동조합 대표자와 달리 창구 단일화를 위해 선임된 교섭위원이 다른 노동조합의 단체교섭권이나 단체협약체결권을 대행하거나 위임받아 행사할 수 있는 권한은 법 어디에도 규정되어 있지 아니하므로 본 법을 위배하는 위법적인 시행령이다.
　(3) 「노동조합법」이 교섭대표노동합에 공정대표의무를 부과한

것과 달리 「교원노조법」과 「공무원노조법」에서는 그와 같은 의무를 부과하고 있지 아니한 것도 문제이다.
    (4) 조합원 수에 비례하여 10명 이내의 교섭위원을 정하도록 강제하면서, 교섭위원 내 의사결정 절차와 과정에 대한 아무런 규정이 없는 것도 문제이다.
    (5) 대통령령에 따라 교섭요구노동조합이 교섭위원을 선임하고, 단체교섭을 진행하면 교섭위원을 배출하지 못한 노동조합은 단체교섭에 참여할 수 없고, 교섭위원 수가 적은 노동조합은 단체교섭 기회를 상당히 제약받게 된다.
③ 입법 불비로 인한 갈등과 혼선 가능성이 크다.
    (1) 과거 「교원노조법」은 창구 단일화만 규정하고, 그 절차와 과정을 정하지 아니하여, 십 수년간 극소수 노조에 의해 거대 교원노조의 단체교섭권이 무력화되었다.
    (2) 따라서 이처럼 입법 불비 상태로 단체교섭이 진행될 경우 상기한 문제로 인해 갈등과 혼선이 발생할 가능성이 크다.
    (3) 이처럼 시행령을 통한 교섭창구 단일화 강제는 위헌성과 위법성을 갖고 있으므로, 교원노조와 공무원노조의 창구 단일화 절차와 방법은 법제화해야 한다. 그리고 창구 단일화를 위한 노동조합의 교섭대표단(교섭위원단)의 책임과 권한을 명기하고, 그 구성과 의사결정의 절차와 과정을 명확히 해야 한다.

그 밖에도 조합원 수 확인에 의한 교섭위원 구성 강제의 문제도 개선이 필요하다. 최근 개정된 「교원노조법 시행령」(2020.8.11)에서는, 교섭노동조합이 자율적으로 상호 합의하여 교섭위원을 선임하되, 합의하지 못하면 조합원 수에 비례하여 선임하도록 하고 있다. 조합원 수 확인에 이견이 있을 경우, 조합비 납부 통장을 확인하고, 복수로 조합비를 납부한 조합원은 1/n로 산정하며, 그래도 합의가 되지 않으면 관할 노동지청에 의뢰하도록 하였다.

이처럼 교섭위원을 선임하는 절차와 과성, 조합원 수 확인 방법과 확인 기관까지 적시하여서 앞에서 언급한 입법불비에 의한 교원노조의 단체교섭권, 단체협약 체결권에 대한 침해의 소지는 많이 해소하였다.

하지만 교섭노동조합의 조합원 수를 확정하기 위해 각 교섭노동조합이 다른 노동조합에 조합원 명부와 조합비 납부 사실을 증명해야 함은 물론, 그 명부를 일일이 대조하여, 복수로 노동조합에 가입한 조합원까지 산정하는 매우 복잡한 확인 절차와 과정을 규정하고 있다.

교섭창구 단일화는 단체교섭의 편의를 위한 것일 뿐 노동조합 활동의 본질이 아니다. 조합원 인적 사항 및 조합비에 관한 사항은 노조 자주성의 기초 정보로서, 이를 공개하도록 요구하는 것은 노동조합 자주성에 대한 침해다. 사용자와 노조원과의 권력 비대칭이 심한데 이를 제공하는 것은 조합원에게 매우 중대한 문제로서 인식될 수 있고, 나아가 조합가입을 꺼리게 하여 노동조합 활동을 위축시킬 수 있다. 또 노노갈등을 초래할 가능성도 크다. 따라서 단체통장의 입금 내역을 일부 가리고 숫자를 확인하거나 아예 노동지청에 의뢰하는 방법을 채택할 것으로 보이나 노동운동에 부정적인 정부가 들어설 경우, 그에 대한 신뢰가 문제가 될 수도 있다.

복수노조 출현에 따른 이 같은 문제점을 해결하기 위해 과거 노사관계협의회에서 준비한 공익안에서도 전체 노동자 선거에 의한 교섭권 부여 필요성을 인정하였다. 이런 교섭위원 투표 방식은 미국과 캐나다에서 채택한 방식이며, ILO 권고 정신에 부합하는 방식이기도 하다. 왜냐하면 단체협약의 실질적인 수혜 대상자인 전체 노동자의 투표에 의한 교섭위원 구성이 훨씬 합리적이고 민주적이기 때문이며, 한편으로는 단체교섭의 성과를 '무임승차'하여 혜택만 누리는 비조합원에 대한 견제 기능도 있기 때문이다. 그 밖에도 복수노조원에게는 1/n 분할보다는 하나의 노조를 선택하게 해주는 것이 더 합리적일 수 있다(이상 이장원, 2020, 발표문).

|제9절| **단체협약의 효력(제7조)**

1. 조문

1) 개정 전 조문
제7조(단체협약의 효력) ① 제6조 제1항에 따라 체결된 단체협약의 내용 중 법령·조례 및 예산에 의하여 규정되는 내용과 법령 또는 조례에 의하여 위임을 받아 규정되는 내용은 단체협약으로서의 효력을 가지지 아니한다.
② 교육부장관, 시·도 교육감 및 사립학교 설립·경영자는 제1항에 따라 단체협약으로서의 효력을 가지지 아니하는 내용에 대하여는 그 내용이 이행될 수 있도록 성실하게 노력하여야 한다.

2) 개정 후 현 조문
제7조(단체협약의 효력) ① 제6조 제1항에 따라 체결된 단체협약의 내용 중 법령·조례 및 예산에 의하여 규정되는 내용과 법령 또는 조례에 의하여 위임을 받아 규정되는 내용은 단체협약으로서의 효력을 가지지 아니한다.
② 교육부장관, <u>시·도 지사</u>, 시·도 교육감, <u>국·공립학교의 장</u> 및 사립학교 설립·경영자는 제1항에 따라 단체협약으로

서의 효력을 가지지 아니하는 내용에 대하여는 그 내용이 이행될 수 있도록 성실하게 노력하여야 한다.

2. 조문 해석

① 교섭 및 체결 권한에 관한 제6조 제1항의 규정에 따라 단체협약이 체결되더라도 법령과 조례에 규정되거나 위임된 내용, 정부 예산에 관련된 내용은 단체협약의 대상이 아니므로 무효이다.

② 교육부장관, 시·도 지사, 시·도 교육감, 국·공립학교의 장및 사립학교 설립자·경영자는 제1항의 규정——법령과 조례에 규정되거나 위임된 내용, 정부 예산에 관련된 내용——때문에 단체협약으로서의 효력을 갖지 못하는 것이라도 법령과 조례를 개정하거나 예산 편성이나 집행을 변경해서 시행 가능한 사항은 그것이 이행될 수 있도록 성실하게 노력하여야 한다.

3. 관련 법령

「일반노조법」 제32조(단체협약의 유효기간) ① 단체협약에는 2년을 초과하는 유효기간을 정할 수 없다.

② 단체협약에 그 유효기간을 정하지 아니한 경우 또는 제1항의 기간을 초과하는 유효기간을 정한 경우에 그 유효기간은

2년으로 한다.

③ 단체협약의 유효기간이 만료되는 때를 전후하여 당사자 쌍방이 새로운 단체협약을 체결하고자 단체교섭을 계속하였음에도 불구하고 새로운 단체협약이 체결되지 아니한 경우에는 별도의 약정이 있는 경우를 제외하고는 종전의 단체협약은 그 효력 만료일부터 3월까지 계속 효력을 갖는다. 다만, 단체협약에 그 유효기간이 경과한 후에도 새로운 단체협약이 체결되지 아니한 때에는 새로운 단체협약이 체결될 때까지 종전 단체협약의 효력을 존속시킨다는 취지의 별도의 약정이 있는 경우에는 그에 따르되, 당사자 일방은 해지하고자 하는 날의 6월 전까지 상대방에게 통고함으로써 종전의 단체협약을 해지할 수 있다.

「일반노조법」 제33조(기준의 효력) ① 단체협약에 정한 근로조건 기타 근로자의 대우에 관한 기준에 위반하는 취업규칙 또는 근로계약의 부분은 무효로 한다.

② 근로계약에 규정되지 아니한 사항 또는 제1항의 규정에 의하여 무효로 된 부분은 단체협약에 정한 기준에 의한다.

「일반노조법」 제34조(단체협약의 해석) ① 단체협약의 해석 또는 이행 방법에 관하여 관계 당사자 간에 의견의 불일치가 있는 때에는 당사자 쌍방 또는 단체협약에 정하는 바에 의하여 어느 일방이 노동위원회에 그 해석 또는 이행 방법에 관한 견해의 제시를 요청할 수 있다.

② 노동위원회는 제1항의 규정에 의한 요청을 받은 때에는 그 날부터 30일 이내에 명확한 견해를 제시하여야 한다.

③ 제2항의 규정에 의하여 노동위원회가 제시한 해석 또는 이

행 방법에 관한 견해는 중재재정과 동일한 효력을 가진다.
「일반노조법」 제35조(일반적 구속력) 하나의 사업 또는 사업장에 상시 사용되는 동종의 근로자 반수 이상이 하나의 단체협약의 적용을 받게 된 때에는 당해 사업 또는 사업장에 사용되는 다른 동종의 근로자에 대하여도 당해 단체협약이 적용된다.
「교원노조법 시행령」 제5조(단체협약의 이행 통보) 교육부장관, 시·도 지사, 시·도 교육감, 국·공립학교의 장 및 사립학교설립·경영자는 법 제7조 제1항에 따라 단체협약으로서의 효력을 가지지 아니하는 단체협약 내용에 대한 이행 결과를 다음 교섭 시까지 상대방에게 서면으로 알려야 한다.

4. 입법 취지와 쟁점

제7조 제1항은 단체협약이 원만하게 이루어지더라도 협약의 내용이 상위 규정인 법령과 조례에 규정되거나 위임된 내용, 또는 정부 예산과 관련된 내용은 침해할 수 없으므로 단체협약의 효력이 없다고 제한하였다. 그것은 단체협약의 가장 중요한 내용인 임금이 초중등 교원은 정부 예산에 의해 결정되기 때문이다. 따라서 제1항은 현 사립대학 교수들과는 상당히 거리가 있는 조항이다.

그리고 교수노조와 교육부가 합의한 사항은 기획재정부의 동의와 국회 의결 등 다른 부처의 협조가 있어야 비로소 실현 가능해진다. 그런데 예산에 관해서는 기획재정부와 교육부가 거의 갑을관계에 가깝다는 것을 고려해 볼 때 교육부와의 단체협약은 일정한 한계를 지닐 수밖에 없으므로 제1항은 교섭당사자인 교육부의 권한과 이행 능력의 한계를 드러낸 조항이기도 하다.[32]

제7조 제2항은 무슨 뜻인지 이해하기가 다소 난해한 문장으로 이루어졌다. 단체협약은 노사 간의 합의이므로 노사 모두 협약을 이해해야 하는 계약상의 의무가 발생한다. 이 의무는 임금 등 조합원 개인에게 해당하는 사항, 노조 유지와 활동 등 노동조합 전체에 해당하는 사항으로 나눌 수 있다. 전자를 규범적, 후자를 채무적 부분이라 구분하는데,[33] 규범적 부분에는 '일반적 구속력'이 인정된다.

일반적 구속력이란 「일반노조법」 제35조(일반적 구속력)에 근거한 것으로서 단체협약의 효력은 협약 당사자에게 한정되는 것이 원칙이지만, 노노 갈등을 막기 위해 '동종노동자'에게도 그 효력을 최대한 확대 적용하는 것을 원칙으로 하고 있다.[34] 예를 들어 51%의 노조원이 체결한 단체협상의 혜택은 비노조원 49%에게도 무조건 적용된다는 말이다.[35] 일반적 구속력이 실제 적용될

---

32) 교육부와의 단체협약이 지닌 이런 한계에 대하여 강경석은 '정지조건부 계약'의 성격을 지닌다고 하였다(강경석, 2000, 275).
33) 단체협약을 체결하면 그것을 위배하는 개인 계약과 복무 규칙은 무효가 되고 단체협약에서 정한 기준을 따라야 한다. 이런 강제성이 있기에 규범적이라고 하는 것이다. 그리고 노사 양측은 자신들이 체결한 단체협약 준수에 대한 권리와 의무가 있고, 협약을 이행하지 않을 경우, 채무불이행에 따른 민사법상의 책임이 따르기에 채무적이라고 하는 것이다(강경석, 2000, 279).
34) 일반적 구속력과 달리 「일반노조법」 제36조의 지역적 구속력은 「교원노조법」 제14조 제2항에 의해 인정되지 않는다. 그것은 같은 지역이라도 국공립과 사립 등의 차이가 있어 일괄 적용하는 것이 어렵기 때문으로 보인다.
35) 제35조로 인해 노조에 가입하지도 않고, 조합비를 비롯해 조합원으로서 의무를 전혀 하지 않은 비노조원이 단체협상의 이익만 차지하는 무임승차의 문제

여지가 별로 없는 초중등 교원과 달리 사립대학 교수들에게는 단체협약의 내용에 따라 일반적 구속력에 따른 파장이 상당할 수도 있다.

이처럼 제2항은 지금 당장에는 단체협약의 효력을 갖출 수 없는 사항일지라도 법령과 조례를 개정하거나 예산 편성이나 집행을 통해 실현 가능한 사항이라면 교육부는 그것이 실행될 수 있도록 성실하게 노력하여야 한다는 말이다. 정부의 통제를 받아야 하는 교육부로서의 한계가 있겠지만, 그래도 최선을 다해 노력해야 한다는 규범인데, 단순한 선언적 조항이라고 할 수만은 없다.36)

가 발생할 수도 있다. 이런 공평성의 문제에도 불구하고, 사측에서 비노조원만 우대하여 노노 갈등을 불러일으키는 일을 막고 노동조합의 규제력을 강화하기 위하여 채택한 원칙이다.

36) 제2항은 「교원노조법 시행령」 제5조에 의해 나름대로 구속력을 갖는다. 교육부나 법인 측은 제2항에 해당하는 내용의 이행 결과를 다음 교섭 시까지 상대방에게 서면으로 알려야 하기 때문이다.

|제10절| 쟁의행위의 금지(제8조)

1. 조문

1) 개정 전 조문
제8조(쟁의행위의 금지) 노동조합과 그 조합원은 파업, 태업 또는 그 밖에 업무의 정상적인 운영을 방해하는 일체의 쟁의행위爭議行爲를 하여서는 아니 된다.

2) 개정 후 현 조문
제8조(쟁의행위의 금지) 노동조합과 그 조합원은 파업, 태업 또는 그 밖에 업무의 정상적인 운영을 방해하는 <u>어떠한</u> 쟁의행위爭議行爲도 하여서는 아니 된다.

2. 조문 해석

 단체로서 노동조합이나, 개인으로서 조합원을 막론하고 학교 업무의 정상적인 운영을 방해하는 파업·태업 등 어떠한 쟁의행위도 금지한다.

3. 관련 법령

「헌법」 제7조 ① 공무원은 국민전체에 대한 봉사자이며, 국민에 대하여 책임을 진다.
　② 공무원의 신분과 정치적 중립성은 법률이 정하는 바에 의하여 보장된다.

「헌법」 제33조 ① 근로자는 근로조건의 향상을 위하여 자주적인 단결권·단체교섭권 및 단체행동권을 가진다.
　② 공무원인 근로자는 법률이 정하는 자에 한하여 단결권·단체교섭권 및 단체행동권을 가진다.

「국가공무원법」 제66조(집단 행위의 금지) ① 공무원은 노동운동이나 그 밖에 공무 외의 일을 위한 집단행위를 하여서는 아니 된다. 다만, 사실상 노무에 종사하는 공무원은 예외로 한다.

「사립학교법」 제55조(복무) ① 사립학교의 교원의 복무에 관하여는 국공립학교의 교원에 관한 규정을 준용한다.

「일반노조법」 제2조(정의) 이 법에서 사용하는 용어의 정의는 다음과 같다.
　　5. "노동쟁의"라 함은 노동조합과 사용자 또는 사용자단체(이하 "노동관계 당사자勞動關係 當事者"라 한다)간에 임금·근로시간·복지·해고 기타 대우 등 근로조건의 결정에 관한 주장의 불일치로 인하여 발생한 분쟁 상태를 말한다. 이 경우 주장의 불일치라 함은 당사자 간에 합의를 위한 노력을 계속하여도 더 이상 자주적 교섭에 의한 합의의 여지가 없는 경우를 말한다.
　　6. "쟁의행위"라 함은 파업·태업·직장폐쇄 기타 노동관계

당사자가 그 주장을 관철할 목적으로 행하는 행위와 이에 대항하는 행위로서 업무의 정상적인 운영을 저해하는 행위를 말한다.

「교원노조법」 제15조(벌칙) ① 제8조를 위반하여 쟁의행위를 한 자는 5년 이하의 징역 또는 5천만 원 이하의 벌금에 처한다.

4. 입법 취지와 쟁점

제8조는 기본권인 노동3권 가운데 한 축인 단체행동권을 전면 제한하는 조항이다. 이는 「헌법」 제33조 제2항에 근거한 「국가공무원법」 제66조, 그리고 그것을 준용해야 한다는 「사립학교법」 제55조를 근거로 하고 있다. 따라서 공무원에 대한 노동기본권 제한의 근거를 살펴보고, 사립학교 교원이 그것을 준용해야 하는 사유와 관련 법령을 살펴볼 필요가 있다.

공무원은 헌법상 그 임용 주체가 국민이므로 공무원은 국민 전체에 대한 봉사자이고, 공무원이 수행하는 업무는 사적인 것이 아니라 공무라는 특수성이 있으며, 노동조건이 단체협약의 대상이 아니라 법령의 규율 대상이라는 점 등 때문에 「일반노조법」의 적용대상이 될 수 없는 고유의 특성이 있다.[37]

---

37) "공무원은 그 임용 주체가 궁극에는 주권자인 국민 또는 주민이기 때문에 국민 전체에 대하여 봉사하고 책임을 져야 하는 특별한 지위에 있고, 그가 담당한 업무가 국가 또는 공공단체의 공공적인 일이어서 특히 그 직무를 수행함에 있어서 공공성·공정성·성실성 및 중립성 등이 요구되기 때문에 일반 근로자와는 달리 특별한 근무관계에 있는 사람이다. [국가공무원법 제66조에 대한 헌법소원](헌법재판소 1992.4.28. 선고 90헌바27내지34, 36내지42, 44내지

물론 공무원이 전체 국민에 대한 봉사자이며 국민에게 책임을 진다는 헌법상의 정의는 국민에 대한 공무원의 직무 수행상의 기본적인 원칙을 표명한 것이지 정부에 대한 무조건적 복종을 강조하는 것은 아니다. 하지만 임용 주체가 국민이라는 규정은 이상적 개념일 뿐 현실적으로 공무원에게 부과된 책임 수행에 대한 평가는 인사권자 소관일 수밖에 없다. 따라서 이 조항은 일견 매우 공정하고 객관적인 것처럼 보이지만 과도한 추상적 규정은 거꾸로 규정의 부재를 초래하고, 나아가 공무원에 대한 국가의 일방적 지배권을 과도하게 인정하는 위험성마저 내포하게 된다(박재윤, 2007, 148~150).

따라서 이처럼 국가권력의 절대적 우위를 인정하는 「헌법」과 「국가공무원법」에 근거해 만들어진 하위법인 「사립학교법」과 「교원노조법」 등의 규정이 과연 타당한 것인지, 사립대학 교수들이 「교육공무원법」의 준용 대상이 되는 것이 얼마나 합리적인지 근본적인 검토가 필요하다고 생각한다.

학생들의 학습권 보호를 위해 초중등학교에서의 쟁의행위를 일절 금한다는 제8조 규정이 사립대학의 교육 현장에서 어떻게 적용될 것인가?[38] 1992년에 나온 헌법재판소 결정문은 이에 대한 법조인의 인식을 살펴보는 데 도움이 될 것 같다.

> 교육공무원의 경우에는 교육이라는 직무의 특성상 고도의 전문성·자주성·중립성 및 사회적 책임성이 존중되어야 하며, 이에

46, 92헌바15 전원재판부)

[38] 어떠한 쟁의행위도 금한다고 했지만, 어떤 것이 쟁의행위인지에 대해서는 별도로 정의하지 않았기 때문에 '쟁의행위'는 「일반노조법」의 정의에 따른다.[기소유예처분취소] (2004.7.15. 2003헌마878 전원재판부)

따라 사용자인 국가 또는 지방자치단체(실질적인 사용자는 주권자인 전체 국민이라 할 것이다)와 공무원은 바람직한 공무원제도의 승계·유지·향상 및 발전을 공동의 목적으로 하여 상호 협력·존중의 관계에 선다는 점을 고려한다면, 공무원의 근로관계는 근로자와 사용자의 이원적 구조 아래서 서로 투쟁과 타협에 의하여 발전되어온 노동법 관계에 의하여 규율하는 것보다는 오히려 공무원의 지위와 직무의 공공성에 적합하도록 형성·발전되도록 하는 것이 보다 합리적이고 합목적적일 수 있다.39)

헌법재판소 재판관들은 공무원이 상호 협력·존중의 노동관계를 유지해온 데 반해 노동자는 투쟁과 타협에 의지해서 발전해 왔기 때문에 후자의 논리는 교육공무원에 적합하지 않다며 교육 문제에 관해서는 관습적인 교직관을 더 중시하고 있음을 엿볼 수 있다.

제8조와 관련된 법원의 판례도 매우 보수적인 성향을 일관되게 유지하고 있다.40) 이런 환경 속에서 정치활동이 금지된 조합원이면서 정치활동이 보장된 교수라는 법적 모순 속에서 살아야 할 교수들이 수업을 비롯해 대학 업무의 정상적인 운영을 방해하지 않는 선에서의 쟁의행위, 또는 대학 업무에 적극적으로 협조하는 것을 전제로 한 쟁의행위에 대해서 법원이 어떻게 판단할지 예단하기 어렵지만, 대학은 물론 교육기관에서의 쟁의행위는 매우 보수적이고 신중하게 접근해야 한다. 사회적 공감대를 얻지 못한 쟁의행위는 성공하기 힘들지만, 교육기관은 더욱 그러

---

39) [국가공무원법 제66조에 대한 헌법소원] (헌법재판소 1992.4.28. 선고 90헌바27내지34, 36내지42, 44내지46, 92헌바15 전원재판부)
40) 준법투쟁을 비롯한 각종 노동쟁의의 형태와 정의, 각 사례와 그에 대한 법원의 판례에 대해서는 박재윤, 2007, 156~172 참조.

하기 때문이다.

한편 제8조 쟁의행위 금지와 제3조 정치활동 금지에도 불구하고 「일반노조법」 제10조에 의해 다른 단체와의 연대, 또는 민주노총·한국노총 가입은 가능하다. 따라서 정부나 사학법인이 정당한 쟁의행위에 대해 과도하게 압박할 경우, 상급 단체를 통한 간접적인 활동은 얼마든지 가능하므로 그 점도 고려할 필요가 있다.

|제11절| 노동쟁의의 조정신청 등(제9조)

1. 조문

제9조(노동쟁의의 조정신청 등) ① 제6조에 따른 단체교섭이 결렬된 경우에는 당사자 어느 한쪽 또는 양쪽은 중앙노동위원회에 조정調停을 신청할 수 있다.
② 제1항에 따라 당사자 어느 한쪽 또는 양쪽이 조정을 신청하면 중앙노동위원회는 지체 없이 조정을 시작하여야 하며 당사자 양쪽은 조정에 성실하게 임하여야 한다.
③ 조정은 제1항에 따른 신청을 받은 날부터 30일 이내에 마쳐야 한다.

2. 조문 해석

① 제6조에 따라 진행한 단체교섭이 결렬되고, 더는 단체협약이 체결될 가능성이 없다고 판단되면 노사 양측, 또는 노사 한쪽이 중앙노동위원회에 조정을 신청할 수 있다.
② 제1항에 따라 노사 당사자가 조정을 신청하면 중앙노동위원회는 즉각 조정을 시작하여야 하며 노사 모두 성실하게 조정에 임해야만 한다.

③ 조정 작업은 중앙노동위원회에 조정신청이 접수된 날로부터 30일 이내에 마쳐야 한다.

3. 관련 법령

「일반노조법」 제2조(정의)
　　5. "노동쟁의"라 함은 노동조합과 사용자 또는 사용자단체 (이하 "노동관계 당사자勞動關係 當事者"라 한다) 간에 임금·근로시간·복지·해고 기타 대우 등 근로조건의 결정에 관한 주장의 불일치로 인하여 발생한 분쟁 상태를 말한다. 이 경우 주장의 불일치라 함은 당사자 간에 합의를 위한 노력을 계속하여도 더 이상 자주적 교섭에 의한 합의의 여지가 없는 경우를 말한다.

「일반노조법」 제47조(자주적 조정의 노력) 이 장의 규정은 노동관계 당사자가 직접 노사협의 또는 단체교섭에 의하여 근로조건 기타 노동관계에 관한 사항을 정하거나 노동관계에 관한 주장의 불일치를 조정하고 이에 필요한 노력을 하는 것을 방해하지 아니한다.

「일반노조법」 제48조(당사자의 책무) 노동관계 당사자는 단체협약에 노동관계의 적정화를 위한 노사협의 기타 단체교섭의 절차와 방식을 규정하고 노동쟁의가 발생한 때에는 이를 자주적으로 해결하도록 노력하여야 한다.

「일반노조법」 제49조(국가 등의 책무) 국가 및 지방자치단체는 노동관계 당사자 간에 노동관계에 관한 주장이 일치하지 아니할 경우에 노동관계 당사자가 이를 자주적으로 조정할 수 있도록 조력함으로써 쟁의행위를 가능한 한 예방하고 노동쟁의의 신속·공정한 해결에 노력하여야 한다.

「일반노조법」 제50조(신속한 처리) 이 법에 의하여 노동관계의 조정을 할 경우에는 노동관계 당사자와 노동위원회 기타 관계기관은 사건을 신속히 처리하도록 노력하여야 한다.

「노동위원회법」 제15조(회의의 구성 등) ⑤ 제1항 제3호부터 제5호까지의 규정에 따른 조정위원회·특별조정위원회 및 중재위원회는 「일반노조법」에서 정하는 바에 따라 구성하며, 같은 법에 따른 조정·중재, 그 밖에 이와 관련된 사항을 각각 처리한다. 이 경우 공익위원은 조정 담당 공익위원 중에서 지명한다.

「교원노조법 시행령」 제6조(노동쟁의의 조정 등) ① 노동관계 당사자는 법 제9조 또는 제10조에 따른 조정 또는 중재를 신청할 때에는 「고용노동부령」으로 정하는 바에 따라 「노동위원회법」 제2조에 따른 중앙노동위원회(이하 "중앙노동위원회"라 한다)에 신청하여야 한다.

② 제1항에 따른 신청을 받은 중앙노동위원회는 그 신청 내용이 법 제9조 또는 제10조에 따른 조정 또는 중재의 대상이 아니라고 인정하는 경우에는 신청인에게 그 사유와 조정 또는 중재 외의 다른 해결 방법을 알려주어야 한다.

③ 중앙노동위원회는 법 제9조 또는 제10조에 따라 노동쟁의 조정 또는 중재를 하게 된 경우에는 지체 없이 서면으로 관계 당사자에게 각각 알리고, 법 제11조에 따른 교원노동관계 조정위원회를 구성하여야 한다.

「교원노조법 시행규칙」 제2조(조정 등의 신청) ① 「교원노조법시행령」 제6조에 따라 노동쟁의의 조정 또는 중재를 신청하려는 사람은 별지 서식의 노동쟁의 조정·중재 신청서에 다음 각 호의 사항을 적은 서류를 첨부하여 중앙노동위원회에 제출하여야 한다.
    1. 단체교섭의 경위
    2. 당사자 간 의견의 불일치 사항 및 이에 대한 당사자의 주장 내용
    3. 그 밖에 당사자의 주장 내용과 관련되는 사항으로서 조정 또는 중재에 참고가 될 수 있는 사항
② 중앙노동위원회는 제1항에 따른 신청을 받은 경우와 조정 또는 중재를 종료한 경우에는 그 내용을 고용노동부장관 또는 관할 지방고용노동관서의 장에게 지체 없이 알려야 한다.

4. 입법 취지와 쟁점

조정調停(conciliation)[41]은 본래 단체협상이 교착상태에 빠지거나 결렬되었을 때 당사자들이 합의된 절차에 따라 스스로 해결책을 찾을 수 있도록 제3자가 개입하여 돕는 것을 목적으로 한 행위를 뜻한다. 「교원노조법」에서 조정이란 노사 간의 단체교섭이 결렬되고, 교섭을 더 진행하더라도 합의될 여지가 없을 때,

---

[41] 조調는 본래 '골고루 고려하여 말하다', 정停은 '정자에 머물며 쉬다'라는 뜻이다. 따라서 조정調停은 '상대를 고루 고려하며 설득하여 더 나가지 않고 머무르게 하다'라는 뜻이다.

중립적 위치에 있는 중앙노동위원회 산하 조정위원회에 당사자의 의견을 듣고 조정안을 마련해서 합의를 권고하게 해달라고 요청하는 제도이다.

「노동위원회법」에 근거하여 고용노동부장관 소속으로 설치된 중앙노동위원회는 노·사·공익의 3자로 구성하여 노동관계에서 발생하는 노사 간의 이익·권리분쟁을 신속·공정하게 조정·판정함을 목적으로 하는 준사법적 성격을 지닌 합의제 행정기관이다. 2020년 3월 현재 위원은 1,806명, 사무처 정원은 400명 내외이다.

중앙노동위원회는 산하에 12개 지방노동위원회, 특별노동위원회(선원노동위원회)를 두고 있으며, 업무에 따른 부문별 위원회로 전원회의, 심판위원회, 조정위원회, 차별시정위원회, 특별조정위원회, 중재위원회, 공무원노동관계조정위원회, 교원노동관계조정위원회를 두고 있다. 지방노동위원회의 부문별 위원회 구성은 중앙노동위원회와 같다. 단 교원 및 공무원노동관계조정위원회는 중앙노동위원회에만 설치하였다(이상 중앙노동위원회 홈페이지/위원회 소개).

위원회의 주된 업무는 다음과 같다.

① 노동쟁의의 조정 및 필수유지업무 결정
② 구제신청에 대한 판정(부당노동행위, 부당해고 구제, 기간제 차별 처우 판정)
③ 복수노조 관련 신청사건의 결정

노동쟁의가 발생하면 반드시 상대방에게 서면으로 통보하여야 하며, 일반노조는 쟁의행위 돌입에 앞서 반드시 조정을 거쳐야 한다는 강제조항(조정전치주의調定前置主義)을 두어 조정이 결렬되는 경우에만 쟁의행위에 돌입할 수 있도록 제한하였다.42) 반면 「교원노조법」은 사전 조정을 강제하지 않는 대신 조정기간을 30일로 정하였다.

　노동쟁의, 즉 '분쟁상태'는 법령·단체협약·취업규칙 등 이미 확정된 권리에 관한 노사 간의 해석·적용·준수 등을 둘러싼 분쟁인 '권리분쟁'과 임금·단체협상 갱신과 체결 등을 둘러싼 '이익분쟁'으로 나눌 수 있는데(박재윤, 2007, 185), 「일반노조법」 제2조의5에서 인정한 분쟁은 '이익분쟁'에 속한다.

　노동쟁의의 범위를 이처럼 이익분쟁으로 좁혀 놓았기 때문에 「일반노조법」 제52조(사적 조정·중재)에서 사적 조정·중재를 권장하는 등 쟁의행위를 가능한 한 예방하고 신속·공정하게 해결할 수 있도록 조력하는 것을 국가의 책무로 규정하였음에도 불구하고43) 노동위원회의 조정 범위 역시 제한적일 수밖에 없고, 분쟁 해결 기능 또한 만족스럽지 못한 실정이었다.

　그것은 미국과 영국의 조정제도가 노사 간의 자율적이고 원만한 교섭을 지원하는 사전적 조정에 중점을 두는 데 반해 우리나라는 교섭이 결렬되면 개입하는 사후적 조정에 중점을 두고 있기 때문이다. 그 결과 미국·영국은 조정의 실효성이 70%를 넘지만, 우리나라는 50%에 미치지 못한다(박재윤, 2007, 192~194). 그러나 최근에는 상당히 개선되었다.

---

42) 강제 조정 기간은 일반 사업체 10일, 공익사업체 15일이며, 당사자의 합의에 따라 각각 10일과 15일을 연장할 수 있다. 사용자 역시 쟁의행위가 개시된 이후에만 직장폐쇄를 할 수 있다(「일반노조법」 제45조·제46조).
43) 「일반노조법」 제49조(국가 등의 책무), 제50조(신속한 처리)

고용노동부의 종합감사 결과에 따르면 조정성립율은 2011년 70.2%, 2013년 61.9%였는데, 경기지노위가 73.5%로 가장 높고 충남(54.9%), 중앙노동위원회(48.3%), 전남지노위(45.0%)는 평균보다 낮았다. 판정 전 화해·취하율은 66%지만 초심은 71.3%로서 재심보다 5.3% 높았다.[44] 중앙노동위원회의 2018년 조정성립율도 36.7%로 여전히 낮은 편이다.[45]

노동쟁의로 인정하지 않는 사항은

① 단체교섭을 충분히 행하지 않은 상태에서 당사자 어느 일방이 일방적 주장만을 요구함으로써 발생하는 주장의 불일치,
② 이미 확정된 단체협약의 불이행에 대한 다툼 또는 해석상 문제가 야기된 사항 등 다른 법 또는 판결에 의거 해결되어야 할 집단적 권리분쟁,
③ 불이익·이익침해 등 노사협의회, 고충처리위원회 또는 근로기준법 등을 통해 해결되어야 할 개별적 노사관계 사항 등이다(임동권, 1999, 34~35).

구체적인 조정신청 방법과 절차는 「교원노조법 시행규칙」 제2조에 나와 있는 바와 같다. 조정의 방법은 교원노동관계조정위원회(교노조정위)가 관계 당사자를 출석시켜 주장의 요점을 확인하고, 필요하면 현장 방문과 문서 열람 등을 거쳐 조정안을 작성하며 의결한다. 조정안을 당사자에게 제시하여 수락을 권고하는 동시에 조정안에 이유를 붙여 공표하며, 필요하면 신문·방송에

---

44) 고용노동부 감사관실, 『중앙 및 5개 지방노동위원회의 2011.6.25.이후 업무 종합감사 보고서』(2013.5).
45) 고용노동부 감사관실, 「중앙노동위원회 종합감사 결과 및 조치계획」(2019).

보도해 줄 것을 협조 요청할 수 있다.[46]

조정의 효력은 단체협약과 동일하다. 당사자가 조정안을 수락한 경우, 교노조정위 위원 전원은 조정서를 작성, 관계 당사자와 함께 서명 날인하면 효력이 발생하고 노동쟁의는 종결된다. 수락한 조정안에 대한 해석 또는 이행 방법에 관해 당사자 간에 의견이 불일치할 경우, 관계 당사자는 교노조정위에 그 해석 또는 이행 방법에 관한 명확한 견해 제시를 요청해야 하며, 교노조정위가 제시한 해석 또는 이행 방법에 관한 견해는 중재재정과 같은 효력을 가진다. 당사자가 조정안을 수락하지 않고 더 이상 조정이 이루어질 수 없다고 판단되는 경우에는 조정위원회는 조정의 종료를 결정하고 이를 관계 노사 양측과 고용노동부장관에게 통보한다(박재윤, 2007, 186~187).

---

46) 「일반노조법」 제58조(주장의 확인 등), 제60조(조정안의 작성); 「노동위원회 규칙」 제46조(사실조사 등), 제47조(문서 열람 등).

|제12절| 중재의 개시(제10조)

1. 조문

제10조(중재의 개시) 중앙노동위원회는 다음 각 호의 어느 하나에 해당하는 경우에는 중재仲裁를 한다.
   1. 제6조에 따른 단체교섭이 결렬되어 관계 당사자 양쪽이 함께 중재를 신청한 경우
   2. 중앙노동위원회가 제시한 조정안을 당사자의 어느 한쪽이라도 거부한 경우
   3. 중앙노동위원회 위원장이 직권으로 또는 고용노동부장관의 요청에 따라 중재에 회부한다는 결정을 한 경우

2. 조문 해석

중앙노동위원회의 중재는 다음 3개 항목 가운데 어느 하나에 해당하는 경우에 실시한다.
   1. 단체교섭이 결렬된 뒤 조정의 가능성조차 없다고 판단한 노상 양측이 조정을 포기하고 직접 중재를 신청하는 경우
   2. 단체협상이 결렬되어 조정을 신청하였으나 중앙노동위원

회가 제시한 조정안을 노사 어느 한쪽이 거부하여 강제중재가 불가피하다고 판단되는 경우
3. 중앙노동위원회 위원장이 직권으로, 또는 고용노동부장관의 요청에 따라 강제중재에 회부하기로 결정된 경우

3. 관련 법령

「일반노조법」 제64조(중재위원회의 구성) ① 노동쟁의의 중재 또는 재심을 위하여 노동위원회에 중재위원회를 둔다.
② 제1항의 규정에 의한 중재위원회는 중재위원 3인으로 구성한다.
③ 제2항의 중재위원은 당해 노동위원회의 공익을 대표하는 위원 중에서 관계 당사자의 합의로 선정한 자에 대하여 그 노동위원회의 위원장이 지명한다. 다만, 관계 당사자 간에 합의가 성립되지 아니한 경우에는 노동위원회의 공익을 대표하는 위원 중에서 지명한다.

「일반노조법」 제66조 (주장의 확인 등) ① 중재위원회는 기일을 정하여 관계 당사자 쌍방 또는 일방을 중재위원회에 출석하게 하여 주장의 요점을 확인하여야 한다.
② 관계 당사자가 지명한 노동위원회의 사용자를 대표하는 위원 또는 근로자를 대표하는 위원은 중재위원회의 동의를 얻어 그 회의에 출석하여 의견을 진술할 수 있다.

「일반노조법」 제67조(출석 금지) 중재위원회의 위원장은 관계 당사자와 참고인 외의 자의 회의 출석을 금할 수 있다.

「일반노조법」 제68조(중재재정) ① 중재재정은 서면으로 작성하여 이를 행하며 그 서면에는 효력 발생 기일을 명시하여야 한다. ② 제1항의 규정에 의한 중재재정의 해석 또는 이행 방법에 관하여 관계 당사자 간에 의견의 불일치가 있는 때에는 당해 중재위원회의 해석에 따르며 그 해석은 중재재정과 동일한 효력을 가진다.

「교원노조법 시행령」 제6조(노동쟁의의 조정) ① 노동관계 당사자는 법 제9조 또는 제10조에 따른 조정調停 또는 중재仲裁를 신청할 때에는 고용노동부령으로 정하는 바에 따라 「노동위원회법」 제2조에 따른 중앙노동위원회(이하 "중앙노동위원회"라 한다)에 신청하여야 한다.

② 제1항에 따른 신청을 받은 중앙노동위원회는 그 신청 내용이 법 제9조 또는 제10조에 따른 조정 또는 중재의 대상이 아니라고 인정하는 경우에는 신청인에게 그 사유와 조정 또는 중재 외의 다른 해결 방법을 알려주어야 한다.

③ 중앙노동위원회는 법 제9조 또는 제10조에 따라 노동쟁의 조정 또는 중재를 하게 된 경우에는 지체 없이 서면으로 관계 당사자에게 각각 알리고, 법 제11조에 따른 교원 노동관계 조정위원회를 구성하여야 한다.

「교원노조법 시행규칙」 제2조(조정 등의 신청) ① 「교원노조법시행령」 제6조에 따라 노동쟁의의 조정 또는 중재를 신청하려는 사람은 별지 서식의 노동쟁의 조정·중재 신청서에 다음 각 호의 사항을 적은 서류를 첨부하여 중앙노동위원회에 제출하여야 한다.

   1. 단체교섭의 경위

2. 당사자 간 의견의 불일치 사항 및 이에 대한 당사자의 주장 내용
　　3. 그 밖에 당사자의 주장 내용과 관련되는 사항으로서 조정 또는 중재에 참고가 될 수 있는 사항
② 중앙노동위원회는 제1항에 따른 신청을 받은 경우와 조정 또는 중재를 종료한 경우에는 그 내용을 고용노동부장관 또는 관할 지방고용노동관서의 장에게 지체 없이 알려야 한다.

4. 입법 취지와 쟁점

　중재는 노동쟁의를 신속히 해결하기 위해서 강제성을 갖춘 중재위원회의 결정에 따르는 제도로서 노사 양측의 수용을 전제로 진행하는 조정과 구분된다. 또 법관 대신 관련 분야의 전문가를 위원으로 선정하고, 단심제라는 점이 법원의 재판과 다르나 중재위원회의 결정이 법적 구속력을 지닌다는 점에서 준사법적 분쟁 해결 방식에 속한다고 할 수 있다.
　중재는 제10조의 제1호처럼 분쟁 당사자의 신청에 따라 이루어지는 임의중재와 제10조의 제2·3호처럼 당사자의 신청과 무관하게 공권력에 의해 이루어지는 강제중재로 구분할 수 있는데, 중재는 신속하게 현실적인 해결책을 구할 수 있다는 장점이 있지만, 노사의 자율적인 문제 해결 능력, 상호 소통과 신뢰를 약화시키는 등의 후유증이 발생할 가능성이 크고 강제중재는 더더욱 그러하다.
　「교원노조법」의 중재 요건은 「일반노조법」과 비교할 수 없을

정도로 매우 강압적이다. 우선 「일반노조법」에서는 ① 노사 양측이 함께 중재를 신청한 경우, ② 노사 한쪽이 단체협약에 의하여 중재를 신청한 경우만 있을 뿐 강제중재 규정 자체가 없다(「일반노조법」 제62조). 또 제10조의3은 강제중재라고 하기에도 민망할 정도로 일방적인 공권력 행사의 길을 열어놓은 것이다.

중재는 단체협약과 동일한 효력을 가질 뿐 아니라 노사 양측의 의사와 무관하게 법적 구속력을 갖는다. 만약 중재에 불복할 경우, 중앙노동위원회에 재심을 신청할 수 있고, 재심에도 불복할 경우는 중재재정서를 송달받은 날로부터 15일 이내에 행정소송을 제기할 수 있다.[47]

과거 재심 판정은 사용자 편향, 공익위원의 공정성, 낮은 구제율 등으로 논란이 많았으나[48] 전반적으로 개선되고 있는 것으로 보인다.[49] 다만 비상근 공익위원으로 위원회를 구성하여야 하므로 신속한 구성이 어렵고, 조사관의 역량에 따른 결과의 차이가 일정 부분 불가피하게 존재한다(고용노동부 종합감사보고서, 2013; 중앙, 2018.3.16).

---

[47] 「일반노조법」 제70조(중재재정 등의 효력) 제1항, 제69조(중재재정 등의 확정) 제1항·제2항.

[48] 민주노총은 2005.8~2006.6 사이에 진행된 재심심판사건 559건을 분석할 결과, 지방노동위원회에서 승소한 판정을 중앙노동위원회에서 인정하는 초심판정유지율이 68%인데 반해 패소한 판정의 초심판정유지율은 92%나 되어 부당노동행위에 대한 중앙노동위원회의 판정이 매우 편파적임을 지적한 바 있다. 또 전문성이 떨어지는 특정 공익위원에게 심판사건을 독식하게 했으며, 부당해고와 부당노동행위 구제율이 각각 38.8%와 14.1%에 불과하다고 지적하였다(민주노총 홈페이지, 성명·보도, 2007.5.25.).

[49] 재심유지율은 2012년 82.9%로 80% 이상을 유지하였다(고용노동부 감사관실 종합감사 보고서, 2013.5).

|제13절| 교원노동관계조정위원회의 구성(제11조)

1. 조문

제11조(교원 노동관계 조정위원회의 구성) ① 교원의 노동쟁의를 조정·중재하기 위하여 중앙노동위원회에 교원노동관계조정위원회(이하 "위원회"라 한다)를 둔다.
② 위원회는 중앙노동위원회 위원장이 지명하는 조정담당 공익위원 3명으로 구성한다. 다만, 관계 당사자가 합의하여 중앙노동위원회의 조정담당 공익위원이 아닌 사람을 추천하는 경우에는 그 사람을 지명하여야 한다.
③ 위원회의 위원장은 위원회의 위원 중에서 호선互選한다.

2. 조문 해석

① 교원의 노동쟁의를 조정·중재하기 위하여 중앙노동위원회 부문별 위원회에 교원노동관계조정위원회를 둔다.
② 위원회는 조정담당 공익위원 3명으로 구성하며, 위원의 임명은 중앙노동위원회 위원장의 지명으로 이루어진다. 단 노사 양측이 합의하여 조정담당 공익위원 이외의 인물을 추천할 경우, 중앙노동위원회 위원장은 그 추천된 이를 위원으로 지

명하여야 한다.

③ 위원회의 위원장은 위원회 위원 중에서 호선으로 선출한다.

3. 관련 법령

「노동위원회법」 제6조(노동위원회의 구성 등) ① 노동위원회는 근로자를 대표하는 위원(이하 "근로자위원"이라 한다)과 사용자를 대표하는 위원(이하 "사용자위원"이라 한다) 및 공익을 대표하는 위원(이하 "공익위원"이라 한다)으로 구성한다.

② 노동위원회 위원의 수는 다음 각 호의 구분에 따른 범위에서 노동위원회의 업무량을 고려하여 대통령령으로 정한다. 이 경우 근로자위원과 사용자위원은 같은 수로 한다.

  1. 근로자위원 및 사용자위원: 각 10명 이상 50명 이하

  2. 공익위원: 10명 이상 70명 이하

③ 근로자위원은 노동조합이 추천한 사람 중에서, 사용자위원은 사용자 단체가 추천한 사람 중에서 다음 각 호의 구분에 따라 위촉한다.

  1. 중앙노동위원회: 고용노동부장관의 제청으로 대통령이 위촉

  2. 지방노동위원회: 지방노동위원회 위원장의 제청으로 중앙노동위원회 위원장이 위촉

④ 공익위원은 해당 노동위원회 위원장, 노동조합 및 사용자 단체가 각각 추천한 사람 중에서 노동조합과 사용자 단체가

순차적으로 배제하고 남은 사람을 위촉대상 공익위원으로 하고, 그 위촉대상 공익위원 중에서 다음 각 호의 구분에 따라 위촉한다.
　　1. 중앙노동위원회 공익위원: 고용노동부장관의 제청으로 대통령이 위촉
　　2. 지방노동위원회 공익위원: 지방노동위원회 위원장의 제청으로 중앙노동위원회 위원장이 위촉
　⑤ 제4항에도 불구하고 노동조합 또는 사용자 단체가 공익위원을 추천하는 절차나 추천된 공익위원을 순차적으로 배제하는 절차를 거부하는 경우에는 해당 노동위원회 위원장이 위촉대상 공익위원을 선정할 수 있다.
　⑥ 공익위원은 다음 각 호와 같이 구분하여 위촉한다.
　　1. 심판사건을 담당하는 심판담당 공익위원
　　2. 차별적 처우 시정사건을 담당하는 차별시정담당 공익위원
　　3. 조정사건을 담당하는 조정담당 공익위원
　⑦ 노동위원회 위원의 추천절차, 공익위원의 순차배제의 방법, 그 밖에 위원의 위촉에 필요한 사항은 대통령령으로 정한다.
「**노동위원회법**」 제7조(위원의 임기 등) ① 노동위원회 위원의 임기는 3년으로 하되, 연임할 수 있다.
「**노동위원회법**」 제8조(공익위원의 자격기준 등) ① 중앙노동위원회의 공익위원은 다음 각 호의 구분에 따라 노동문제에 관한 지식과 경험이 있는 사람을 위촉하되, 여성의 위촉이 늘어날 수 있도록 노력하여야 한다.
　　2. 조정담당 공익위원

가. 「고등교육법」 제2조 제1호부터 제6호까지의 학교에서 부교수 이상으로 재직하고 있거나 재직하였던 사람
　　나. 판사·검사·군법무관·변호사 또는 공인노무사로 7년 이상 재직하고 있거나 재직하였던 사람
　　다. 노동관계 업무에 7년 이상 종사한 사람으로서 2급 또는 2급 상당 이상의 공무원이나 고위공무원단에 속하는 공무원으로 재직하고 있거나 재직하였던 사람
　　라. 그 밖에 노동관계 업무에 15년 이상 종사한 사람 또는 사회적 덕망이 있는 사람으로서 조정담당 공익위원으로 적합하다고 인정되는 사람

「노동위원회법」 제15조(회의의 구성 등) ① 노동위원회에는 전원회의와 위원회의 권한에 속하는 업무를 부문별로 처리하기 위한 위원회로서 다음 각 호의 부문별 위원회를 둔다. 다만, 다른 법률에 특별한 규정이 있는 경우에는 그러하지 아니하다.
　　6. 「교원의 노동조합 설립 및 운영 등에 관한 법률」 제11조 제1항에 따른 교원노동관계조정위원회

⑧ 제1항 제6호에 따른 교원노동관계조정위원회는 「교원의 노동조합 설립 및 운영 등에 관한 법률」에서 정하는 바에 따라 설치·구성하며, 같은 법에 따른 조정·중재, 그 밖에 이와 관련된 사항을 처리한다.

「노동위원회 규칙」 제30조(사건 관장) ① 중앙노동위원회는 다음 각 호의 사건을 관장한다.
　　3. 「교원노조법」이나 「공무원노조법」에 따른 교원노동관계조정·중재사건이나 공무원노동관계조정·중재사건과 이

에 대한 조정안 및 중재재정의 해석 또는 이행 방법에 관한 견해의 제시

「노동위원회 규칙」 제45조(조사의 개시 등) ① 노동위원회 위원장은 구제신청서가 접수된 후 지체 없이 조사관을 지정하고 관계 당사자에게 이유서·답변서 제출 방법, 위원의 제척·기피, 단독심판과 화해 절차 등 심판사건의 진행에 관한 사항을 안내하여야 한다.

4. 입법 취지와 쟁점

교원의 노동쟁의를 전문적으로 조정·중재하는 중앙노동위원회 산하 부문별 위원회 안에 교원노동관계조정위원회를 둔다는 규정이다. 위원회는 근로자·사용자 위원이 배제되고 오직 공익위원 3명으로 구성되며, 그것도 조정위원회의 특성을 고려하여 3명 모두 조정담당 공익위원만으로 구성하게 하였다.

조정담당 공익위원은 심판담당 공익위원·차별시정담당 공익위원과 달리 노동문제를 전공하지 않았더라도 부교수 이상이면 위촉이 가능하도록 문호를 개방하였다. 그리고 중앙노동위원회 소속 조정담당 공익위원이 아니더라도 노사 양측이 합의하여 특정 인물을 위원으로 추천할 경우, 중앙노동위원회 위원장은 그 추천된 이를 위원으로 지명하도록 하였다. 이는 조정이 법률적 판결 대신 중립적인 제3자의 권고와 당사자의 양보를 통한 합의를 추구하는 해결방식이므로 그 본질을 살리기 위한 것이라고 해석할 수 있다.

하지만 제11조와 관련된 장황한 규정에도 불구하고 위원회는 실제 활동 실적이 거의 없는 유명무실한 위원회인 것으로 보인다.50) 그것은 폐교나 학령인구 감소에도 불구하고 신분 보장이 확실하고, 정부 예산에 의해 임금 등이 해결되는 초·중등교원의 근로조건과 긴밀하게 관련된 결과일 수도 있고, 이중 삼중의 제약이 가해진 현 「교원노조법」 하에서 위원회의 조정을 받을 사안이 많을 수 없기 때문이기도 할 것이다. 하지만 앞으로는 이런 상황을 지속하기가 어려울 것으로 전망된다.

---

50) 중앙노동위원회 홈페이지에서 교원노동관계조정위원회의 조정·심판 사례를 검색해 본 결과 2020년 3월 10일 현재 0건이 검색되었다.

|제14절| **중재재정의 확정 등**(제12조)

1. 조문

제12조(중재재정의 확정 등) ① 관계 당사자는 중앙노동위원회의 중재재정仲裁裁定이 위법하거나 월권越權에 의한 것이라고 인정하는 경우에는 「행정소송법」 제20조에도 불구하고 중재재정서를 송달받은 날부터 15일 이내에 중앙노동위원회 위원장을 피고로 하여 행정소송을 제기할 수 있다.
② 제1항의 기간 이내에 행정소송을 제기하지 아니하면 그 중재재정은 확정된다.
③ 제2항에 따라 중재재정이 확정되면 관계 당사자는 이에 따라야 한다.
④ 중앙노동위원회의 중재재정은 제1항에 따른 행정소송의 제기에 의하여 효력이 정지되지 아니한다.
⑤ 제2항에 따라 확정된 중재재정의 내용은 단체협약과 같은 효력을 가진다.

2. 조문 해석

① 노사 양측은 중앙노동위원회에서 내린 중재 결정이 법을

위배하였거나 위원회 권한 밖의 결정에 의한 것으로 판단될 경우, 중재 결정서류를 받은 날부터 15일 이내에 중앙노동위원회 위원장을 상대로 취소를 요구하는 행정소송을 제기할 수 있다. 처분을 인지한 날로부터 90일 이내에 취소소송을 해야 한다는 「행정소송법」 제20조 제1항 규정은 여기에 해당하지 않는다.

② 중재 결정서류를 받은 날부터 15일 이내에 취소를 요구하는 행정소송을 제기하지 않으면 중재 결정은 그대로 확정된다. 처분을 인지한 날로부터 1년이 지나면 취소소송을 제기할 수 없다는 「행정소송법」 제20조 제2항 규정은 여기에 해당하지 않는다.

③ 취소소송이 제기되지 않아 중재 결정이 확정되면 노사 양측은 반드시 그 결정 내용을 준수해야 한다.

④ 중앙노동위원회에서 내린 중재 결정은 행정소송을 제기한다고 해서 효력이 중단되는 것은 아니다. 행정소송의 최종 판결이 나기 전까지는 중재 결정은 그대로 유효하다.

⑤ 취소소송이 제기되지 않아 확정된 중재 결정의 내용은 단체협약으로서의 구속력을 지닌다.

3. 관련 법령

「행정소송법」 제20조(제소기간) ① 취소소송은 처분 등이 있음을 안 날부터 90일 이내에 제기하여야 한다. 다만, 제18조 제1항 단서에 규정한 경우와 그 밖에 행정심판 청구를 할 수 있는 경우 또는 행정청이 행정심판 청구를 할 수 있다고 잘못 알린 경우에 행정심판 청구가 있은 때의 기간은 재결서의 정본을 송달받은 날부터 기산한다.

② 취소소송은 처분 등이 있은 날부터 1년(제1항 단서但書의 경우는 재결裁決이 있은 날부터 1년)을 경과하면 이를 제기하지 못한다. 다만, 정당한 사유가 있는 때에는 그러하지 아니하다.

③ 제1항의 규정에 의한 기간은 불변기간으로 한다.

「일반노조법 시행령」 제29조(중재재정서의 송달) ① 노동위원회는 법 제68조 제1항의 규정에 의하여 중재를 한 때에는 지체없이 그 중재재정서를 관계 당사자에게 각각 송달하여야 한다.

② 중앙노동위원회는 법 제69조 제1항의 규정에 의하여 지방노동위원회 또는 특별노동위원회가 행한 중재재정을 재심한 때에는 지체없이 그 재심결정서를 관계 당사자와 관계노동위원회에 각각 송달하여야 한다.

「일반노조법 시행령」 제30조(중재재정의 해석 요청) ① 노동관계 당사자는 법 제68조 제1항의 규정에 의한 중재재정의 해석 또는 이행 방법에 관하여 당사자 간에 의견의 불일치가 있는 경우에는 당해 중재위원회에 그 해석 또는 이행 방법에 관한 명확한 견해의 제시를 요청할 수 있다.

② 제1항의 규정에 의한 견해 제시의 요청은 당해 중재재정의 내용과 당사자의 의견 등을 기재한 서면으로 하여야 한다.

4. 입법 취지와 쟁점

중재와 재정의 재裁는 재량권을 뜻하며,[51] 중재재정이란 중재를 진행하면서 파악한 내용을 바탕으로 위원회 재량으로 결정을 내린다는 뜻이다.[52]

중재는 법률상 제3자가 분쟁 당사자 사이에 들어가 분쟁을 조정하고 해결하는 일이라는 점에서 조정과 유사하나, 제3자의 결정이 법적 구속력을 가진다는 점에서 조정과 구분된다. 그리고 법원에서 내려진 판결 결과는 반드시 따라야 하지만 중재는 당사자 합의를 더욱 중시한다는 점에서 판결과도 구분된다. 또 중재는 법적 정의에 저촉되지 않는 한 법정 절차에 엄격하게 구애받지 않아도 무방한 절차적 임의성이 인정된다는 점도 다르다.

노동위원회의 처리 절차는 '준사법적 행정절차'지만 사법적 측면에서는 분쟁 해결에 중점을 두고 중앙노동위원회 단계에서 해결되면 지방노동위원회의 판정 효력을 중시하지 않는다. 반면 행정절차적 측면에서는 초심판정과 재심판정의 행정법적 효력을 중시하는데, 노동관계법과 노동위원회 실무 사례를 보면 후자를 전제로 설계되었음을 알 수 있다.[53]

---

51) 裁(𢧢+衣): 재𢧢는 장식용 술이 달린 길고 반듯한 의장용 창의 모습이고, 의衣는 옷의 모습으로 옷감을 뜻하기도 한다. 따라서 재裁는 반듯하고 길게 옷감을 자르는 모습을 그린 글자인데, 여기서 '자르기 전에 잘 헤아려 결정하다, 옷감을 알아서 자르다'→자를 수 있는 재량권이란 뜻으로 쓰이게 되었다.
52) 본래 재정은 '옳고 그름과 취사 여부를 짐작하여 결정하다' 라는 뜻인데, 일본어에서도 '사물의 선악과 시비를 고려하여 결정하는 것'이라고 하였다.
53) 「근로기준법」 제32조는 지방노동위원회 판정이 중앙노동위원회 재심 신청이나 행정소송 제기로 그 효력이 정지되지 않는다고 규정하고 있다. 이는 행정법 학계에서 일반적으로 인정되는 공정력과 행정소송법상 집행부지정 원칙을

제12조는 중앙노동위원회에서 내린 중재 결정에 대하여 취소를 요구하는 행정소송을 제기할 수 있다고는 하였지만, 소송 제기 조건으로 중앙노동위원회의 위법과 월권으로 제한하였다. 즉 명백한 위법이 아닌 재량권에 대해서는 중재 결정을 받아들여야만 한다는 의미이다. 또 행정소송을 제기할 수 있는 기간도 15일로 극히 짧게 주었다는 점도 제10조에서 언급한 바처럼 「교원노조법」은 매우 제한적인 의미에서의 노동조합법이라고 할 수 있다.

「교원노조법」에서는 답체협상이 결렬될 경우, 조정을 시도하고, 조정에 실패하면 강제적인 중재에 들어가도록 하였기 때문에 동일한 조정과 중재의 주체와 객체를 상대로 관련 절차와 규정을 기술하였기 때문에 제9조~제12조는 법적 근거와 관련 내용이 일부 중복된다. 특히 제12조는 「일반노조법」 제69조와 크게 다르지 않다.

확인적으로 규정한 조항이다. 대법원 판례와 통설은 행정행위는 그것이 당연무효가 아닌 한 권한을 가진 기관에 의해 취소될 때까지 공정력이라고 칭하는 구속력을 가진다(춘천지방법원 2014.12.5. 선고, 2014구합1183 판결).

| 제15절 | 교원소청심사 청구와의 관계(제13조)

1. 조문

제13조(교원소청심사 청구와의 관계) 「노동조합 및 노동관계조정법」 제81조 제1호 및 제5호에 따른 행위로 교원이 해고나 그 밖의 불이익을 받은 것을 이유로 해당 교원 또는 노동조합이 같은 법 제82조 제1항에 따라 노동위원회에 구제를 신청한 경우에는 「교원의 지위 향상 및 교육활동 보호를 위한 특별법」 제9조에도 불구하고 교원소청심사위원회에 소청심사를 청구할 수 없다.

2. 조문 해석

노동조합의 조직과 가입, 활동과 내부고발 등을 구실삼아 교원에게 해고를 비롯한 불이익을 주는 부당노동행위를 금지한 「일반노조법」 제81조 제1호 및 제5호 규정을 어기고 불이익을 주었을 경우, 해당 교원이나 노동조합은 「일반노조법」 제82조 제1항 규정에 근거하여 노동위원회에 구제를 신청할 수 있다. 단, 노동위원회에 구제를 신청하면 교원이 징계 등 자신에게 불리한 처분에 대하여 불복할 경우, 교원소청심사위원회에 소청을 청구할 수 있다는 「교원지위법」 제9조 규정은 이 경우 적용하지 않는다.

3. 관련 법령

「일반노조법」 제81조(부당노동행위) ① 사용자는 다음 각 호의 어느 하나에 해당하는 행위(이하 "부당노동행위不當勞動行爲"라 한다)를 할 수 없다.
   1. 근로자가 노동조합에 가입 또는 가입하려고 하였거나 노동조합을 조직하려고 하였거나 기타 노동조합의 업무를 위한 정당한 행위를 한 것을 이유로 그 근로자를 해고하거나 그 근로자에게 불이익을 주는 행위
   2. 근로자가 어느 노동조합에 가입하지 아니할 것 또는 탈퇴할 것을 고용조건으로 하거나 특정한 노동조합의 조합원이 될 것을 고용조건으로 하는 행위. 다만, 노동조합이 당해 사업장에 종사하는 근로자의 3분의 2 이상을 대표하고 있을 때에는 근로자가 그 노동조합의 조합원이 될 것을 고용조건으로 하는 단체협약의 체결은 예외로 하며, 이 경우 사용자는 근로자가 그 노동조합에서 제명된 것 또는 그 노동조합을 탈퇴하여 새로 노동조합을 조직하거나 다른 노동조합에 가입한 것을 이유로 근로자에게 신분상 불이익한 행위를 할 수 없다.
   3. 노동조합의 대표자 또는 노동조합으로부터 위임을 받은 자와의 단체협약체결 기타의 단체교섭을 정당한 이유 없

이 거부하거나 해태하는 행위
4. 근로자가 노동조합을 조직 또는 운영하는 것을 지배하거나 이에 개입하는 행위와 노동조합의 전임자에게 급여를 지원하거나 노동조합의 운영비를 원조하는 행위. 다만, 근로자가 근로시간 중에 제24조 제4항에 따른 활동을 하는 것을 사용자가 허용함은 무방하며, 또한 근로자의 후생자금 또는 경제상의 불행 기타 재액의 방지와 구제 등을 위한 기금의 기부와 최소한의 규모의 노동조합 사무소의 제공은 예외로 한다.
5. 근로자가 정당한 단체행위에 참가한 것을 이유로 하거나 또는 노동위원회에 대하여 사용자가 이 조의 규정에 위반한 것을 신고하거나 그에 관한 증언을 하거나 기타 행정관청에 증거를 제출한 것을 이유로 그 근로자를 해고하거나 그 근로자에게 불이익을 주는 행위

② 제1항 제4호 단서에 따른 "노동조합의 자주적 운영 또는 활동을 침해할 위험"여부를 판단할 때에는 다음 각 호의 사항을 고려하여야 한다.
 1. 운영비 원조의 목적과 경위
 2. 원조된 운영비 횟수와 기간
 3. 원조된 운영비 금액과 원조방법
 4. 원조된 운영비가 노동조합의 총수입에서 차지하는 비율
 5. 원조된 운영비의 관리방법 및 사용처 등
[2020.6.9. 법률 제17432호에 의하여 2018.5.31. 헌법재판소에서 헌법불합치 결정된 이 조를 개정함.]

「일반노조법」 제82조(구제신청) ① 사용자의 부당노동행위로 인하

여 그 권리를 침해당한 근로자 또는 노동조합은 노동위원회에 그 구제를 신청할 수 있다.

② 제1항의 규정에 의한 구제의 신청은 부당노동행위가 있은 날(계속하는 행위는 그 종료일)부터 3월 이내에 이를 행하여야 한다.

「일반노조법」 제84조(구제명령) ① 노동위원회는 제83조의 규정에 의한 심문을 종료하고 부당노동행위가 성립한다고 판정한 때에는 사용자에게 구제명령을 발하여야 하며, 부당노동행위가 성립되지 아니한다고 판정한 때에는 그 구제신청을 기각하는 결정을 하여야 한다.

「교원지위법」 제9조(소청심사의 청구 등) ① 교원이 징계처분과 그 밖에 그 의사에 반하는 불리한 처분에 대하여 불복할 때에는 그 처분이 있었던 것을 안 날부터 30일 이내에 심사위원회에 소청심사를 청구할 수 있다. 이 경우에 심사청구인은 변호사를 대리인으로 선임選任할 수 있다.

② 본인의 의사에 반하여 파면·해임·면직처분을 하였을 때에는 그 처분에 대한 심사위원회의 최종 결정이 있을 때까지 후임자를 보충 발령하지 못한다. 다만, 제1항의 기간 내에 소청심사 청구를 하지 아니한 경우에는 그 기간이 지난 후에 후임자를 보충 발령할 수 있다.

4. 입법 취지와 쟁점

제13조는 교원이 부당노동행위로 인해 불이익을 받았을 때

어떻게 구제받을 수 있는지 그 과정을 명확하게 하고, 한편으로는 노동위원회 구제신청과 교원소청심사위원회 소청 심사를 이중으로 신청하지 않도록 하기 위한 규정이다.

제13조에서 인용하고 있는 「일반노조법」 제81조 제1호와 제5호에서 규정하고 있는 사용자의 부당노동행위는 크게 다음의 5개 유형이 있다.

① 노동조합 결성과 가입, 정당한 활동에 대한 해고와 불이익을 주는 행위(불이익취급)
② 특정 노조의 가입과 미가입, 탈퇴를 전제로 고용하는 불공정 고용계약 행위(반조합계약)
③ 정당한 사유 없이 단체교섭을 거부 또는 해태하는 행위(단체교섭거부)
④ 노동조합에 대한 지배와 개입, 부당한 금전 지원 행위(지배개입)
⑤ 정당한 단체행동 참여, 혹은 노동위원회 신고 및 증언에 따른 해고 및 불이익 행위(불이익취급)

이 가운데 「교원노조법」에 해당하는 것은 제1호와 제5호이다. 부당노동행위로 인한 피해구제제도는 사용자의 부당한 권리 침해로부터 노동자·노동조합을 보호함으로써 공정한 노사관계를 유지하기 위한 제도이다. 그런데 현실에서는 부당노동행위에 대한 노사 간의 견해차가 발생할 수밖에 없다. 노동조합으로서는 우선 사용자 측이 부당노동행위를 하려는 고의성을 갖고 있었다는 사실을 밝혀야 한다는 과제를 안게 된다.

하지만 피해구제제도는 상대적으로 약자인 노동자와 노동조합을 보호하기 위한 제도이므로 민법상의 불법행위 성립요건인

과실책임주의過失責任主義를 요구하지는 않는다.54) 객관적이고 외형적 사실로부터 추정할 수 있는 의사만으로도 충분하다.55) 또 손해배상을 위주로 하는 제도가 아니므로 단결권 침해 등의 우려가 있는 행위에 대하여도 구제명령이 가능하다(이희연, 2012, 21).

---

54) 민법에서의 불법행위는 고의 또는 과실로 인한 위법행위로 타인에게 손해를 입히는 것을 말한다(민법 제750조). 불법행위의 성립요건에는 여러 가지가 있지만, 그 가운데 가해자에게 고의·과실이 있어야 한다는 요건이 핵심을 이루는데, 이를 가리켜 과실책임주의라고 한다.
55) 「일반노조법」 제84조에는 부당노동행위가 성립된다고 노동위원회가 판정하면 판정과 동시에 사용자에게 구제명령을 발하여야 한다고 의무조항으로 두었다.

|제16절| 다른 법률과의 관계(제14조)

1. 조문

제14조(다른 법률과의 관계) ① 교원에 적용할 노동조합 및 노동관계 조정에 관하여 이 법에서 정하지 아니한 사항에 대하여는 제2항에서 정하는 경우를 제외하고는 「노동조합 및 노동관계조정법」에서 정하는 바에 따른다(이하 생략).
② 「노동조합 및 노동관계조정법」 제2조 제4호 라목 단서, 제24조, 제24조의2, 제29조 제2항부터 제4항까지, 제29조의2부터 제29조의5까지, 제36조부터 제39조까지, 제41조, 제42조, 제42조의2부터 제42조의6까지, 제43조부터 제46조까지, 제51조부터 제57조까지, 제60조 제5항, 제62조부터 제65조까지, 제66조 제2항, 제69조부터 제73조까지, 제76조부터 제80조까지, 제81조 제2호 단서, 제88조, 제89조 제1호, 제91조 및 제96조 제1항 제3호는 이 법에 따른 노동조합에 대하여는 적용하지 아니한다.

2. 조문 해석

① 교원에게 적용할 노동조합과 노동관계 조정에 관한 법령은

「교원노조법」을 따르되, 「교원노조법」에 정해지지 않은 사항은 모법인 「일반노조법」의 규정을 따라야 한다. 이하는 「교원노조법」 규정에 맞게 「일반노조법」의 용어를 조정할 필요가 있는 조항이다.

② 「일반노조법」 제2조 제4호 라목 단서, 제24조, 제24조의2, 제29조 제2항~제4항, 제29조의2~5, 제36조~제39조, 제41조, 제42조, 제42조의2~6까지, 제43조~제46조, 제51조~제57조, 제60조 제5항, 제62조~제65조, 제66조 제2항, 제69조~제73조, 제76조~제80조, 제81조 제2호 단서, 제88조, 제89조 제1호, 제91조 및 제96조 제1항 제3호 규정 등은 일반노조에만 해당할 뿐 교원노조에는 적용하지 아니한다.

3. 관련 법령(「일반노조법」)

제2조(정의) 제4호 라목 단서 : 근로자가 아닌 자의 가입을 허용하는 경우(노동조합으로 보지 아니한다). 단 해고자가 부당노동행위 구제 신청한 경우, 중노위의 재심판정이 있을 때까지는 근로자가 아닌 자로 해석하여서는 아니 된다.

제24조(노동조합의 전임자)

제24조의2(근로시간면제심의위원회)

제29조(교섭 및 체결권한) ② 교섭대표노동조합 대표자는 사용자와 교섭하고 단체협약을 체결할 권한을 가진다.

③ 노사로부터 교섭·단체협약 체결권을 위임받은 자는 위임받은 범위 안에서 그 권한을 행사할 수 있다.

④ 노사는 교섭이나 단체협약 체결에 관한 권한을 위임할 때 그 사실을 상대방에게 통보하여야 한다.

제29조의2(교섭창구 단일화 절차)
제29조의3(교섭단위 결정)
제29조의4(공정대표의무 등)
제29조의5(그 밖의 교섭창구 단일화 관련 사항)
제36조(지역적 구속력)
제37조(쟁의행위의 기본원칙)
제38조(노동조합의 지도와 책임)
제39조(근로자의 구속제한)
제41조(쟁의행위의 제한과 금지)
제42조(폭력행위 등의 금지)
제42조의2(필수유지업무에 대한 쟁의행위의 제한)
제42조의3(필수유지업무협정)
제42조의4(필수유지업무 유지·운영 수준 등의 결정)
제42조의5(노동위원회의 결정에 따른 쟁의행위)
제42조의6(필수유지업무 근무 근로자의 지명)
제43조(사용자의 채용제한)
제44조(쟁의행위 기간중의 임금지급 요구의 금지)
제45조(조정의 전치)
제46조(직장폐쇄의 요건)
제51조(공익사업 등의 우선적 취급)
제52조(사적 조정·중재)
제53조(조정의 개시)
제54조(조정기간)

제55조(조정위원회의 구성)

제56조(조정위원회의 위원장)

제57조(단독조정)

제60조(조정안의 작성) ⑤ 제3항 및 제4항의 해석 또는 이행방법에 관한 견해가 제시될 때까지는 관계 당사자는 당해 조정안의 해석 또는 이행에 관하여 쟁의행위를 할 수 없다.

제62조(중재의 개시)

제63조(중재시의 쟁의행위의 금지)

제64조(중재위원회의 구성)

제65조(중재위원회의 위원장)

제66조(주장의 확인 등) ② 관계 당사자가 지명한 노동위원회의 사용자를 대표하는 위원 또는 근로자를 대표하는 위원은 중재위원회의 동의를 얻어 그 회의에 출석하여 의견을 진술할 수 있다.

제69조(중재재정등의 확정)

제70조(중재재정 등의 효력)

제71조(공익사업의 범위등)

제72조(특별조정위원회의 구성)

제73조(특별조정위원회의 위원장)

제76조(긴급조정의 결정)

제77조(긴급조정시의 쟁의행위 중지)

제78조(중앙노동위원회의 조정)

제79조(중앙노동위원회의 중재회부 결정권)

제80조(중앙노동위원회의 중재)

제81조(부당노동행위) 사용자는 다음 각 호의 어느 하나에 해당하

는 행위(이하 "부당노동행위"라 한다)를 할 수 없다.
> 2. 근로자가 어느 노동조합에 가입하지 아니할 것 또는 탈퇴할 것을 고용조건으로 하거나 특정한 노동조합의 조합원이 될 것을 고용조건으로 하는 행위. 다만, 노동조합이 당해 사업장에 종사하는 근로자의 3분의 2 이상을 대표하고 있을 때에는 근로자가 그 노동조합의 조합원이 될 것을 고용조건으로 하는 단체협약의 체결은 예외로 하며, 이 경우 사용자는 근로자가 그 노동조합에서 제명된 것 또는 그 노동조합을 탈퇴하여 새로 노동조합을 조직하거나 다른 노동조합에 가입한 것을 이유로 근로자에게 신분상 불이익한 행위를 할 수 없다.

제88조(벌칙)

제89조(벌칙) 다음 각 호의 어느 하나에 해당하는 자는 3년 이하의 징역 또는 3천만원 이하의 벌금에 처한다.
> 1. 제37조 제2항, 제38조 제1항, 제42조 제1항 또는 제42조의2 제2항의 규정에 위반한 자

제91조(벌칙)

제96조(과태료) ① 다음 각호의 1에 해당하는 자는 500만원 이하의 과태료에 처한다.
> 3. 제46조 제2항의 규정에 의한 신고를 하지 아니한 자

4. 입법 취지와 쟁점

제14조는 「교원노조법」과 그 모법인 「일반노조법」과의 관계

를 규정한 조항이다. 제1항은 「일반노조법」을 「교원노조법」에 적용할 경우, 적용대상이 다른 데 따른 용어의 조정이고, 제2항은 「교원노조법」에 적용되지 않는 「일반노조법」 규정을 망라하였다.

제2조는 부당노동행위에 대하여 중앙노동위원회에 구제신청을 한 경우, 중노위의 재심판정이 있을 때까지는 "근로자가 아닌 자로 해석하여서는 아니 된다"는 규정 대신 "교원으로 본다"라고 하여 교원의 권익을 보다 적극적으로 해석하였다.

제24조는 노동조합 전임자에 관한 규정인데, 교원노조 전임자에 관하여는 「교원노조법」 제5조에 별도의 규정이 있으므로 해당하지 않는다.

제24조의2의 근로시간면제제도를 교원노조에 적용하지 않는다고 밝힘으로써 교원노조는 일반노조와 달리 전임자가 되기 위해서는 임용권자로부터 허가를 받아야 할 뿐 아니라 근로시간면제제도도 인정받지 못하는 이중의 차별을 받게 하였다.

제29조~제29조의5는 교섭·협약 체결권, 교섭창구 단일화에 관한 규정인데, 2010년 1월에 실효되었으나 2010년 3월 전문개정으로 여전히 효력을 갖는다.

제36조는 단체협약의 지역적 구속력에 관한 규정인데, 교원노조에는 일반적 구속력만 인정되고, 지역적 구속력은 인정되지 않기 때문에 해당하지 않는다.

제37조~제46조, 제51조·제60조는 쟁의행위에 관한 규정인데, 교원노조에는 어떤 쟁의행위도 인정되지 않기 때문에 해당하지 않는다.

제52조~제57조, 제62조~제64조, 제66조 제2항까지는 조정·중재에 관한 규정인데, 「교원노조법」 제9조~제12조에 별도의 규

정이 있으므로 해당하지 않는다. 특히 교원노조에는 제3자 개입을 금지하고 있어 제52조의 사적 조정·중재가 해당하지 않으며, 심지어는 관계 당사자가 지명한 위원이 중재위원회의 동의를 얻어 회의에서 의견을 진술할 수 있게 한 제66조 제2항도 해당하지 않는다고 하였다.

제69조~제70조까지는 중재재정에 관한 규정인데, 「교원노조법」 제12조에 별도의 규정이 있으므로 해당하지 않는다.

제71조~제73조까지는 공익사업 조정에 관한 특별규칙이고, 제76조~제80조까지는 긴급조정에 관한 규정이므로 교원노조에 해당하지 않는다.

제81조는 부당노동행위에 관한 규정인데, 교원노조가 없는 상태에서 교원의 임용을 노동조합과 연계하여 부당노동행위를 상정할 필요가 없어 적용한 규정이다. 하지만 앞으로 교원의 임용에 교원노조 가입을 비롯한 부당노동행위가 발생할 수 있으므로 제81조 제2호를 「교원노조법」에 해당하도록 개정할 필요가 있다.

벌칙과 관련된 6개 조항 가운데 제88조는 방위산업체 노동자에 관한 규정이고, 제89조·제91조·제96조는 주로 쟁의행위에 관한 규정이므로 교원노조에 해당하지 않는다. 제90조는 쟁의행위, 중재재정 불복, 부당노동행위에 관한 벌칙인데, 부당노동행위에 관한 81조 규정 가운데 제1호와 제5호만 적용한다는 「교원노조법」 제13조 규정에 따라야 하므로 교원노조에 해당하지 않는다.

|제17절| 벌칙(제15조) 및 부칙

1. 조문

제15조(벌칙) ① 제8조를 위반하여 쟁의행위를 한 자는 5년 이하의 징역 또는 5천만 원 이하의 벌금에 처한다.
② 제12조 제3항을 위반하여 중재재정을 따르지 아니한 자는 2년 이하의 징역 또는 2천만 원 이하의 벌금에 처한다.

2. 조문 해석

① 어떤 쟁의행위도 해서는 안 된다는 제8조의 규정을 위반하고 쟁의행위를 한 자는 5년 이하의 징역 또는 5천만 원 이하의 벌금에 처한다.
② 중앙노동위원회의 중재재정이 확정되면 관계 당사자는 그 결정을 따라야 한다는 제12조 제3항의 규정에도 불구하고 중재재정을 따르지 아니한 자는 2년 이하의 징역 또는 2천만 원 이하의 벌금에 처한다.

3. 입법 취지와 쟁점

「일반노조법」은 제8장 벌칙에 총 9개의 벌칙 관련 조항을 두었지만 교원노조에 해당하는 조항은 제89조의2, 제90조, 제92조, 제93조이다.

제94조(양벌규정)에서는 제88조의 쟁의행위, 제93조의 노동조합 사칭, 법령을 위배한 노조규약과 단체협약 시정명령을 불이행할 경우, 위반자는 물론 단체에도 벌금형을 부과한다는 규정은 2019년 4월 11일 헌법불합치 판결을 받았다.[56]

4. 제16조 부칙

1) 개정 전 조문

① ~~(시행일)~~ ~~이~~ ~~법은~~ ~~1999년~~ ~~7월~~ ~~1일부터~~ ~~시행한다.~~
② ~~(유효기간)~~ ~~제6조~~ ~~제3항의~~ ~~규정은~~ ~~2009년~~ ~~12월~~ ~~31일까지~~ ~~그~~ ~~효력을~~ ~~가진다.~~

2) 개정 후 현 조문

<u>이 법은 공포한 날부터 시행한다.</u>

---

[56] [노동조합 및 노동관계조정법 제94조 위헌제청](헌법재판소 2019.4.11. 선고 2017헌가30 전원재판부 결정)

제8장

「교원노조법」 헌법불합치 결정과 그 의의

|제1절| 헌법불합치 결정 사유와 주된 내용

1. 전국교수노조의 헌법소원

2001년 11월에 설립된 민주노총 산하 산별노조인 전국교수노동조합(전교노)는 고용노동부에 두 차례 노동조합설립신고서를 제출하였지만(2005·2015), 접수를 거부당하자 고용노동부 장관을 상대로 서울행정법원에 제소하였다(노조설립신고수리거부처분 취소소송, 2015.4). 당시 쟁점은 노동자인 교수에 대해서 노동권의 본질적 권리인 단결권조차 인정하지 않는 것이 헌법적으로 정당화될 수 있는지 여부였다(과잉금지원칙 준수).[1]

그러자 서울행정법원은 「교원노조법」의 위헌 여부를 밝혀달라는 위헌법률심판을 헌법재판소에 제청提請하였고, 헌법재판소에서는 「교원노조법」에 대하여 헌법불합치 결정을 내렸다(2018.9.3).[2]

2. 헌법재판소의 판단

교원은 교수협의회·대학평의원회를 통한 대학자치의 주체이

---

[1] 기본권 제한은 정당한 입법목적을 위해 필요한 최소한의 제한이 되어야 한다.
[2] 이하 본문에서 중요하다고 판단되는 부분은 필자 임의로 밑줄로 표시하였다.

지만 헌법에서 보장하는 대학의 자율성은 본질적으로 연구와 교육을 위한 것일 뿐이고, 교수협의회는 임금·근무조건·후생복지 등을 위한 교섭권은 갖고 있지 못하다.

교원의 임용·복무·보수에 관하여 법률에서 정하고 있는데,[3] 대학교원 임용제도는 1995년에 3년 단임제 강의교수를 채용하기 시작한 이래 전반적으로 열악한 방향으로 바뀌어 왔다.[4] 특히 최근에는 대학 구조조정, 단기계약직 교수 및 비정년 트랙 교수 증가 등으로 교원의 경제적·사회적 지위 향상을 위한 단결권 보장이 필요한 상황에 이르렀다.

대학교원의 신분 및 임금 등 노동조건이 초·중등교원에 비하여 법적으로 강하게 보장되고 있다고 보기 어려우며, 외국에서도 단결권 자체를 인정하지 않는 경우를 찾아보기 힘들다. 또 필요하다면 대학교원의 단결권을 법적으로 강하게 제한하면 되지 노동조합 결성 자체를 전면 제한하는 것은 필요 이상의 과도한 제한으로서 법익 균형성을 갖추지 못한 것이다.

---

[3] 교원의 지위에 관한 기본적인 사항은 법률로 정한다는 「헌법」 제31조 제6항에 따라 사립대학 교원의 신분은 「사립학교법」 제4장 사립학교 교원에 규정되어 있다.
[4] 대부분 자료에는 교수 계약임용제가 본격적으로 시행된 것이 2002년부터라고 하는데, 경희대학교에서 3년 단임제 강의교수를 채용하기 시작한 것은 1995년이다.

3. 헌법재판소 판단의 주요 내용

1) 교원의 근로자성 인정

근로자는 직업의 종류를 불문하고 임금·급료 기타 이에 준하는 수입에 의하여 생활하는 자(「노동조합법」 제2조 제1호)이다. 즉 '임금생활자'를 뜻하므로 교원도 근로자에 해당한다(헌재 2015.05.28. 2013헌마671등).

2) 초·중등교원과의 직무 차이 인정

초·중등교원과 달리 학령인구 감소로 인한 폐교, 학과 구조 조정에 의한 폐과의 부담이 크고, 학생 모집과 재정 악화에 따른 부담이 있다. 또 초·중등교원은 미성년 학생을 대상으로 의무교육을 담당하며, 대학교원은 성년 학생을 대상으로 교육을 담당하되 연구가 더 주된 직무이며, 또 사회봉사와 산학협력의 직무가 주어졌다는 점에서 구분된다.

3) 초·중등교원보다 열악한 대학교원의 현실 인정

법에도 없는 비정년 트랙 교수의 급속한 증가 등 신분보장의 필요성이 커지고 있다. 늦은 취업 연령, 불리한 연금 가입 기간, 초중등 교원보다 적은 생애소득 등 저임금에 시달리고 있다.

4) 교수협의회의 교섭한계 인정

대학평의원회 구성단체로서의 법적 성격과 임의단체의 이중성을 지니고 있지만, 법적으로 임금 교섭권 없어 직원노조에 의존할 수밖에 없는 현실이다. 교수협의회 역학은 해당 대학 문제에 국한되고 연대활동을 할 수 없어 제도적 변화를 끌어낼 수 없다.

5) OECD 회원국과의 형평성 고려

OECD 회원국 가운데 대학교수노조를 불허한 경우는 우리나라가 유일하며, 선진국일수록 대학교수노조의 조직률이 높고, 활성화되어 있다. 공무원이 아닌 사립대학 교원의 노동3권(노동기본권)을 금지한 것은 과잉금지원칙 위배이다.

6) 합헌적 제한과 위헌적 침해

헌법상 권리인 자유권은 「헌법」 제37조 제2항에 의해 일정한 제약 요건하에서만 제한될 수 있다. 단 그 경우에도 권리의 본질적 내용을 침해할 수는 없다. 이 경우 위헌적인 '침해'가 된다.

법률에 의한 자유권에 대한 '제한'이 헌법재판소의 심판, 결정으로 그 '제한'을 넘어섰다고 판단되면 그때 비로소 '침해'되었다고 표현한다. 즉 기본권에 대한 다소의 '제한'이 있다 해도 헌법재판소의 심판, 결정이 있기 전에는 '제한'에 머무는 것이고 그 제한의 정도가 지나쳐 위헌적일 때 비로소 '침해'한다고 표현한다.

이때 침해를 결정하는 기준은 과잉금지원칙(비례성원칙) 위반 여부인데, 그 내용은 그 제한이

① 입법목적에서 정당하여야 하고,
　　② 그 제한이 가장 적은 수단을 택하여야 하고,
　　③ 제한되는 사익보다 얻어지는 공익이 커야 한다.

　그래야 합헌이고 한 가지라도 어기면 위헌이 된다. 즉 합헌적인 '제한'이 헌법재판소의 과잉금지원칙(비례성원칙)에 어긋나면 비로소 위헌적인 '침해'로 판정되는 것이다(류광후 변호사 자문).

|제2절| 헌법불합치결정문(요지)

교수노조 헌법불합치결정문(요지)

 헌법재판소는 2018년 8월 30일 「교원노조법」의 적용대상을 「초·중등교육법」 제19조 제1항의 교원이라고 규정함으로써 고등교육법에서 규율하는 대학교원의 단결권을 일체 인정하지 않는 「교원의 노동조합 설립 및 운영 등에 관한 법률」 제2조 본문이 대학교원들의 단결권을 침해한다는 이유로 헌법불합치 결정을 선고하였다. 다만 2020.3.31.까지는 잠정적용을 명하였다. 이 결정에 대하여는 재판관 2인의 반대 의견이 있다.[헌법불합치, 잠정적용]

1. 사건 개요

 제청신청인은 고등교육법상의 학교에 근무하는 교원들을 조합원으로 하는 전국단위의 노동조합으로서, 2015.4.20. 고용노동부장관에게 노동조합설립신고서를 제출하였다. 고용노동부장관은 2015.4.23. 위 노동조합설립신고를 반려하면서, 그 이유로 「노동조합 및 노동관계조정법」(「일반노조법」) 제5조 단서, 「교원의 노동조합 설립 및 운영 등에 관한 법률」(「교원노조법」) 제2조 본문이 교원 노동조합의 가입범위를 「초·중등교육법」 제19조 제1항의 교원으로 제한하고 있으므로 「고등교육법」 상의 교원을 조직대상으로 하는 노동조합은 현행법상 설립이 허용되지 않기 때문이라고 하였다.

제청신청인은 고용노동부장관을 상대로 위 처분의 취소를 구하는 행정소송을 제기하는 한편, 그 소송 계속 중 「일반노조법」 제5조 단서, 「교원노조법」 제2조에 대하여 위헌제청신청을 하였고, 제청 법원은 2015.12.30. 이 사건 위헌법률심판제청을 하였다.

2. 심판대상

심판대상은 「교원의 노동조합 설립 및 운영 등에 관한 법률」 (2010.3.7. 법률 제10132호로 개정된 것) 제2조 본문의 위헌 여부이다. 제청법원은 「일반노조법」 제5조 단서도 심판대상으로 삼고 있으나, 주된 제청이유가 「초·중등교육법」 상의 교원에 대하여 인정하는 교원노조를 「고등교육법」 상의 교원에게 인정하지 아니하는 것에 위헌성이 있다고 본 점, 일반법인 「일반노조법」에 대하여 특별법인 「교원노조법」이 제정된 이상 「교원노조법」의 규율이 충분한지를 판단하는 것으로 충분한 점, 「고등교육법」 상 교원의 노조 설립 문제와 관련된 개정법률안은 「교원노조법」 제2조 개정안으로 발의되어 온 점 등을 고려하여, 심판대상을 「교원노조법」제2조 본문(이하 '심판대상조항'이라 한다)으로 한정한다.

심판대상조항

「교원의 노동조합 설립 및 운영 등에 관한 법률」(2010.3.7. 법률 제10132호로 개정된 것)
제2조(정의) 이 법에서 "교원"이란 「초·중등교육법」 제19조 제1항에서 규정하고 있는 교원을 말한다.

3. 결정주문

「교원의 노동조합 설립 및 운영 등에 관한 법률」(2010.3.7. 법률 제10132호로 개정된 것) 제2조 본문은 헌법에 합치되지 아니한다. 위 법률조항은 2020.3.31.을 시한으로 개정될 때까지 계속 적용한다.

4. 이유의 요지 : 심판대상조항에 대한 판단

(1) 쟁점 및 심사기준

이 사건의 쟁점은 대학교원에 대하여 근로기본권의 본질적 권리인 단결권조차 인정하지 않는 것이 헌법적으로 정당화될 수 있는지 여부로서, 교육공무원인 대학교원과 공무원 아닌 대학교원으로 나누어, 각각의 단결권 침해가 헌법에 위배되는지 여부에 관하여, 공무원 아닌 대학교원에 대해서는 과잉금지원칙 준수 여부를 기준으로, 교육공무원인 대학교원에 대해서는 입법형성의 범위를 일탈하였는지 여부를 기준으로 나누어 심사하기로 한다.

(2) 교육공무원 아닌 대학교원의 단결권 침해 여부

심판대상조항은 교육공무원 아닌 대학교원에 대하여 단결권을 비롯한 일체의 근로3권을 인정하지 않으므로, 자유권적 측면의 근로3권과 관련이 깊다(헌재 2017.9.28. 2015헌마653 참조). 이러한 단결권에 대한 제한이 「헌법」 제37조 제2항에서 정한 기본권 제한 입법의 한계 내에 있기 위해서는 정당한 입법목적을 위한 필요 최소한의 제한이 되어야 한다.

교원의 지위에 관한 기본적인 사항은 법률로 정한다는 「헌법」 제31조 제6항에 따라 교원의 임용·복무·보수에 관하여 법률에서 정하고 있으나 대학교원 임용 제도는 전반적으로 대학교원의 신분을 보호하기보다는 열악하게 만드는 방향으로 변천되어 왔다. 2002년 이후에는 기간뿐만 아니라 여러 근로조건을 계약으로 정하여 임용·재임용하도록 하는 교수 계약 임용제가 본격적으로 시행되었고 최근에는 대학 구조조정, 기업의 대학 진출 등으로 단기계약직 교수, 강의 전담교수 등이 등장하였다. 이러한 상황에서 대학교원의 임금, 근무조건, 후생복지 등 교원의 경제적·사회적 지위향상 등을 위한 단결권의 보장이 필요한 상황에 이르렀다고 보인다.

대학교원은 교수협의회나 대학평의원회를 통하여 대학 행정·학사 등에 관한 사항을 심의하고, 대학자치의 주체로서 어느 정도 대학의 운영에 적극적으로 참여할 수 있는 길이 보장되어 있다. 그러나 교수협의회는 교수들의 근무조건 개선을 위해 대학측을 상대로 교섭할 권한이 없고 교수협의회의 역할은 해당 학교의 문제에 국한되어 교육부 혹은 사학법인연합회를 상대로 근무조건의 통일성 등에 관하여 교섭할 수도 없다. 또 대학의 자율성을 헌법에 보장하는 취지는 대학 구성원들이 학문의 연구와 교육이라는 대학의 기능을 달성하는 데 필요한 사항을 자주적으로 결정하도록 제도적으로 보장하는 것이므로, 임금, 근무조건, 후생복지 등 교원의 경제적·사회적 지위 향상에 대해서까지 대학 구성원들이 대학의 자율성을 근거로 그 의사결정 과정에 참여한다고 보기는 어렵다.

설령 일반 근로자 및 초·중등교원과 구별되는 대학교원의 특수성을 인정하더라도, 대학교원에게도 단결권을 인정하면서 다만 해당 노동조합이 행사할 수 있는 권리를 다른 노동조합과 달리 강한 제약 아래 두는 방법도 얼마든지 가능하다. 그러므로 교육공무원이 아닌 대학교원들의 단결권을 전면적으로 제한하는 것은 필요 이상의 과도한 제한이다.

심판대상조항으로 인하여 공무원 아닌 대학교원들이 향유하지 못하는 단결권은 「헌법」 제33조 제1항이 보장하고 있는 근로3권의 핵심적이고 본질적인 권리임에 비하여, 대학 사회가 다층적으로 변화하면서 대학교원의 사회·경제적 지위의 향상을 위한 요구가 높아지고 있는 상황에서 공무원이 아닌 대학교원이 단결권을 행사하지 못한 채 개별적으로만 근로조건의 향상을 도모해야 하는 불이익은 중대한 것이므로, 심판대상조항은 법익균형성도 갖추지 못한 것이다.

그러므로 심판대상조항은 과잉금지원칙에 위배되어 공무원 아닌 대학교원의 단결권을 침해한다.

(3) 교육공무원인 대학교원의 단결권 침해 여부

교육공무원은 교육을 통해 국민 전체에게 봉사하는 공무원의 지위를 가지고 있기는 하지만, 그 직무수행은 '교육'이라는 근로를 제공하여 교육을 받을 권리를 향유하는 국민들의 수요를 충족시킴으로써 국민의 복리를 증진시키는 특수성을 가지고 있는 것이고, 직업공무원 관계의 특성인 공법상의 근무·충성 관계에 입각하여 국민과 국가의 관계 형성에 관하여 중요하고 독자적인 결정 권한을 갖는다고 볼 수는 없다. 이러한 교육공무원의 직무수행의 특성과 「헌법」 제33조 제1항 및 제2항의 정신을 종합해 볼 때, 교육공무원에게 근로3권을 일체 허용하지 않고 전면적으로 부정하는 입법형성은 합리성을 상실한 과도한 것으로 허용되지 않는다.

구체적으로 살펴보면, 앞에서 본 바와 같이 교수 계약임용제 도입과 대학 구조조정 및 기업의 대학 진출 등 사회의 변화로 공무원인 대학교원의 신분 및 임금 등 근로조건이 초·중등교원에 비하여 법적으로 강하게 보장되고 있다고 보기 어렵다. 또한 대학교원은 총장 또는 학장, 교수, 부교수 및 조교수로 구분되고, 여기에 단기계약직 교수, 강의전담 교수 등의 등장으로 대학교원이 다층적으로 변하고 있다. 대학의 자율성 보장이나 학칙에 의한 교수협의회 등은 연구와 교육에 관한 중요한 의사결정 과정에 대학 구성원들이 참여할 수 있도록 하는 제도라는 점에서 그 취지가 있는 것이고, 단지 위와 같은 제도가 있다는 이유만으로 대학교원의 임금, 근무조건, 후생복지 등 교원의 경제적·사회적 지위 향상을 위한 단결의 필요성을 전면적으로 부인하는 것이 합리화 되지는 않는다. 외국의 입법례를 보더라도 대학교원에 대하여 단결권 자체를 인정하지 않는 경우는 찾기 어렵고, 다만 단체교섭의 방법 및 단체협약체결권 인정 여부 등을 일반 노동조합이나 초·중등교원과 달리 규정하고 있음을 알 수 있다.

이러한 점들을 종합할 때, 공무원인 대학교원의 단결권을 전면적으로 부정하고 있는 심판대상조항은 입법형성의 범위를 벗어난 입법이다.

(4) 헌법불합치결정 및 잠정적용명령

심판대상조항은 대학교원의 단결권을 침해하여 헌법에 위반되나, 단순위헌결정을 하여 당장 그 효력을 상실시킬 경우에는 「초·중등교육법」 제19조 제1항에 의한 교원들에 대한 교원노조 설립의 근거가 사라지게 되어 재직 중인 초·중등교원에 대하여 교원노조를 인정해 줌으로써 이들의 교원노조의 자주성과 주체성을 확보하는 데 기여하는 입법목적을 달성하기 어려운 법적 공백 상태가 발생할 수 있다. 나아가 심판대상조항의 위헌적 상태를 제거함에 있어 대학교원의 특성 등을 고려하여 대학교원의 단결권 보장의 범위를 합리적으로 형성함에 있어서는 헌법재판소의 결정 취지의 한도 내에서 입법자에게 재량이 부여된다. 따라서 입법자가 합헌적인 방향으로 법률을 개선할 때까지 그 효력을 존속하게 하여 이를 적용할 필요가 있다.

5. 재판관 김창종, 재판관 조용호의 반대의견

심판대상조항은 「교원노조법」이 적용되는 '교원'을 초·중등교육법상의 교원에 한정함으로써 대학교원의 경우 노조 설립 또는 가입을 할 수 없도록 하고 있다. 이러한 대학교원의 단결권 제한은 심판대상조항에 의한 구분과 차별 취급의 결과이므로, 이 사건의 쟁점은 심판대상조항에 의한 차별취급이 합리적 이유를 결여하여 평등원칙에 위반되는지 여부이다.

대학교원의 근로관계는 다음과 같은 특수성이 있으며 초·중등교원과 구별된다.

대학교원은 「헌법」 제31조 제6항에 근거하여 법률에 의하여 신분이 보장되고 임금 등 근로조건이 결정된다. 제청법원은 이른바 비정년트랙 교원의 문제를 들고 있으나, 비정년트랙 교원의 도입 경위 및 그 비율, 비정년트랙 교원의 단결권 보장에 관한 사회적 합의 정도 등을 종합하여 볼 때, 비정년트랙 교원의 지위 개선을 이유로 모든 대학교원에게 단결권을 부여할 필요가 있는지 의문이다.

대학교원은 학문의 자유의 제도적 보장과 대학자치 보장을 통하여 일반근로자 및 초·중등교원과 구별되는 독립성과 자율성을 보장받고 있다. 대학교원은 교수 내용이나 교수 방법에 관한 한 누구의 지시나 감독에 따르지 아니하고 독자적으로 결정하고, 강의실에서는 학문적 견해를 자유로이 표명할 수 있는 '교수의 자유'도 보장된다. 또 상대적으로 노동시간에 대한 규제가 유연하며, 주어진 강의와 사전 정의된 연구실적만 제출하면 기타 시간의 활용에 제약이 없다.

대학교원은 대학의 자치의 주체로서 대학의 인사 및 행정, 학사 등 중요사항에 참여할 권리를 보장받고, 총장선출에 관여할 수 있으며, 보직교수 활동 및 대학평의원회 및 교수회(교수협의회) 활동을 통하여 대학 행정 및 학사 등에 관한 정책형성과 평가과정에 참여하고 있다.

대학교원은 초·중등교원과 달리 「정당법」 제22조 제1항 제2호, 「공직선거법」 제60조 제1항 제4호 단서에 따라 정당 가입과 선거운동 등의 정치활동이 가능하다. 그러므로 대학교원은 정치활동을 통하여 사회 정책 및 제도 형성에 폭넓게 참여할 수 있을 뿐만 아니라 각종 위원회, 정부기관 연구 활동 등을 통하여 국가정책을 형성하기도 한다. 대학교원은 노조형태의 단결체가 아니더라도 정치활동이나 전문가단체 혹은 교수회 등을 통하여 사회적·경제적 지위 향상을 도모할 수 있다.

심판대상조항이 초·중등교원과 대학교원을 다르게 취급하는 것은 대학교원이 초·중등교원과 비교하여 보장받는 기본권의 내용과 범위, 사회적 지위·기능 및 단결권 보장의 필요성이 다른 점을 고려한 것으로서 합리적 이유가 있다. 그러므로 심판대상조항은 평등원칙에 위배되지 아니한다.

6. 결정의 의의

　이 사건은 대학교원의 단결권에 관하여 처음 판단한 결정으로서, 교육공무원인 대학교원과 공무원 아닌 대학교원에 대하여 다른 심사기준을 적용하여 보더라도, 이들에 대하여 일체의 단결권을 인정하지 않는 것은 헌법에 위반된다고 판단하였다.

| 제3절 | 헌법불합치결정문(원문)

「노동조합 및 노동관계조정법」 제5조 단서 등 위헌제청 [2018.8.30. 2015헌가38]

[판시사항]

가.

「교원의 노동조합 설립 및 운영 등에 관한 법률」의 적용대상을 「초·중등교육법」 제19조 제1항의 교원이라고 규정함으로써, 「고등교육법」에서 규율하는 대학교원들의 단결권을 인정하지 않는 「교원의 노동조합 설립 및 운영 등에 관한 법률」(2010.3.7. 법률 제10132호로 개정된 것, 이하 「교원노조법」이라 한다) 제2조 본문(이하 '심판대상조항'이라 한다)이 「헌법」에 위반되는지 여부(적극)

나.

헌법불합치 결정을 하면서 잠정적용을 명한 사례

[결정요지]

가.

　대학교원을 교육공무원 아닌 대학교원과 교육공무원인 대학교원으로 나누어, 각각의 단결권 침해가 헌법에 위배되는지 여부에 관하여 본다.

　먼저, 심판대상조항으로 인하여 <u>교육공무원 아닌 대학교원들이 향유하지 못하는 단결권은 헌법이 보장하고 있는 근로3권의 핵심적이고 본질적인 권리이다.</u> 심판대상조항의 입법목적이 재직 중인 초·중등교원에 대하여 교원노조를 인정해 줌으로써 교원노조의 자주성과 주체성을 확보한다는 측면에서는 그 정당성을 인정할 수 있을 것이나, 교원노조를 설립하거나 가입하여 활동할 수 있는 자격을 초·중등교원으로 한정함으로써 <u>교육공무원이 아닌 대학교원에 대해서는 근로기본권의 핵심인 단결권조차 전면적으로 부정한 측면에 대해서는 그 입법목적의 정당성을 인정하기 어렵고, 수단의 적합성 역시 인정할 수 없다.</u> 설령 일반 근로자 및 초·중등교원과 구별되는 대학교원의 특수성을 인정하더라도, 대학교원에게도 단결권을 인정하면서 다만 해당 노동조합이 행사할 수 있는 <u>권리를 다른 노동조합과 달리 강한 제약 아래 두는 방법도 얼마든지 가능하므로, 단결권을 전면적으로 부정하는 것은 필요 최소한의 제한이라고 보기 어렵다. 또 최근 들어 대학 사회가 다층적으로 변화하면서</u> 대학교원의 사회·경제적 지위의 향상을 위한 요구가 높아지고 있는 상황에서 단결권을 행사하지 못한 채 개별적으로만 근로조건의 향상을 도모해야 하는 불이익은 중대한 것이므로, 심판1140대상조항은 과잉금지원칙에 위배된다.

다음으로 교육공무원인 대학교원에 대하여 보더라도, 교육공무원의 직무 수행의 특성과 「헌법」 제33조 제1항 및 제2항의 정신을 종합해 볼 때, 교육공무원에게 근로3권을 일체 허용하지 않고 전면적으로 부정하는 것은 합리성을 상실한 과도한 것으로서 입법형성권의 범위를 벗어나 헌법에 위반된다.

나.

심판대상조항은 대학교원의 단결권을 침해하여 헌법에 위반되나, 단순위헌결정을 하여 당장 그 효력을 상실시킬 경우에는 「초·중등교육법」 제19조 제1항에 의한 교원들에 대한 교원노조 설립의 근거가 사라지게 되어 교원노조의 자주성과 주체성을 확보하는 데 기여하는 입법목적을 달성하기 어려운 법적 공백 상태가 발생할 수 있다. 나아가 심판대상조항의 위헌적 상태를 제거함에 있어 대학교원의 특성 등을 고려하여 대학교원의 단결권 보장의 범위를 합리적으로 형성함에 있어서는 헌법재판소의 결정 취지의 한도 내에서 입법자에게 재량이 부여되므로 입법자가 법률을 개선할 때까지 그 효력을 존속하게 하여 이를 적용할 필요가 있다.

[재판관 김창종, 재판관 조용호의 반대의견]

대학교원의 단결권 제한은 심판대상조항이 「교원노조법」이 적용되는 '교원'을 「초·중등교육법」 상의 교원에 한정한 차별취급의 결과이므로, 이 사건의 쟁점은 심판대상조항이 평등원칙에 위반되는지 여부이다. 그런데 대학교원은 헌법 및 법률로써 신분이 보장되고 임금 등 근로조건이 결정될 뿐 아니라, 학문의 자유의 제도적 보장을 통하여 초·중등교원과 구별되는 독자성과 자율성을 보장받고 있으며, 대학자치의 주체로서 학사 운영 전반에 걸쳐 의사결정 과정에 참여한다. 또 초·중등교원과 달리 대학교원은 정당가입 및 선거운동 등이 가능하므로, 정치활동 및 각종 위원회, 정부기관 연구 활동 등을 통하여 사회 정책 및 제도 형성에 폭넓게 참여할 수 있고, 노조 형태의 단결체가 아니더라도 전문가단체 혹은 교수회 등을 통하여 사회적·경제적 지위 향상을 도모할 수 있다는 점에서 초·중등교원과 구별된다. 따라서 심판대상조항은 합리적인 이유가 있으므로 평등원칙에 위배되지 아니한다.

<심판대상조문>

「교원의 노동조합 설립 및 운영 등에 관한 법률」(2010.3.7. 법률 제10132호로 개정된 것) 제2조 본문

<참조조문>

「헌법」 제11조 제1항, 제33조 제1항, 제37조 제2항

제11조 ① 모든 국민은 법 앞에 평등하다. 누구든지 성별·종교 또는 사회적 신분에 의하여 정치적·경제적·사회적·문화적 생활의 모든 영역에 있어서 차별을 받지 아니한다.
제31조 ④ 교육의 자주성·전문성·정치적 중립성 및 대학의 자율성은 법률이 정하는 바에 의하여 보장된다.
　⑥ 학교 교육 및 평생교육을 포함한 교육제도와 그 운영, 교육재정 및 교원의 지위에 관한 기본적인 사항은 법률로 정한다.
제33조 ① 근로자는 근로조건의 향상을 위하여 자주적인 단결권·단체교섭권 및 단체행동권을 가진다.
제37조 ② 국민의 모든 자유와 권리는 국가안전보장·질서유지 또는 공공복리를 위하여 필요한 경우에 한하여 법률로써 제한할 수 있으며, 제한하는 경우에도 자유와 권리의 본질적인 내용을 침해할 수 없다.

「교원의 노동조합 설립 및 운영 등에 관한 법률」(2010.3.7. 법률 제10132호로 개정된 것) 제1조, 제4조

제1조(목적) 이 법은 「국가공무원법」 제66조 제1항 및 「사립학교법」 제55조에도 불구하고 「노동조합 및 노동관계조정법」 제5

조 단서에 따라 교원의 노동조합 설립에 관한 사항을 정하고 교원에 적용할 「노동조합 및 노동관계조정법」에 대한 특례를 규정함을 목적으로 한다.

제4조(노동조합의 설립) ① 교원은 특별시·광역시·도·특별자치도(이하 "시·도"라 한다) 단위 또는 전국단위로만 노동조합을 설립할 수 있다.

② 노동조합을 설립하려는 사람은 고용노동부장관에게 설립신고서를 제출하여야 한다.

「초·중등교육법」(2017.3.21. 법률 제14603호로 개정된 것) 제19조 제1항

제19조(교직원의 구분) ① 학교에는 다음 각 호의 교원을 둔다.

「고등교육법」(2017.11.28. 법률 제15038호로 개정된 것) 제2조, 제3조, 제14조

제2조(학교의 종류) 고등교육을 실시하기 위하여 다음 각 호의 학교를 둔다.

제3조(국립·공립·사립 학교의 구분) 제2조 각 호의 학교(이하 "학교"라 한다)는 국가가 설립·경영하거나 국가가 국립대학법인으로 설립하는 국립학교, 지방자치단체가 설립·경영하는 공립학교(설립 주체에 따라 시립학교·도립학교로 구분할 수 있다), 학교법인이 설립·경영하는 사립학교로 구분한다.

제14조(교직원의 구분) ① 학교(각종학교는 제외한다. 이하 이 조에서

같다)에는 학교의 장으로서 총장 또는 학장을 둔다.
② 학교에 두는 교원은 제1항에 따른 총장이나 학장 외에 교수·부교수 및 조교수로 구분한다.
③ 학교에는 학교 운영에 필요한 행정직원 등 직원과 조교를 둔다.
④ 각종학교에는 제1항부터 제3항까지의 규정에 준하여 필요한 교원, 직원 및 조교(이하 "교직원"이라 한다)를 둔다.

<참조판례>

가. 헌재 1992.4.28. 90헌바27, 판례집4, 255, 267
　　헌재 2015.5.28. 2013헌마671등, 판례집27-1하, 336, 347

<당사자>

　　제청법원　　서울행정법원
　　제청신청인　전국교수노동조합
　　　　　　　　대표자 위원장 노○기
　　　　　　　　대리인 법무법인 여는
　　　　　　　　담당변호사 장종오

당해사건:
　　서울행정법원 2015구합68857 노동조합설립신고반려처분취소

[주문]

「교원의 노동조합 설립 및 운영 등에 관한 법률」(2010.3.17. 법률 제10132호로 개정된 것) 제2조 본문은 헌법에 합치되지 아니한다. 위 법률조항은 2020.3.31.을 시한으로 개정될 때까지 계속 적용한다.

<이유>

1. 사건 개요

제청신청인은 「고등교육법」상의 학교에 근무하는 교원들을 조합원으로 하는 전국 단위의 노동조합으로서, 2015.4.20. 고용노동부장관에게 노동조합설립신고서를 제출하였다. 고용노동부장관은 2015.4.23. 위 노동조합설립신고를 반려하면서, 그 이유로 「노동조합 및 노동관계조정법」(이하 「일반노조법」이라 한다) 제5조 단서, 「교원의 노동조합 설립 및 운영 등에 관한 법률」(이하 「교원노조법」이라 한다) 제2조 본문이 교원 노동조합의 가입범위를 「초·중등교육법」제19조 제1항의 교원으로 제한하고 있으므로 「고등교육법」상의 교원을 조직대상으로 하는 노동조합은 현행법상 설립이 허용되지 않기 때문이라고 하였다(이하 '이 사건 처분'이라 한다).

제청신청인은 이 사건 처분에 불복하여 고용노동부장관을 상대로 위 처분의 취소를 구하는 행정소송을 제기하는 한편, 그 소송 계속 중 「일반노조법」 제5조 단서, 「교원노조법」 제2조에 대하여 위헌제청신청을 하였고, 제청법원은 2015.12.30. 이 사건 위헌법률심판제청을 하였다.

2. 심판 대상

이 사건 심판대상은 「교원의 노동조합 설립 및 운영 등에 관한 법률」(2010.3.17. 법률 제10132호로 개정된 것) 제2조 본문의 위헌 여부이다. 제청법원은 「일반노조법」 제5조 단서도 심판대상으로 삼고 있으나, 주된 제청이유가 「초·중등교육법」 상의 교원에 대하여 인정하는 교원노조를 「고등교육법」 상의 교원에게 인정하지 아니하는 것에 위헌성이 있다고 본 점, 일반법인 「일반노조법」에 대하여 특별법인 「교원노조법」이 제정된 이상 「교원노조법」의 규율이 충분한지를 판단하는 것으로 충분한 점, 「고등교육법」 상 교원의 노조 설립 문제와 관련된 개정 법률안은 「교원노조법」 제2조 개정안으로 발의되어 온 점 등을 고려하여, 심판대상을 「교원노조법」 제2조 본문(이하 '심판대상조항'이라 한다)으로 한정하기로 한다. 심판대상조항의 내용 및 관련조항은 다음과 같다.

<심판대상조항>

「교원의 노동조합 설립 및 운영 등에 관한 법률」(2010.3.17. 법률 제10132호로 개정된 것)

제2조(정의) 이 법에서 "교원"이란 「초·중등교육법」 제19조 제1항에서 규정하고 있는 교원을 말한다.

<관련조항>

「노동조합 및 노동관계조정법」

제5조(노동조합의 조직·가입) 근로자는 자유로이 노동조합을 조직하거나 이에 가입할 수 있다. 다만, 공무원과 교원에 대하여는 따로 법률로 정한다.

「교원의 노동조합 설립 및 운영 등에 관한 법률」
제1조(목적) 이 법은 「국가공무원법」 제66조 제1항 및 「사립학교법」 제55조에도 불구하고 「노동조합 및 노동관계조정법」 제5조 단서에 따라 교원의 노동조합 설립에 관한 사항을 정하고 교원에 적용할 「노동조합 및 노동관계조정법」에 대한 특례를 규정함을 목적으로 한다.
제4조(노동조합의 설립) ① 교원은 특별시·광역시·도·특별자치

도(이하 "시·도"라 한다) 단위 또는 전국단위로만 노동조합을 설립할 수 있다.

「초·중등교육법」
제19조(교직원의 구분) ① 학교에는 다음 각 호의 교원을 둔다.
　　1. 초등학교·중학교·고등학교·공민학교·고등공민학교·고등기술학교 및 특수학교에는 교장·교감·수석교사 및 교사를 둔다. 다만, 학생 수가 100명 이하인 학교나 학급 수가 5학급 이하인 학교 중 대통령령으로 정하는 규모 이하의 학교에는 교감을 두지 아니할 수 있다.

「고등교육법」

제2조(학교의 종류) 고등교육을 실시하기 위하여 다음 각 호의 학교를 둔다.
　　1. 대학
　　2. 이하 생략
제3조(국립·공립·사립 학교의 구분) 제2조 각 호의 학교(이하 "학교"라 한다)는 국가가 설립·경영하거나 국가가 국립대학법인으로 설립하는 국립학교, 지방자치단체가 설립·경영하는 공립학교(설립주체에 따라 시립학교·도립학교로 구분할 수 있다), 학교법인이 설립·경영하는 사립학교로 구분한다.
제14조(교직원의 구분) ① 학교(각종학교는 제외한다. 이하 이 조에서 같다)에는 학교의 장으로서 총장 또는 학장을 둔다.
　　② 학교에 두는 교원은 제1항에 따른 총장이나 학장 외에 교

수·부교수 및 조교수로 구분한다.
③ 이하 생략

3. 제청 법원의 위헌제청이유

가.

　사립대학 교원의 경우, 「헌법」 제31조 제6항에 근거하여 교원의 권리·의무 및 책임을 규정하는 법률을 제정할 수 있다고 하더라도 <u>학생의 수업권 보장을 이유로 「고등교육법」 상의 교원의 노동기본권을 일정한 조건 아래 제한하는 것은 별론으로 하고, 헌법이 명시적으로 보장하고 있는 노동기본권을 전면적으로 부정하는 심판대상조항은 「고등교육법」 상 사립학교 교원의 노동3권의 본질적인 내용을 침해한 것으로서 위헌</u>이다.

나.

　「초·중등교육법」 상의 교원들에게만 단결권과 단체교섭권을 인정하고 「고등교육법」 상의 교원들에게는 이를 전면적으로 금지하는 심판대상조항은 「고등교육법」 상의 교원을 「초·중등교육법」 상의 교원에 비하여 <u>합리적 이유 없이 차별한 것으로서 헌법상 평등원칙에 위배되어 위헌</u>이다. 「고등교육법」 상 교원의 교육대상인 대학생은 스스로의 가치판단에 따라 의사를 결정하고 행동할 수 있는 성인으로서, '대학의 장 임용추천위원회'의 위원이 되는 등 대학자치의 주체로서의 지위까지 보장받고 있어 「고등교육법」상의 교원이 근로기본권을 행사하더라도 그로 인하여 대학생들의 교육권이 침해될 우려는 초·중등학교 학생들에 비하여 오히려 적다. 그러므로 심판대상조항은 사립대학의 교원뿐 아니라 공무원인 국공립대학 교원을 「초·중등교육법」상의 교원에 비하여 합리적 이유 없이 차별한 것이다.

4. 판단

가. 쟁점 및 심사기준

(1) 이 사건의 쟁점

「헌법」제33조 제1항은 "근로자는 근로조건의 향상을 위하여 자주적인 단결권, 단체교섭권 및 단체행동권을 가진다."고 규정하여 근로자의 자주적인 단결권을 비롯한 근로3권을 기본권으로 보장하고 있다. '근로자'라 함은 직업의 종류를 불문하고 임금·급료 기타 이에 준하는 수입에 의하여 생활하는 자(「일반노조법」제2조 제1호) 즉 '임금생활자'를 의미하고, 교원도 학생들에 대한

지도·교육이라는 노무에 종사하고 그 대가로 받는 임금·급료 그 밖에 이에 준하는 수입으로 생활하는 사람이므로 근로자에 해당한다(헌재 2015. 5. 28. 2013헌마671등).

그런데 「헌법」 제33조 제2항은 "공무원인 근로자는 법률이 정하는 자에 한하여 단결권·단체교섭권 및 단체행동권을 가진다"고 규정한다. 이에 헌법에 의한 근로자의 단결권·단체교섭권 및 단체행동권을 보장하기 위하여 마련된 「일반노조법」 제5조 본문은 "근로자는 자유로이 노동조합을 조직하거나 이에 가입할 수 있다."고 규정하면서, 같은 조 단서에서 공무원과 교원에 대하여는 따로 법률로 정한다고 규정함으로써 이들에 대한 「일반노조법」의 적용을 배제하고 있다.

1999년 「교원노조법」이 제정되기 전까지 교원의 근로3권은 「헌법」 제33조 제2항, 교원의 지위에 관한 기본적인 사항은 법률로 정하도록 한 「헌법」 제31조 제6항, 사실상 노무에 종사하는 공무원을 제외하고는 공무원의 노동운동을 금지하는 「국가공무원법」 제66조 및 이를 준용하는 「사립학교법」 조항 등을 근거로 보장되지 않았고, 그 결과 교원노조도 합법적인 노조로 인정받지 못하였다.

제33조 ② 공무원인 근로자는 법률이 정하는 자에 한하여 단결권·단체교섭권 및 단체행동권을 가진다.

제31조 ⑥ 학교교육 및 평생교육을 포함한 교육제도와 그 운영, 교육재정 및 교원의 지위에 관한 기본적인 사항은 법률로 정한다.

제66조(집단 행위의 금지) ① 공무원은 노동운동이나 그 밖에 공무

외의 일을 위한 집단 행위를 하여서는 아니 된다. 다만, 사실상 노무에 종사하는 공무원은 예외로 한다.
② 제1항 단서의 사실상 노무에 종사하는 공무원의 범위는 대통령령등으로 정한다.<개정 2015.5.18.>
③ 제1항 단서에 규정된 공무원으로서 노동조합에 가입된 자가 조합 업무에 전임하려면 소속 장관의 허가를 받아야 한다.
④ 제3항에 따른 허가에는 필요한 조건을 붙일 수 있다.

그러나 1991년 국제노동기구(ILO) 가입 이후 ILO로부터 교원의 단결권 인정에 대한 수 차례의 권고 및 1996년 경제협력개발기구(OECD) 가입 이후 같은 취지의 입법 권고를 수 차례 받게 되자, 정부는 1996년 '노사관계개혁위원회'를 설치하여 공무원과 교원의 단결권에 대한 논의를 시작하였고, 1998년 '노사정위원회'에서 교원의 노동조합 결성권을 보장하기로 합의하여, 1999.1.29. 「교원노조법」이 제정·공포(법률 제5727호)되고 같은 해 7.1.부터 시행되었다.

그런데 심판대상조항은 「교원노조법」의 적용을 받는 교원을 '초·중등교육법」 제19조 제1항에서 규정하고 있는 교원'으로 정의함으로써, 위 법에 따라 교원의 근로조건에 관하여 정부 등을 상대로 단체교섭 및 단체협약을 체결할 권한을 가진 교원노조를 설립하거나 그에 가입하여 활동할 수 있는 자격을 재직 중인 초·중등학교 교원으로 정하고 있다. 이에 따라 「고등교육법」 상의 교원(고등교육을 실시하기 위한 대학 등에 두는 교원으로서, 이하에서는 '대학교원'이라고 한다)은 「일반노조법」도 적용받지 아니하고, 「교원노조법」상의 '교원'에도 해당하지 않아 「교원노조법」도 적용받지 아니한다.

즉 대학교원은 적법하게 노동조합 설립 신고를 할 수 없으므로 설립신고서 반려처분을 받게 되고(「일반노조법」 제12조 제3항), 노동조합이 설립신고서 반려처분을 받게 되면 노동위원회에 노동쟁의 조정 및 부당노동행위의 구제신청을 할 수 없는 것은 물론이거니와(제7조 제1항), 나아가 노동조합이 '노동조합'이라는 명칭을 사용할 수 없고(제7조 제3항), 이에 반하여 노동조합이라는 명칭을 사용할 경우 500만 원 이하의 벌금에 처해진다(제93조).

결국 이 사건의 쟁점은 이와 같이 근로기본권의 핵심적인 권리인 단결권조차 인정되지 아니하는 대학교원에 대한 기본권의 제한이 헌법적으로 정당화될 수 있는지 여부이다. 평등원칙 위배에 관한 제청이유는 초·중등교원과 달리 대학교원의 단결권 등을 인정하지 않는 것의 위헌성에 관한 주장으로서, 단결권 침해의 위헌성에 대한 주장과 실질적으로 같다고 할 것이므로 별도로 살펴보지 아니한다.

(2) 심사기준

「고등교육법」 제2조에 규정된 고등교육을 실시하기 위한 학교는 국가가 설립·경영하거나 국가가 국립대학법인으로 설립하는 국립학교, 지방자치단체가 설립·경영하는 공립학교, 학교법인이 설립·경영하는 사립학교로 구분하며(「고등교육법」 제3조), 「고등교육법」 제2조의 학교 중 국립 또는 공립의 학교에 근무하는 교원 및 조교는 교육공무원이다(「교육공무원법」 제2조 제1항, 제3항). 즉 대학교원에는 교육공무원인 교원과 교육공무원이 아닌 교원이 모두 포함되어 있다.

이 사건에서는 대학교원을 교육공무원 아닌 대학교원과 교육공무원인 대학교원으로 나누어, 각각의 단결권에 대한 제한이 헌법에 위배되는지 여부에 관하여 살펴보기로 하되, 교육공무원 아닌 대학교원에 대해서는 과잉금지원칙 위배 여부를 기준으로, 교육공무원인 대학교원에 대해서는 입법형성의 범위를 일탈하였는지 여부를 기준으로 나누어 심사하기로 한다.

나. 교육공무원이 아닌 대학교원의 단결권 침해 여부

(1) 단결권의 의의 및 그 제한의 요건

근로3권은 사회적 보호 기능을 담당하는 자유권 또는 사회권적 성격을 띤 자유권이라고 할 수 있다. 자유권적 성격과 사회권적 성격을 함께 갖는 근로3권은, 국가가 근로자의 단결권을 존중하고 부당한 침해를 하지 아니함으로써 보장되는 자유권적 측면인 국가로부터의 자유뿐만 아니라, 근로자의 권리행사의 실질적 조건을 형성하고 유지해야 할 국가의 적극적인 활동을 필요로 한다(헌재 1998.2.27. 94헌바13등; 헌재 2008.7.31. 2004헌바9 참조). 심판대상조항은 교육공무원 아닌 대학교원에 대하여 「교원노조법」의 적용을 배제함으로써 단결권을 비롯한 일체의 근로3권을 인정하지 않으므로, 자유권적 측면의 근로3권과 관련이 깊다(헌재 2017.9.28. 2015헌마653 참조). 또 단결권은 근로자의 다른 권리들을 진정한 권리로 만들어주는 근로기본권의 핵심으로서, 단결의 자유를 통해 노조의 조직·운영 및 제반 단결활동을 보장하는 권리라는 점에서도 자유권적인 성격이 강하다. 그러므로 이러한 단결권에 대한 제한이 「헌법」 제37조 제2항에서 정한 기본권제한입법의 한계 내에 있기 위해서는 <u>정당한 입법목적을 위한 필요 최소한의 제한이 되어야</u> 한다.

(2) 입법목적의 정당성 및 수단의 적절성

앞서 본 바와 같이 1999.1.29. 제정·공포된 「교원노조법」은 「헌법」 제33조 제2항, 「헌법」 제31조 제6항을 근거로 일체 보장되지 않았던 교원의 근로3권 보장을 위하여 교원의 노동조합 설립에 관한 사항을 정하고 교원에 적용할 노동조합법에 대한 특례를 규정함을 목적으로 제정된 법률이다(제1조). 심판대상조항은 교원의 근로조건 향상을 위하여 정부 등을 상대로 단체교섭권 등을 행사하는 교원노조를 설립하거나 그 활동의 주된 주체를 원칙적으로 <u>초·중등학교에 재직 중인 교원으로 한정함으로써</u>, 대내외적으로 교원노조의 자주성과 주체성을 확보하여 교원의 실질적 근로조건 향상에 기여한다는 데 그 입법목적이 있다(헌재 2015.5.28. 2013헌마671등 참조).

이러한 입법목적은 재직 중인 초·중등교원에 대하여 교원노조를 인정해 줌으로써 이들의 교원노조의 자주성과 주체성을 확보하는 데 기여할 수 있다는 측면에서는 그 정당성을 인정할 수 있을 것이다. 그러나, 심판대상조항이 교원노조를 설립하거나 가입하여 활동할 수 있는 자격을 초·중등교원으로 한정함으로써 결과적으로 교육공무원 아닌 대학교원에 대해서 근로기본권의 핵심인 단결권조차 전면적으로 부정한 측면에 대해서는 <u>입법목적의 정당성을 인정할 수 없고, 수단의 적합성도 인정할 수 없다.</u>

(3) 최소침해성

가) 대학교원의 근로자성 및 단결 필요성

노조를 결성하는 목적은 <u>교원의 근로조건의 개선, 경제적·사회적 지위향상, 교육서비스의 효율성 강화, 단체를 통한 정보의 획득 및 공유, 그리고 이러한 단체의 주장 전달</u> 등이다. 앞서 본 바와 같이 교원의 지위에 관한 기본적인 사항은 법률로 정한다는 「헌법」 제31조 제6항에 따라 교원의 임용·복무·보수에 관하여 「교육공무원법」, 「교원의 지위 향상 및 교육활동 보호를 위한 특별법」'(이하 「교원지위법」이라 한다), 「사립학교법」 등의 법률에서 정하고 있다.

그러나 <u>대학교원 임용 제도는 전반적으로 대학교원의 신분을 보호하기보다는 열악하게 만드는 방향으로 변천되어 왔다. 2002년 이후에는 기간뿐만 아니라 여러 근로조건을 계약으로</u> 정하여 임용·재임용하도록 하는 <u>교수 계약 임용제</u>(「교육공무원법」 제11조의4 및 「사립학교법」 제53조의2 제3항)가 본격적으로 시행되었다. 계약임용제 도입은 교수들 간의 경쟁을 통해 능력을 발휘하도록 하고 우수한 교수를 임용할 수 있는 장점이 있는 반면, 대학교원의 신분을 불안하게 하고 <u>대학 경영진들의 대학교원 통제 수단으로 악용될 가능성도 상존하고 있다.</u> 최근 대학 구조조정, 기업의 대학 진출 등으로 '<u>단기계약직 교수(비정년트랙)</u>'나 '<u>강의전담 교수</u>'가 등장하였고 2015년 기준으로 사립대학 내 비정년트랙 전임교원의 비율은 20.6%에 이른다. 그런데 비정년트랙 교원의 급여수준이 정년트랙에 비하여 50%에 이르는 수준인 대학도 있어 비정년트랙의 확대로 인하여 대학교원의 저임금과 신분불안이 확산될 것이라는 우려가 커지고 있다. 교원소청심사위원회 청구현황에 의하면, 교원의 재임용거부처분 청구의 숫자는 해마다 늘어나고 있어 객관적으로 대학교원의 신분은 흔들리고 있다는 분석도 있다.

이러한 사정들을 종합해 볼 때, 대학교원의 임금, 근무조건, 후생복지 등 교원의 경제적·사회적 지위향상 등을 위한 단결권의 보장은 필요한 상황에 이르렀다고 보인다. 따라서, 이러한 상황에서 교육공무원이 아닌 대학교원의 단결권을 전면적으로 제한하는 것은 필요 이상의 과도한 제한이다.

제53조의2(학교의 장이 아닌 교원의 임용) ③ 대학교육기관의 교원은 정관이 정하는 바에 따라 근무기간·급여·근무조건, 업적 및 성과약정등 계약조건을 정하여 임용할 수 있다. 이 경우 근무기간에 관하여는 국공립대학의 교원에게 적용되는 관련규정을 준용한다.<개정 1999.8.31.>

나) 교수협의회 등을 통한 교섭의 한계
각 대학은 학칙에 따라 교수협의회(혹은 교수회, 교수평의회)를 두고 있으며, 학칙으로 정하는 바에 따라 학칙 제·개정을 비롯한 대학행정·학사 등에 관한 사항을 심의한다. 대학은 대학 발전계획이나 교육과정의 운영에 관한 사항 등을 심의하기 위하여 교직원과 학생으로 구성되는 대학평의원회를 설치·운영하여야 한다(「고등교육법」 제19조의2).
대학교원이 대학평의원회 및 교수협의회 활동을 통해서 대학 행정·학사 등에 관한 정책형성 및 평가과정에 참여할 수는 있으나, 대부분의 학교에서는 대학 측이 교수협의회의 법적 지위를 인정하지 않는 등 교수협의회는 법률상 보호를 받지 못하는 임의단체이다. 그러므로 교수협의회가 교수들의 근무조건 개선을 위해 대학 측을 상대로 교섭할 권한이 없음은 말할 나위도 없으므로, 갈수록 열악해지는 대학교원의 근로조건의 개선을 위한 역할을 수행하기에는 부족하다. 교수협의회의 역할은 해당 학교의 문제에 국한되므로, 특정 학교의 문제에 대하여 다른 학교의 교수협의회가 관여하고 싶어도 연대활동을 할 수 없으며, 교육부 혹은 사학법인연합회를 상대로 근무조건의 통일성 등에 관하여 교섭할 수도 없다.

한편 「헌법」 제31조 제4항이 보장하는 대학의 자율성은 「헌법」 제22조 제1항이 보장하고 있는 학문의 자유의 확실한 보장수단으로서 꼭 필요한 것이며(헌재 2006.4.27. 2005헌마1119), 교수나 교수회는 대학의 장에 의한 학문의 자유 침해, 국가에 의한 대학의 자율성 침해 등의 경우에 있어 대학의 자치의 주체가 될 수 있다(헌재 2006.4.27. 2005헌마1047등).

그런데 대학의 자율성을 보장하는 취지는 대학 구성원들이 학문의 연구와 교육이라는 대학의 기능을 달성하는 데 필요한 사항을 자주적으로 결정하도록 제도적으로 보장하는 것이며, 연구와 교육에 관한 중요한 의사결정 과정에 대학 구성원들이 참여할 수 있도록 하는 것이다. 이에 따라 학문의 자유를 향유하는 대학교원은 대학자치의 주체로서 어느 정도 대학의 운영에 적극적으로 참여할 수 있는 길이 보장되어 있으나, 임금, 근무조건, 후생복지 등 교원의 경제적·사회적 지위향상에 대해서까지 대학 구성원들이 대학의 자율성을 근거로 그 의사결정 과정에 참여할 수 있다고 보기는 어렵다.

제31조 ④ 교육의 자주성·전문성·정치적 중립성 및 대학의 자율성은 법률이 정하는 바에 의하여 보장된다.
제22조 ①모든 국민은 학문과 예술의 자유를 가진다.

설령 일반 근로자 및 초·중등교원과 구별되는 대학교원의 특수성을 인정하여 대학교원노조의 존속 및 활동을 제한한다고 하더라도, 대학교원에게도 단결권을 인정하면서 다만 해당 노동조합이 행사할 수 있는 권리를 다른 노동조합과 달리 강한 제약 아래 두는 방법도 얼마든지 가능하다. 예를 들어 「초·중등교육법」 상의 교원과 마찬가지로 단결권을 행사할 수 있도록 하는 범위에서 단체교섭의 대상과 방법 등을 달리 하는 것도 가능하다.
이러한 사정들에 비추어 보아도, 교육공무원 아닌 대학교원의 단결권을 전면적으로 제한하는 것은 필요 이상의 과도한 제한이다.

(4) 법익균형성

심판대상조항으로 인하여 교육공무원 아닌 대학교원들이 향유하지 못하는 단결권은 「헌법」 제33조 제1항이 보장하고 있는 근로3권의 핵심적이고 본질적인 권리이다. 최근 들어 대학 사회가 다층적으로 변화하면서 대학교원의 사회·경제적 지위의 향상을 위한 요구가 높아지고 있는 사회적 상황에 비추어 볼 때 교육공무원이 아닌 대학교원이 단결권을 행사하지 못한 채 개별적으로만 근로조건의 향상을 도모해야 하는 불이익은 중대한 것이므로, 심판대상조항은 법익균형성도 갖추지 못한 것이다.

(5) 소결

그러므로 심판대상조항은 과잉금지원칙에 위배되어 교육공무원 아닌 대학교원의 단결권을 침해한다.

다. 교육공무원인 대학교원의 단결권 침해 여부

(1) 입법형성권의 한계

앞서 본 바와 같이 대학교원 가운데에는 교육공무원 신분인 교원이 있으며, 공무원은 「헌법」 제33조 제2항에 의하여 법률이 정하는 자에 한하여 근로3권을 가진다. 「헌법」 제33조 제2항에 의하여 입법자는 어느 범위의 공무원에게 근로3권을 인정할 것인지에 관하여 광범위한 입법형성권을 가지나, 입법재량이 무제한적인 것은 아니다. 입법권자가 「헌법」 제33조 제2항의 규정에 따라 근로3권의 주체가 될 수 있는 공무원의 범위를 정함에 있어서는 근로3권을 보장하고 있는 헌법의 정신이 존중되어야 함은 물론 국제사회에 있어서의 노동관계 법규 등도 고려되어야 하는 한편, 근로자인 공무원의 직위와 직급, 직무의 성질, 그 시대의 국가·사회적 상황 등도 아울러 고려하여 합리적으로 결정하여야 한다(헌재 1992.4.28. 90헌바27 참조).

그러므로 교육공무원인 대학교원의 단결권을 전면적으로 부정하는 심판대상조항이 입법형성권을 합리적으로 행사한 것인지를 살펴본다.

제33조 ② 공무원인 근로자는 법률이 정하는 자에 한하여 단결권·단체교섭권 및 단체행동권을 가진다.

(2) 구체적 판단

교육공무원은 교육을 통하여 국민 전체에게 봉사하고 직무와 책임의 특수성이 있는 공무원으로서(「교육공무원법」 제1조 참조), 「교육공무원법」의 적용을 받는 교원은 「초·중등교육법」 제2조 및 「고등교육법」 제2조의 학교 중 국립 또는 공립의 학교에 근무하는 교원 등을 모두 포함한다(같은 법 제2조 제1항, 제3항).

교육공무원은 교육을 통해 국민 전체에게 봉사하는 공무원의 지위를 가지고 있기는 하지만, 그 직무수행은 '교육'이라는 근로를 제공하여 교육을 받을 권리를 향유하는 국민들의 수요를 충족시킴으로써 국민의 복리를 증진시키는 특수성을 가지고 있는 것이고, 직업공무원관계의 특성인 공법상의 근무·충성 관계에 입각하여 국민과 국가의 관계 형성에 관하여 중요하고 독자적인 결정 권한을 갖는다고 볼 수는 없다. 이러한 교육공무원의 직무수행의 특성과 「헌법」 제33조 제1항 및 제2항의 정신을 종합해 볼 때, 교육공무원에게 근로3권을 일체 허용하지 않고 전면적으로 부정하는 입법형성은 합리성을 상실한 과도한 것으로 허용되지 않는다.

　구체적으로 살펴보면, 앞에서 본 바와 같이 1999년 제정된 교원노조법은 교원의 단결권 인정에 대한 ILO 및 OECD 등 국제기구의 수 차례 권고에 이어 '노사정위원회'에서 교원의 노동조합 결성권을 보장하기로 합의하여 제정되었으며, 제1조에서 「국가공무원법」 제66조 제1항 및 「사립학교법」 제55조에도 불구하고 「일반노조법」 제5조 단서에 따라 교원의 노동조합 설립에 관한 사항을 정하고 교원에 적용할 노동조합법에 대한 특례를 규정함을 목적으로 한다고 규정하고 있다. <u>교원노조법은 최초로 교원에 대한 단결권 등 보장에 관한 법률을 제정하면서 초·중등교육법상 교원에 대한 근로3권 보장을 우선적으로 법제화한 것</u>으로 보이는데, 다음에서 보는 바와 같이 교원노조법의 적용 범위에 초·중등교원만을 포함시키고 교육공무원인 대학교원을 제외하는 것이 입법형성권을 합리적으로 행사한 것이라고 보기 어렵다.

　교육공무원인 초·중등교원과 대학교원은 「헌법」 제31조 제6항, 교육기본법, 교육공무원법, 교원지위법 및 이를 준용하는 사립학교법을 통하여 그 자격·임용·보수·연수 및 신분보장 등에 관한 규율을 받고 있다. 그런데 <u>초·중등교원의 경우 근로조건이 거의 법정되어 있어 안정적으로 근무할 수 있음에 반해</u>, 앞에서 본 바와 같이 교수 계약임용제 도입과 대학 구조조정 및 기업의 대학 진출 등 사회의 변화로 교육공무원인 대학교원의 <u>신분 및 임금 등 근로조건이 초·중등교원에 비하여 법적으로 강하게 보장되고 있다고 보기 어렵다</u>. 또한 대학교원은 총장 또는 학장, 교수, 부교수 및 조교수로 구분되고(현행 고등교육법 제14조), 여기에 단기계약직 교수, 강의전담 교수 등의 등장으로 대학교원이 다층적으로 변하고 있다. 그러므로 교육공무원인 대학교원의 임금, 근무조건, 후생복지 등 교원의 경제적·사회적 지위향상을 위한 단결의 필요성을 전면적으로 부인하는 것은 합리적인 이유가 없다.

한편 초·중등교원은 의무교육의 주체로서 의무교육성, 표준성 등을 특징으로 하는 반면, 대학교원은 헌법에서 보장하는 대학의 자율성 및 학문의 주체가 된다. 그러나 대학의 자율성 보장이나 학칙에 의한 교수협의회 등은 연구와 교육에 관한 중요한 의사결정 과정에 대학 구성원들이 참여할 수 있도록 하는 제도라는 점에서 그 취지가 있는 것이고, 단지 위와 같은 제도가 있다는 이유만으로 교육공무원인 대학교원의 임금, 근무조건, 후생복지 등 교원의 경제적·사회적 지위향상을 위한 단결의 필요성을 전면적으로 부인하는 것이 합리화 되지는 않는다.

외국의 입법례를 보더라도 대학교원에 대하여 단결권 자체를 인정하지 않는 경우는 찾기 어렵고, 다만 단체교섭의 방법 및 단체협약체결권 인정 여부 등을 일반 노동조합이나 초·중등교원과 달리 규정하고 있음을 알 수 있다.

이러한 점들을 종합할 때, 교육공무원인 대학교원의 단결권을 전면적으로 부정하고 있는 심판대상조항은 입법형성의 범위를 벗어난 입법이다.

(3) 소결

그러므로 교육공무원인 대학교원에게 노동조합을 조직하고

가입할 권리인 단결권을 전혀 인정하지 않는 심판대상조항은 입법형성권의 범위를 벗어난 것으로서 헌법에 위반된다.

라. 헌법불합치결정과 잠정적용 명령의 필요성

　법률이 헌법에 위반되는 경우, 헌법의 규범성을 보장하기 위하여 원칙적으로 그 법률에 대하여 위헌결정을 하여야 하는 것이지만, 위헌결정을 통하여 법률조항을 법질서에서 제거하는 것이 법적 공백이나 혼란을 초래할 우려가 있는 경우에는 위헌조항의 잠정적 적용을 명하는 헌법불합치결정을 할 수 있다. 심판대상조항은 대학교원의 단결권을 침해하여 헌법에 위반되지만, 단순위헌결정을 하여 당장 그 효력을 상실시킬 경우에는 초·중등교육법 제19조 제1항에 의한 교원들에 대한 교원노조 설립의 근거가 사라지게 되어 재직 중인 초·중등교원에 대하여 교원노조를 인정해 줌으로써 이들의 교원노조의 자주성과 주체성을 확보하는 데 기여하는 입법목적을 달성하기 어려운 법적 공백 상태가 발생할 수 있다. 나아가 심판대상조항의 위헌적 상태를 제거함에 있어 대학교원의 특성 등을 고려하여 대학교원의 단결권 보장의 범위를 합리적으로 형성함에 있어서는 헌법재판소의 결정 취지의 한도 내에서 입법자에게 재량이 부여된다 할 것이다. 따라서 입법자가 합헌적인 방향으로 법률을 개선할 때까지 그 효력을 존속하게 하여 이를 적용할 필요가 있다.

5. 결론

그렇다면 심판대상조항은 헌법에 합치되지 아니하나, 2020.3. 31.을 시한으로 입법자의 개선입법이 이루어질 때까지 잠정적으로 적용되도록 함이 상당하므로 주문과 같이 결정한다. 이 결정에는 아래 6.과 같은 <u>재판관 김창종, 재판관 조용호의 반대의견이 있는 외에는</u> 관여 재판관 전원의 일치된 의견에 따른 것이다.

6. 재판관 김창종, 재판관 조용호의 반대 의견

우리는 심판대상조항이 대학교원의 단결권을 침해하여 위헌이라는 다수의견에 반대한다. 그 이유는 다음과 같다.

가. 쟁점

제청법원이 심판대상으로 삼은 것은 「일반노조법」 제5조 단서 및 「교원노조법」 제2조 본문이다. 그런데 「일반노조법」은 헌법에 의한 근로자의 단결권·단체교섭권 및 단체행동권을 보장하기 위하여 제정된 법으로서(제1조), 제5조 본문에서 "근로자는 자유로이 노동조합을 조직하거나 이에 가입할 수 있다."고 규정하면서도, 그 단서에서 "공무원과 교원에 대하여는 따로 법률로 정한다."고 규정하고 있다. 이러한 「일반노조법」 제5조 단서에 따라 교원의 노동조합 설립에 관한 사항을 정하고 교원에 적용할 노동조합법에 대한 특례를 규정함을 목적으로 제정된 것이 바로 「교원노조법」이다[「교원노조법」 제1조, 「공무원의 노동조합 설립 및 운영 등에 관한 법률」(이하 「공무원노조법」이라 한다) 제2조 참조]. 따라서 대학교원을 조직대상으로 하는 노동조합의 설립 가부가 문제된 당해 사건에 직접 적용되는 것은 「교원노조법」이다.

심판대상조항은 「교원노조법」이 적용되는 '교원'을 「초·중등교육법」 상의 교원에 한정함으로써 대학교원의 경우 노조 설립 또는 가입을 할 수 없도록 하고 있는바, 대학교원의 단결권 제한은 심판대상조항에 의한 구분과 차별취급의 결과에 해당한다고 할 것이므로, 이 사건의 주된 쟁점은 심판대상조항에 의한 차별취급이 평등원칙에 위반되는지 여부이다.

다수의견은 오히려 심판대상조항에 의한 차별취급의 결과에 해당하는 대학교원의 단결권 침해 여부를 주된 쟁점으로 보고, 공무원 아닌 대학교원과 교육공무원인 대학교원으로 나누어 각각 다른 심사기준을 적용해 위헌 여부를 판단하고 있다.

그러나 헌법은 국민의 수학권(제31조 제1항)의 차질 없는 실현을 위하여 교육제도와 교육재정 및 교원제도 등 기본적인 사항이 법률에 의하여 시행되어야 할 것을 규정하고 있고(제31조 제6항), 여기서 말하는 '교원의 지위'란 교원 직무의 중요성 및 그 직무수행능력에 대한 인식의 정도에 따라서 그들에게 주어지는 사회적 대우 또는 존경과 교원의 근무조건·보수 및 그 밖의 물적 급부 등을 모두 포함하는 의미로서, 위 규정은 단순히 교원의 권익을 보장하기 위한 규정이라거나 교원의 지위를 행정권력에 의한 부당한 침해로부터 보호하는 것만을 목적으로 한 것이 아니라, 국민의 교육을 받을 기본권을 실효성 있게 보장하기 위한 것까지 포함하여 교원의 지위를 법률로 정하도록 한 것이다(헌재 2014. 4. 24. 2012헌바336).

　이때 국가가 교원의 지위를 어떤 수준으로 보장할 것인지의 문제는 교육의 본질을 침해하지 아니하는 한 궁극적으로는 입법권자의 입법형성의 자유에 속한다(헌재 1998.7.16. 95헌바19등).

　이에 따라 「교육기본법」, 「교육공무원법」, 「고등교육법」 및 이를 준용하는 「사립학교법」 등 교육관계법령에서는 공·사립학교를 불문하고 교원에게 보수, 연수, 신분보장 등 모든 면에서 통상적인 근로자에 비하여 근로관계의 특수성을 인정(헌재 2015.5. 28. 2013헌마671등 참조)하는 한편, 공무원인 교원과 그렇지 않은 교원의 지위를 균등하게 규율하고 있고, 심판대상조항 역시 마찬가지이다.

　이러한 점을 고려하면, 다수의견과 같이 공무원 아닌 대학교원과 교육공무원인 대학교원의 단결권의 보호범위나 가능한 제한의 정도가 구분되어야 한다는 전제에서의 심사는 입법자의 규율의도나 목적을 왜곡할 우려가 크다.

　한편 헌법재판소는, 「헌법」 제31조 제6항은 국민의 교육을 받을 기본적인 권리를 보다 효과적으로 보장하기 위하여 교원의 보수 및 근무조건 등을 포함하는 개념인 '교원의 지위'에 관한 기본적인 사항을 법률로써 정하도록 한 것이므로 교원의 지위에 관련된 사항에 관한 한 위 헌법조항이 「헌법」 제33조 제1항에 우선하여 적용된다고 본 바 있고(헌재 1991.7.22. 89헌가106), 이에 따르면 공무원이 아닌 대학교원과 교육공무원인 대학교원의 경우를 분리하여 단결권 침해 여부를 심사하는 것은 불필요하다.

설령 「헌법」 제31조 제6항과 제33조 제1항 사이의 관계에 관하여 선례와 다른 입장을 취한다고 하더라도, 「헌법」 제31조 제6항에 따라 교원의 지위를 보장할 입법자의 형성의 자유는 여전히 존중되어야 할 것이므로, 단결권 침해 여부의 심사에 있어 다수의견과 같이 공무원이 아닌 대학교원과 교육공무원인 대학교원 사이에 서로 다른 심사기준이 적용되어야 한다고 보기 어렵다.

결국 심판대상조항의 단결권 침해 여부를 쟁점으로 삼는다고 하더라도, 공무원이 아닌 대학교원과 교육공무원인 대학교원의 경우를 구분하지 않고 입법자의 형성 재량 일탈 여부를 심사함이 타당하고, 그 내용은 심판대상조항의 평등원칙 위배 여부와 실질적으로 동일하다.

나. 평등원칙 위배 여부

(1) 심사기준

일반적으로 평등원칙은 본질적으로 같은 것은 같게, 본질적으로 다른 것은 다르게 취급할 것을 요구하는 것으로서 일체의 차별적 대우를 부정하는 절대적 평등을 의미하는 것이 아니라 입법과 법의 적용에 있어서 합리적인 근거가 없는 차별을 배제하는 상대적 평등을 뜻한다 할 것이므로 합리적 근거가 있는 차별은 평등의 원칙에 반하는 것이 아니다(헌재 2015. 7. 30. 2014헌가7).

이하에서는 대학교원을 초·중등교원과 다르게 취급할 합리적 이유가 있는지를 살펴본다.

(2) 대학교원의 근로관계의 특수성

가)

「헌법」제33조 제1항이 근로자에게 근로3권을 기본권으로 보장하는 뜻은 근로자가 사용자와 대등한 지위에서 단체교섭을 통하여 자율적으로 임금 등 근로조건에 관한 단체협약을 체결할 수 있도록 하기 위한 것이다(헌재 1998.2.27. 94헌바13등 참조).
그런데 국가가 특수한 일에 종사하는 근로자에 대하여 헌법이 허용하는 범위 안에서 입법에 의하여 특별한 제도적 장치를 강구하여 그들의 근로조건을 유지·개선하도록 함으로써 그들의 생활을 직접 보장하고 있다면, 이로써 실질적으로 근로기본권의 보장에 의하여 이룩하고자 하는 목적이 달성될 수 있다. 이러한 특정근로자는 비록 일반근로자에게 부여된 근로기본권의 일부가 제한된다고 하더라도 실질적으로 그들에게 아무런 불이익을 입히지 아니하는 결과에 이를 수도 있다(헌재 1991.7.22. 89헌가106 참조). 대학교원의 근로관계는 다음과 같은 특수성이 있다.

나)

대학교원에 대하여는 그 헌법적 기능과 사회적 역할을 고려하여 헌법 및 법률로써 신분보장 등의 혜택이 있으며, 임금 등 근로조건이 법률에 의하여 결정된다.
1) 현행 교육법령은 초·중등교원과 대학교원의 직무를 달리 규정하고 있다(헌재 2004.3.25. 2001헌마710). 즉, 초·중등교원은 법령에서 정하는 바에 따라 학생을 교육하고(「교육기본법」제9조,「초·중등교육법」제20조 제4항), 그 지위의 특수성과 직무의 중요성·전문성 및 교육제도의 구조적 특성으로 인하여 이른바 공교육을 담당하는 교원으로서 일반 국민에 대한 봉사자이므로(헌재 2006.12.28. 2004헌바67), 초·중등교육법에 따라 교원의 집단적 표준성, 의무교육성, 동일성이 요구된다. 이에 비하여 대학교원, 즉 교수·부교수·조교수와 전임강사는 학생을 교육·지도하고 학문을 연구하되, 학문연구만을 전담할 수 있다(고등교육법 제15조 제2항). 대학교원도 학생을 교육하기는 하나 그 주된 직무는 연구기능이다. 이 점에서 매일 매일 학생과 함께 호흡하며 수업을 하고 학생을 지도해야 하는 초·중등교원에 비하여 상대적으로 많은 학문연구와 사회활동의 자유가 인정된다(헌재 1993.7.29.91헌마69).
2) 대학교원의 신분에 대하여 국공립대학 교원의 경우에는 「교육공무원법」이, 사립대학 교원의 경우에는 「사립학교법」의 해당 조항이 적용된다. <u>초·중등교원의 정년이 62세임에 비하여, 대학교원의 정년은 65세이고</u>(「교육공무원법」제47조 제1항, 「사립학교법」제52조), <u>공무원인 대학교원은 공무원계급표상 3년 이상 정교수는 2급, 3년 이하 정교수는 3급, 부교수는 4급, 조교수는 5급, 전임강사는 6급 공무원에 준하는 지위를 가지고 있으며</u>(「교육공무원임용령」제5조의2 제1항 제2호,

공무원 보수 등의 업무지침 별표2 호봉획정을 위한 공무원경력의 상당계급 기준표 참조), <u>사립대학 교원도 국공립대학 교원의 보수 및 대우 수준을 보장받는다</u>(「교원지위법」 제3조 제2항). 그 밖에도 「헌법」 제31조 제4항의 대학의 자치 규정 및 「헌법」 제31조 제6항의 교원지위 법정주의에 근거한 하위 법령들이 대학교원의 근로조건의 불확실성을 없애고 교육과 연구에 정진할 수 있도록 개별적 근로조건 및 집단적 근로조건과 관련한 사항을 정하고 있다.
3) 한편, 제청법원은 이른바 비정년트랙 교원의 문제를 들고 있으나, 비정년트랙 교원의 도입 경위, 비정년트랙 교원의 비율, 비정년트랙 교원의 단결권 보장에 관한 사회적 합의 정도 등을 종합하여 볼 때, <u>비정년트랙 교원의 지위 개선을 이유로 모든 대학교원에게 단결권을 부여할 필요가 있는지 의문</u>이다.

다)
대학교원은 학문의 자유의 제도적 보장과 대학자치 보장을 통하여 일반근로자 및 초·중등교원과 구별되는 독자성과 자율성을 보장받고 있다.
1) 「헌법」 제31조 제4항은 대학의 자율성은 법률이 정하는 바에 의하여 보장된다고 규정하고, 대학의 자율성은 「헌법」 제22조 제1항이 보장하고 있는 학문의 자유의 확실한 보장 수단으로서 꼭 필요한 것인바(헌재 2006.4.27. 2005헌마1119), 대학교원은 학문의 자유를 실현하는 주체이다. 대학교원은 <u>교수내용이나 교수방법에 관한 한 누구의 지시나 감독에 따</u>

르지 아니하고 독자적으로 결정하며, 강의실에서는 학문적 견해를 자유로이 표명할 수 있는 '교수의 자유'도 보장된다(헌재 1998. 7. 16. 96헌바33 참조). 뿐만 아니라 대학교원의 주된 직무인 연구의 결과는 그대로 교원의 성과물로서 대학교원의 지적재산권의 대상이 된다. 또한 교수는 일반근로자 및 초·중등교원과 비교할 때 상대적으로 노동시간에 대한 규제가 유연하며, 주어진 강의와 사전에 정해진 연구실적만 제출하면 기타 시간의 활용에는 특별한 제약이 없다.

이러한 대학교원의 폭넓은 자율성과 독립성의 보장은 사용자의 지휘·감독을 전제로 하는 일반적인 근로관계와 근본적인 차이가 있으며, 학문의 자유 및 대학의 자치의 보장을 받지 아니하는 초·중등교원에 비하여도 사용·종속관계가 약하다고 볼 수밖에 없다.

2) 교수와 교수회는 대학의 장에 의한 학문의 자유 침해, 국가에 의한 대학의 자율성 침해 등의 경우에 있어 대학의 자치의 주체가 된다(헌재 2006.4.27. 2005헌마1047등). 즉, 대학교원은 대학의 자치의 주체로서 대학의 인사 및 행정, 학사 등 중요사항에 참여할 권리를 보장받고, 총장선출에 관여할 수 있으며, 보직교수 활동 및 대학평의원회 및 교수회(교수협의회, 교수평의회) 활동을 통하여 학칙 제·개정, 대학행정 및 학사 등에 관한 정책형성과 평가 과정에 참여하고 있다. 이와 같이 대학교원은 학사 운영 전반에 걸쳐 의사결정과정에 참여하는 경영자적 성격을 가지고 있으므로, 사용자와 근로자의 중간적 성격을 가진다.

라)

대학교원에 대해서는 초·중등교원과 달리 정당가입과 선거운동 등의 정치활동의 자유가 보장된다.

즉, 「국가공무원법」 제65조와 「지방공무원법」 제57조는 공무원의 정당가입이나 정치단체 결성 등 정치활동을 금지하고, 「사립학교법」 제55조는 국공립학교 교원에 관한 규정을 준용하도록 하고 있어 초·중등교원의 경우 정치활동이 금지되는데 반하여, 대학교원은 「정당법」 제22조 제1항 제1호 단서, 제2호, 「공직선거법」 제60조 제1항 제4호 단서에 따라 정당가입과 선거운동 등의 정치활동이 가능하다[헌법재판소는 대학교원과 달리 초·중등교원의 정당가입을 금지하고 있는 「정당법」 조항의 위헌 여부가 문제된 사건에서, 초·중등교원과 직무의 본질이나 내용 그리고 근무양태가 다른 점을 고려할 때 합리적인 차별이라고 판시한 바 있다(헌재 2004.3.25. 2001헌마710 참조)]. 이에 따라 대학교원은 장·차관, 각종 위원회, 정부기관 연구활동 등을 통하여 사회적 영향력을 발휘할 수 있음은 물론 국가정책을 형성·시행함으로써 노동조합이 아니더라도 그들의 요구를 국가정책에 반영시킬 수 있다.

그러므로 대학교원의 권익 옹호는 전문가단체나 동업조합(교수회) 등을 통하여 이루어질 수 있고, 사회적·경제적 지위의 향상을 도모함을 목적으로 하는 노조 형태의 단결체가 아니더라도 교섭력을 확보할 수 있다는 점에서 초·중등교원과 구별된다.

(3) 대학교원의 단결 필요성 유무

가)
일반 노동조합의 경우 사용자의 범위에 '근로자에 관한 사항에 대하여 사업주를 위하여 행동하는 자'를 포함시켜 노조 가입 대상에서 제외하고 있고(「일반노조법」 제2조 제2호), 교원노조의 경우에도 '교원에 관한 사항에 대하여 교육부장관, 시·도 교육감, 사립학교의 설립·경영자를 위하여 행동하는 사람'은 교원노조에 가입할 수 없으며(「교원노조법」 제14조 제1항), 공무원은 6급 이하의 일반직 공무원만 노조 가입 대상일 뿐 아니라, 6급 이하의 공무원 중에서도 다른 공무원에 대하여 지휘·감독권을 행사하거나 노동조합과의 관계에서 행정기관의 입장에서 업무를 수행하는 공무원은 노조에 가입할 수 없도록 하고 있는 점(「공무원노조법」 제6조 제1항 제1호, 제2항 제1호) 및 대학교원 노조를 허용할 경우 교수는 5급 이상의 직에 해당되고 정치활동은 일반적으로 허용되는데, 교원노조나 공무원노조 및 그 조합원인 공무원은 정치활동을 할 수 없는 것(「공무원노조법」 제4조, 교원노조법 제3조)과 비교할 때 또 다른 형평의 문제가 발생할 수 있는 점 등에 비추어 보더라도, 심판대상조항이 노조 설립과 관련하여 대학교원을 초·중등교원과 달리 취급하는 것은 충분히 수긍할 수 있다.

나)
교수는 개인이 독립적인 의사결정권을 가지고 있고, 개인의 전문성에 근거한 성과와 실적으로 평가받기 때문에 임금을 받는 경우라도 초·중등교원과는 성격이 본질적으로 다르며,

그 <u>사회적 지위도 높다</u>. 대학교원에 대해서는 정당 가입과 선거활동 등의 정치활동의 자유가 보장되므로 정치활동을 통하여 사회 정책 및 제도 형성에 폭넓게 참여할 수 있으며, 각종 위원회 및 정부기관 연구 활동 등을 통하여 사회적 영향력을 발휘하고 있다는 점도 간과해서는 안 된다. 이와 같이 대학교원의 권익 옹호는 전문가단체나 동업조합(교수회) 등을 통하여 이루어질 수 있고, 사회적·경제적 지위의 향상을 도모함을 목적으로 하는 노조형태의 단결체가 아니더라도 교섭력을 확보할 수 있다는 점에서 초·중등교원과는 다르다.

다)
고등교육기관의 경우 이른바 '공교육 체계'안에 속한다고 보기 어려운 점이 있으나, 「교육기본법」 제9조에서는 고등교육기관을 포함하여 학교는 공공성을 가지며, 학생의 교육 외에 학술 및 문화적 전통의 유지·발전과 주민의 평생교육을 위하여 노력하여야 하고(제2항), 학생의 창의력 계발 및 인성人性 함양을 포함한 전인적全人的 교육을 중시하여 이루어져야 한다고 규정하고 있다(제3항). 국가와 지방자치단체는 학교가 그 목적을 달성하는 데 필요한 재원을 지원하거나 보조할 수 있으며(「교육기본법」 제7조), 교육부를 통하여 사립대학을 포함한 대학에 각종 규제 및 지원을 하고 있다. 이런 점을 감안하여 사립대학 교원의 <u>연금기여금의 약 30% 정도를 국가가 부담</u>하고 있으며(「사립학교교직원」 연금법 제46조 제1항 제1호), <u>사립대학 역시 국고보조금을 통한 재정지원을 받고 있다</u>. 이러한 정부의 국고보조금 지원 이외에도 「한국사학진흥재단법」

에 따라 사립학교를 포함한 사학기관의 교육환경 개선을 지원하기 위하여 설립된 한국사학진흥재단을 통한 지원이 있다.

라)
대학교원이 제공하는 근로의 내용도 본질적으로 교육이고 그 수혜자는 학생이다. 그런데 대학교원을 가입대상으로 하는 노동조합이 허용되면 대학교원들의 고용안정 등 교수집단의 이익을 위한 활동으로 인하여 학생의 수업권이 방해될 우려가 있는 등 대학생들의 교육에 미치는 영향이 크고, 특히 국내 대학의 재정 구조상 학생 등록금에 대한 의존도가 높은 사립대학에서 교수노조가 조합원의 근로조건 개선을 위한 투쟁을 전개한다면 제한된 재원의 범위 내에서 인건비 비중이 높아지면서 등록금의 지속적인 인상에도 불구하고 시설지원 및 학생 교육비용은 상대적으로 축소될 수밖에 없다.

(4) 소결
심판대상조항이 초·중등교원과 대학교원을 다르게 취급하는 것은 대학교원이 초·중등교원과 비교하여 보장받는 기본권의 내용과 범위, 사회적 지위·기능 및 단결권 보장의 필요성이 다른 점을 고려한 것으로서 합리적 이유가 있다.

다. 결론

따라서 심판대상조항은 평등원칙에 위배되지 아니한다.

재판관 : 이진성, 김이수, 김창종, 안창호, 강일원, 서기석,
조용호, 이선애, 유남석

제9장

「교원노조법」 개정안과 입법 추진

|제1절| 고용노동부 개정안 입법 예고

고용노동부공고 제2019-304호

「교원의 노동조합 설립 및 운영 등에 관한 법률」 일부를 개정함에 있어 그 개정 이유와 주요 내용을 국민에게 미리 널리 알려 이에 대한 의견을 듣기 위하여 「행정절차법」 제41조에 따라 다음과 같이 공고합니다.

2019년 7월 31일
고용노동부 장관

「교원의 노동조합 설립 및 운영 등에 관한 법률」 일부개정(안) 입법 예고

1. 개정 이유

현행법은 1998년 노사정 사회적 대타협에 따라 노사정위원회 논의를 거쳐 1999년 제정 시부터 「고등교육법」상 교원은 교원노조 설립·가입을 제한해 왔으나, 이에 대해 2018.8.30. 헌법재판소가 헌법불합치 결정을 함에 따라 2020.3.31.까지 시급하게 개정이 필요한 상황임 또한, 가입대상을 「초·중등교육법」 제19조 제1항에 따른 현직 교원으로 한정하여 국가인권위원회, 국제노동기구(ILO) 등이 해직 교원 조합원 지위 인정 필요성을 여러 차례에 걸쳐 지적해 왔고, 단결권은 헌법이 보장하는 보편적인 권리로서 노동기본권에 대한 인식 확대 등 시대적 흐름을 반영하지 못한 측면이 있음

ILO 결사의 자유 협약(제87, 98호)은 노동기본권에 대한 보편적 국제기준이자 핵심협약으로써 비준을 통해 국제위상에 걸맞은 국격과 국가경쟁력 향상을 위해서는 핵심협약과 상충되는 현행법 개정이 필수적이고, 주요 선진국도 대부분 교원 단결권을 제한 없이 폭넓게 인정하고 있음

경제사회노동위원회 내 '노사관계제도관행개선위원회' 공익위원들은 ILO 결사의 자유 협약 비준의 중요성과 시급성을 고려하여 최소한의 공무원 단결권 보장 범위 확대 등 입법 필요사항을 2019.4.15. 정부와 국회에 제시하고 조속한 조치를 권고한 바 있음

이에 정부는 노동기본권에 대한 인식 변화와 헌법재판소 결정, 공익위원 권고안 취지 등을 고려하여 퇴직 교원이 교원노동조합에 가입할 수 있도록 허용하고, 「고등교육법」상 교원도 노동조합을 설립 및 가입할 수 있도록 하며 이에 따른 교섭구조 등 관련 내용을 정비하여 국제 수준에 걸맞은 법·제도로 개정하고자 함

2. 주요 내용

가. 「고등교육법」상 교원은 개별학교 단위로도 노동조합을 설

립하고 가입할 수 있도록 하고, 「유아교육법」 부칙에 따라 현재 가입이 가능한 「유아교육법」 상 교원도 이 법 적용대상임을 명확히 함(안 제2조, 제4조)
  -다만, 「고등교육법」 상 강사는 지금처럼 「노동조합 및 노동관계 조정법」을 적용하도록 함(안 제14조의2)
 나. 퇴직 교원도 노동조합 가입을 인정하되, 조합원 자격은 노동조합의 규약으로 정하도록 함(안 제2조의2 신설)
 다. 「고등교육법」 상 교원노조 설립 및 가입 허용에 따른 교섭구조와 교섭당사자를 정하고, 교원노조 교섭창구 단일화를 규정함(안 제6조)

3. 의견제출

 이 개정 법령안에 대하여 의견이 있는 기관·단체 또는 개인은 2019년 9월 9일까지 통합입법예고시스템(http://opinion.lawmaking.go.kr)을 통하여 법령안을 확인한 후 의견을 제출하시거나, 다음 사항을 기재한 의견서를 고용노동부장관에게 제출하여 주시기 바랍니다.
 가. 예고사항에 대한 찬성 또는 반대 의견(반대 시 항목별 구체적 이유 명시)
 나. 성명(단체의 경우 단체명과 대표자명), 주소 및 전화번호
 다. 기타 참고사항

※ 제출의견 보내실 곳
 -일반우편: (우편번호:30117) 세종특별자치시 한누리대로 422 정부세종청사 11동 고용노동부 공무원노사관계과

-전자우편: bhko@korea.kr
-팩   스: 044) 202-8079

|제2절| 고용노동부 개정안에 대한 사교련·서교련의 의견

존경하는 고용노동부 장관님께

　2018년 8월 30일은 헌법재판소(이하 헌재)가 「교원노조법」의 헌법불합치 결정을 내린 날이며, 대한민국 노동환경에 새로운 변화를 예견하는 의미 있는 날이기도 합니다.
　헌법불합치 결정을 내린 이유는 고등교원 즉 교수의 신분이 열악해졌고, 교수를 대표하는 기구들의 교섭한계가 명확하여 제대로 된 권리 주장이 불가능하기 때문이라 하였습니다. 또한 초·중등 교원에 비해 고등교원은 신분이 불안정하고, 역할 자체가 다르다는 점을 인정하였습니다.
　헌재의 이러한 결정을 통해 저희 교수단체는 제대로 된 「교원노조법」 개정 혹은 「고등교원노조법」 제정에 대한 희망을 가졌습니다. 하지만 이런 희망도 잠시뿐, 국회의원들에 의해 발의된 개정안과 고용노동부에서 발표한 「교원노조법」 입법 예고안은 대한민국 국격에 걸맞는 교원의 노동환경을 보다 적극적으로 보장하는 개정안인지 의문이 들 정도로 후진국형이었습니다.
　정부는 그동안 대한민국의 노동환경을 후진국으로 만들고 있었던 4가지 ILO와의 미협약 중 시급한 3가지에 대한 비준을 위해 「노동조합 및 노동관계조정법」(이후 「일반노조법」으로 칭함) 일부개정법률안을 입법 예고하였습니다. 이러한 ILO 핵심협약 비준을 통해 대한민국 노동환경을 보다 선진국 형태로 전환시키는 것이 현 문재인 정부의 강력한 의지라고 생각합니다.

하지만 「교원노조법」 개정안은 이번 「일반노조법」 개정안에서 반영된 부분 중 오로지 퇴직 및 해직 근로자의 노조 가입 가능성만을 포함하고 있지, 최소한의 노동환경을 제공하는 부분들을 전형 반영하지 않았습니다. 물론 교원의 특수성 때문에 일반노동자와 교원은 차별화하여야 하는 것에 어느 정도는 동의를 합니다만 "전임자 급여지급 금지 규정 삭제"와 "교섭창구 단일화 제도 폐지" 등과 같이 교육 혹은 교육환경과 전혀 상관없는 항목조차 포함시키지 않았습니다. 그리고 「일반노조법」에서 허락되는 "근로시간면제제도" 역시 「교원노조법」에는 전혀 반영이 되고 있지 않습니다. 이 조항들을 계속 유지하겠다는 것은 명백하게 교원을 차별화하고 교원의 노동환경을 억압하는 부당한 규제라고 생각합니다.

교원의 특수성 때문에 "노조의 정치 금지"와 "쟁의행위 금지" 항목 역시 충분히 납득할 수 있습니다. 하지만 헌재 판결에서도 언급되었듯이 고등교원과 초·중등교원의 역할과 법적으로 보장되는 권리 등이 확연하게 차이가 나기 때문에 이 부분에 있어서는 당연히 차별화되어야 할 것으로 사료됩니다. 고등교원의 경우 「정당법」에 의해 정치참여 자체가 허락되고 있고, 행정법원(위헌제청인용) 결정에서도 고등교원의 경우 노동3권을 모두 보장하여도 학생들의 교육권 보장에 방해가 되지 않는다고 하였습니다.

특히 이번 고용노동부에서 「교원노조법」을 개정하는 근본적인 이유를 다음과 같이 설명하고 있습니다. "ILO 결사의 자유 협약(제87, 98호)은 노동기본권에 대한 보편적 국제기준이자 핵심협약으로써 비준을 통해 국제위상에 걸맞은 국격과 국가경쟁력 향상을 위해서는 핵심협약과 상충되는 현행법 개정이 필수적이고, 주요 선진국도 대부분 교원 단결권을 제한 없이 폭넓게 인정하고 있음."이라고 언급하고 있기에 고등교원 노조의 정치참여와 쟁의행위 금지는 과도한 전형적인 후진국형 규제라고 생각합니다.

이에 사교련과 서교련은 회원교 회원들의 의견을 종합하여 다음과 같은 개정안을 고용노동부(교육부)장관님께 제출합니다.

부디 대한민국 위상에 걸맞은 「교원노조법」이 만들어질 수 있도록 노력을 경주해 주시기를 정중히 요청드립니다.

사단법인 한국사립대학교수회연합회 이사장
사단법인 서울소재대학교수회연합회 이사장

고용노동부 개정안과 상충되는 의견이 있는 조항은 다음과 같습니다.

제3조 정치활동의 금지
제5조 노동조합의 전임자의 지위
제6조 교섭 및 체결 권한 등
제8조 쟁의행위의 금지
제9조~제12조는 쟁의행위 금지 조항이 삭제될 경우 자동 삭제
제13조 교원소청심사청구와의 관계
제15조 벌칙

상충되는 이유와 차이점에 대한 자세한 설명은 첨부한 고등교원을 초·중등 교원과 달리해야 하는 이유와 「교원노조법」 '일부개정법률안최종안'에 포함되어 있사오니 참고하시기 바랍니다.

|제3절| 고등교원과 초·중등교원을 달리해야 하는 사유

교원노조법에서 고등교원을 초·중등 교원과 달리해야 하는 이유

1. 헌법재판소의 불합치 결정의 의미
   가) 대학교원의 근로자성 인정
   나) 대학교원의 신분이 열악하게 되었다는 것을 반영
      ① 초·중등 교원의 경우 근로조건이 법정화되어 있어 안정적인 데 반해 대학교원은 불안정
      ② 계약임용제, 대학 구조조정, 기업의 대학 진출 등으로 인해 단기계약직 대학교원 증가
   다) 교수협의회의 교섭의 한계를 명확히 함
      ① 대학 측을 상대로 교섭할 권한이 없음
      ② 교수협의회의 역할은 해당 학교의 문제에 국한되므로 특정 학교의 문제에 대하여 다른 학교와 연대할 수 없음
   라) 단체교섭의 대상과 방법을 일반 근로자 및 초·중등 교원과 달리할 필요성 있음
      ① 초·중등 교원에게는 재임용제, 계약임용제, 연봉성과급제 적용 안 함
      ② 초·중등 교원은 대학 구조조정(학과 구조조정, 폐교 등)

과 같은 구조조정에 따른 신분 불이익과 피해가 없음
③ 기업의 대학 진출(대학이 그룹의 계열사와 같이 됨)

2. 고등교원의 정치활동 참여에 관한 의견

가) 국회 검토보고서는 "헌법재판소는 「교원노조법」 제3조에서 일체의 정치활동을 금지한 것에 대해 과도한 제한이 아니라고 판시한 바 있다"는 내용을 참고로 제시하였음.

나) 그러나 국회 검토보고서는 현행 「초·중등교육법」 상 교원에게 적용하는 것을 전제로 하여 의견을 제시한 것으로 앞에서도 언급했듯이 헌법재판소에 위헌법률심판을 제청한 서울행정법원의 결정문(위헌법률심판제청, 2015.12.18. 결정 2015아11475) 12쪽에는 「고등교육법」 상의 교원은 「정당법」 제22조 제1항 제1호, 「공직선거법」 제60조 제1항 제4호 단서에 따라 정당 가입과 선거 활동 등의 정치활동이 가능하다고 적시하였음.

나) 따라서 적어도 「고등교육법」 상 교원의 정치활동을 보장하기 위해서 현재의 교원노조법 개정이 필요함.

3. 근로시간 면제제도에 대한 노동조합법

가) 「노동조합법」 제24조(노동조합의 전임자) ① 근로자는 단체협약으로 정하거나 사용자의 동의가 있는 경우에는 근로계약 소정의 근로를 제공하지 아니하고 노동조합의 업무에만 종사할 수 있다.

② 제1항의 규정에 의하여 노동조합의 업무에만 종사하는 자(이하 "專任者"라 한다)는 그 전임기간 동안 사용자로부터 어떠한 급여도 지급받아서는 아니 된다.

③ 사용자는 전임자의 정당한 노동조합 활동을 제한하여서는 아니 된다.

④ 제2항에도 불구하고 단체협약으로 정하거나 사용자가 동의하는 경우에는 사업 또는 사업장별로 조합원 수 등을 고려하여 제24조의2에 따라 결정된 근로시간 면제 한도(이하 "근로시간 면제 한도"라 한다)를 초과하지 아니하는 범위에서 근로자는 임금의 손실 없이 사용자와의 협의·교섭, 고충처리, 산업안전 활동 등이 법 또는 다른 법률에서 정하는 업무와 건전한 노사관계 발전을 위한 노동조합의 유지·관리업무를 할 수 있다.

나) 국제노동기구(ILO) 핵심협약(제87호, 제98호, 제29호) 비준을 위한 노동관계법 개정안에는 전임자 급여지급 금지 규정과 교섭창구 단일화 제도를 삭제하는 것이 주요 내용으로 되어 있음. 「교원노조법」도 정치참여와 쟁의행위 금지를 제외하고는 「일반노조법」과 구별되어야 이유가 없으므로 「일반노조법」에 준해서 개정하는 것이 옳다고 봄.

4. 교섭대상 확대

가) 「고등교육법」 제15조(교직원의 임무) 제2항은 "교원은 학생을 교육·지도하고 학문을 연구하되, 필요한 경우 학칙 또는 정관으로 정하는 바에 따라 교육·지도, 학문연구 또는 「산업교육진흥 및 산학연협력촉진에 관한 법률」 제2조 제6호에 따른 산학연협력만을 전담할 수 있다."라고 규정하고 있으므로 대학교원의 경우 교육정책뿐만 아니

라 학문정책도 근로조건과 직접 관련되므로 교섭대상이 되어야 함.

5. **제8조 쟁의행위의 금지**
   가) 서울행정법원 결정문(위헌법률심판제청, 2015.12.18. 결정 2015아11475)은 대학교원의 경우 노동3권을 보장하더라도 학생들의 교육권 보장에 방해가 되지 않는다고 적시하였음.
   나) 서울행정법원 결정문(위헌법률심판제청, 2015.12.18. 결정 2015아11475) 20쪽에서 "대학의 교원은 학생을 교육·지도하고 학문을 연구하되 학문연구만을 전담할 수 있어(「고등교육법」 제15조 제2항) 학문연구를 전담하는 교수에게 노동3권을 보장하더라도 학생들의 교육권 보장에 방해가 된다고 볼 수 없고, 「고등교육법」 상 교원의 교육대상인 대학생은 스스로의 가치판단에 따라 의사를 결정하고 행동할 수 있는 성인으로서 '대학의 장 임용추천위원회'의 위원이 되는 등 대학자치의 주체로서의 지위까지 보장받고 있어 「고등교육법」상 교원이 노동3권을 행사하더라도 그로 인하여 대학생들의 교육권이 침해될 우려는 초·중등학교 학생들에 비하여 오히려 적다고 할 것이다."라고 적시하였음.
   다) 고등교육기관을 국가가 책임지고 있지 않은 상황에서 교육 활동을 공익사업으로 보는 것은 바람직하지 않다는 의견이 있음, 즉, 초·중등 교육기관에 「지방교육재정교부금법」을 적용하여 안정적인 재정확보가 이루어져 있듯이 고

등교육기관에 「고등교육재정교부금법」 등과 같은 안정적인 재정확보 제도가 마련되어 적용한 후 공익사업으로 보는 것이 타당하다는 의견이 있음.
라) 대학교원의 교육활동은 파업권이 제한되는 긴급조정 대상 공익사업으로 포함시키지 말고 쟁의행위를 부여하는 것이 타당함.

|제4절| 설립 준비위 발의 일부개정법률안 (의원 대표 발의용)

교원의 노동조합 설립 및 운영 등에 관한 법률
일부개정법률(안)
(○○○의원 대표 발의)

의안 번호		발의연월일 : 2019. . . 발 의 자 :

제안 이유

　1999년 「교원노조법」이 제정된 후 17년이 지났으나 지금까지 「교원노조법」은 한 차례도 개정된 바가 없음. 그 결과 현행 「교원노조법」은 변화된 현실을 반영하지 못하고 국제기준에도 전혀 부합하지 않음.
　또한 현행법은 「고등교육법」 등에 따른 교원의 노동조합 설립과 퇴직 교원의 노동조합 가입을 제한하고 있어 교원의 노동기본권을 필요 이상으로 침해하고 있다는 지적이 있으며, 최근 「고등교육법」상 교원의 노동조합 설립 제한에 대해서는 헌법재판소가 헌법불합치 결정을 내린 바 있음. 이에 「교원노조법」의 전면적인 개정이 필요한 상황임.

먼저 기존에 교원노조의 가입이 허용되었던 「유아교육법」상의 교원도 교원노조에 가입할 수 있음을 문언상 명확히 하고, 교원의 범위에 강사를 제외한 「고등교육법」등에서 규정하는 교원을 포함하고자 함.

또한 교원 중 해고자, 구직자, 실업자의 노동조합 가입 자격에 대하여는 대법원 판결, 학계의 통설, 국가인권위원회 권고, 국제기준 등에 비추어 이를 허용해야 한다는 것이 일반적인 의견이므로 퇴직 교원 또한 교원으로 간주하여 교원의 노동조합에 가입을 인정하고자 함.

또한 대학교원의 정치활동은 관계 법령에서 이미 허용하고 있고, 임금·근무조건·후생복지 등 경제적·사회적 지위 향상을 위한 정치활동은 노조 활동의 일환으로서 교원노조에게도 당연히 허용되어야 하며, 교육정책과 관련된 정치적 의견표명 역시 허용되어야 하므로 「교원노조법」의 개정이 필요함.

또한 대학교원의 노동조합 설립을 허용함에 따라 설립 단위와 교섭구조를 규정하여 교원의 자유롭고 실질적인 노동조합 운영을 도모하려는 것임.

또한 현행법 제5조는 교원노조의 전임자 인정을 허가사항으로 규정하고 있으나, 「교원노조법」 제5조의 '허가'라는 표현은 전임발령에 병행하여 행해지는 국공립교원의 휴직 절차에 따른 표현에 불과하며, 만일 문언 그대로 교원노조 전임자 인정을 허가사항으로 취급할 경우 노동조합의 자주성에 정면으로 반하게 됨. 따라서 '허가'를 '단체협약 또는 사용자의 동의'로 수정할 필요가 있음. 또한 현행 「교원노조법」 제5조는 교원노조 전임자에 대한 임금 지급을 일률적으로 금지하고 있으나, 교원노조에 대해서 역시 노조법과 같이 유급 근로시간 면제제도를 도입할 필요가 있음.

또한 교원의 근무조건은 학생의 교육조건과 불가분의 관계를 가지며, 외국의 경우에도 교육정책의 입안 과정이나 교육법령의 제정단계에서 교원노조 대표자의 참여권을 제도적으로 보장하고 있음. 따라서 교원노조의 교섭대상에 교육정책에 관한 사항을 명시적으로 포함시킬 필요가 있음. 나아가 교섭대상에 대한 실질적인 결정 권한이 있는 기획재정부장관 등을 교섭당사자로 새롭게 규정하여 단체교섭권 등의 실질적 보장을 꾀할 필요가 있음.

또한 현행법은 법령·조례 또는 예산에 의하여 규정되는 내용은 단체협약으로서의 효력을 부인하고, 이에 대해 정부의 성실 노력 의무만을 부과하고 있으나, 이 경우 단체협약의 실효성은 매우 약해질 수밖에 없으므로, 단체협약의 실효성을 제고하고 노사관계의 안정을 위해서 단체협약의 이행을 위한 교육부장관 등의 법령 개정안 제출 또는 개정 의무 등을 규정할 필요가 있음.

또한 현행법은 교원노조의 쟁의행위를 일체 금지하고 있는데, 학생의 수업권(교육을 받을 권리)은 헌법상 권리인 반면 교수의 수업권은 헌법상 권리가 아니라는 점을 고려한다고 해도 성인인 대학생을 상대로 한 교수의 쟁의행위는 많은 제한을 받을 수밖에 없으므로 다른 근로자와 비교하여 이를 달리 취급할 특별한 이유가 없음. 따라서 교원의 쟁위행위권은 일체를 전면 부인하기보다는 외국의 입법례처럼 노조법상 공익사업으로 분류하여 노조법 적용을 받는 것이 합리적이고, 대학교원의 쟁의행위는 일반

근로자와 같은 수준으로 보장할 필요가 있음.
 이에 따라 교원의 노동조합의 경우에도 조정, 중재 기타 사항에 대하여 특별한 사정이 없는 한 「일반노조법」의 적용을 받을 수 있도록 「교원노조법」의 개정이 필요하고, 교원의 경우 부당노동행위구제신청과 소청 심사청구를 병행할 수 있도록 함.
 또한 쟁의행위 금지 조항의 개정과 중재 조항의 삭제에 따라 이를 위반한 경우 형사처벌을 하도록 한 벌칙 적용을 삭제할 필요가 있음.

주요 내용

가. 「유아교육법」과 「고등교육법」 등에 규정된 교원과 퇴직 교원이 교원노조에 가입할 수 있도록 함(안 제2조).
나. 대학교원의 정치활동을 자유롭게 허용하고자 함(안 제3조 단서).
다. 교원노조의 설립 단위를 광역 및 전국단위로 하되, 대학교원의 경우 개별학교 단위 설립을 인정함(안 제4조).
라. 교원노조의 전임자를 「일반노조법」과 동일하게 "단체협약"으로 정하거나 "임용권자의 동의"가 있는 경우 인정될 수 있도록 함(안 제5조 제1항·제2항).
마. 교원노조의 전임자에 대한 불이익 취급의 범위를 신분상의 불이익과 경제상의 불이익 등으로 명확히 규정함(안 제5조 제4항).
바. 「일반노조법」과 동일하게 유급 근로시간 면제제도를 도입함(안 제5조 제5항 신설).
사. 사립학교의 경우 사립학교 설립·경영자별로 교섭하거나

전국 또는 시·도 단위로 연합하여 교섭에 응할 수 있도록 하고, 실질적인 단체교섭권이 보장되도록 교섭당사자를 명확히 함(안 제6조 제1항).
- 아. 교원노조의 위임을 인정하여 교섭위원을 자유롭게 구성할 수 있도록 함(안 제6조 제2항).
- 자. 단체협약의 실질적인 이행 확보를 위해 법령 등의 개정과 예산 등의 편성이 필요한 경우 교육부장관 등의 이행 의무를 규정함(안 제7조 제1항·제2항).
- 차. 교원노조의 일체의 쟁의행위를 금지하고 있는 조항을 삭제하고, 교원의 학생들에 대한 교육 활동을 「일반노조법」 제71조의 공익사업으로 보도록 함. 특히, 대학교원노조의 경우에는 일반 근로자와 같이 쟁의행위를 보장함(안 제8조).
- 카. 교원노조의 경우에도 일반 근로자의 조정, 중재 등의 절차를 적용하도록 함(안 제9조 내지 제12조 삭제).
- 타. 「일반노조법」 제81조 제1호 및 제5호에 따른 행위로 교원이 해고나 그 밖의 불이익을 받은 것을 이유로 해당 교원 또는 노동조합이 부당노동행위 구제신청을 한 경우에는 교원소청심사위원회에 소청심사청구를 할 수 없도록 한 조항을 삭제하도록 함(안 제13조 삭제).
- 파. 「교원노조법」의 개정과 「일반노조법」의 적용 확대에 따라 다른 법률과의 관계를 정비함(안 제14조 제1항·제2항).
- 하. 제8조의 개정과 제12조의 삭제 따라 이에 대한 처벌 규정을 삭제함(안 제15조).

|제5절| 설립 준비위 발의 일부개정법률안

법률 제   호

교원의 노동조합 설립 및 운영 등에 관한 법률 일부개정법률안

교원의 노동조합 설립 및 운영 등에 관한 법률 일부를 다음과 같이 개정한다.

제2조를 다음과 같이 한다.
제2조(정의) ① 이 법에서 "교원"이란 다음 각 호의 어느 하나에 해당하는 사람을 말한다.
    1.「유아교육법」제20조 제1항에 따른 교원
    2.「초·중등교육법」제19조 제1항에 따른 교원
    3.「고등교육법」제14조 제2항에 따른 교원(다만 강사는 제외한다)
② 제1항 각 호의 어느 하나에 해당하는 교원으로 임용되어 근무하였던 사람도 이 법에서 교원으로 본다.

제3조 단서를 다음과 같이 신설한다.

다만, 제2조 제1항 제3호 및 제2조 제2항(제2조 제1항 제3호에 한한다)의 교원의 노동조합은 정치활동을 할 수 있다.

제4조 제1항을 다음과 같이 하고, 같은 조 제2항을 제3항으로 하며, 같은 조에 제2항을 다음과 같이 신설한다.

① 제2조 제1항 제1호·제2호에 따른 교원은 특별시·광역시·특별자치시·도·특별자치도(이하 "시·도"라 한다) 단위 또는 전국단위로만 노동조합을 설립할 수 있다.

② 제2조 제1항 제3호에 따른 교원은 개별학교 단위, 시·도 단위 또는 전국단위로 노동조합을 설립할 수 있다.

제5조 제1항 중 "임용권자의 허가"를 "단체협약으로 정하거나 임용권자의 동의"로 하고, 같은 조 제2항 중 "따라 허가를 받아"를 "따라"로 하며, 같은 조 제3항을 삭제하고, 같은 조 제4항 중 "또는 그 밖의"를 "기타"로, "불이익을"을 "불이익 및 호봉 기타 경제상의 불이익"으로 바꾸고, 같은 조에 제5항을 다음과 같이 신설한다.

⑤ 제3항에도 불구하고 단체협약으로 정하거나 임용권자가 동의하는 경우에는 「노동조합 및 노동관계조정법」 제24조의2에 따라 결정된 근로시간면제 한도를 초과하지 아니하는 범위에서 근로자는 임금의 손실 없이 임용권자와의 협의·교섭, 고충처리, 교육여건 개선 활동 등 이 법 또는 다른 법률에서 정하는 업무와 건전한 노사관계 발전을 위한 노동조합의 유지·관리업무를 할 수 있다.

제6조 제1항을 다음과 같이 하고, 같은 조 제2항 중 "조합원으로

구성하여야 한다"를 "조합원 및 노동조합으로부터 교섭 및 단체협약 체결 권한을 위임받은 사람 등으로 구성할 수 있다"로 한다.

① 노동조합의 대표자는 그 노동조합 또는 조합원의 임금, 근무조건, 후생복지 등 경제적·사회적 지위 향상 및 교육정책에 관하여 다음 각 호의 어느 하나에 해당하는 자와 교섭하고 단체협약을 체결할 권한을 가진다.

1. 제4조 제1항에 따른 노동조합의 경우: 교육부장관, 시·도 교육감 또는 사립학교 설립·경영자. 이 경우 사립학교 설립·경영자는 전국 또는 시·도 단위로 연합하여 교섭에 응할 수 있다.

2. 제4조 제2항에 따른 노동조합의 경우 : 교육부장관 및 대학을 설립한 중앙행정기관의 장(이하 "교육부장관 등"이라 한다), 기획재정부장관, 특별시장·광역시장·특별자치시장·도지사·특별자치도지사(이하 "시·도지사"라 한다), 국립대학법인 또는 사립학교 설립·경영자

제7조 제1항 및 제2항을 각각 다음과 같이 한다.

제7조(단체협약의 이행) ① 교육부장관 등, 기획재정부장관, 시·도지사, 시·도 교육감, 국립대학법인 및 사립학교 설립·경영자는 제6조 제1항에 따라 체결된 단체협약의 내용이 법률·조례의 제·개정 또는 예산의 편성·추가 경정을 요하는 경우에는 그 개정안 또는 편성·추가경정안의 제출에 필요한 절차를 지체 없이 이행하여야 한다.

② 교육부장관 등, 기획재정부장관, 시·도 지사, 시·도 교육

감, 국립대학법인 및 사립학교 설립·경영자는 단체협약의 내용이 대통령령·부령·조례·교육규칙·정관·학교규칙의 제·개정을 요하는 경우에는 이를 지체 없이 제·개정하거나 그 권한을 가진 자에게 제·개정을 요청하여야 한다.

제8조를 다음과 같이 한다.
제8조(쟁의행위) ① 제4조 제1항에 따른 노동조합의 쟁의행위에서 학생에 대한 교원의 교육활동은 「노동조합 및 노동관계조정법」 제71조의 공익사업으로 본다.
② 제4조 제2항에 따른 노동조합은 「노동조합 및 노동관계조정법」 제4장에 따른 쟁의행위를 할 수 있다.

제9조부터 제13조까지를 각각 삭제한다.

제14조 제1항 후단 중 "같은 법 제58조, 제60조 제1항부터 제4항까지 및 제61조 제3항 중 "조정위원회 또는 단독조정인"은 "교원노동관계조정위원회"로, 같은 법 제59조 중 "조정위원회의 위원장 또는 단독조정인"은 "교원노동관계조정위원회 위원장"으로, 같은 법 제61조 제1항 중 "조정위원 전원 또는 단독조정인"은 "교원노동관계조정위원회 위원 전원"으로, 같은 법 제66조 제1항, 제67조 및 제68조 제2항 중 "중재위원회"는 "교원노동관계조정위원회"로, 같은 법 제81조 제3호 중 "노동조합의 대표자 또는 노동조합으로부터 위임을 받은 자"는 "노동조합의 대표자"로, 같은 법 제90조 중 "제44조 제2항, 제69조 제4항, 제77조 또는 제81조"는 "제81조"로, 같은 법 제94

조"를 "같은 법 제94조"로, "제89조 제2호, 제90조, 제92조, 제93조"를 "제89조 내지 제93조"로, "교육부장관, 시·도교육감"을 "교육부장관 등, 시·도지사, 시·도 교육감, 국립대학법인"으로 하고, 같은 조 제2항 중 "제2조 제4호 라목 단서, 제24조, 제24조의2, 제29조 제2항부터 제4항까지, 제29조의2부터 제29조의5까지, 제36조부터 제39조까지, 제41조, 제42조, 제42조의2부터 제42조의6까지, 제43조부터 제46조까지, 제51조부터 제57조까지, 제60조 제5항, 제62조부터 제65조까지, 제66조 제2항, 제69조부터 제73조까지, 제76조부터 제80조까지, 제81조 제2호 단서, 제88조, 제89조 제1호, 제91조"를 "제2조 제4호 라목, 제24조, 제29조의2부터 제29조의5까지, 제36조, 제41조 제2항, 제46조, 제81조 제2호 단서, 제88조"로 한다.

제14조의2를 다음과 같이 신설한다.

제14조의2(강사의 적용 특례) 「고등교육법」 제14조 제2항에서 규정하는 강사는 「노동조합 및 노동관계조정법」을 적용한다.

제15조를 삭제한다.

부칙

이 법은 공포한 날부터 시행한다.

|제6질| 설립 준비위 발의 일부개정법률안 신·구 조문 대비표

신·구 조문 대비표

현 행	개 정 안
제2조(정의) 이 법에서 "교원"이란 「초·중등교육법」 제19조 제1항에서 규정하고 있는 교원을 말한다. 다만, 해고된 사람으로서 「노동조합 및 노동관계조정법」 제82조 제1항에 따라 노동위원회에 부당노동행위의 구제신청을 한 사람은 「노동위원회법」 제2조에 따른 중앙노동위원회(이하 "중앙노동위원회"라 한다)의 재심판정이 있을 때까지 교원으로 본다.	제2조(정의) ① 이 법에서 "교원"이란 다음 각 호의 어느 하나에 해당하는 사람을 말한다. 1.「유아교육법」 제20조 제1항에 따른 교원 2.「초·중등교육법」 제19조 제1항에 따른 교원 3.「고등교육법」 제14조 제2항에 따른 교원(다만 강사는 제외한다) ② 제1항 각 호의 어느 하나에 해당하는 교원으로 임용되어 근무하였던 사람도 이 법에서 교원으로 본다.
제3조(정치활동의 금지) 교원의 노동조합(이하 "노동조합"이라 한다)은 일체의 정치활동을 하여서는 아니 된다.<신설>	제3조(정치활동의 금지)----------------------------------다만, 제2조 제1항 제3호 및 제2조 제2항(제2조 제1항 제3호에 한한다)의 교원의 노동조합은 정치활동을 할 수 있다.
제4조(노동조합의 설립) ① 교원은 특별시·광역시·도·특별자치도(이하 "시·도"라 한다) 단위 또는	제4조(노동조합의 설립) ① 제2조제1항 제1호·제2호에 따른 교원은 특별시·광역시·특별자치시·도·

전국단위로만 노동조합을 설립할 수 있다.<신설>	특별자치도(이하 "시·도"라 한다) 단위 또는 전국단위로만 노동조합을 설립할 수 있다.
	② 제2조 제1항 제3호에 따른 교원은 개별학교 단위, 시·도 단위 또는 전국단위로 노동조합을 설립할 수 있다.
② (생략)	③ (현행 제2항과 같음)
	제5조(노동조합 전임자의 지위) ①--단체협약으로 정하거나 임용권자의 동의----------------------.
	②-------따라--.
제5조(노동조합 전임자의 지위) ① 교원은 임용권자의 허가가 있는 경우에는 노동조합의 업무에만 종사할 수 있다.	
② 제1항의 규정에 따라 허가를 받아 노동조합의 업무에만 종사하는 자(이하 "전임자"라 한다)는 당해 기간 중 교육공무원법 제44조 및 사립학교법 제59조의 규정에 의한 휴직명령을 받은 것으로 본다.	③ <삭제>
	④----------------------기타----불이익 및 호봉 기타 경제상의 불이익----------------------.
③ (생략)	
④ 전임자는 그 전임기간 중 전임자임을 이유로 승급 또는 그 밖의 신분상의 불이익을 받지 아니한다. <신설>	⑤ 제3항에도 불구하고 단체협약으로 정하거나 임용권자가 동의하는 경우에는 「노동조합 및 노동관계조정법」 제24조의 2에 따라 결정된 근로시간면제한도를 초과하지 아니하는 범위에서 근로자는 임금의 손실 없이 임용권자와의 협의·교섭, 고충처리, 교육여건개선 활동 등 이 법 또는 다른 법률에서 정하는 업무와 건전한 노사관계 발전을 위한 노동조합의 유지·관리업무를 할 수 있다.

제6조(교섭 및 체결 권한 등) ①노동조합의 대표자는 그 노동조합 또는 조합원의 임금, 근무 조건, 후생 복지 등 경제적·사회적 지위 향상에 관하여 교육부장관, 시·도 교육감 또는 사립학교 설립·경영자와 교섭하고 단체협약을 체결할 권한을 가진다. 이 경우 사립학교는 사립학교 설립·경영자가 전국 또는 시·도 단위로 연합하여 교섭에 응하여야 한다.

②제1항의 경우에 노동조합의 교섭위원은 해당 노동조합의 대표자와 그 조합원으로 구성하여야 한다.

③·④·⑤ (생략)

제7조(단체협약의 효력) ①제6조제1항에 따라 체결된 단체협약의 내용 중 법령·조례 및 예산에 의하여 규정되는 내용과 법령 또는 조

제6조(교섭 및 체결 권한 등) ①노동조합의 대표자는 그 노동조합 또는 조합원의 임금, 근무 조건, 후생 복지 등 경제적·사회적 지위 향상 및 교육정책에 관하여 다음 각 호의 어느 하나에 해당하는 자와 교섭하고 단체협약을 체결할 권한을 가진다.
1. 제4조 제1항에 따른 노동조합의 경우: 교육부장관, 시·도 교육감 또는 사립학교 설립·경영자. 이 경우 사립학교 설립·경영자는 전국 또는 시·도 단위로 연합하여 교섭에 응할 수 있다.
2. 제4조 제2항에 따른 노동조합의 경우: 교육부장관 및 대학을 설립한 중앙행정기관의 장(이하 '교육부장관 등'이라 한다), 기획재정부장관, 특별시장·광역시장·특별자치시장·도지사·특별자치도지사(이하 "시·도지사"라 한다), 국립대학법인 또는 사립학교 설립·경영자

②--------조합원 및 노동조합으로부터 교섭 및 단체협약 체결 권한을 위임받은 사람 등으로 구성할 수 있다.

③·④·⑤ (현행과 같음)

제7조(단체협약의 이행) ①교육부장관 등, 기획재정부장관, 시·도지사, 시·도 교육감, 국립대학법인 및 사립학교 설립·경영자는 제6조

례에 의하여 위임을 받아 규정되는 내용은 단체협약으로서의 효력을 가지지 아니한다.

② 교육부장관, 시·도 교육감 및 사립학교 설립·경영자는 제1항에 따라 단체협약으로서의 효력을 가지지 아니하는 내용에 대하여는 그 내용이 이행될 수 있도록 성실하게 노력하여야 한다.

제8조(쟁의행위의 금지) 노동조합과 그 조합원은 파업, 태업 또는 그 밖에 업무의 정상적인 운영을 방해하는 일체의 쟁의행위(爭議行爲)를 하여서는 아니 된다.

제9조(노동쟁의 조정신청 등) ① 제6조에 따른 단체교섭이 결렬된 경우에는 당사자 어느 한쪽 또는 양쪽은 중앙노동위원회에 조정(調停)을 신청할 수 있다.
② 제1항에 따라 당사자 어느 한쪽 또는 양쪽이 조정을 신청하면 중앙노동위원회는 지체 없이 조정을 시작하여야 하며 당사자 양쪽은 조정에 성실하게 임하여야 한다.

제1항에 따라 체결된 단체협약의 내용이 법률·조례의 제·개정 또는 예산의 편성·추가 경정을 요하는 경우에는 그 개정안 또는 편성·추가경정안의 제출에 필요한 절차를 지체 없이 이행하여야 한다.
② 교육부장관 등, 기획재정부장관, 시·도 지사, 시·도 교육감, 국립대학법인 및 사립학교 설립·경영자는 단체협약의 내용이 대통령령·부령·조례·교육규칙·정관·학교규칙의 제·개정을 요하는 경우에는 이를 지체 없이 제·개정하거나 그 권한을 가진 자에게 제·개정을 요청하여야 한다.

제8조(쟁의행위) ① 제4조 제1항에 따른 노동조합의 쟁의행위에서 학생에 대한 교원의 교육활동은 「노동조합 및 노동관계조정법」 제71조의 공익사업으로 본다.
② 제4조 제2항에 따른 노동조합은 「노동조합 및 노동관계조정법」 제4장에 따른 쟁의행위를 할 수 있다.

<삭제>

③ 조정은 제1항에 따른 신청을 받은 날부터 30일 이내에 마쳐야 한다.	
제10조(중재의 개시) 중앙노동위원회는 다음 각 호의 어느 하나에 해당하는 경우에는 중재(仲裁)를 한다. 1. 제6조에 따른 단체교섭이 결렬되어 관계 당사자 양쪽이 함께 중재를 신청한 경우 2. 중앙노동위원회가 제시한 조정안을 당사자의 어느 한쪽이라도 거부한 경우 3. 중앙노동위원회 위원장이 직권으로 또는 고용노동부장관의 요청에 따라 중재에 회부한다는 결정을 한 경우	\<삭제\>
제11조(교원노동관계 조정위원회의 구성) ① 교원의 노동쟁의를 조정·중재하기 위하여 중앙노동위원회에 교원 노동관계 조정위원회(이하 "위원회"라 한다)를 둔다. ② 위원회는 중앙노동위원회 위원장이 지명하는 조정담당 공익위원 3명으로 구성한다. 다만, 관계 당사자가 합의하여 중앙노동위원회의 조정담당 공익위원이 아닌 사람을 추천하는 경우에는 그 사람을 지명하여야 한다. ③ 위원회의 위원장은 위원회의 위원 중에서 호선(互選)한다.	\<삭제\>
제12조(중재재정의 확정 등) ① 관계 당사자는 중앙노동위원회의 중	\<삭제\>

재재정(仲裁裁定)이 위법하거나 월권(越權)에 의한 것이라고 인정하는 경우에는 「행정소송법」 제20조에도 불구하고 중재재정서를 송달받은 날부터 15일 이내에 중앙노동위원회 위원장을 피고로 하여 행정소송을 제기할 수 있다.
② 제1항의 기간 이내에 행정소송을 제기하지 아니하면 그 중재재정은 확정된다.
③ 제2항에 따라 중재재정이 확정되면 관계 당사자는 이에 따라야 한다.
④ 중앙노동위원회의 중재재정은 제1항에 따른 행정소송의 제기에 의하여 효력이 정지되지 아니한다.
⑤ 제2항에 따라 확정된 중재재정의 내용은 단체협약과 같은 효력을 가진다.

제13조(교원소청심사청구와의 관계) 「노동조합 및 노동관계조정법」 제81조 제1호 및 제5호에 따른 행위로 교원이 해고나 그 밖의 불이익을 받은 것을 이유로 해당 교원 또는 노동조합이 같은 법 제82조 제1항에 따라 노동위원회에 구제를 신청한 경우에는 「교원의 지위 향상 및 교육활동 보호를 위한 특별법」 제9조에도 불구하고 교원소청심사위원회에 소청심사를 청구할 수 없다. | <삭제>

제14조(다른 법률과의 관계) ① 교원에 적용할 노동조합 및 노동관계조정에 관하여 이 법에서 정하지 | 제14조(다른 법률과의 관계) ①---

아니한 사항에 대하여는 제2항에서 정하는 경우를 제외하고는 「노동조합 및 노동관계조정법」에서 정하는 바에 따른다. 이 경우 「노동조합 및 노동관계조정법」 제3조 중 "단체교섭 또는 쟁의행위로"는 "단체교섭으로"로, 같은 법 제4조 본문 중 "단체교섭·쟁의행위"는 "단체교섭"으로, 같은 법 제10조 제1항 각 호 외의 부분 중 "연합단체인 노동조합과 2이상의 특별시·광역시·도·특별자치도에 걸치는 단위노동조합은 고용노동부장관에게, 2이상의 시·군·구(자치구를 말한다)에 걸치는 단위노동조합은 특별시장·광역시장·도지사에게, 그 외의 노동조합은 특별자치도지사·시장·군수·구청장(자치구의 구청장을 말한다. 이하 제12조 제1항에서 같다)에게"는 "고용노동부장관에게"로, 같은 법 제12조 제1항 중 "고용노동부장관, 특별시장·광역시장·도지사·특별자치도지사 또는 시장·군수·구청장(이하 "행정관청"이라 한다)"은 "고용노동부장관"으로, 같은 법 제58조, 제60조 제1항부터 제4항까지 및 제61조 제3항 중 "조정위원회 또는 단독조정인"은 "교원노동관계조정위원회"로, 같은 법 제59조 중 "조정위원회의 위원장 또는 단독조정인"은 "교원 노동관계조정위원회 위원장"으로, 같은 법 제61조 제1항 중 "조정위원 전원 또는 단독조정인"은 "교원노

──────────────────
──────────────────
──────────────────
──────────────────
──────────────────
──────────────────
──────────────────
──────────────────
──────────────────
──────────────────
──────────────────
──────────────────
──────────────────
──────────────────
──────────────────
──────────────────
───────같은 법 제94조,────
──────────────────
──────────────────
──────────────────
──────────────────
──────────────────
──────────────────
──────────────────
──────────────────
──────────────────
──────────────────
────────────────제8
9조 내지 제93조──────────
──────────────────

동관계조정위원회 위원 전원"으로, 같은 법 제66조 제1항, 제67조 및 제68조 제2항 중 "중재위원회"는 "교원노동관계조정위원회"로, 같은 법 제81조 제3호 중 "노동조합의 대표자 또는 노동조합으로부터 위임을 받은 자"는 "노동조합의 대표자"로, 같은 법 제90조 중 "제44조 제2항, 제69조 제4항, 제77조 또는 제81조"는 "제81조"로, 같은 법 제94조 중 "제88조 내지 제93조"는 "제89조 제2호, 제90조, 제92조, 제93조"로 보고, 같은 법 중 "근로자"는 "교원"으로, "사용자"는 "교육부장관, 시·도 교육감, 사립학교의 설립·경영자 또는 교원에 관한 사항에 대하여 교육부장관, 시·도 교육감, 사립학교의 설립·경영자를 위하여 행동하는 사람"으로, "행정관청"은 "고용노동부장관"으로 본다.

----- "교육부장관 등, 시·도지사, 시·도 교육감, 국립대학법인, ----------------교육부장관 등, 시·도지사, 시·도 교육감, 국립대학법인, ---------------.

② 「노동조합 및 노동관계조정법」 제2조 제4호 라목 단서, 제24조, 제24조의2, 제29조 제2항부터 제4항까지, 제29조의2부터 제29조의5까지, 제36조부터 제39조까지, 제41조, 제42조, 제42조의2부터 제42조의6까지, 제43조부터 제46조까지, 제51조부터 제57조까지, 제60조 제5항, 제62조부터 제65조까지, 제66조 제2항, 제69조부터 제73조까지, 제76조부터 제80조까지, 제81조 제2호 단서, 제88조, 제89조 제1호,

② --------------------제2조 제4호 라목, 제24조, 제29조의2부터 제29조의5까지, 제36조, 제41조 제2항, 제46조, 제81조 제2호 단서, 제88조--.

제91조 및 제96조 제1항 제3호는 이 법에 따른 노동조합에 대하여는 적용하지 아니한다. <신설>	414조의2(강사의 적용 특례) 「고등교육법」 제14조 제2항에서 규정하는 강사는 「노동조합 및 노동관계조정법」을 적용한다.
제15조(벌칙) ① 제8조를 위반하여 쟁의행위를 한 자는 5년 이하의 징역 또는 5천만원 이하의 벌금에 처한다. ② 제12조 제3항을 위반하여 중재재정을 따르지 아니한 자는 2년 이하의 징역 또는 2천만원 이하의 벌금에 처한다.	<삭제>

|제7절| 설립 준비위 개정 발의 최종안

개정발의안 최종안

제1조(목적) 이 법은 「국가공무원법」 제66조 제1항 및 「사립학교법」 제55조에도 불구하고 「노동조합 및 노동관계조정법」 제5조 단서에 따라 교원의 노동조합 설립에 관한 사항을 정하고 교원에 적용할 「노동조합 및 노동관계조정법」에 대한 특례를 규정함을 목적으로 한다.

제2조(정의) ① 이 법에서 "교원"이란 다음 각 호의 어느 하나에 해당하는 사람을 말한다.
  1. 「유아교육법」 제20조 제1항에 따른 교원
  2. 「초·중등교육법」 제19조 제1항에 따른 교원
  3. 「고등교육법」 제14조 제2항에 따른 교원(다만 강사는 제외한다)

② 제1항 각 호의 어느 하나에 해당하는 교원으로 임용되어 근무하였던 사람도 이 법에서 교원으로 본다.

제3조(정치활동) 교원의 노동조합(이하 "노동조합"이라 한다)은 일체의 정치활동을 하여서는 아니 된다. 다만, 제2조 제1항 제3호 및 제2조 제2항(제2조 제1항 제3호에 한한다)의 교원의 노동조합은 정치활동을 할 수 있다.

제4조(노동조합의 설립) ① 제2조 제1항 제1호 제2호에 따른 교원

은 특별시·광역시·특별자치시·도·특별자치도(이하 "시·도"라 한다) 단위 또는 전국단위로만 노동조합을 설립할 수 있다.
② 제2조 제1항 제3호 제4호에 따른 교원은 개별학교 단위, 시·도 단위 또는 전국단위로 노동조합을 설립할 수 있다.
③ 노동조합을 설립하려는 사람은 고용노동부장관에게 설립신고서를 제출하여야 한다.

제5조(노동조합 전임자의 지위) ① 교원은 단체협약으로 정하거나 임용권자의 동의가 있는 경우에는 노동조합의 업무에만 종사할 수 있다.
② 제1항에 따라 노동조합의 업무에만 종사하는 사람(이하 "전임자專任者"라 한다)은 그 기간 중 「교육공무원법」 제44조 및 「사립학교법」 제59조에 따른 휴직 명령을 받은 것으로 본다.
③ 전임자는 그 전임 기간 중 전임자임을 이유로 승급 기타 신분상의 불이익 및 호봉 기타 경제상의 불이익을 받지 아니한다.
④ 제3항에도 불구하고 단체협약으로 정하거나 임용권자가 동의하는 경우에는 「노동조합 및 노동관계조정법」 제24조의 2에 따라 결정된 근로시간면제 한도를 초과하지 아니하는 범위에서 근로자는 임금의 손실 없이 임용권자와의 협의·교섭, 고충처리, 교육여건 개선 활동 등 이 법 또는 다른 법률에서 정하는 업무와 건전한 노사관계 발전을 위한 노동조합의 유지·관리업무를 할 수 있다.

제6조(교섭 및 체결 권한 등) ① 노동조합의 대표자는 그 노동조합 또는 조합원의 임금, 근무 조건, 후생복지 등 경제적·사회적 지위 향상 및 교육정책에 관하여 다음 각 호의 어느 하나에

해당하는 자와 교섭하고 단체협약을 체결할 권한을 가진다.
1. 제4조 제1항에 따른 노동조합의 경우: 교육부장관, 시·도 교육감 또는 사립학교 설립·경영자. 이 경우 사립학교 설립·경영자는 전국 또는 시·도 단위로 연합하여 교섭에 응할 수 있다.
2. 제4조 제2항에 따른 노동조합의 경우: 교육부장관 및 대학을 설립한 중앙행정기관의 장(이하 "교육부장관 등"이라 한다), 기획재정부장관, 특별시장·광역시장·특별자치시장·도지사·특별자치도지사(이하 "시·도지사"라 한다), 국립대학법인 또는 사립학교 설립·경영자

② 제1항의 경우에 노동조합의 교섭위원은 해당 노동조합의 대표자와 그 조합원 및 노동조합으로부터 교섭 및 단체협약 체결 권한을 위임받은 사람 등으로 구성할 수 있다.

③ 조직대상을 같이하는 둘 이상의 노동조합이 설립되어 있는 경우에 노동조합은 교섭창구를 단일화하여 단체교섭을 요구하여야 한다.

④ 제1항에 따른 단체교섭을 하거나 단체협약을 체결하는 경우에 관계 당사자는 국민 여론과 학부모의 의견을 수렴하여 성실하게 교섭하고 단체협약을 체결하여야 하며, 그 권한을 남용하여서는 아니 된다.

⑤ 제1항에 따른 단체교섭의 절차 등에 관하여 필요한 사항은 대통령령으로 정한다.

제7조(단체협약의 이행) ① 교육부장관 등, 기획재정부장관, 시·도지사, 시·도 교육감, 국립대학법인 및 사립학교 설립·경영자는 제6조 제1항에 따라 체결된 단체협약의 내용이 법률·

조례의 제·개정 또는 예산의 편성·추가 경정을 요하는 경우에는 그 개정안 또는 편성·추가경정안의 제출에 필요한 절차를 지체 없이 이행하여야 한다.

② 교육부장관 등, 기획재정부장관, 시·도 지사, 시·도 교육감, 국립대학법인 및 사립학교 설립·경영자는 단체협약의 내용이 대통령령·부령·조례·교육규칙·정관·학교규칙의 제·개정을 요하는 경우에는 이를 지체 없이 제·개정하거나 그 권한을 가진 자에게 제·개정을 요청하여야 한다.

제8조(쟁의행위) ① 제4조 제1항에 따른 노동조합의 쟁의행위에서 학생에 대한 교원의 교육활동은 「노동조합 및 노동관계조정법」 제71조의 공익사업으로 본다.

② 제4조 제2항에 따른 노동조합은 「노동조합 및 노동관계조정법」 제4장에 따른 쟁의행위를 할 수 있다.

제9조(노동쟁의의 조정신청 등) 삭제

제10조(중재의 개시) 삭제

제11조(교원 노동관계 조정위원회의 구성) 삭제

제12조(중재재정의 확정 등) 삭제

제13조(교원소청심사청구와의 관계) 삭제

제14조(다른 법률과의 관계) ① 교원에 적용할 노동조합 및 노동관계조정에 관하여 이 법에서 정하지 아니한 사항에 대하여는 제2항에서 정하는 경우를 제외하고는 「노동조합 및 노동관계조정법」에서 정하는 바에 따른다. 이 경우 「노동조합 및 노동관계조정법」 제3조 중 "단체교섭 또는 쟁의행위로"는 "단체교섭으로"로, 같은 법 제4조 본문 중 "단체교섭·쟁의행위"는 "단체교섭"으로, 같은 법 제10조 제1항 각 호 외의 부분 중

"연합단체인 노동조합과 2이상의 특별시·광역시·도·특별자치도에 걸치는 단위노동조합은 고용노동부장관에게, 2이상의 시·군·구(자치구를 말한다)에 걸치는 단위노동조합은 특별시장·광역시장·도지사에게, 그 외의 노동조합은 특별자치도지사·시장·군수·구청장(자치구의 구청장을 말한다. 이하 제12조 제1항에서 같다)에게"는 "고용노동부장관에게"로, 같은 법 제12조 제1항 중 "고용노동부장관, 특별시장·광역시장·도지사·특별자치도지사 또는 시장·군수·구청장(이하 "행정관청"이라 한다)"은 "고용노동부장관"으로, 같은 법 제94조 중 "제88조 내지 제93조"는 "제89조 내지 제93조"로 보고, 같은 법 중 "근로자"는 "교원"으로, "사용자"는 "교육부장관 등, 시·도지사, 시·도 교육감, 국립대학법인, 사립학교의 설립·경영자 또는 교원에 관한 사항에 대하여 교육부장관 등, 시·도지사, 시·도 교육감, 국립대학법인, 사립학교의 설립·경영자를 위하여 행동하는 사람"으로, "행정관청"은 "고용노동부장관"으로 본다.
② 「노동조합 및 노동관계조정법」 제2조 제4호 라목, 제24조, 제29조의2부터 제29조의5까지, 제36조, 제41조 제2항, 제46조, 제81조 제2호 단서, 제88조 및 제96조 제1항 제3호는 이 법에 따른 노동조합에 대하여는 적용하지 아니한다.

제14조의2(강사의 적용 특례) 「고등교육법」 제14조 제2항에서 규정하는 강사는 「노동조합 및 노동관계조정법」을 적용한다.

제15조(벌칙) 삭제

결론

    모든 사회는 정도의 차이가 있을 뿐 과거와 현재, 그리고 미래의 모습이 한 데 섞여 있기 마련인데, 우리의 경우 20세기 격동의 역사로 인해 그 모습이 더욱 복잡하게 착종錯綜되어 있다. 이런 우리 사회의 특징을 그대로 안고 있는 곳 가운데 하나가 사립대학이다.

    대학은 다양한 가치를 추구하는 역동적인 복합체여서 매년 새로운 학생과 새로운 학문으로 일신우일신日新又日新하며 미래의 희망을 꿈꾸는 곳이지만 한편으로 다른 곳에서는 찾아보기 힘든 봉건적 세습이 자연스럽게 이루어지는 곳이기도 하다. 대학은 우리나라 민주화와 산업화를 견인해 온 최고의 성장엔진이라는 개방적인 측면과 함께 학벌 위주 사회의 기득권을 배분하는 매우 보수적인 카르텔의 한 축이라는 폐쇄적인 측면도 공유하고 있다. 이처럼 대학은 우리 사회가 이룩한 과거의 성취와 아쉬움의 흔적이 집약적으로 응축된 곳이고, 다른 한편으로는 우리 사회가 더 나은 미래로 나아가기 위해서 반드시 해결해야 할 과제를 안고 있기도 하다.

    지난 시절 누구도 대학의 존재 가치에 대하여는 의문을 제기한 일은 없었다. 그것이 '대학을 나와야 사람 구실 할 수 있다'는 세평 때문이든, 아니면 대학이 더 나은 미래를 여는 희망의 사다리라는 생각 때문이든, 대학의 존재 가치에 대한 국민적 공감대는 늘 대학의 든든한 응원군이었다. 이것이 어려웠던 시절, 대학이 나름대로 자신감과 긍지를 가질 수 있었던 까닭이었다. 또 변화와 적응, 성장과 소멸이 분명한 기업과 달리 대학은 교육이란 변함없는 과제를 수행하는 곳이어서 시대적 급변으로부터도 조금의 거리와 여유를 유지할 수 있었다.

그랬던 대학이 언제부턴가 국민의 신망을 잃어버리기 시작하였다. '대학망국론'과 '우골탑'이란 비난에도 흔들리지 않았던 대학에 대한 애정이 차갑게 식어가고 있음을 대학인 누구나 체감하고 있다. 민주화의 과제가 달성되고, 초국적 기업이 늘어나면서 대학의 목소리와 존재감은 현저하게 위축되었고, 반값 등록금 10년 세월에 대학이 빈털터리가 되었지만, 누구도 대학 편을 들지 않는다. 등록금은 물론 입학금도 내리고 전형료도 내렸지만, 그 어려움에 대해 안타까움을 표하기는커녕 여전히 부족하다며 눈치를 준다.

특히 걱정스러운 것은 국민 대다수가 대학이 너무 많고, 상당수를 솎아내야 한다고 생각한다는 점이다. 학령인구 감소에 따른 구조조정이 불가피하고, 어느 대학인가 그 고통을 짊어져야 하겠지만, 일반 사업장의 폐쇄 소식에 대해 동정과 안타까움을 표하는 것과 달리, 왠지 대학에 대해서만은 그렇지 않으니 대학에 몸을 담고 있는 사람으로서 민망하기 그지없는 심정이다.

하지만 코로나19로 인해 더욱 심각해진 불경기와 불확실성, 실업난과 취업난, 낮은 결혼율과 출생률에 더해진 상상을 초월하는 주택난 등 어디 하나 마음 둘 곳 없는 상황이니 대학이 어렵다는 말은 차마 꺼내기도 민망할 정도이다. 노동조합에 대한 인식도 마찬가지다. 다수의 실업자와 취업준비생 앞에서 직장에 대해 불만을 토로하거나 개선을 요구하기가 몹시 조심스러울 따름이다.

애쉬비Eric Ashby는 어떠한 조직이든 살아남으려면 자신이 만들어지던 때의 이념ideal을 안정적으로 유지하고, 자신을 지지해주는 사회의 기대에 부응하며 적절하게 변화할 수 있어야 한다고 하였다(馬越徹, 2007, 22). 그렇다면 대학이 잃어버린 초심이 무엇이고, 국민이 대학에 대해 불만 하는 것이 무엇인지, 그리고 우리가 사회의 기대에 부응하려면 무엇을 어떻게 해야 할지 살펴보지 않을 수 없다. 대학에 대한 학부모와 학생의 불만을 모아보면 일단 다음의 두 가지가 가장 크지 않을까 생각한다.

첫째, 대학이 더는 신분적·경제적 상승을 담보해주는 사다리가 아니라는 점이다. 이런 사다리 기능에 대한 기대가 지난 70년 동안 사립대학을 키우고 먹여준 동력이었는데, 그 기대를 철회한다는 것이다. 왜 그렇게 되었을까. 매우 철저하게 서열화된 우리 사회에서는 어떤 입시제도를 도입해도 게임의 룰만 바뀔 뿐 제로섬게임이란 본질은 변하지 않았다. 그래서 늘 입시가 교육보다 우선이었다. 입시 경쟁에서 일반고보다 우위에 있다고 평가받는 특목고의 사교육 부담이 일반고보다 더 치열하다는 사실이 이를 반증한다.[1] 따라서 대학 서열화에 대한 완화 없이는 아무리 공교육을 정상화하고 보강한다고 해도 한계가 있다는 것이다.

이런 서열화 의식은 너무나 강고해서 교육부나 언론기관의

---

[1] 사교육의 근본적인 원인도 공교육에 대한 불만(23.8%)보다는 학력·학벌 중심의 사회구조 때문(66.1%)이라고 여기는 응답자가 3배 가까이 많았다. 이는 교육 당국이 '공교육을 정상화하면 사교육 비율이 줄어들 것'이라고 주장했던 것과는 '판단의 기준'부터 상당한 차이가 있다(e대학저널, 2016.3.2).

대학평가 결과가 대학입시나 지망에 거의 반영되지 못한다. 대학이 늘어나면 사다리도 비례하여 늘어나야 하는데, 실제로는 기대치와 큰 차이를 보이는 것이다. 몇 %에 불과한 앞 서열을 차지하기 위한 경쟁자만 더욱 늘어나니 경쟁은 더 치열해지고, 뒤에 선 학생은 더욱 길어진 줄을 보며 절망하게 된다.

이런 서열화를 완화하는 가장 빠른 길은 좋은 대학을 여럿 만드는 것이고, 그러려면 대폭적인 교육 투자가 필요하다. 포스텍과 카이스트의 성공 사례는 과감한 교육 투자와 그에 따른 효과가 어떠한 것인지 확인시켜주고 있다. 하지만 광복 이후 지금까지 사립대학은 물론 고등교육 전반에 관한 정부의 거시적 정책도 재정 지원도 찾아보기 힘들었고, 지금은 정부의 무관심과 방치 속에서 그 격차가 갈수록 벌어지고 있어 개별 대학으로서는 학생과 학부모의 실망감을 메워주기가 아주 힘든 실정이다. 게다가 최근 고용이 정기채용에서 수시채용으로 바뀌면서 다양한 스펙보다 즉시 현장에 투입할 수 있는 인력을 선호하다 보니 상위권 대학 학생도 기대했던 프리미엄이 빠르게 줄어들고 있어 모두가 대학의 효용성에 대해 불만을 토로하는 실정이다.

대학이 사다리의 기능을 하지 못한다는 현실이 일차적으로 드러나는 접점은 바로 취업률이다. 우리나라는 대학 취학률이 70%나 되고 이들은 당연히 양질의 일자리를 원하지만, 실제 그런 일자리를 제공할 수 있는 산업구조는 갖춰져 있지 않다(비단 한국의 이야기만은 아니다). 그래서 대부분의 선진국은 고교 졸업생의 상당수를 정부가 전문적인 취업 교육을 통해 사회에 안착시킨다. 그것이 정상적인 국가이다. 하지만 그러기 위해서는 취업 교육에 필요한 방대한 예산을 정부가 감당해야 하고, 대학을 가지 않아도 무방한 사회, 누구나 인정할 수 있는 합리적 수준의 격차만 존재하는 사회를 만드는 것이 선결과제이다.

우리 정부는 이 두 가지 과제 가운데 하나도 제대로 수행하지 못하였기 때문에 취업 교육은 대학에, 경비는 학부모에 전가해 왔다. 이런 상황에서 대학입시는 과열될 수밖에 없었고, 대학의 85%가 사립대학인 상황은 학부모의 경제적 부담을 더욱 가중시켰다. 일찍부터 사교육을 통해 각자도생의 훈련만 받아온 학생들은 4년의 유예기간을 거쳐 결국 취업의 벽에 도전해야 하는데, 현실은 결코 만만치 않다. 대학으로서도 취업률을 올리기 위해 안간힘을 써보지만, 취업 자체의 파이가 커지지 않는 한 대학이 취업 문제를 해결하는 데는 한계가 있을 수밖에 없다.

그래서 학생의 등록금에 의존해 살아가는 사립대학으로서는 졸업생의 취업 문제가 늘 속상하고 거북한 문제이며, 특히 취업률이 낮은 학과 교수들은 죄인이 된 듯한 심정이다. 많은 졸업생이 대학을 아름다운 추억으로 기억하기보다는 섭섭함이나 아쉬움을 안고 사회로 나가는 현실은 대학의 아픈 상처이고, 이 부담은 앞으로도 계속 대학이 짊어질 수밖에 없을 것이다.

둘째, 대학교육 자체에 대한 만족도가 낮다. 엄청난 입시 경쟁을 뚫고 대학에 진학한 학생들을 만족시키기에 대학교육은 부족한 면이 많다. 졸업생은 물론 기업의 대학에 대한 만족도가 상당히 낮다는 것은 여러 조사를 통해서 얼마든지 확인 가능하다.[2]

---

[2] 사회가 필요로 하는 인재를 대학이 양성하지 못한다는 의견이 59.7%이고, 교수의 능력과 자질에 대한 평가도 5점 만점에 2.56점에 그쳤다. 교수의 교육에 대한 신뢰성도 4년제 2.75점, 전문대 2.87점에 불과하다(e대학저널, 2016.3.2.). 교육개발원에서 전국 42,000명의 대학생을 상대로 조사한 결과 전공수업 만족

그 원인에 대한 다양한 분석이 있을 수 있겠지만 시급히 대책을 마련할 필요가 있다. 무엇보다도 먼저 학내 모든 행·재정 시스템을 학생의 역량을 강화하는 데 도움을 줄 수 있도록 일대 전환해야 한다는 발상의 대전환과 과감한 실천이 필요하다(상세한 내용은 제3장 제8절 참조). 특히 학생의 등록금에 의존해서 생존하는 사립대학은 사활이 걸린 이 문제에 대하여 심각하게 고민해야만 할 것이며, 대학평가 역시 이 문제에 대해 좀 더 관심을 가져야만 한다.

이런 효용감의 저하가 어려운 경제 상황과 맞물려 등록금 문제로 발화되었는데, 여기에는 대학을 바라보는 우리 사회의 이중적 시각도 한몫하였다고 생각된다. 우리나라 사립대학은 광복 이후 지금까지 수익자부담원칙하에서 설립되고 운영되어왔다. 이것은 공공연한 비밀이었다. 사립대학 재정에 대한 정부 기여는 1990년까지 1%에 불과했고, 모든 것을 학부모가 부담했지만, 그래도 정부는 늘 대학교육의 공공성을 강조하고 사학법인의 문제점을 질타하며 마치 자기들이 무슨 큰 역할이라도 하는 양 위장해 왔다. 사학법인도 굳이 자신들이 수익을 목표로 하는 비영리법인이라는 모순된 입장을 지니고 있음을 드러내려고 하지 않았다. 학부모 역시 자녀들의 신분 상승과 취업 기회의 확대를 위해 대학 살림의 부담을 전담하다시피 하면서도 대학은 학문을 연구하는 곳이라고 나름 인정해 주었다.

도가 83%(2011), 70.6%(2012), 75.2%(2013), 64.3%(2014)로 계속 하향세이며, 교양 역시 78.8%(2011)에서 54.5%(2014)로 크게 떨어졌다. 그 밖의 각종 지표도 매우 부진하게 나왔다(한국, 2015.1.22).

대학에 대한 이런 이중적 태도는 대학을 상아탑으로 각별하게 예우한다는 긍정적 측면도 있지만, 한편으로는 사립대학에 대한 낭만적 기대 과잉이란 부작용도 뒤따랐다. 그동안 사립대학은 그 실질적인 운영실태가 어떻건 간에 적어도 표면적으로는 가장 선진적이고 개방적이면서도 공동체적 운영원리를 갖길 바라는 요구에 응하는 것처럼 포장했다. 대학이 민주화의 요람이었던 것도 이런 점과 무관하지 않았다. 하지만 취학률이 70%에 달하고 취업률은 갈수록 낮아지는 상황에서 대학에 대한 이런 이중적 인식과 공동체 의식은 빠르게 사라질 것으로 보인다. 이제 대학은 글자 그대로 좋은 교육이란 진검승부를 하는 수밖에 다른 선택의 여지가 없게 되었다.

이런 외부적 요인과 별도로 사립대학 스스로 당장 팔을 걷어붙이고 해결해야 할 과제도 참으로 많다. 우선 10년에 걸친 등록금 동결과 그로 인한 재정위기에 대한 해결책이다. 원인과 책임을 논하기에 앞서 지금과 같은 방식으로는 정상적인 대학 운영을 기대할 수 없다는 것은 이론의 여지가 없는 사실이다. 대학은 대학에 대한 정부와 사회의 요구를 과감하게 수용하고 대신 당당하게 정부의 재정 지원을 요구해야 한다. 이 과정에서 대학이 안고 있는 구조적 문제점을 해결하고 나아가 대학이 더욱 건강해질 수 있는 계기로 삼을 수도 있다. 모든 대학이 단일대오를 형성하기 어려운 것이 현실이므로 조건을 갖춘 대학부터 순차적으로 대응하는 방식을 적용하는 것도 필요하다.

당장의 재정 문제보다 더욱 부담스러운 것은 성큼 다가온 학령인구 감소와 폐교의 공포이다. 학생이 감소하고 있으니 구조조정은 피할 길이 없다. 그렇다면 문제는 방법인데, 정부와 국회,

정부와 대학 간의 합의는 물론이고 대학 내에서의 현실 인식과 대응 방안에 대해서도 공론화가 이루어지지 못하고 있는 실정이다. 대학 주변에서 어수선한 소문과 추측의 한계에 머물러 있는 이 문제를 다소 시끄럽고 혼란스럽더라도 백화제방百花齊放, 백가쟁명百家爭鳴의 방식으로 공론화할 필요가 있다. 그래야 비로소 국가적·국민적 합의를 이끌어낼 수 있을 것이며 대선을 앞둔 2021년은 이런 논의의 장을 펼치기에 가장 적절할 것으로 보인다.

다만 교육부를 통한 해결을 기대하는 것은 오히려 문제를 그르칠 공산이 크다. 국가의 균형발전이라는 더 큰 차원에서 정치적으로 해결하는 방안을 다 함께 모색하는 편이 더 실질적이고 효율적일 것이다. 대신 구조조정의 기준을 꼭 지금의 지표를 기준으로 할 필요는 없다. 지역과 대학을 살릴 수 있는 창의적이고 과감한 제안, 그리고 연대에 더 중점을 두어야 한다. 또 구조조정을 지난 10년간 방치해 온 고등교육을 정상화하는 계기, 즉 초등교육보다 못한 대학교육 환경을 정상화하는 계기로 삼아야 한다는 점도 분명히 해야할 것이다.

물론 어떤 경우건 대학은 대학이 해야 할 일을 꾸준히 추진해야만 할 것이다. 특히 세계사적인 일대 전환기에 대학은 무엇을 준비해야 하고 어떻게 맞이해야 하는가 하는 본질적 문제에 더욱 유의할 필요가 있다. 이미 1990년부터 본격화된 지식정보화 혁명, 공산주의의 몰락, 세계화와 고령화, 미중 갈등으로 인한 동북아 질서의 변화 등 거대한 해일이 교문 안까지 밀려 들어온 지 오래인데, 대학은 그동안 당장 시급한 문제에만 매달리느라 차분히 앞날을 살펴볼 틈이 없었다.

대학에 불어닥친 이런 어려움은 이제 막 걸음마를 뗀 교수노조에게도 커다란 부담이 아닐 수 없다. 그러나 역사에서 거듭 확인해 볼 수 있듯 위기와 기회는 항상 표리관계를 이루며 전개되었다. 교수노조가 신생노조이자 대학에 특화된 노동조합으로서 기존의 노동조합과는 다른 새로운 길을 가야만 한다면 기존의 관행과 미래의 갈 길 사이에서 어떻게 균형을 유지할 것인지 좀 더 고민해야 할 것이다.3) 로크가 『인간지성론』에서 "인간이 자신을 인도함에 있어서 기댈 마지막 의지처는 그의 지성이다"라고 한 것처럼 비록 미흡하더라도 정체성을 찾는 노력과 함께 그에 기대어 문제를 정면 돌파하는 수밖에 없지 않을까 생각한다.

교수노조가 우선 인정해야 할 현실은 흔히 '탈산업사회'라고 칭하는 새로운 산업구조로의 전환이다. 빠르게 진행되고 있는 산업구조의 변화는 모든 것이 이행 중이어서 명확한 실체를 파악하거나 대응책을 마련하기 힘들지만, 신자유주의로 무장한 사용자들이 '노동시장의 개혁'이란 이름으로 기존의 노동시장 질서를 무너뜨리려고 한다는 점만은 분명하다.

이들은 기존의 임금노동 체계가 자생적 시장 질서를 방해하는 것이고, 비용과 경직성의 원천이라고 간주한다. 이들은 이윤의 극대화를 위해 모든 경쟁을 세계적 차원에 노출시키는 방법을 채택하였다. 이 새로운 경쟁은 공산국가의 몰락과 자본 및 상품의 자유로운 이동을 통해 기업과 노동자는 물론 사회법과 조세법까지도 전 세계적 차원에서 경쟁하게 만들면서 국경을 무력화

---

3) "인간은 완전히 전례가 없는 상황에 대처하기 위해 계승된 본능적 가치들에 의존하기 더욱 쉽다"고 한다(그린버그, 2018, 23). 전례 없는 상황에 처하면 내재된 본능, 즉 경험에 더욱 의존하는 경향이 있지만, 역사적 전환기에는 익숙한 경험보다 창의적 상상력이 더 유용할 수도 있다.

시켰다. 이러한 변화들은 노동법이 국가적 차원에서 노동의 상품화와 노동자의 보호 사이에서 확립하였던 타협의 기초를 허물었다.

이들은 노동자의 복종뿐 아니라 경쟁력과 성과를 요구한다는 점에서 새로운 노동력의 총동원체제를 강요하고 있다. 이런 변화는 일반인의 이해 범주를 넘어선 놀라운 기술적 진보, 자본의 무한한 지원과 경제적 효율성이란 근대적 가치를 겸하고 있어서 노동법을 무력화하고 노동조합이 선택할 수 있는 대응책을 매우 옹색하게 만든다. 심지어 일부 노동조합 조직은 실업과 빈곤의 증대에 가장 덜 노출된 공공부문과 기업의 정규직들 속으로 움츠러들고 있다. 이것은 노동조합이 오히려 노동시장의 이중화 내지 사회적 양극화를 조장하는 결과를 만드는 것을 알면서도 말이다(이상 쉬피오, 2016, 394, 405~407).

이처럼 급속한 기술혁신과 산업구조의 변화, 경제의 세계화와 이동성 증가, 고용형태의 다양화와 노동시장의 유연화, 국가의 규제기능 축소와 직업 안정성 축소 등은 노동법의 유연화와 규제완화를 요구하고 있어 노동조합도 그 기능과 역할에 대한 재검토가 필요한 시점이라는 지적이 줄을 잇고 있다(이철수, 2003, 102; 문무기, 2016, 337). 물론 일반 기업과 대학의 사정이 꼭 일치하는 것은 아니다. 하지만 그렇다고 대학이 이런 변화로부터 자유롭지도 않기 때문에 교수노조도 고민하지 않을 수 없다. 그렇다면 교수노조가 가야 할 지향점은 무엇일까.

에드워드는 성공적인 사회운동의 공통점으로 다음과 같은 세 가지를 들었다.

① 강력한 사상과 이상, 정책 어젠다를 가지고 있다.
② 이러한 구상을 정치권·정부·언론 등에 전달하는 데 필요한 효과적인 소통전략을 가지고 있다.
③ 구상을 수용해야 할 대상들이 자신들의 견해를 경청하고 수행하게 만들 강력한 지지 세력과 사회적 기반을 가지고 있다(에드워드, 2018, 44).

에드워드의 이런 지적은 교수노조의 향후 지향점과 관련해 많은 시사점을 주고 있다. 교수노조가 사회운동을 목표로 하는 시민단체는 아니지만, 국가·시장·시민사회란 3대 섹터 가운데 하나를 고르라면 교수노조는 분명 시민사회 영역에 속하며, NGO적 성격도 지닌다. 특히 교수노조가 good university를 지향한다는 점에서 다른 어떤 노동조합보다도 사회적 자본social capitalism의 중요한 축을 이룰 수 있도록 바람직한 시민성 내지 공민성의 전범이 되어야 하는 숙제를 안고 있다.

그것은 곧 교수노조가 품위 있는 노동조합을 지향해야 한다는 말과도 통한다. 로젠블럼Nancy Rosenblum은 민주주의의 두 가지 핵심 덕목으로 편안한 자연스러움으로 사람들을 똑같이 대하는 시민성civility, 임의적인 비정상적 상황에 대하여 바른말을 하는 공정성fairness을 들었다(이상 에드워드, 2018, 5, 70). 이 또한 교수노조가 추구해야 할 중요한 가치일 것이다. 그러려면 노동운동이 단순한 생존권에 기초한 것이 아니라 인간 존엄이라는 절대적 가치를 추구해야만 이익집단으로서의 한계와 비판을 극복할 수 있다는 강희원 교수의 견해에도 유념해야 할 것이다. 이는 진쯔하이머가 1929년 뒤셀도르프에서 있었던 강연에서

> 노동법의 주된 임무는 인간의 존엄성을 유지하는 것이고, …… 노동법은 이상주의적 인도주의보다 훨씬 가치 있는 인간성을 구현한다(이철수, 2003, 99에서 재인용).

고 강조하였던 것과 같다. 또 시민사회가 권위주의적 정부와 무소불위의 시장을 견제하는 유일한 수단이라는 서유경 교수의 견해(서유경, 2018, 서문15)를 받아들여 교수노조가 정부와 법인, 그리고 시장의 요구 속에서 대학이 본연의 자세를 견지하고 대학의 가치를 발현하여 사회에 기여할 수 있는 길을 모색해야 할 것이다.

그러기 위해서는 대학의 발전을 넘어서 사회복지와 사회통합이라는 공공성의 책무에 충실함으로써(문무기, 2016, 336) 기존의 벽을 넘어선 역할 수행을 고민해 봐야 할 것이다. 그리고 그 구체적 방향으로는 대학의 집단지성을 전국적 차원으로 확장할 수 있는 네트워크 역할을 검토해봄직하다. 이런 바람직한 활동을 통해 교수노조에 대한 막연한 경계심과 우려를 불식시키고 사회적 호감도와 신뢰성을 높여야 한다.

또 에드워드의 권고처럼 교수노조는 보수와 진보 사이에서의 유연성을 유지해야 하며, 반드시 진보적 색채를 띠어야 한다고 생각할 필요는 없다(에드워드, 2018, 45). 교육이 기존의 성취를 전수하는데 치중한다는 점에서 보수적인 경향을 지니기 쉬우나 지

금 교육은 창의성을 중시하고 있고, 또 세상이 급변하기 때문에 보다 개방적이고 진보적일 필요가 있다. 하지만 진보와 발전을 위한 전제로 'Back to Basic'은 언제나 유용하다. 따라서 가장 중요한 판단기준은 보수와 진보가 아니라 '교육에 좋은가, 학생에 좋은가, 사회에 좋은가'가 되어야 할 것이다.4)

또 한 가지 깊이 생각해봐야 할 것은 교수노조와 사학법인과의 관계이다. 사립대학의 많은 문제는 오랜 역사적 비정상성에 그 뿌리를 두고 있어 그 책임소재를 명료하게 구분하거나 잘잘못을 일도양단하기 힘들다. 고등교육에 대한 우리 정부의 입장은 처음부터 국민의 고등교육 수요를 충족시켜주되 정부의 재정 부담을 최소화하는 데 집중하였기 때문에 외면만 교육정책이었을 뿐 내면적으로는 정치사회적 정책이었고, 본질적으로는 경제정책의 일환에 불과했다. 그래서 대학 정원 통제를 제외하고는 고등교육 정책이 사실상 부재하였다. 대학의 실상을 파악하기 위한 정부 차원의 조사가 처음 이루어진 것이 1967년도인 것도 그 때문이다.

그 뒤로도 정부의 고등교육정책은 학생운동에 대한 통제가 핵심사안이었을 뿐 교육의 질을 향상시키기 위한 노력은 늘 뒷전이었다. 지금도 교육부는 정원 통제와 현상 유지 외에는 별다른 관심이 없고, 국가교육회의는 유명무실한 위원회에 불과하며, 정치권은 정시모집 증대, 반값 등록금 지속, 입학금 인하를 통해

---

4) 이런 점에서 개인의 자유, 사회적 평등, 개인의 책임이라는 세 가지 가치를 함께 강조하는 사회사상인 자유주의적 평등주의liberal egalitarianism(에느워드, 2018, 11)를 교수노조의 중요한 이론적 근거로 고민해 볼 필요가 있지 않을까 생각한다.

선거에서 표를 얻는 것 외에는 관심이 없다. 한 마디로 완전한 자유방임부터 철저한 옥죄이기까지 정권의 정치적 필요에 따라 냉탕과 온탕을 오갔을 뿐이며, 현 문재인 정부의 고등교육정책은 100대 정책 과제의 하나였던 공영형 사립대 추진이 무위로 돌아간 뒤 무어라 이름 붙일 만한 실체조차 없는 실정이다.

정부의 이런 잘못된 정책과 사학법인의 봉건적 지배구조가 뒤엉킨 결과가 바로 오늘날 사립대학이 안고 있는 문제의 본질이다. 군사독재정부는 정권을 유지하기 위해 사학의 모순을 해결하기보다는 불의의 결탁이라는 비정상적인 카르텔을 선호하였다. 그리고 오랜 세월이 흐르면서 원인과 결과를 구분할 수 없는 혼돈의 상태가 지속되었고, 당장에 시급한 민주화를 주창하며 목숨을 건 투쟁을 주도하다 보니 정작 대학의 민주화, 대학의 체질 개선은 뒷전으로 미뤄두면서 계속 지지부진한 상태로 지금에 이른 것이다.

창학의 노고에 가려진 비민주적인 사학 거버넌스의 문제점은 혈연이란 티켓으로 무임 승차한 2세, 3세의 계승이 본격화되면서 더욱더 악화일로에 있다. 촛불혁명으로 세워진 대한민국인 것이 무색할 정도로 사학의 거버넌스는 우리 사회에서 가장 낙후된 영역이다. 이미 낡고 녹슬어 대학의 발전에 전혀 도움이 되지 않는 「사립학교법」이지만 사학법인이란 봉건영주의 불수불입권不輸不入權immunity을 지켜줄 때는 여전히 견고함을 자랑한다.

그러나 「사립학교법」이란 녹슨 갑옷에만 매달린 사학법인은 결국 솥이 달궈지는지 모르는 개구리에 불과하다. 국가도 세계적 기업도 살아남기 위해 혁신을 일상화·상시화하며 애쓰는데, 사학법인이 무슨 힘으로 세상의 변화를 거부할 수 있겠는가. 만약 거부할 수 있다고 생각한다면 그것은 당랑거철蟷螂拒轍의 만용일 뿐이다.

다시 한번 차분히 생각해보자. 1990년대부터 산업은 대규모 공장·기계·설비 등을 필요로 하지 않는 방향으로 변신하고 있다. 노동과의 긴밀한 유대도 필요로 하지 않는다는 점에서 탈자본주의적이기도 한다. 문제는 자본가도 더 이상 주인이 아니라는 사실이다. 산업혁명기 사용자와 노동자를 가른 기준이 기계의 소유권이었지만 지금은 산업용 기계를 대량 구입한다고 해서 안정적인 부와 지위를 누릴 수 없다. 기업가들에게도 불확실성은 통제 불능일 정도가 되었다. 놀라운 속도로 진행되는 기술혁신, 금융시장의 불안정성, 재정적자에 시달리며 자신도 주체하지 못하는 정부 속에서 기업도 자신의 안전은 스스로에 의존해야만 하는 시대인 것이다(바우만, 2014, 221~223).

이를 대학에 적용해 보면 지금 대다수 법인은 별 경쟁력 없는 한계기업과 다르지 않다. 교수들로서도 이런 부실한 기업에 마냥 의존하기도, 무엇을 요구하기도 힘든 실정이다. 그래서 법인과 대학, 교수와 직원 등 대학 구성원 모두 새로운 변신을 해야 하며, 상생이 가능한 쪽으로 힘을 합쳐야 한다.

또 교수노조의 연합체인 교수연맹은 다양한 고등교육 생태계의 유지에 힘써야 한다. 생태계에 가장 위험한 것은 동질성이다. 민주주의는 동질화가 아니라 다양한 집단 간에 벌어지는 선의의 경쟁을 통한 발전을 궁극적 목표로 한다는 점에서(에드워드, 2018, 32, 46) 국·사립, 대형·소형, 수도권·비수도권, 일반·종립대학 등 다양한 대학이 존재하는 것이 고등교육 생태계를 위해 바람직하다. 물론 생태계 자체가 동태적이어서 그 안에 경쟁과 도태가 불가피하겠지만, 국가가 인위적으로 생태계를 파괴하지 않도록 균형을 유지하는 데 힘써야 한다.

이를 위해서 교수연맹은 집단 내부에서의 연결을 뜻하는 '유대감 형성bonding', 집단 간의 연결을 뜻하는 '가교架橋 형성bridging', 국가·시장·NGO의 연결을 뜻하는 '연결고리 형성linking'(이상 에드워드, 2018, 42)에 주력할 필요가 있다. 보다 구체적으로는 각 단위대학별 노조 간의 유대감 형성을 위한 역할, 국교조나 교사연맹 등 집단 간의 연결을 위한 역할, 국회·노동부·교육부·사학법인·언론과의 연결을 뜻하는 연결고리 형성에 힘써야 한다.

대학이 4차산업혁명이라는 새로운 시대를 맞아 여전히 희망의 사다리가 되고자 한다면 종래의 패러다임을 뛰어넘는 새로운 인식과 성찰과 실천이 필요하다. 누구나 수긍할 수 있는 상식적이고 민주적인 거버넌스를 바탕으로 지배구조 개혁을 넘어선 시스템 개혁을 추진할 때, 정부와 사회가 대학을 믿고 지원할 수 있도록 투명한 경영구조를 만들 때, 그리고 대학 간의 소모적 경쟁을 넘어선 건설적인 연대를 추진할 때 대학에 새로운 미래가 열릴 수 있을 것이다.

그러기 위해서는 정부나 법인이 대학을 위해 무엇을 해주길 기대하기에 앞서 교수들 스스로 나서서 좀 더 솔직한 대화와 성찰을 기반으로 공동의 대안을 모색해야 한다. 정확한 정보의 수집, 새로운 비전의 공유, 행동을 위한 연대가 이런 담대한 변화의 선결과제일 것이다. 지금 대부분 대학을 지배하는 것은 거대한 무관심으로 포장된 무기력과 잠재된 분노이다. 분노가 무관심에 포위되면서 교수들은 자기 자신을 지키는 데만 관심을 가진 것처럼 보인다. 이래서는 안 된다. 지금과 같은 파편화된 삶에서 좀 더 공적 지향성을 지닌 열정으로 승화시키는 것이 교수협의회와 교수노조의 책무일 것이다.

20대 국회 종료를 앞두고 힘겹게 「교원노조법」이 개정되었다. 미진하기 그지없지만, 교수노조의 설립 근거가 마련되었고, 단위대학별 노동조합 설립이 가능하게 되었다. 개정 법률을 뒷받침할 시행령의 마련을 비롯하여 해야 할 숙제가 산적했지만 모든 것이 처음이라서 예측과 대비가 쉽지 않다. 그렇다고 배를 항구에 묶어둘 수만은 없다. 법 없이도 살 수 있던 좋은 시절은 빠르게 지나가고 있어 새로운 길이 필요하다. 원래 길이 따로 있는 것은 아니다. 많은 사람이 다니면 길이 되는 것이다.

범중엄范仲淹(989~1052)은 악양루岳陽樓에 오르면서 "천하의 근심을 먼저 근심하고 천하가 즐거워진 뒤에 기뻐하는 것(선천하지우이우先天下之憂而憂, 후천하지락이락여後天下之樂而樂歟)"이 지식인의 소명이라며, 나아가서도 근심하고 물러나서도 걱정하는(진역우進亦憂, 퇴역우退亦憂) 우환의식憂患意識을 지녀야 한다고 했다. 이것이 지식인의 바른 태도이며 사명이라 생각하기에 때로는 지나치게 민감한 잠수함의 토끼가 되어 현실에 만족하기보다는 비판과 지적을 쏟아놓는 경향이 있다. 그래서 지식인일수록 체계적인 오답, 적극적으로 잘못된 지식을 만드는 경향이 있다는 한스 로슬링Hans Rosling의 지적에 고개를 끄덕이기도 한다(한스 로슬링, 2019, 23). 그렇다. 세상은 매우 복잡하지만 때로는 상상 이상으로 단순하기도 하다. 현실에 대한 점검은 우환의식으로 가능하지만 빛나는 미래는 행동을 통해서만 만들 수 있다. 잠수함이 부상하지 않는 한 토끼의 예민한 감각은 무용지물이다. '자유는 행위를 통해서만 실현될 수 있다'는 아렌트의 말을 되새기며(서유경, 2011, 12 재인용) 이제 그 길을 내야 할 때다.

표 목차

[표1] 지역별 대학 재적생 수(1966/1)
[표2] 4년제 종합대학 학과 및 재학생 수(1966/1)
[표3] 4년제 단과대학 학과 및 재학생 수(1966/1)
[표4] 교강사 주당 수업시수(1966/1)
[표5] 전임교수/시간강사 강의 담당 비율(1966/1)
[표6] 사립대학 교직원 월급 현황(원)
[표7] 1970~1980년 취학률 및 진학률(%)
[표8] 1970~1980년 고교, 대학 재학생 수(명)
[표9] 1970~1980년 인문계고 졸업생 대학 진학자(명)
[표10] 1970~2000년 남녀 학생의 대학 진학률(%)
[표11] 1965~2005년 국·사립대 여학생 수와 비율(명/%)
[표12] 1975~2000년 25세 이상 양성의 학력 구성비(%)
[표13] 1965~1970년 대졸자 진로 및 취업현황(명)
[표14] 2016년 중등교원양성기관 현황
[표15] 교육세 세원별 세수입(억원)
[표16] 대통령 직속 교육관련 자문기구
[표17] 1980~2019년 고교 및 대학 취학률·진학률(%)
[표18] 1980~2010년 등록금(원)과 인상률(%)
[표19] 2019년 대학적립금 구성 비율(%)
[표20] 적립금 1,000억 원 이상 대학(억원)
[표21] 2019년 주요 대학 총교육비(억 원) 및 재학생 수(명)
[표22] 주요 대학 1인당 교육비(만원)
[표23] 주요 사립대학 교육비 환원율(%) 및 순위
[표24] 서울시 주요 사립대학 1인당 교육비(만원) 및 교육비 환원율(%)
[표25] 서울시 주요 사립대학 전임교원 수와 확보율
[표26] 주요 사립대 2018학년도 법정부담전입금 납부 현황
[표27] 대학설립준칙 제정위원회 위원 명단
[표28] 대학 유형별 재적생 수와 비율의 변화
[표29] 대학구조개혁평가 등급 및 정부 조치
[표30] 한국인 유학생(대학재학) & 국내 외국인 유학생 수(명)
[표31] 2019년 주요 사립대학 해외파견율(%)
[표32] 외국인 유학생 국가별 인원(명) 및 비율(%)
[표33] 대중국·홍콩 무역액, 무역수지 비율(억달러)

[표34] 대베트남 무역액, 무역수지 비율(억달러)
[표35] 서울시 주요 사립대학 유학생 및 재학생 현황
       유학생 비율(%), 재학생·유학생 수와 순위
[표36] 1980~2019년 대학원 재학생 수(명)
[표37] BK21 1~4단계별 사업단과 사업비(개/원)
[표38] BK21 2~4단계 대학별 사업단 선정 수(개)
[표39] 국·사립 일반대 학생 수(명)와 비율(%)
[표40] 1965~2005년 고등교육재정의 공사부담 비율(만원)
[표41] 국가장학금 유형 및 지급총액(억원)
[표42] ILO 핵심협약
[표43] ILO 핵심협약 관련 정부 입법안 주요 내용

참고문헌

저서

강명숙, 『대학과 대학생의 시대』, 서해문집, 2018, pp.343.
강성국, 『한국교육 60년 성장에 대한 교육지표 분석』, 한국교육개발원, 2005, pp.203.
강준만, 『한국 현대사 산책: 1940년대』, 인물과 사상사, 2014, pp.330
강희원, 『노동법 기초이론』, 법영사, 2011.9, pp.554.
강희원, 『노동헌법론』, 법영사, 2011.10, pp.592.
宮崎市定미야자키 이찌사다 저, 차혜원 역, 『雍正帝』, 이산, 2001, pp.232.
권중달·문명숙 편역, 『문화대혁명 전후의 중국역사해석』, 집문당, 1991, pp.350.
김성구, 『신자유주의와 공모자들』, 나름북스, 2014, pp.402.
김신복 등, 『교육발전계획(72~76)의 수정보완(안)』, 한국교육개발원, 1974, pp.292.
김영철, 『대학 자율화 정책의 발전과제』, 한국교육개발원, 2008, pp.282.
김우식, 『대교협20년사』, 2002, pp.449.
김정인, 『대학과 권력』, 휴머니스트, 2018, pp.379.
김정한 등, 『한국현대생활문화사: 1980년대』, 창비, 2016, pp.289.
김학재 등, 『한국현대생활문화사: 1950년대』, 창비, 2016, pp.310.
김 항, 『제국일본의 사상』, 창작과비평사, 2020, pp.348.
김 훈 등, 『노사협의회의 쟁점과 과제』, 한국노동연구원, 2000, pp.138.
도정일, 『인간의 가치탐색』, 후마니타스 교양교육연구소, 2013, pp.646.
로리 롤러Laurie Lawlor 저, 임자경 역, 『신발의 역사』, 이지북, 2002, pp.158.
류창우, 『영남대학교 50년사』, 영남대학교출판부, 1996, pp.1364.
리처드 파이프스Richard Pipes 저, 서은경 역, 『소유와 자유』, 자유기업원, 2020, pp.415.
馬越徹마코시 토오루 저, 한용진 역, 『한국 근대대학의 성립과 전개』, 교육과학사, 2007, pp.328.
마이클 에드워드Michael Edward 저, 서유경 역, 『시민사회』, 명인문화사, 2018, p.254.
마크 릴라Mark Lilla 저, 서유경 역, 『분별없는 열정』, 필로소픽, 2018, pp.263.
문무기 등, 『부당노동행위제도 연구』, 한국노동연구원, 2005, pp.405.
박노식, 『신조선지리』, 동지사, 1947.8, pp.165.

박대선, 『고등교육의 개혁』, 연세대학교 출판부, 1973, pp.377.
박명호, 『2012경제발전경험 모듈화 사업: 한국의 농지개혁』, 기획재정부, 2013, pp.125.
박상훈, 『민주주의의 재발견』, 후마니타스, 2013, pp.202.
박상훈, 『노동과 민주주의』, 2020년 이용득 의원 의정보고서, 2020, pp.204.
박영식, 『대교협 10년사』, 1992, pp.568.
박재윤 등, 『교원노조법』, 교육과학사, 2007, pp.353.
버트런드 러셀Bertrand Russell 저, 황문수 역, 『행복의 정복』, 문예출판사, 2009, pp.253.
볼프강 베버Wolfgang E..J. Weber 저, 김유경 역, 『유럽대학사』, 경북대학교 출판부, 2020, pp.322.
서거석, 『대교협30년사』, 2013, pp.364.
서중석, 『사진과 그림으로 보는 한국현대사』, 웅진지식산업사, 2020, pp.503.
송병헌 등, 『한국학생운동관련문헌해제』, 민주화운동기념사업회, 2003, pp.286.
송창용, 『대학원의 교육·연구 경쟁력 확보 방안』, 교육과학기술부, 2012, pp.248.
신승환, 『행복과 삶의 해석학』, 커뮤니케이션북스, 2017, pp.83.
알프레두 사드-필류Alfredo Saad-Filho, 데버러 존스턴Deborah Johnston 저, 김덕민 역, 『네오리버럴리즘』, 그린비, 2009, pp.479.
양승태, 『우상과 이성 사이에서』, 이화여자대학교 출판문화원, 2007. pp.360.
에릭 홉스봄Eric Hobsbawm 저, 정도영·차명수 역, 『혁명의 시대』, 한길사, 1998, pp.590.
오성철 등, 『대한민국교육 70년 최종보고서』, 대한민국역사박물관, 2014, pp.388.
오제연 등, 『한국현대생활문화사: 1960년대』, 창비, 2016, pp.306.
우디 그린버그Udi Greenberg 저, 이재욱 역, 『바이마르의 세기』, 회화나무, 2018, pp.456.
유재봉, 『현대 교육철학 탐구 : 자유교육에 대한 비판 및 대안 탐색』, 교육과학사, 2002, pp.296.
劉澤華, 『중국 고대 정치사상』, 노승현 역, 예문서원, 1994, pp.491.
이광택 등, 『노동법 제정 60년의 평가와 과제』, 2013, pp.114.
이귀로, 『제1단계 BK21 사업 성과에 대한 국내외 전문가 등의 평가 및 분석 연구』, 교육인적자원부, 2005, pp.101.
이길상 등, 『1980년대 한국사회연구』, 백산서당, 2005, pp.268.
이부영, 『의학개론 I 』, 서울대학교출판부, 1995, pp.450.
이상호, 『독일 노동운동의 자기 정체성 모색과 현실적 딜레마』, 한국노동연구원, 2005, pp.123.
이용득, 『노동은 밥이다』, 미래를 소유한 사람들, 2014, pp.272.

이용득, 『한국사회와 노동』, 2019년 의정보고서』, 2019, pp.229.
이용득·손낙구, 『한국형 노동회의소를 꿈꾸다』, 후마니타스, 2020, pp.300.
이장무, 『과학기술 50년사』, 과학기술정보통신부, 2017, pp..
이재오, 『한국학생운동사』, 파라북스, 2011, pp.448.
이충우 등, 『다시 보는 경성제국대학』, 푸른사상, 2013, pp.477.
이태진 등, 『서울대학교 60년사』, 푸른사상, 2006, pp.1099.
이희연 등, 『교직단체 업무편람』, 서울특별시교육청 교육복지담당관실, 2012, pp.201.
임동권 등, 『교원노조제도의 올바른 이해』, 교육부, 1999.
임서정, 『근로계약법에 관한 연구: 일본의 사례를 중심으로』, 한국노동연구원, 2013, pp.357.
임종률, 『근로계약법제에 입각한 근로기준법 개선방안 연구』, 국제노동법연구원, 2008, pp.125.
장 훈 등, 『세계화 제2막: 한국형 세계화의 재구상』, 동아시아연구원, 2010, pp.299.
전삼현, 『독일의 감사회와 근로자 경영참여』, 한국경제연구원, 2004, pp.208.
전우용, 『현대인의 탄생』, 이순, 2011, pp.342.
정해구, 『전두환과 80년대 민주화운동』, 역사문제연구소, 2012, pp.269.
조찬래, 『외국정당의 정치교육과 제도화에 관한 연구』, 중앙선거관리위원회, 2012, pp.123.
존 로크 저, 강정인·문지영 역, 『통치론』, 까치, 2009, pp.254.
존 로크 저, 추영현 역, 『인간지성론』, 동서문화사, 2011, pp.1019.
존 엘리스John Ellis 저, 정병선 역, 『참호에 갇힌 제1차 세계대전』, 마티, 2009, pp.301.
지그문트 바우만Zygmunt Bauman, 『위기의 국가』, 동녘, 2014, pp.298.
지그프리트 쉴레·헤르베르트 슈나이더 편, 전미혜 역, 『보이텔스바흐 협약은 충분한가?』, 2019, 민주화운동기념사업회, pp.304.
최성수, 『선진국 사회적 합의주의의 특성과 시사점』, 한국경제연구원, 2000, pp.62.
최재성, 『대학설립준칙주의의 10년, 오늘과 내일』, 2005년 국정감사 정책자료집, 2005, pp.85.
탁양현, 『맑스 철학, 고독한 유령 칼 마르크스의 철학사상』, 카멜팩토리, 2019, pp.279.
통계청, 『통계로 본 광복 70년 한국사회의 변화(통·계편)』, 2015, pp.184.
平田雅彦히라다 마사히코 저, 양억관 역, 『누구를 위한 부의 축적인가』, 멜론, 2016, pp.215.

페르낭 브로델Fernand Braudel 저, 주경철 역,『물질문명과 자본주의Ⅰ-1㊦』, 까치, 2005, pp.471.
한동일,『법으로 읽는 유럽사』, 글항아리, 2019, pp.423.
한스 로슬링,『팩트풀니스』, 김영사, 2019, pp.473.
한홍구,『대한민국사』1, 한겨레신문사, 2003, pp.309.
한홍구,『대한민국사』2, 한겨레신문사, 2003, pp.320.
한홍구,『대한민국사』3, 한겨레신문사, 2005, pp.313
한홍구,『대한민국사』4, 한겨레신문사, 2006, pp.303.
헨리 로조프스키Henry Rosovsky 저 이형행 역,『대학, 갈등과 선택』, 삼성경제연구소, 2006, pp.447.
헬무트 슈나이더Helmut Schneider 등 저, 한정숙 역,『노동의 역사』, 한길사, 1983, pp.544.
황경식,『사회정의의 철학적 기초』, 철학과 현실사, 2013, pp.584.
후레드릭 모오트Frederick W. Mote 저, 권미숙 역,『중국문명의 철학적 기초』, 인간사랑, 1991, pp.187.
휴버트 램Hubert H. Lamb 저, 김종규 역,『기후와 역사』, 한울아카데미, 2004, pp.468.

고용노동부,『노사협의회 운영 매뉴얼』, 노사협력정책과, 2011. pp.238.
고용노동부,『중앙 및 5개 지방노동위원회의 2011.6.25.이후 업무 종합감사 보고서』, 감사관실, 2013.
고용노동부, *Panel of Experts Proceeding Established Under Article 13.15 of The Korea-EU Free Trade Agreement*, 2020.11.18, pp.66.
교육부대학정책실,『박근혜정부 대학정책』, 교육부 대학정책실, 2015, .
국가기록원,『주요정책기록 해설집Ⅴ(교육편)』, 2017, pp.173.
노동부,『필수유지업무제도 운영 매뉴얼』, 노사관계법제과, 2008, pp.128.
동경대학 교양학부,『교양이란 무엇인가』, 노기영 等譯, 한국방송통신대학출판부, 2008, pp.200.
중앙교육연구소,『장기종합교육계획(안)』(5책).
편집부,『2020년판 교육법전』(3권), 교학사, 2020, pp.2054·2189·263.
편찬위원회,『이화 100년사』, 이화여자대학교출판부, 1994, pp.758.
편찬위원회,『교육50년사(1948~1998)』교육부, 1998, pp.1000.
편찬위원회,『한국방송통신대학교 30년사』, 한국방송통신대학교, 2002, pp.940.
한국산업기술개발본부,『전국고등교육기관실태조사연구보고서(종합편)』, 1967, pp.278.

더크 보드・클라렌스 모리스Derk Bodde・Clarence Morris 저, 朱勇 역,『中華帝國的法律』, 南京, 江蘇人民出版社, 1995, pp.491.
李甲孚,『中國法制史』, 臺北, 聯經出版社, 1988, pp.416.
陳平原,『大學小言』, 北京, 生活・讀書・新知 三聯書店, 2017, pp.271.
石戶谷哲夫(이시토야 데쓰오),『日本敎員史研究』, 講談社, 1967, pp.482.
天野郁夫(아마노 이쿠오),『大學の誕生』, 中公新書, 2009, pp.1019.

논문

강경석・김시운,「한국 교원단체의 단체교섭 근거 법규 비교」,『인하교육연구』6, 2000, pp.261~289.
강경선,「주권자적 인간에 관하여: 대의제와 직접민주제의 매개를 위한 개념」,『민주법학』62, 2016, pp.181~217.
강문구,「지식인의 정치참여에 관한 연구: 대학교수를 중심으로」,『한국과 국제정치』31-3, 2015, pp.1~24.
강유정,「영화 '겨울여자'의 여대생과 70년대 한국사회의 감정구조」,『대중서사연구』21-2, 2015, pp.187~215.
강인화,「1950년대 징병제와 한국전쟁의 전후 처리: 병역 부담의 공정성과 병역법 개정 논의(1950~1957)」,『법과 사회』62, 2019, pp.185~213.
강희원,「태초의 노동계약: 성경의 노동약정에 대한 법학적 및 철학적 분석」,『법철학연구』20-1, 2017, pp.175~222.
고부응,「한국 대학의 기업화」,『역사비평』, 2010, pp.16~42.
고 전,「교사의 법적 지위에 관한 연구」,『교육법학연구』9, 1997, pp.168~193.
고 전,「교육기본법의 제・개정과 교육입법의 과제」,『교육법학연구』20-2, 2008, pp.1~25.
고 전,「교수노동조합 법제화의 쟁점과 과제」,『교육행정학연구』38-4, 2020, pp.27~46.
곽준혁,「민주주의와 공화주의: 헌정체제의 두 가지 원칙」,『한국정치학회보』39-3, 2005, pp.33~57.
곽차섭,「근대국가와 새로운 세계질서: 젠틸리, 그로티우스, 푸펜도르프의 국제법 사상을 중심으로」,『역사학보』149, 1996, pp.169~202.
권녕성,「헌법의 변천, 그 평가와 전망」,『법제연구』14, , 1998, pp.110~129.
김갑석,「교육법 체계에서의 '교육기본법'의 역할과 위상」,『교육법학연구』31-2, 2019, pp.1~16.

김경근, 「교육수준의 비약적 상승」, 『한국의 사회동향 2008-교육』, 통계청, 2008, pp.79~87.
김경일 등, 「일제하 노동운동(1920~1945)」, 고려대노동문제연구소, 1999, pp.17~71.
김광억 등, 「입시제도의 변화: 누가 서울대학교에 들어오는가」, 『한국사회과학』25-1·2, 2003, pp.3~187.
김금수, 「80년대 노동운동의 단계적 상황과 발전을 위한 과제」, 『실천문학』, 1987, pp.87~107.
김금수, 「제1차 세계대전과 대중적 노동자계급 운동」, 한국노동사회연구소, 『노동사회』83, 2004, pp.121~137.
김기석, 「해방 후 분단국가 교육체제의 형성(1945~1948): 국립서울대학교와 김일성종합대학의 등장을 중심으로」, 서울대학교 『사대논총』53, 1996, pp.1~20.
김기식 등, 「대학개혁, 국공립대학 확충이 답이다」, 더미래연구소, 2017, pp.28.
김낙년·박기주, 「해방 전후(1936~56) 서울의 물가와 임금」, 낙성대경제연구소 Working paper2006-6, 2007, pp.1~22.
김민관, 「동유럽 주요국의 경제체제 전환과정」, 『산업조사월보』615, 2007, pp.39.
김병찬 등, 「교원양성기관으로서 교육대학원의 역할과 의미 탐색에 관한 연구」, 『교육행정학연구』36-3, 2018, pp.91~119.
김봉준, 「국립대 교원에 대한 성과급적 연봉제 개선 방안 연구」, Asia-pacific Journal of Multimedia Services Convergent with Art, Humanities, and Sociology 8-6, 2018, pp.69~88.
김상만, 「국제노동기구(ILO)의 핵심협약과 FTA 협정상의 노동 조항(노동장)에 대한 고찰」, 『법학연구』17, 2014, pp.219~243.
김성복, 「미국의 대학 교육: 과거와 현재(1636~2008)」, 『미국학』31-2, 2008, pp.3~27.
김세균, 「이승만 정권 하에서의 사회운동」, 『제1공화국 연구』, 1996, pp.143~174.
김영수, 「1980년대 사회구성체론과 노동운동」, 『역사와 현실』77, 2010, pp.73~107.
김영화, 「한국의 교육과 경제성장」, 『대한민국 교육 70년』, 2015, pp.173~232.
김용민, 「에피쿠로스 신학과 스토아 신학에 관한 비판적 검토」, 『한국정치연구』21-3, 2012, pp.271~295.
김용일, 「미군정기 조선교육심의회에 관한 교육정치학적 고찰」, 『교육문제연구』6, 1994, pp.315~347.
김우영 등, 「사학기관 재무·회계 규칙에 대한 특례규칙 분석과 개정 방향에 관한 연구」, 『세무와 회계저널』19-6, 2018, pp.245~268.

김유경, 「미국 대학의 지배구조Governance System」, 미발표 원고, 2020.
김정우, 「노동소득분배율의 변동추이와 의미」, 노동연구원 노동리뷰, 2020.5.5, pp.55~65.
김종년, 「한국기업 성장 50년의 재조명」, 『CEO infomation』500, 2005, pp.31,
김종서, 「현행 교수재임용제의 위헌성과 합리적 운용 과정」, 『민주법학』15, 1999, pp.290~331.
김준석, 「사무엘 푸펜도르프의 국가이론 연구」, 『21세기 정치학회보』28-2, 2018, pp.1~26.
김준수, 「살 수 있음의 권리에 대한 철학적 근거 지음」, 『사회와 철학』36, 2018, pp.63~106.
김진욱, 「근로자 단체교섭의 대상: 기업의 이해관계자로서 보장되어야 할 권리의 보호」, 『법과 기업연구』4-2, 2014, pp.105~128.
김치선, 「평론: 개정 노동 조합법(1963.4.17.개정) 비판: 성장이냐 후퇴냐」, 『법학』5-1·2, 1963, pp.106~112.
김한상, 「체용론과 주희 철학의 태극 개념에 대한 고찰」, 『유교사상문화연구』74, 2018, pp.255~284.
문무기, 「노동조합의 존재 의의에 관한 단상」, 『노동법연구』40, 2016, pp.307~351.
문준영, 「미군정기 및 정부수립시기 에른스트 프랭켈의 지위와 역할」, 『세계헌법연구』24-1, 2018, pp.77~122.
문준혁, 「헌법상 근로의 의무에 대한 비판적 검토」, 『노동법연구』44, 2018, pp.211~246.
박경미, 『서울지역 대규모 사립대학 진단(2013~2018)』, 2019.
박권일, 「출세와 교양, 그 뜨거운 열망」, 『eCOMMONS』, 기획연재, 2019.12.11.
박기영, 「교섭창구단일화 제도의 위헌성에 관한 연구」, 『법학연구』46, 2015, pp.333~358.
박남기, 「5.31 대학교육 개혁의 영향과 과제」, 『교육정치학연구』22-4, 2015, pp.1~28.
박제성, 「교의적 노동개념의 재정초를 위하여」, 『노동법연구』36, 2014, pp.119~145.
박종무, 「미군정기 조선교육자협회의 교육이념과 활동」, 『역사교육연구』13, 2011, pp.115~162.
박태균, 「1960년대 중반 안보위기와 제2경제론」, 『역사비평』72, 2005, pp.250~276.
박환보, 「해방 이후 학교교육 팽창 규모와 특징」, 『대한민국 교육 70년』, 2015, pp.103~172.

변기용, 「OECD 국가의 대학 가버넌스 구조 유형화와 시사점」, 『교육행정학연구』 25-2, 2007, pp.279~303.
서유경, 「정치, 거짓말, 그리고 한나 아렌트」, 『시민정치학회보』5, 2002, pp.167~195.
서유경, 「약속의 정치학, 한나 아렌트의 로마커넥션과 그 함의」, 『정치사상연구』17, 2011, pp.11~35.
서정화 등, 「교육개혁자문기구의 평가와 과제」, 『교육정책네트워크』2013-8, pp.1~33.
손향미, 「교섭창구단일화 제도 시행에 따른 법적실무적 쟁점」, 『노동법학』39, 2011, pp.1~38.
서희경, 「민주공화주의와 대한민국 헌법 이념의 형성」, 『정신문화연구』30-1, 2007, pp.77~111.
성중모, 「근대 유럽법사에 있어서 이성의 발전: 자연법으로부터 계몽시대를 거쳐 법전편찬으로」, 『서울법학』22-2, 2014, pp.223~261.
송기창, 「반값 등록금정책에 따른 대학재정지원정책 개선 방향」, 『교육재정경제연구』26-2, 2017, pp.63~92.
신광영, 「생산의 정치와 80년대 한국의 노동조합」, 『사회와 역사』26, 1990, pp.11~39.
신권철, 「노사협의회의 법적 지위와 역할」, 『노동법연구』35, 2013, pp.267~304.
신권철, 「노동법에 있어 사회통념과 정당성」, 『노동법연구』40, 2016, pp.235~270.
신일섭, 「1978년 교육지표 사건의 역사적 의의」, 『민주주의와 인권』8-3, 2008, pp.125~156.
신현직, 「교육의 자주성, 전문성, 정치적 중립성의 법리」, 『교육법학연구』11, 1999, pp.153~169.
안톤 멩거Aton Menger, 이철수·이다혜 역, 「안톤 멩거의 '노동수익권': 사회주의 이론의 법적 정립과 19세기 사회적 기본권의 태동」『법학』53-1, 2012, pp.133~148.
알랭 쉬피오Alain Supiot, 박제성 역, 「사회국가의 위대함과 시련」, 『노동법연구』38, 2015, pp.235~259.
알랭 쉬피오Alain Supiot, 박제성 역, 「진정으로 인간적인 노동체제」, 『노동법연구』40, 2016, pp.393~449.
알랭 쉬피오Alain Supiot, 박제성 역, 「노동법의 진정한 개혁을 위한 길」, 『노동법연구』44, 2018, pp.247~294.
양 건, 『주요 법령에 대한 주석서(헌법-총강 및 기본권 부분)』, 한국헌법학회, 2007, pp.1030.
오봉진·천성문·이영순, 「재수생의 생활 적응에 관한 질적 연구」, 『상담학연구』1

0-4, 2009, pp.2455~2478.
오성배, 「사립대학 팽창 과정 탐색: 해방 후 농지개혁기를 중심으로」, 『한국교육』 31-3, 2004, pp.53~73.
오제연, 「1970년대 후반 대학정원 정책의 전환과 고등교육 대중화」, 『역사비평』128, 2019, pp.145~176.
우용제·안홍선, 「근대적 교원양성제도의 변천과 사범대학의 설립」, 『아시아교육연구』7-4, 2006, pp.187~215.
유혜경, 「미군정시기 노동운동과 노동법」, 『노동법학』26, 2008, 253~302.
유혜경, 「이승만 정권 시기의 노동운동과 노동법」, 『노동법학』30, 2009, 93~151.
유혜경, 「1960년대 박정희정권시대의 노동운동과 노동법」, 『경희법학』54-2, 2019, 237~288.
윤대석, 「경성제대의 교양주의와 일본어」, 『대동문화연구』59, 2007, pp.111~134.
윤천주, 「대학교육의 전망과 65학년도 대학정원 조정 방안」, 총무처, 1964.(국가기록원, 관리번호 BA0084422).
이근호, 「행정규칙의 법령 위반 여부 해석」, 『법제』, 2016, pp.132~161.
이명순, 「공화주의의 유형과 그 비판」, 『철학사상』26, 2007, 269~296.
이무근, 「준칙주의에 의한 대학 설립의 실상」, 『대학교육』132, 2004, pp.51~59.
이병수, 「유럽대학의 교양교육 이념과 제도의 변천에 대한 고찰」, 『후마니타스포럼』4-1, 2018, 29~51.
이상철, 「사립학교법 개정과정과 주요 내용 분석」, 『교육행정학연구』24, 2006, pp.197~224.
이성호, 「미국 대학의 주요 특징과 당면과제: 다양성, 자율성, 실용성을 중심으로」, 『아시아교육연구』6-3, 2005, pp.161~181.
이시우, 「사립학교 운영과 사립학교법」, 『교육법학연구』13, 2001, pp.101~133.
이시우, 「독일 교육법에서의 학교의 법적 지위」, 『교육법학연구』17-1, 2005, pp.178~200.
이영효, 「미국독립선언서와 행복추구권」, 『미국사연구』46, 2017, pp.75~114.
이완범, 「박정희 정부의 교체와 미국, 1979~1980」, 『1980년대 한국사회 연구』, 2005, pp.13~112.
이원호, 「입시제도의 변천과정과 문제점」, 『교육학연구』30-1, 1992, pp.1~17.
이원희, 「진쯔하이머의 노동법론과 그 업적」, 『노동법연구』5, 1996, pp.202~268.
이인수, 「사립학교 교원의 법적 지위에 대한 비교법적 고찰: 한국과 미국의 사례를 중심으로」, 『교육법학연구』, 2017, pp.147~176.
이정규, 「대학정원정책의 현황과 분석」, 『아시아교육연구』2-2, 2001, pp.21~40.
이준구, 「신자유주의적 개혁의 이상과 현실」, 『경제논집』50-3, 2011, pp.159~182.
이지영, 「키케로의 공화주의 사상에 관한 연구」 서울대 대학원 윤리교육과 석사학위논문, 2012, pp.106.
이철수, 「전환기의 노사관계와 노동법」, 『한립법학』12, 2003, pp.95~127.
이헌환, 「대법원장의 지위와 사법행정권」, 『서강법학』11-1, 2009, pp.87~118.
이형행, 「대학정비 단행과 고등교육의 양적 관리(1961~1971)」, 『대학교육』51, 1991, pp.67~78.
임연기, 「대학설립 준칙주의 공과 분석」, 『교육행정학연구』26-4, 2008, pp.147~167.
임재홍, 「대학교원의 신분보장: 사립대학교 교원재임용제도와 관련하여」, 『민주법학』31, 2006, pp.141~169.
장미현, 「1950년대 민주적 노동조합운동의 시작과 귀결」, 『동방학지』155, 2011, pp.221~269.
장석환, 「문민정부 이후 대학 정원정책 분석」, 『교육행정학연구』25-4, 2007, pp.389~412.
전광희, 「한국의 출산력 변천: 추이와 예측」, 『통계연구』8-1, 2003, pp.33~58.
정기오, 「교원노동조합법의 법제상 문제점에 대한 연구: 교원단체 교섭제도의 도입 배경과 운용성과를 중심으로」, 『교원교육』22-4, 2006, pp.87~109.
정준영, 「경성제국대학과 식민지 헤게모니」, 서울대학교 박사학위논문, 2009, pp.297.
정태욱, 「자연법 개념 연구」, 『민주법학』7, 1994, pp.101~129.
정태욱, 「손문 평균지권의 자유주의적 기원과 중국 공화혁명에서의 전개과정」, 『법철학연구』18-2, 2015, pp.185~216.
정태환, 「김영삼 개혁정치의 성격과 정치적 동원」, 『한국학연구』23, 2005, pp.281~306.
정흥모, 「1989년 동구혁명에 관한 해석」, 『학국정치학회보』33-1, 1999, pp.309~328.
조경배, 「노동조합법상의 근로자 개념에 관한 한일 최고법원의 법리 비교」, 『법제연구』47, 2014, pp.463~499.
조성재, 「표류하는 한국의 노동문제」, 『동아시아재단 정책논쟁』57, 2016, pp.1~5.
조성재, 「ILO 핵심과 보편적 국계 기준의 노사관계」, 『ILO 핵심협약과 사회통합 토론회』, 노사발전재단. 2018, pp.29~48.
최규엽, 「80년대 노동조합운동과 전노협」, 『역사비평』, 1990, pp.183~198.
최병조, 「동양 법사고의 특성과 한계; 비교문화유형론적 고찰」, 『법학』52-4, 2011, pp.1~99.
최인이, 「한국노총과 민주노총의 조직과 운동전략 비교」, 『기억과 전망』24, 2011, pp.79~128.
최 혁, 「사립대학 회계 및 적립금에 관한 연구」, 『산업연구』36-2, 2012, pp.1~16

팀 드 메이어, 「ILO 핵심협약 비준: 한국에 주는 시사점」, 『ILO 핵심협약과 사회통합 토론회』, 노사발전재단. 2018, pp.3~10.
한유경, 「고등교육 정원의 자율화 방안」, 『규제연구』3-1, 1994, pp.91~106.
허영구, 「96-97 노개투 총파업 15주년, 노동운동 과제」, 『96~97 노동법개정 총파업 투쟁, 현재적 의미와 과제』 2012, pp.3~28.
허종렬, 「사립학교의 특수성 법리에 대한 헌법재판 동향 분석」, 『교육법학연구』12, 2000, pp.285~311.
허종렬, 「사립학교의 특수성·자주성·공공성과 법적 대안」, 『교육자치논단』, 2015, pp.95~115.
황동연, 「사학의 자주성과 공공성에 대한 사립학교법의 주요 개정 내용 분석」, 『교육법학연구』31-3, 2019, pp.243~274.
황승흠, 「근로자 이익균점권의 탄생 배경과 법적 성격 논쟁」, 『노동법연구』36, 2014, pp.1~44.
황정규, 『한국대학입시제도의 현황과 개선방향』, 『서울대학교 사대논총』48, 1994, pp.85~106.
황준성, 「사립학교법제에 관한 기초 연구」, 『교육법학연구』18-2, 2006, pp.209.

고용노동부 감사관실, 「중앙노동위원회 종합감사 결과 및 조치계획」, 2019, pp.6.
노사발전재단. 「ILO 헌장과 필라델피아선언」
노사발전재단. 「ILO 노동자 기본권 선언과 그 후속조치」
수도권문제심의위원회, 「수도권 인구의 과밀 집중 억제에 관한 기본지침」, 총무처, 1970.
통계청, 「소비자물가조사」, 『통계로 본 광복 70년 한국사회의 변화(통계편)』, 2015a.
통계청, 「교육수준별 인구」, 『통계로 본 광복 70년 한국사회의 변화(해설편)』, 2015b. pp.213.
------, 「수도권 인구 재배치 기본계획」, 국토교통부(무임소장관실 작성), 1977.
------, 「2단계 BK21 사업개요(안)」, 교육인적자원부, 2005, pp.21.
------, 「미국의 대학운영 정책 및 현황」, KUSCO, 2011, pp.45.
------, 「2013 기본교안1: 노동자와 노동조합」, 한국노총, 2013, pp.22.
------, 「표준취업규칙」, 고용노동부, 2019, pp.137.

加藤毅(가토 쓰요시), 「知識社會における大學敎員」, 廣島大學 『高等敎育硏究叢書』 83, 2005, pp.61~72.

寺崎昌男(데라자키 마키오), 「大學焦眉の課題と敎員の役割: 專門職化と新しい課題」, 廣島大學, 『高等敎育硏究叢書』83, 2005, pp.39~53.
山岸駿介(야마기시 순수케), 廣島大學, 『高等敎育硏究叢書』37, 1995, pp.44~46.
有本章(아리모토 아키라), 「大學敎員の硏究: 大學敎授の使命と市場」 『高等敎育硏究』1, 1998, pp.141~161.
有本章(아리모토 아키라), 「序言」, 廣島大學, 『高等敎育硏究叢書』83, 2005.
齊藤泰雄(사이토 야스오), 「近代的敎職像の確立と變遷: 日本の經驗」, 廣島大學敎育開發國際協力硏究센터―, 『国際教育協力論集』17-1, 2014, pp.17~29.
鷲田小彌太(와시다 고야타), 「大學敎授の使命」, 廣島大學, 『高等敎育硏究叢書』37, 1995, pp.1~19.
Bradford, Henry, et al. "Who controls the board in non-profit organizations? The case of private higher education institutions in Colombia." Higher Education 75.5 (2018): 909~924.
Easton, Tanya L. "A study of faculty, administrative, and staff perceptions of the climate for shared governance at appalachian college association member institutions." (2014) pp.1~134.
Fox Garrity, Bonnie. "Trustees versus Directors, Whom Do They Serve? Boards, For-Profits and the Public Good in the United S tates." Higher Education Quarterly 69.1 (2015): 37~57.
Garde Sánchez, Raquel, Manuel Pedro Rodríguez Bolívar, and Antonio M. López-Hernández. "Online disclosure of university social responsibility: a comparative study of public and private US universities." Environmental Education Research 19.6 (2013): 709~746.
Page, Max, and Dan Clawson. "Building an Activist Union: The Massachusetts Society of Professors." Thought & Action (2009): 127.

신문 · 잡지 · 발표문 · 포털 기사

강민정 · 이명현, 「적립금 쌓여 있는 사립대 곳간 문은 언제쯤 열릴까」, 대학신문(2015.5.10).
강성란, 「다시 돌아가 본 1989년 전교조 창립일」, 교육희망(2016.4.25).
강세훈, 「신동욱 조사관 등 4명, 노동위원회 '명예의 전당'에 첫 헌액」, 중앙일보(2018.3.16).
강신철, 「4차산업혁명시대 지방사립대학의 인재육성방안」, 자치분권위원회 심포지움(2019.12.6).

강주형, 「학생 수는 줄어드는데, 거꾸로 몸집만 불리는 대학」, 한국일보(2017.1.26).
강태연, 「사립대 법정부담금 부담액 1위 연세대. 고려대 경희대 톱3」, 베리타스알파(2019.12.9).
강혜인, 「민국100주년 특별기획」 족벌사학과 세습①(https://nawstapa.org/article/cGGBV)
곽수근, 「16조 굴리는 사학연금, 주식으로 1조 손실」, 조선일보(2019.8.22).
권민수, 「천정부지의 사립대학 적립금, 적립금 총 10조원」, 인하프레스(2010.11.8).
길윤형, 「사학법, 15년 전을 아십니까」, 한겨레21-590(2005.12.20).
김경락, 「대기업 노조를 위기의 주범이라고 한 이유」, 프레시안(2006.1.5).
김경용, 「전국교직원노동조합」, 국가기록원 기록정보서비스(2006).
김누리, 「민주주의자 없는 민주주의」, 한겨레신문(2017.3.27).
김병린, 「박정희 정권의 행정수도 이전 계획 비화」, 신동아 2004-4(2004.3.29.).
김보람, 「학벌 만능주의, 언제까지 이어질까」, e대학저널(2016.3.2).
김상웅, 「현대사 100년의 혁사와 통사69, 김상진열사 자결」 오마이뉴스(2019.4.11).
김영철, 「초등학교보다 못한 대학교육」, 경향신문(2018.12.5).
김용서, 「단체협상이란」 교수연맹워크샵 발표문(2020.9.18).
김은남, 「4.19 교원노조의 역사 바로 세우기」, 시사저널1607(1999.3.25).
김인세, 「대학과 기부문화」, 부산일보(2006.1.21).
김인회, 「문화식민지: 교육경향과 그 탈피의 몸부림」, 『월간조선』, 1982-8.
김재일, 「김영삼 지지율 85%」, 시사저널 1614(2006.5.16).
김정남, 「25살 농대생 김상진의 할복, 전태일 분신 4년여만이었다」, 한겨레신문(2011.12.5).
김정석, 「朴정희 부녀 vs 경주 최부자, 영남대 놓고 50년 악연 스토리」, 중앙일보(2017.6.14).
김종목, 「연세대 반강제 기부금 물의」, 경향신문(2003.2.28).
김지훈, 「세계 최대 교육단체, 전교조 탄압 중단하라」, 한겨레신문(2015.3.9).
김창금, 「한국 노동자 권리 5등급, 세계 최악」, 한겨레신문((한겨레, 2014.5.22).
김철수, 「좋은 헌법 아래 5공 악법 그대로」, 한겨레신문(1989.7.18).
김태완, 「한나라당 發 '반값 등록금 정책' 탄생의 비밀」, 『월간조선』2011-7.
김희원, 「대학 재정지원 외면하는 사학법인, 전입금, 대학 수입의 3%뿐」, 서울경제(2019.10.10).
남종영, 「경주 최부자집은 박정희에게 어떻게 몰락했나」, 한겨레신문(2013.2.1).
류난영, 「내년부터 교직원 퇴직수당 대학이 40% 부담해야」, 뉴시스(2013.8.2).
류용환, 「대학들 등록금 올릴 수 있을까, 각종 불이익 우려 동결 전망」, 뉴데일리경제(2018.12.27).

문정우, 「부정입학이 건국대만의 일인가」, 시사저널1614(1991.8.22).
민병욱, 「우골탑대학, 관보대학생」, humanities-22(2019.1.10).
박대로, 「뜨거운 감자 부상한 개성공단 임금」, 중아일보(2015.3.10).
박병률, 「1965~1980년 1인당 국민소득 15배 늘었지만 물가 급등, 살림살이 팍팍」, 경향비즈(2016.3.3).
박신영, 「역사로 본 물가 해법」, 한국경제(2011.7.25).
박용현, 「'종잇장 개혁' 이번엔 끝내자」, 『한겨레21』220(1998.8.13).
박종선, 「마이클 샌델, 정의란 무엇인가」, 주간조선(2019.1.21).
박현철, 「교육부 규제 38건 개선, 대학자율혁신 이뤄지나」, 숭대시보(2019.10.7).
박혜원, 「오랜 연세의 역사와 함께하는 등록금 논쟁, 그 속으로」, 연세춘추(2010.4.4).
백우진, 「1997년을 기억하는 스무 가지 방식(8) 세계화의 덫」, 『월간중앙』-1384, 2017.
손성진, 「우골탑의 비애」, 서울신문(2018.3.4).
손재민, 「오바마 '미국인이여, 노조에 가입하라'」, 경향신문(2015.9.8).
송현숙, 「4.19교원노조 성공했다면 우리 교육 몇 단계는 뛰었을 것」, 경향신문(2015.2.13).
안상욱, 「덴마크 노동자 권리 보장 세계 2위, 한국은 조사대상 중 꼴찌」, Naked Denmark(2019.7.2).
연다혜, 「DJ·노무현 정부 때 대학등록금 자율화해서 113%로 올랐다?」, 뉴스타파(2017.5.2).
우용제, 「교육개혁심의회」, 국가기록원 기록정보서비스(2006).
유상철, 「최근 한국의 베트남 투자 동향」, KOTRA해외시장 뉴스(2020.1.28).
윤근혁, 「1960년 4.19교원노조 조합원 김규철·안현수 전 교사 인터뷰」, 교육희망(2014.7.1).
윤석진, 「70년대 자장면 33인분 요즘은 음료수 값」, 중앙일보(2009.8.15).
윤찬웅, 「국제노총, 2018 세계노동권리지수 발표」, 참여와 혁신(2018.8.16).
윤효원, 「ITUC '2020년 글로벌 노동권 지수' 발표], 매일노동뉴스(2020.6.25).
이상원, 「교육세의 절반은 차 기름값」, 비즈니스워치(2019.6.19).
이상일, 「학생은 대학의 고객이다」, 한국일보(1997.2.28).
이쌍철, 「시·도 교육청의 규제 개혁 노력과 과제」, 월간교육정책포럼(2014.10.10).
이연희, 「교육부, 사학 부당 징계 교원 복직 안 시키면 이사 승인 취소」, 뉴시스(2020.6.2).
이영재, 「한국, FTA 노동 규정 위반, EU, 전문가 패널에 의견 제출」, 연합뉴스(2020.1.17).
이영환, 「교육계의 타는 목마름, 민족·민주·인간화」, 『프레시안』(2005.6.9).

이우희, 「대학70년 한국대학의 유산⑤재수생」, 한국대학신문(2015.3.29).
이유미, 「관악캠퍼스의 어제와 오늘」, 『서울대저널』72(2005.4.23).
이유진, 「등록금 반환 여력 없다? 적립금 1000억 넘는 대학 20곳」, 한겨레신문(2020.6.29).
이인희, 「국공립유치원교사노조, 국회에 '유치원→유아학교' 개칭 제안」, 한국유아교육신문(2020.10.27).
이장원, 「교원·공무원 노사관계 이대로 좋은가?: 근로시간면제제와 교섭창구단일화 문제를 중심으로」, 공무원·교원 노동기본권 국회 토론회, 노웅래·김웅 의원 주최(2020.11.9).
이정원, 「전교조로 부활한 4.19의 혼, 교원노조」, 이대학보(1992.4.13).
이종태, 「노동시장 이중구조화, 대기업노조 책임도 있다」, 시사in(2020.2.18).
이 준, 「대학자주화선언」, 대학신문(1971.9.13).
이진호, 「지난해 대학 적립금은 늘고 장학금 규모는 줄어」, 조선에듀(2020.8.31).
이하늬, 「개성공단 중단2년, 한 달에 20만 원 주면서 달라박스라고 하면 안된다」, 경향신문(2018.1.27)
이혜진, 「삼성자산, 서울대 기금 2,000억원 굴린다, 첫 대학기금 위탁」, 서울경제(2019.12.10).
이효석, 「대학 해외캠퍼스 설립 가능해진다, 교육 규제 38건 개선」, 연합뉴스(2019.9.24).
임수철, 「대학만사 새옹지마9」, 설악신문(2013.5.13).
임순광, 「대학강사에게 교원 법적지위를 부여하라」, 한국대학신문(2007.3.2).
임순현, 「행정수도 이전이 박정희 전 대통령의 꿈?」, 연합뉴스(2020.7.28).
장상진, 「황우여 반값 등록금 방안, 靑은 황당, 與는 분열, 野는 지지」, 조선일보(2011.5.23).
정기수, 「윤리는 헌신짝 뇌물 공화국」, 시사저널1614(1991.2.21).
정민주, 「'사랑하는 조국의 민주를 위해' 할복 자결, 김상진 열사를 기억하다」, 서울대저널(2015.3.22).
정의진, 「기금 수익서 2兆 배당받는 美하버드, 국내대학은 등록금만 바라봐」, 한국경제(2019.5.14).
정지용, 「비싼 등록금 냈는데, 대학 교육 만족도 낮다」, 한국일보(2015.1.22).
정희상, 「장충식 왕국에 드리운 비리의 그늘」, 시사저널(2004.4.22).
조성복, 「독일, 파업 손실시간이 스페인의 35분의 1인 이유」, 프레시안(2013.12.4).
조영태, 「58년 개띠를 알아야 시장에서 성공한다」, 중앙일보(2018.1.2).
진원중, 「재수생 종합대책 지침에 관하여」, 대학신문(1977.8.1).
채은하, 「고려대 등 재단적립금 수십억 종편 투자」, 프레시안(2012.5.3).
천정환, 「유신의 교육과 대중지성」, 경향신문(2013.12.27).

최범수, 「난 CEO총장 아닌 세일즈 총장」, 이코노미조선10(2005.8.1).
최원형, 「장학금 규모 줄고 학자금 대출 이용 늘고」, 한겨레(2019.8.30).
최창봉, 「유소년리그처럼, 정치 떡잎 키우는 스웨덴」, 동아일보(2014.11.27).
허환주, 「대학주식회사의 그늘② 천정부지 등록금, 등심위는 유명무실」, 프레시안(2011.3.29).
홍여진, 「대학 적립금 쌓기 언제부터?」, 한국대학신문(2011.10.28).
편집부, 「박정희 일가는 어떻게 영남대를 장악했나」, 진실의 길(2012.10.19).

------, 「당세교육풍속⑤」, 부산일보(1953.4.30).
------, 「어용교수 자진사퇴하라」, 서울대 대학신문(1960.5.9).
------, 「대학정비안은 2학기 전 발표」, 동아일보(1960.6.22).
------, 「잠자는 교수 납치, 대학생 10여 명이 합세」, 동아일보(1960.7.2).
------, 「중대 사태화 한 교원노조 문제」, 동아일보(1960.8.22).
------, 「전국의 대학운영 엉망」, 동아일보(1960.8.22).
------, 「양보다 질에 치중, 앞으로는 대학설치 인가 않는다」, 경향신문(1960.9.22).
------, 「학교로 쏠릴 4월의 현금, 입학금 등 250억」, 동아일보(1961.1.9).
------, 「직업화 한 한국의 데모」, 경향신문(1961.1.14).
------, 「사립대학 정비기준과 그 운영」, 경향신문(1961.11.19)
------, 「아직도 파벌 형성 등 학원에 결함 많다」, 동아일보(1961.12.22).
------, 「문제된 대학정원 초과」, 경향신문(1964.2.20).
------, 「대학초과모집 파문」, 동아일보(1965.3.4).
------, 「결국 기정사실로」, 동아일보(1965.3.9).
------, 「문교부, 이대 정원 초과 모집에 조치」, 동아일보(1965.3.11).
------, 「부정 입학 브로커에 속지 말자」, 동아일보(1965.12.14).
------, 「관보대학생」, 경향신문(1966.6.16).
------, 「전국대학의 2·3·4학년 정원 60% 초과」, 경향신문(1966.10.19).
------, 「정부서 입학 허가 통지」, 동아일보(1968.1.16).
------, 「세계대학총장회의」, 동아일보(1968.6.17).
------, 「난맥사학: 국회특감에서 밝혀진 운영실태」, 중앙일보(1969.2.4).
------, 「20년 근속, 연금 일시불」, 경향신문(1969.2.8).
------, 「결국 학부모만 골탕」, 매일경제(1969.2.12).
------, 「교사병역 6개월로 단축」, 경향신문(1969.2.12).
------, 「허점 많은 장기교육계획」, 중앙일보(1970.4.28).
------, 「대학 교련 교육의 운영방향」, 중앙일보(1971.1.30).

------, 「대학 교련 교육의 개선방향」, 중앙일보(1971.5.7).
------, 「교수단, 대학자주화 선언」, 대학신문(1971.8.30a).
------, 「교수협의회 건의서」, 대학신문(1971.8.30b).
------, 「교원호봉의 개선」, 동아일보(1972.12.7).
------, 「교사들의 처우개선」, 동아일보(1972.12.8).
------, 「83학년도 대학입학정원 확정」, 동아일보(1972.12.9).
------, 「교육법 개정안의 원근遠近」, 동아일보(1972.12.18).
------, 「사학법인 수익용 재산 기준금액, 최고 3백% 인상」, 중앙일보(1976.10.26).
------, 「대입예시 문제지 유출, 진학사서 시판」, 동아일보(1977.11.15)
------, 「대입예시 커트라인, 서울 197점」, 동아일보(1977.12.23).
------, 「대학정원 49,490명 늘려」, 경향신문(1978.10.7).
------, 「대학진학률 18%에서 22%로」, 경향신문(1978.10.7).
------, 「대학졸업정원제의 문제점」, 중앙일보(1980.2.18).
------, 「수도권 대학 증원 현단계론 불가능」, 동아일보(1980.4.11).
------, 「고질적 족벌 운영에 종지부」, 경향신문(1980.8.19).
------, 「사학재단, 학교경영 완전 분리」, 동아일보(1980.8.19).
------, 「미혼교사 87%가 전직 희망」, 동아일보(1983.12.3).
------, 「학원사태 제적생 복교허용」, 동아일보(1983.12.21).
------, 「학원사태 관련 159명 특사」, 동아일보(1984.3.2).
------, 「학원안정법 왜 만드나①」, 경향신문(1985.8.7).
------, 「학원안정법 왜 만드나②」, 경향신문(1985.8.8).
------, 「사대 기부금입학제 검토」, 동아일보(1986.1.23).
------, 「대학 등록금 평균 3% 인상」, 동아일보(1986.1.23).
------, 「학생지도와 인사반영」, 동아일보(1986.3.7).
------, 「사대, 기부금 입학 허용 검토」, 동아일보(1986.3.12).
------, 「공무원 봉급 인상률 6.1%」, 동아일보(1986.9.25).
------, 「서울대 전체 졸업식 폐지 검토」, 경향신문(1987.2.27).
------, 「근로자 여러분, 여러분의 심정을 이해합니다」, 동아일보(1987.8.20).
------, 「서울대 총장 취임사」, 동아일보(1987.8.25).
------, 「공무원 봉급 9~10% 인상」, 동아일보(1987.9.5).
------, 「대학자율화 세부실천계획 내용」, 동아일보(1987.09.25).
------, 「대학 제적생 7년간 124,600명」, 동아일보(1987.10.22).
------, 「대학등록금 크게 오를 듯, 국고지원 50% 이하로 축소방침」, 동아일보(1988.8.5).
------, 「공무원 봉급 인상률 진통」, 동아일보(1988.8.6).

------, 「사립대 기부금 입학 적극 검토」, 동아일보(1988.1.13).
------, 「5공을 능가하는 양심수의 양산」, 한겨레신문(1988.12.21).
------, 「교육관계법 개정, 뜨거운 공방」, 동아일보(1989.2.2).
------, 「공공시설 피습 땐 무기사용」, 동아일보(1989.3.23).
------, 「무원칙하다 비판 들어」, 한겨레신문(1989.4.1).
------, 「문교부, 대학분규에 강경책」, 중앙일보(1989.4.12).
------, 「서울 교대도 무기 휴업」, 중앙일보(1989.4.17).
------, 「교수 1명에 학생 46.2명, 대교협 115개대 조사」, 한겨레신문(1989.4.25).
------, 「사회과학출판사 종이공급 기피 파동」, 한겨레신문(1989.7.27).
------, 「명지대 용인 총학생회, 부정입학자 22명 이름 공개」, 한겨레신문(1989.8.11).
------, 「세종대 총장·보직교수 사퇴」, 한겨레신문(1989.8.13).
------, 「검찰, 고대 교직원 자녀 25명 특혜 입학 혐의 포착」, 한국경제(1989.8.19).
------, 「동국대 총장·이사장 구속」, 경향신문(1989.9.1).
------, 「사립대 부정입학, 피해자 구제 쟁점」, 동아일보(1989.9.2).
------, 「휴지통」, 동아일보(1989.9.2).
------, 「사학 뒷문거래 드러나」, 한겨레신문(1989.9.2).
------, 「동국대 교수·학생, 잘못 반성하나 형평 잃은 처사」, 한겨레신문(1989.9.2).
------, 「대학등록금 내년부터 자율화」, 동아일보(1989.9.3).
------, 「학부모에 떠넘긴 대학 재정난」, 동아일보(1989.9.3).
------, 「한성대 부정입학 사건 수사 안팎」, 동아일보(1989.10.12).
------, 「한성대 거액 부정입학 수사」, 한겨레신문(1989.10.12).
------, 「한성대 올 94명 부정입학」, 경향신문(1989.10.12).
------, 「7개 사립대 첫 학교채 발행, 내년부터」, 중앙일보(1990.10.27).
------, 「대학가 입시부정 이미 전국적 현상」, 한국경제(1991.01.29).
------, 「86년 이후 부정입학, 52개 대학 1,412명」, 동아일보(1993.5.9).
------, 「대입부정 파문 진화 극약처방, 문교부 봐주기 감사 소문 입증된 셈」, 동아일보(1993.5.9).
------, 「김종운 서울대 총장 인터뷰」, 중앙일보(1993.11.29).
------, 「고려대, 예산 5% 40억원 학교채 발행」, 매일경제(1994.1.5).
------, 「김영삼 대통령의 세계화 선언」, 국정신문(1995.2.6).
------, 「김종운 전 서울대 총장 타계」, 중앙일보(2000.3.17).
------, 「이명현 전 장관 인터뷰: 학부제는 사기다」, 교수신문(2001.11.26).
------, 「실록 민주화 운동, 75년 김상진 열사 할복자결」, 경향신문(2003.7.6).

------, 「소비자물가지수」, 서울연구데이터서비스, 데이터로 본 서울/지표로 본 서울(2003).
------, 「일상소비생활」, 서울연구데이터서비스, 데이터로 본 서울/지표로 본 서울(2003).
------, 「통계로 보는 여성의 삶」, 통계청 사회통계과(2003).
------, 「국제대학원을 해체하라」, 주간동아299(2006.5.4).
------, 「인간의 존엄과 가치」, 국가인권위원회 휴먼레터(2009).
------, 「사학분쟁 조장해놓고 회의록까지 없앤 사분위」, 경향신문(2010.9.9).
------, 「전교조 결성 본격화에 거세지는 탄압」, 한겨레신문(2011.7.24).
------, 「학생운동과 함께한 편집권 분쟁」, 이대학보(2013.3.27).
------, 「수도권 시책 주요 변천사」, 『국토교통상식』, 국토교통부(정책자료, 2014).
------, 「사설: 노동권 '세계 최하위'의 불명예」, 한겨레(2014.5.22).
------, 「1970년 이후 정원을 가장 많이 늘린 대학은?」, 대학교육연구소(2015.2.25).
------, 「대통령 직속 교육자문기구, 10년 만에 부활, 과제와 전망」, 경향신문(2017.8.21).
------, 「학사비리의 유구한 역사, 왜?」, 뉴시스(2018.12.1).
------, 「고교 졸업자 수 및 대학 입학생 정원 변화 추이(2008~2017)」, 『KESS 교육통계서비스』(2018).
------, 「국회기록과 입법으로 본 대입 제도의 변천」, 국회기록보존소(2018).
------, 「미발령교사 넘쳐나는데, 사범대는 42개에서 46개로 늘렸다」, 매일경제(2019.4.24).
------, 「BK21로 본 대학별 연구력」, 서울대 GSDS광장(2020.8.18).
------, 「베트남, 한국어 내년에 정식 교과로 채택될 것」, 매일경제(2020.11.17).

혜움책방, 「조제프 슘페터, 『자본주의 · 사회주의 · 민주주의』」(http://m.blog.naver.com/sonss1992/221496094122)
Polarized Lentium, 「슘페터와 『자본주의 · 사회주의 · 민주주의』」(https://polarizedlentium.tistory.com/151)
------, 우리역사넷/통화남발과 돈의 가치(http://contents.history.go.kr/mobile/km/view.do?levelId=km_008_0070_0040_0030)
------, 취학률 및 진학률 시계열조회/e-나라지표(http://www.index.go.kr/potal/stts/idxMain/selectPoSttsIdxSearch.do?idx_cd=1520)

찾아보기

인명색인

가이 라이더Guy Ryder 943
갈브레이드John K. Galbraith 713
강무섭 580
강신철姜信哲 615, 617, 618
강재섭姜在涉 651
강희원姜熙遠 84, 167, 168, 691, 697, 701, 706, 713, 715, 732, 753, 755, 819, 822, 836, 1194
고르바초프Mikhail Gorbachev 523
고부응 235, 239, 662
고영순高永珣 281
고현철 793
공자孔子 58, 188, 189, 190, 191, 195
공화백共和伯 107
관중管仲 189
권녕성權寧盛 700
권영빈 580
그람시Antonio Gramsci 147
그로티우스Hugo Grotius 43, 52, 53
기르케Otto von Gierke 148, 150, 151, 152
기형도奇亨度 517
김관도金觀濤 193
김구金九 304, 389, 720

김기동金起東 391
김기춘金淇春 453, 524
김누리 703
김대중金大中 452, 457, 495, 502, 548, 574, 590, 664, 741, 974
김상곤金相坤 659
김상진金相眞 453, 454
김상협金相浹 416
김성복 235
김성수金性洙 389
김성식金成植 504
김연준金連俊 385
김영삼金泳三 340, 467, 495, 502, 539, 545, 553, 574, 575, 577, 578, 579, 590, 599, 601, 732, 809, 909
김영식金永植 539
김용옥金容沃 536
김유경金裕慶 235
김응섭金應燮 389
김인회金仁會 318, 591
김일성金日成 450
김정인 602
김정일金正日 450
김종원金鍾遠 281

김주열金朱烈 330, 331
김준엽金俊燁 518
김창호金昌浩 526
김철수金哲洙 522
김활란金活蘭 288
꽁시데랑Victor Considérant 133
나민수羅緡洙 527
나세르Gamal Abdel Nasser 349
나쓰메 소세키夏目漱石 229
나폴레옹 3세 133
나폴레옹Napoléon Bonaparte 66, 69, 226, 264, 265
노무현盧武鉉 252, 254, 255, 457, 495, 545, 651, 896
노이라트Neurath 259
노태우盧泰愚 490, 495, 507, 509, 520, 521, 522, 524, 525, 528, 530, 532, 533, 534, 535, 541, 549, 578, 656, 716, 732, 868, 874
뉴턴Isaac Newton 58
니덤Joseph Needham 37
니체Friedrich Wilhelm Nietzsche 231
대처Margaret Thatcher 752
데라우치 마사타케寺内正毅 219
데카르트René Descartes 43
뒤기Léon Duguit 148
등소평鄧小平 103, 204
디드로Denis Diderot 57
라드브르흐Gustav Radbruch 128
라살레Ferdinand Lassalle 691

라이프니츠Gottfried Wilhelm Leibniz 56 57 58
러셀Bertrand Russell 119, 120, 181
레닌Lenin 95, 146
레이건Ronald W. Reagan 752
로버트 켈러Robert J. Keller 295, 421
로버트 필Robert Peel 135
로베스피에르Maximilien de Robespierre 87, 118
로스토우Walt Whitman Rostow 752
로젠블룸Nancy Rosenblum 1194
로조프스키Henry Rosovsky 599
로크John Locke 50, 51, 52, 56, 60, 116, 117, 119, 1192
로텍Carl von Rotteck 52
루소Jean Jacques Rousseau 56, 85, 86, 87, 109
루이 필립 1세Louis-Philippe I 133
루즈벨트Franklin Delano Roosevelt 713, 917, 919
루터Martin Luther 42
리옹 깡Lyon Caen 755
링컨Abraham Lincoln 107
마르쿠스 아우렐리우스Marcus Aurelius 172
마이클 샌델Michael J. Sandel 201
마크 릴라Mark Lilla 755
막스Karl Marx 88, 89, 90, 91, 101, 104, 142
맹자孟子 175
메테르니히Klemens von Metternich

134
멩거Aton Menger 141, 142
명제明帝 206
명종明宗 212
명치明治천황 450
모리 아리노리森有礼 269
모안영毛岸英 313
모택동毛澤東 101, 102, 103, 204, 313
몽테스키외Montesquieu 56, 64, 109
묵자墨子 176
문언박文彦博 209
문익환文益煥 524
문재인文在寅 255, 257, 495, 496, 53
 5, 591, 605, 606, 659, 856, 9
 43, 1152, 1196
문정文定왕후 212
바우만Zygmunt Bauman 755
박경미朴炅美 558, 952, 953
박근혜朴槿惠 254, 257, 391, 495, 49
 6, 603, 606, 651, 652, 793, 7
 94, 876, 989
박노식朴魯植 296
박봉식朴奉植 517
박상진朴尙鎭 389
박상훈 768
박성호 580
박승朴昇 546
박용성朴容晟 597
박용진朴用鎭 895
박은식朴殷植 284
박정희朴正熙 167, 183, 232, 349, 350,
 360, 366, 371, 373, 374, 380,
 389, 391, 392, 393, 394, 396,
 399, 425, 430, 431, 445, 446,
 449, 451, 456, 457, 458, 464,
 465, 466, 467, 470, 489, 497,
 507, 533, 575, 663, 698, 699,
 700, 707, 716, 725, 727, 728,
 729, 730, 747, 809, 909, 973
박종철朴鍾哲 507
박주민朴柱民 823
박헌영朴憲永 720
방시혁房時爀 748
방효원方孝元 789
백기완白基琓 462
백낙준白樂濬 288, 327, 592
백만기 580
밴 플리트James Van Vliet 313
범중엄范仲淹 1200
베카리아Cesare Marquis Beccaria B
 onesana 65
벤담Jeremy Bentham 65
볼테르Voltaire 56, 57, 65
볼프Christian Wolff 56, 57, 58, 59
부시George H. Bush 523
불프강 베버Wolfgang E.J. Weber 26
 7
브라이트Gotthard Breit 992
브렌타노Lujo Brentano 149, 150, 156
블로흐Ernst Bloch 120, 125
비스마르크Otto von Bismarck 139, 1
 40, 359, 740, 741

비토리아Francisco de Vitoria 42
비트포겔Karl August Wittfogel 38
빌 게이츠William Henry Bill GatesIII 103
사드-필류Alfredo Saad-Filho 600
서유경徐裕卿 997, 1195
선왕宣王 107
설훈薛勳 790, 823, 953
세네카Lucius Annaeus Seneca 118
세실리아 말스트롬Cecilia Malmström 939
소동파蘇東坡 31
소송蘇頌 207
손문孫文 105, 204
손병두孫炳斗 596
손병희孫秉熙 389
송기숙宋基淑 464, 465
송자宋梓 595, 596
수바레즈Carl Gottlieb Svarez 66
순자荀子 188, 189
쉬피오Alain Supiot 754, 755
슈타인Lorenz von Stein 269
슘페터Joseph Alois Schumpeter 99, 112, 751
습근평習近平 205
시드니 웨브Sidney. Webb 709
신계륜申溪輪 952
신상우辛相佑 539
신익희申翼熙 304
신일희申一熙 249
신종神宗 209

신태영申泰英 313
심조요沈祖堯 610
심화진沈和珍 552
아담Adam 170, 171
아담 스미스Adam Smith 56, 80
아도르노Theodor Adorno 704
아리스토텔레스Aristotle 33, 113, 144, 229, 737, 738
아리요시 주이치有吉忠一 280
아벨Abel 171
아브라함Abraham 203
아이젠하워Dwight D. Eisenhower 312
안재홍安在鴻 720
안호상安浩相 326, 327
안희제安熙濟 389
알투지우스Johannes Althusius 148, 203
알트바흐Philip G. Altbach 267
애쉬비Eric Ashby 1186
어윤대魚允大 596
언더우드Horace Underwood 273
에드워드 11293, 1194, 1195
에즈라 파운드Ezra Pound 97
에피쿠로스Epicurus 118
에픽테토스Epictetos 172
엘리스John Ellis 96
엘리자베스Elizabeth 1세 134
여영국余永國 823, 952
여왕厲王 107
예링Rudolf von Jhering 739

예카테리나Ekaterina 2세 57
오바마Barack Hussein Obama 768, 769
오주환吳周煥 462
오천석吳天錫 343, 868
올로프 팔메Olof Palme 997
옹정제雍正帝 200, 201
왕안석王安石 193
우치다 타츠루內田樹 835, 845
울피아누스Domitius Ulpianus 40, 131
워커Walton Harris Walker 313
유기천劉基天 463, 464
유스티니아누스Justinianus 1세 40, 202
유억겸俞億兼 301
유진오俞鎭午 231, 282, 288, 340, 343
유혜경 166 708, 716, 725
육영수陸英修 398
윤보선尹潽善 371
윤용尹溶 536
윤일선尹日善 281
윤천주尹天柱 380
윤태동尹泰東 281
윤홍근 580
융거Ernst Jünger 94
이광수李光洙 283
이기붕李起鵬 322
이돈명李敦明 527
이명박李明博 165, 257, 495, 496, 651, 792, 794
이명현李明賢 603

이무근李茂根 579, 580
이범 566
이병철李秉喆 390
이브Eve 171
이삭Issak 194
이상일李相一 596
이상재李商在 285
이석희李奭熙 579
이성수李聖秀 385
이성호 235, 239
이승만李承晩 306, 307, 308, 319, 322, 326, 327, 329, 331, 340, 389, 700, 716, 718, 722, 723, 767, 783
이시다 바이간石田梅岩 163
이시토야 데쓰오石戸谷哲夫 216
이신李紳 173
이와나미 시게오岩波茂雄 230
이완용李完用 283
이용득李龍得 729, 730, 742, 744, 746, 784
이인수 556
이재갑李載甲 939
이재정李在汀 823
이종출李鐘出 527
이종하李鐘河 335
이주호李周浩 573, 580, 581, 589, 650, 651, 845
이준범李準範 536
이토 히로부미伊藤博文 269
이한구李漢久 580, 581

찾아보기 1227

이한열李韓烈 507
이현청李鉉淸 580, 581
이호웅李浩雄 952
이후락李厚洛 390
임재홍 764
임철순任哲淳 510
임춘원林春元 539
장강재張康在 539
장면張勉 341, 343, 349
장영철 580
장오현 580
장유張俞 177
장재張載 208
장준하張俊河 371, 462, 464
장중선張仲宣 207
장철생張鐵生 102
전경환全敬煥 506
전두환全斗煥 401. 422, 448, 456, 476, 480, 489, 494, 495, 496, 497, 502, 506, 507, 513, 516, 521, 532, 533, 591, 664, 707, 716, 731, 775, 809, 868, 909
전문경田文鏡 200
전진한錢鎭漢 699, 722, 724
전태일全泰壹 729, 730
전풍자 580
전혜린田惠麟 232
정갑鄭甲 296
정몽준鄭夢準 952
정승국 736
정원식鄭元植 524

정이程頤 210
정재영 580
정태용 580
제퍼슨Thomas Jefferson 117, 118
조성재 733
조소앙趙素昻 720
조승래趙承來 249
조식曺植 211
조완규趙完圭 510
조인원趙仁源 250
조착晁錯 177
주은래周恩來 102
주희朱熹 210
진시황秦始皇 35, 38, 189
진쯔하이머Hugo Sinzheimer 150, 152, 153, 154, 155, 156, 157, 158, 688, 821, 1194
진평원陳平原 610
찰스 디킨스Charles John Huffam Dickens 78
처칠Winston Churchill 99
최성수 740, 743
최성해崔成海 250
최완崔浣 389
최장집崔章集 741
최재성崔宰誠 589
최종길崔鐘吉 464
최준崔浚 389, 390
최해청崔海淸 390
최형우崔炯佑 539
최호진 343

카터James Earl Carter 470
카프카Franz Kafka 144
칸트Immanuel Kant 55, 56, 80, 81, 82, 120, 122, 128, 129, 702, 703
칼 르웰린Karl Liewellyn 696
코피 아난Kofi Annan 246
콕체이Samuel Freiherr von Cocceji 67
쿠와바라 사쿠지桑原作次 993
클라크Mark Wayne Clark 313
키케로Marcus Tullius Cicero 36, 41, 107, 114
타나카 후지마로田中不二麿 268
토마스 마샬Thomas Humphrey Marshall 685
토마스 아퀴나스Thomas Aquinas 123
토마지우스Christian Thomasius 57, 58, 80, 120
토크빌Alexis de Tocqueville 109, 181
파스칼Blaise Pascal 122
페리클레스Perikles 108
포드Henry Ford 756
포스터William Z. Foster 79
포증包拯 198
포티에Robert Joseph Pothier 68
푸리에Charles Fourier 132, 133
푸펜도르프Samuel von Pufendorf 53, 54, 67
풍우란馮友蘭 194
프랜시스 후쿠야마Francis Fukuyama 523

프랭켈Ernst Fraenkel 152, 154, 699
프리드리히 빌헬름 3세Friedrich WilhelmⅢ 265
프리드리히Friedrich대왕 57, 63, 64, 66, 67
플라톤Plato 58, 119, 229
피타고라스Pythagoras 33
피터 드러커Peter Drucker 748
피히테Johann Gottlieb Fichte 132, 141, 265
하이예크Friedrich Hayek 754
하인리히 갈Heinrich Gall 133
하인리히 슈나이더Heinrich Schneider 994
학스트하우젠Haxthausen 104
한나 아렌트Hannah Arendt 113, 114, 119, 168, 737, 997, 1200
한비자韓非子 188
한스 게오르그 벨링Hans-Georg Wehling 994
한스 로슬링Hans Rosling 1200
한심석韓沁錫 454
한정애韓貞愛 823, 952
한홍구韓洪九 517
함무라비Hammurabi 왕 185
해리 앤스테드Harry B. Ansted 298
허정許政 333
허치슨Francis Hutcheson 117
헤겔Friedrich Hegel 87, 88, 89
헤크셔Charles Heckscher 781
호라티우스Quintus Horatius Flaccus

55
홉스Thomas Hobbes 46, 47, 50, 53, 60
홉스봄Eric Hobsbawm 104, 105, 110
홍준표洪準杓 651
환담桓譚 119
황병태黃秉泰 593
황승흠黃承欽 766, 767
황우여黃祐呂 652
효무제孝武帝 49
훔볼트Wilhelm von Humboldt 225, 226, 240, 265, 266
휘종徽宗 38
흄David Hume 56
히로히토裕仁천황(昭和天皇) 209
히틀러Adolf Hitler 98, 992

숫자색인
10년 기업 100년 대학 597
10월 유신 398, 465, 747
10.26사태 448, 4681
12개 사립대학 폐교 356
12표법 114
16개 산별노조체제 775, 782
100억 달러 수출 399
105개월 비상 통치 725
140학점제 415, 417, 421, 422, 485, 486
1910년 사립학교 수 275
1923년 전문대와 학생 수 279
1933년 조선인 대학생수 285
1943년 조선인 대학생수 286
1944~1945년 교원수 295
1945년 소작농 비율 305
1945~1948년 대학생수 293, 294
1945~1988년 서울시 인구 증가 445, 446
1946~1953년 종합대학교 승격 290
1946~1954년 신설대학 291
1950년대 등록률 325
1957년 농민의 소원 18
1958년 출생자 수와 생존자 436
1960~70년대 수출 증가율 430, 431
1960년대 등록금 및 등록률 346, 347
1960년대 초등교원 이직률 364
1960년 초과모집 341
1962년 정원 조정 354, 355, 356
1964년 전공별 적정 정원 381
1964년 정원 외 불법 입학 규모 374
1965년 정원 외 불법 입학 규모 374, 375
1965~1966년 국공립대 정부 지원금 비율 403
1966년 사립대 등록금 의존도 403
1966년 사립대 비율 405
1966년 사립대 인건비 비율 403
1966년 정원 외 불법 입학 규모 376
1968년 정원 외 불법 입학 규모 377
1970년 주요 대학 정원 435
1970~1980년대 교육정책 부분별 계

획 413, 414
1970~1980년대 교육정책 중점방향 413
1970~1980년대 교육환경 전망 412
1970~1980년대 출산율 440, 441
1970~2019년 수도권 인구 비율 445, 446
1972년 서울의 지방 출신 학생수 445
1975년 등록금의 경제적 부담 440
1979년 경제불황 467
1980~1990년대 대학 및 학생 증가 488, 489
1980~1990년대 해외연수 619
1980년까지의 대학원 부진 상황 634, 635
1980년대 등록금 인상률 541
1987년대 임금 상승률 541
1988년 입시비리 535, 536
1989년 교수 1인당 학생 수 518
1989년 입시비리 536, 537, 538
1990년 입시비리 538
1991년 입시비리 538, 539
1991년 헌법재판소의 교원 노동권 제한 결정 981
1991년 헌법재판소의 교원 노동권 제한 결정의 모순 981, 982
2015~2019년 1인당 교육비 변화 565
2.28대구학생의거 333
「2019 Worker's Rights Index」 759, 921
「2020 ITUC Global Rights Index」 757, 921
30-50클럽 748, 758, 786
30년전쟁 42, 53
3단계 학제 265
3대 자연법 법전 59
3불정책 548
3선 개헌 397, 398
3월 10일 노동절 723
3월 2학기제 도입 360
3저호황 505, 508, 516
노동자의 3중 법적 관계 763
4.13호헌조치 507, 508, 876
4.19세대 332
4.19혁명 328, 332, 333, 334, 350, 370, 396, 458, 491
4.19혁명의 주역 329, 331
5.31교육방안 579
5.31교육방안의 후유증 589
5.6조치 526
5개 교대 일반대학 전환 364
5년간 학부모 부담 비용 524조 원 649
5년제 학사과정 484
5월 광주 730
6.10항쟁 507
6.29선언 507, 508
6.3항쟁 366
6개 대학 폐교 587
7.30조치 422, 433, 474, 480, 484, 486, 488
7.4남북공동성명 398

81학번의 집단무의식 476
85% 사립대학인 국가 302, 340, 409, 656, 1188
87체제의 취약성 527
8덕목 210
8의議 206, 207
9 to 5 논란 802, 803

알파벳색인

action 168
activity 168
Aude Sapere 55
Bildung 225, 226, 227, 233, 266, 997
BK21사업 615, 637, 638, 639, 640
CEO 총장 554, 594, 595, 596, 846
coffin ship 181
Community College 237
corporatism 740, 741, 743
diligent service 164
employeur 168
ESG 246
EU 집행위원회의 핵심협약 비준 요구 939
FTA 위반과 무역 제재 939
globalization과 segyehwa 575
Global standard 576, 662, 709, 943, 975
ILO 뉴욕총회 713
ILO 필라델피아선언 713

ILO의 권고와 입박의 효과 931
「ILO의 목적에 관한 선언」 713
ILO 정식가입 775
ILO 핵심협약 926, 927, 928, 929
ILO 주요 노동협약 목록 922, 923, 924, 925
ILO협약 비준과 법 개정 929, 930
ISO26000 739
KAIST 427, 428, 429, 565, 1187
labour 168
Life Satisfaction Score 순위 759, 921
negative-sum 방식 연봉제 794
OECD 가운데 기업별 협약국 745
OECD 가입 937
OECD 가입 시 약속 위반 938
OECD 공공사회복지지출 비율 759
OECD 공교육비 지표 938
OECD 교수 1인당 학생 수 658
OECD 교육위원회 937
OECD 노동정책 937
OECD 정부의 교육비 투자 비중 658
OECD 평생학습 632
OECD 1인당 공교육비 648
POSTECH 429, 565, 571, 1187
privacy 57
self-cultivation 227
smart한 노조 789
society 49
TED 강의 634
Travail 168

UNESCO 877, 933, 935, 937
Union Social Responsibility 739
WEF 국가경쟁력 순위 745, 921
WEF 노동시장 순위 745, 921
WEF 노동자 권리 순위 745, 921
WEF 노사협력 순위 745, 921
work 164, 168
YH사건 729

일반색인
가부장적 · 가족주의적 노사관계 700
강사 271, 344, 345
강사노조 799
강좌제講座制 221
개발유도지역 447
개발의 시대 349
개방대학 486, 487, 579, 633
개방형 이사제 252, 254
개별계약 806, 827, 837
개별노조 774, 775, 776
개별노조 단점 777, 778
개별노조 장점 776, 777
개성공단의 임금 752
개인의 자유 691, 702, 860. 1195
거버넌스 239, 243, 244, 247, 249, 250, 251, 590, 645, 757, 900, 1197, 1199
거버넌스 민주화운동 240
건국대 농성 사건 505

건축기금 550, 551
게르만법 78, 151, 153
게르만족 202
격물치지 210, 212
결사의 자유 70, 72, 860, 877, 918, 923, 926, 930, 931, 935, 937, 939, 940, 942
결사의 자유 위원회CFA 930, 931, 940
결사체적 노조 781
결합계약 54
경로의존성 770
경성사범 363
경성여사범 363
경성의학전문학교 278
경성제국대학 설립의의와 한계 278, 283, 284
경성제대 설립 동기 279
경성제대 설립 과정 280
경성제대 교수 282
경성제대 교수자치 283
경성제대 차별 281, 282
경성제대 학생수 278, 281
경신학교 276
경영감시 및 참여 710
경영대학 신설 432
경영학과 신설 431
경영합리화 21, 222, 807
「경쟁력 강화를 위한 대학구조 개혁 방안」 586
경제 · 노동지표의 격차 785

경제개발 5개년계획 397, 400, 402, 4
    30, 449, 546
경제개발 5개년 계획안 349
경제민주화 704
경제인 129
경제적 자유 72, 698, 700
경제적 조합주의 736
경제정책은 사회적 목적의 수단 917
경제조정국OEC 314
『경제학-철학 수고』 90
경주 최부자 389
경찰 기본권 제한 근거 859
경희대 국제교육원 626
경희대 · 마이애미대 자매결연 619
계급투쟁론 100, 101, 103, 785
계급투쟁만능론 102, 103
계급 해방 93
계급 협조 744
계몽군주 54
계몽전제군주제 64
계몽주의 55, 56, 57, 58, 59, 62, 63,
    64, 65, 66, 70, 80, 87, 116, 12
    4, 751
계보학 229, 233
계약문화 48, 204
계약자유 152, 714, 762
계약충실의 원칙 202
계열별 모집 420, 421, 423, 613, 640,
    641
계절학기제 420, 421, 424
고교교육 정상화 기여 대학 지원사업 642
고등룸펜 103, 329
「고등교육계획의 기본방침」 291, 292,
    303
「고등교육 교원 지위에 관한 권고안」
    934
「고등교육법」 244, 245, 428, 486, 51
    4, 633, 652, 840, 842
「고등교육법」의 문제점 890, 891
「고등교육법」의 실무지침적 성격 889
고등교육 보편화 632
고등교육에 대한 국가권력의 권리와
    책임의 불균형 866
고등교육연수원 500
고등교육환경의 실상 656
고등보통학교 277, 363
고등전문학교 264, 266
고려대와 4.19 330
고려대 국제어학원 한국어센터 626
고려대 아세아문제연구소 619
고령화 사회 524
고리대금업 금지 202
고상한 야만인 87
고시 816
고용계약 152, 693, 706, 898
고용 168
고용노동부 소속 대학 488
고전적 공화주의 109, 113
고전적 민주주의 112
고현철 교수 희생 793
교육부의 공감능력 부족 613

공공사회복지 지출 비율 759, 921
공공서비스 이론 148
공공영역 민영화 750
공공재의 보완재 897
공과대학 신설 및 증설 426
공동결정권 810, 811, 910
공동체 자치 151
공리주의 61, 65, 117
공립보통학교 218, 219, 277
「공무원노조법」 개정안 주요 내용 945
공법 40, 67, 129, 131, 151, 152, 155, 156, 202, 368, 688, 689, 691, 692, 696, 763, 764, 765, 858, 880, 894, 1099
공법 · 사법 · 사회법의 관계 688
공사법이원론 764, 765, 880
「공산당선언」 104
공산정권 붕괴 522, 523
공상적 사회주의 132
공서양속 준수 693
공안대책회의 496
공영역 · 사회영역 · 사영역 997
공영형 사립대 1196
공인된 부정 339
「공장법」 135
공적 가치 113, 274
공적 정체성 114
공적 행복 117, 118
공정계약 62, 131, 919
공제조합 136

공화국 106, 107, 109, 111, 114
공화정 64, 106, 107, 109, 110, 111, 114
공화주의 107, 113, 114
공화주의적 시민성 114
과거와 사교육 179
과거의 불공평성 179, 180
과거제도 58, 212, 213, 214, 215
과도한 경쟁 73, 119, 181
과도한 법률 의존성 837
과도한 지표 선정 611
과반수 노조 825, 911
과실책임주의 68, 1077
과외 열풍 473
『과학기술백서』 426
과학기술부 산하 특수법인 565
과학기술진흥 5개년계획 382
「과학기술진흥법」 427
과학기술처 259, 382, 400, 402, 427
과학기술특성화대학 428
관료주의 48, 285, 607, 992
관악캠퍼스 401
교대의 4년제 승격 480, 481
교련 강화와 대학의 병영화 451, 452
교비회계 549
교비회계의 법정부담금 지출 허용 572, 573, 589, 661
교사노동조합연맹(교사연맹) 530, 791, 980
교섭 대응 의무자 1020, 1021
교섭안건 축조심의 829
교섭위원 제한 규정 1030

교섭창구 단일화의 문제점 824, 825
교섭창구 단일화 차별 조항의 문제점 1031, 1032, 1033, 1034, 1035
교수를 개혁 대상화 587
교수 공개채용 345
교수공화국 240
교수노조 가입과 신분보장 805, 806
교수노조가 직면한 현실과 과제 1192, 1193
교수노조 개별대학 단위 설립 허용 1004
교수노조와 교수연맹의 사명 1198, 1195
교수노조의 단체행동권 제한 780
교수노조의 지향점 1194, 1195
교수노조의 핵심적 이익 814
교수노조의 활동 범주 제한 841
교수노조 정치활동 금지는 입법 지체 현상 848
교수단 시위 331, 335
교수단체 513, 514, 515
교수들의 개별노조 선호 777
교수로서의 자유 25
교수 부족과 자질 논란 295, 321, 343, 478
교수상 220, 221, 223, 235, 599, 984
교수신문 여론조사 256
교수 신분보장의 한계 848, 849
교수요원 양성과 대학원 증원 616, 617
교수 연봉, 344, 560

교수의 노동3권과 학생 교육권 침해 관계 913
교수의 법적 권리와 의무 모호 771
교수의 소외 771
교수의 자유 983
「교수자격규정」 358
교수자격인정제도 321
교수 정년 359
교수조합 799
교수지배형 거버넌스 240
교수협의회 설립과 운영 513, 514
교수협의회와 교수노조의 관점 840
교수회 272, 335
교양과정 개편 421
교양대학 227, 236, 237, 238, 645
교양자손 225
교양주의 229, 230, 231, 232
교원 217
교원 기본권 제한 근거 859
교원 기본권 제한의 불합리성 859, 860
교원노동관계조정위원회 1065, 1066
「교원노조법」의 문제점 715
「교원노조법」 개정안 가결 790
「교원노조법」 개정안 발의 내용 951, 952, 953
「교원노조법」 개정안 주요 내용 945
「교원노조법」 관련 쟁점 823
「교원노조법」 눈속임 개정 1012
「교원노조법」 대상 교원 980
「교원노조법」 설립 원동력 973

「교원노조법」 제정 절차 951
「교원노조법」 주요 내용 953, 954, 955
교원노조 설립 금지 법제화 972, 973
교원노조 설립은 OECD 가입 조건 783
교원노조 정치활동 금지 조항와 「정당법」·「공직선거법」과의 충돌 988, 989, 990, 991
교원노조 조합원 자격 노조규약으로 결정 1001
교원단체 법적 근거 불비 867
교원 보수 우대 조항의 선언적 성격 878, 879
「교원소청심사위원회 결정의 기속력 위반에 대한 조치계획 안내」 765
교원소청심사의 기속력 한계 879, 880
교원양성과 483
교원양성기관역량진단평가 483
교원의 노동자성에 관한 헌재의 결정문 690
「교원지위법」과 「교원노조법」의 충돌 877
교원지위 법정주의 857
교원지위 법정주의의 추상적 위임과 그 문제점 883, 884, 885
「교원 지위에 관한 권고」 933, 934
교원지위에 관한 대법원의 판례 882, 883

교원지위에 관한 정부 부서의 입장차 882
교원 지위 존재 확인 764
교원지위향상심의회 877, 878
교육개혁심의회 480, 494, 498, 512, 547
교육개혁위원회(교개위) 495, 577, 579, 899
교육경쟁력 제고가 유일한 출로 847
「교육공무원법」 321, 335, 344, 345, 359, 363, 798, 882
「교육공무원 임용령 개정령」 792
교육규제완화위원회(규완위) 577, 590
교육대학원 증가 353, 355, 482
「교육민주화선언」 506
교육법의 특별법 370
교육부 감사관실 감사 국민청원 341
교육부 부실 감사 340, 341
교육부의 구조조정 요구 652
교육부의 존재 근거 256
교육부 일자리 창출 256, 257
교육부 폐지론 255, 256, 257, 258, 259, 260
교육비 환원율 566
교육서비스와 고객만족 593, 846
「교육세법」 489
교육신뢰회복점검단 247
교육신뢰회복추진팀 247
「교육에 관한 임시 특례법」 894
「교육에 관한 칙어」 450
교육연구비(교연비) 795

교육 연구중심의 학원도시 건설계획 447
교육열 18, 26, 183, 302, 412, 657
교육예산 부족 303, 547
교육원조 배분 315, 316
교육의 정치적 중립성의 의미 992, 993
「교육입국조서」 274
「교육 정상화 및 과열 과외 해소방안」 474
교육정책심의회 415, 477
교육 주체의 타자화 865
교육차관 430
「교육칙어」 218, 450, 465
교재 부족 296
교조 단식투쟁 338
교조적 운동권의 출현 731
교주 박정희 391
교직과목 이수 481
교직보유병 313
교총에 대한 ILO의 불인정 877
교총의 무기력한 교섭권과 협의권 878
교총의 유신, 호헌, 교과서 국정화 지지 878
교피아 일자리 창출 482, 483, 588
교회법 39, 58, 68, 202
구빈법 134
구조개혁평가 257, 603
구조개혁평가 목표와 효과 603, 655
구조개혁평가의 악용 515, 659

구조조정위원회 257
국가를 위한 교관敎官 221
국가교육위원회 257, 259, 496, 606
국가교육회의 259, 496, 1196
국가권력 46, 51, 54, 70, 71, 73, 85, 124, 125, 242, 459, 476, 500, 685, 725, 760, 761, 853, 865, 993, 1045
국가박사 제도 도입 검토 필요 641
국가보위비상대책상임위원회(국보위) 474
「국가보위에 관한 특별조치법」 398
군인 기본권 제한 근거 859
국가와 사학의 관계 377, 378
국가의 교육 독점과 책임 부조화 820
국가의 대학 269
국가의 존립 정당성 146
국가 의지 60
국가의 출현 60
국가의 학사개입 424
국가이성國家理性 42, 65, 995
국가인권위원회의 ILO 핵심협약 비준 권고 942
국가장학금 Ⅰ·Ⅱ유형 653
국가재건최고회의 350, 360, 726
국가주의적 공교육체제의 문제 992
국가 중립성의 허구 937
「국가총동원법」 718
국가폭력 258, 393, 516, 725
국가·시장·시민사회 3대 섹터 1194
국경에 얽매인 노동 753

국고지원금 비율 지속 감소 649
국공립대학교수노동조합(국교조) 792
「국공립대학 정비방안」 354
국공립 전문대의 소멸 647
국대안「설립취지서」 298
국대안파동 299, 300
국립대교수 호봉과 월급 460, 461
국립대 법인화 794
국립대 선진화 방안 792, 794
국립대 직선제 폐지 요구와 총장 임명 거부 792, 793, 794
「국립대학법」과 「사립대학법」 제정의 필요성 855
「국립서울대학교설치법」 298
「국립학교설치령」 855
국민교육 277
「국민교육헌장」 397, 449, 450, 464, 465
국민국가 264, 265
국방부 과학기술연구소 426
『국부론』 73
국적 없는 자본과 금융 753
국제개발처AID 315
국제교육연맹EI 934, 935
국제교육연맹의 대정부 요구사항 935
국제노동기구ILO 917, 918, 919
국제노동조합총연맹ITUC 757, 921
국제대학원 설립 576, 577
국제연합한국재건기구UNKRA 314
국제인권규약의 기본권 개념 686
국제자유교원조합연맹IFFTIJ 934

국제자유노동조합연맹 699
국제협력청ICA 315
국채보상운동 278, 284
국책과목 322
국체 106
군부정권 대학 통제 방식 491, 493
군사부일체 211
군정법령 제19호·제97호 720
궁핍화 현상 92
권력의지 41
권리구제형 헌법소원 787
권리능력과 생존능력 부조화 91, 92, 688
권리분쟁과 이익분쟁 1052, 1053, 1054
권리장전 70, 73, 116
권리 주장은 사회공동체에 대한 의무 739
귀속신분법 194
귀속재산의 공유재적 성격 767
규문소송 65
규범의지 41
규제 완화 양면성 590, 591, 592
규제 정부 입증책임제 591
그랑제콜 264, 268
극기복례 191
극단의 시대 17
근대교육의 원칙 993
근대대학 19, 220, 221, 240, 266, 267, 733
근대로부터의 이별 751
근대법과 현대법 690, 691

근대의 기획 751
근대의 해체 751
근대적 인간상 43
근대적 주체 231
근로감독관 817
「근로기준법」과 「민법」 705
근로보국대 164, 783
근로시간면제Time-off제도 1011, 1012, 1013, 1014, 1015, 1083
근로신체제확립요강 164
근로자의 법적 정의 165, 166
근로자의 어원 161, 162
근로자위원 선출 절차 690, 814
근로자의 날 167
「근로자의 단체활동에 관한 임시조치법」 726
「근로자직업능력개발법」 488
「근로자참여법」 위반 처벌 규정 812
「근로자참여법」의 헌법적 근거 810
근로장학금 651, 653
금각 199
금지교섭사항 829, 1029
기계파괴운동 93
기독교계 학교 275
기득권 보호 202
기본권 52, 56, 62, 69, 70, 71, 73, 74, 84, 117, 123, 124, 125, 141, 143, 174, 685, 686, 688, 689, 692, 700, 701, 761, 766, 767, 796, 824, 841, 848, 860, 883, 921, 925, 930

기본권과 교권 687
기본권 보장과 국가권력 정당화 853
기성세대 203, 329, 330, 333, 396
기성회비 324, 346, 352, 395, 545, 795
기술혁신은 총체적 문화현상 756
기업과 대학의 재정 규모 592
기업별 노동조합 735, 774, 944, 1010, 1011
기여입학제에 관한 정부 입장 546, 547, 548
기여입학제 요구 논리 546, 547
기타 적립금 과다 551
기형도의 '대학시절' 517
긴급조정제도 709, 727
긴급조치 1호 452, 462
긴급조치 9호 398, 454, 455
긴급 피난 202
「길버트 법」 1340
김영삼 정부의 개혁조치 574
김영삼 정부의 시대 전망 575
김영삼 정부 등록금 인상률 545
김일성 우상화 450
김준엽 총장 퇴진 반대시위 518
나치의 경영공동체 152
남녀공학 289
남북학생회담 334
낮은 노동조합 가입률 734
내란선동죄 464
내부자연합 736
냉전의 종식 523, 524

노·장·청의 조화 835
「노농8개 조항」 724, 766
노동3권 528, 708, 726, 758, 823, 859, 911, 942, 988
노동3권의 개념 해석 705
노동 4법 699
노동가치 긍정 183
노동 경쟁 183
노동계약 83, 92, 150, 154, 156, 688, 695, 714, 762
「노동계약법」 762, 763
노동 공급량 149
노동관계로부터의 자유 689
노동관계법 날치기 통과 732
노동관계 준거법 693
노동 관련 규제주의의 문제점 732
노동권 74, 132, 133, 134, 141, 142, 164, 165, 693, 694, 698, 699, 700, 701, 704, 705, 715, 720, 738, 757, 758, 761, 762, 770, 786, 796, 803, 810, 824, 857, 859, 860, 913, 920, 921, 925, 940
「노동기준법」 165
노동勞働 162, 163
노동단체권 138, 705
노동단체법 66, 714
노동법과 인간권 688
노동법 낙후 요인 946, 947
노동법은 규범복합체 685, 820
노동법의 귀책사유 691
노동법의 민법 계승 693

노동법의 규범계약성 691
노동법의 집단주의 692
노동법의 형법화 706
노동법의 휴머니즘 693
노동법 재사회화 요구 713
노동보험법 696
노동보호법 762
노동 분업의 사회적 결과 176
노동상품의 특수성 149
노동소득분배율 728
노동소유설 51
노동수익권 141, 142
노동시간 단축 919
노동시장의 이중구조 736, 745
노동운동 93, 131, 139, 157, 252, 691, 692, 706, 709, 716, 717, 718, 719, 720, 721, 722, 723, 724, 725, 726, 729, 730, 731, 732, 735, 736, 740, 741, 744, 745, 752, 753, 754, 755, 761, 762, 766, 770, 774, 781, 783, 784, 785, 786, 788, 914, 920, 921, 930, 946, 947, 948, 953, 1010, 1034, 1194
노동위원회의 준사법적 행정절차 1070
노동위원회 조정신청 832
노동은 상품이 아니다 713, 918, 925
노동의 가치 101
노동의 기술종속 756
노동의 민감성 172

노동의 소외 89, 90, 146
노동의 어원 161
노동의 의무화 174
노동의 의미 170
노동의 인간화 103, 921
노동의 정치화 779
노동의 존엄성이 존중되는 경제 769
노동의 질적 분화 761
노동 인식 변화 174
노동자의 법적 정의 165, 166
노동자교육협회ABF 997
노동자 권리지수 757, 758
노동자 기본권 925
노동자대표제 763
노동자 의식화 731
노동자의 소외현상 92
노동자의 인격적 이익 761
노동자의 일반적 정의 101
노동자평의회 157
노동쟁의 불인정 사유 1054
노동쟁의 조정 절차 1052, 1053
노동조건 청구권 74
노동조합 가입신청 801
노동조합 초기 결성 136
「노동조합법」 개정안 주요 내용 944, 945
노동조합 설립 절차 800
노동조합 설립 신고 801
노동조합 설립 허가주의 726
노동조합에 대한 부당한 비판 736, 737, 738

노동조합에 대한 비판 여론 733, 734, 735, 736
노동조합의 국제적 역할 712
노동조합의 사회적 역할 711
노동조합의 정의 709
노동조합의 정치력 711, 745
노동조합 임원선출 800
노동조합 조직률 742
노동조합 존중이 사회발전 지표 770
노동조합 집행부의 관료화 780
노동지옥 93
노동 투하량 183
노력자勞力者 175
노멘클라투라 100
노비해방 181
노사관계의 인간화 156
노사분쟁의 사법화 706
노사의 각기 다른 지향점 733
노사정위원회 741, 742, 743, 974, 975, 1012
노사협의회의 성격 809
노사협의회 구성 765
노사협의회와 노동조합 809, 810
노사협의회 불법 구성과 운영 관행 813, 814
노사협의회 활용의 의의 812, 813
노사협의회 운영 방식 811, 812
노사협의회 합의와 단체협약의 차이 810
노심자勞心者 175
노예경제 173

노예해방 88
노이라트의 배 259
노자勞資협조주의 723
노조원에 대한 강화된 보호 장치 837
노조위원장 리더십의 문제 777
노조위원장의 단체교섭 체결권 827
노조정치활동 금지 삭제 776
노태우 정부 양심수 규모 532
노태우 정부의 「사립학교법」 개정 533, 534
「논귀속소論貴粟疏」 177, 178
『논어』 175
농노 75, 76, 77, 78, 79, 80, 90, 93, 265
농민반란 44
「농민을 가엽게 여기며(憫農민농)」 173, 174
농민의 삶 174, 176, 177, 178
농자천하지대본 178
「농지개혁법」 특례조항 306
「누에 키우는 아낙(잠부蠶婦)」 177
뉴딜정책 138
뉴스타파 250
능력별 학점취득제 420
다르마 칼리지 227
다양성과 조직의 발전 836
다자녀장학금 653
다트머스 대학 242
「단결금지법」 137
단국대 법인 부도 540
단기강습과 364

단기 재정지원사업의 문제점 644, 645
단체교섭거부 804, 1076
단체교섭권 140, 696, 700, 705, 726, 728, 758, 804, 824
단체교섭 범위 제한 1028
단체교섭 요구 및 위임 주체 827
「단체교섭요구서」 827
「단체교섭절차합의서」 828
단체법론 151, 151
단체적 노동규범계약 156
단체통장 801, 828, 1034
단체행동과 노동쟁의 706
단체행동의 자유 698, 756
단체협약의 유래 155, 156, 157
단체협약서 명칭 및 양식 831
단체협약 유효기간 832
단체협약 적용률 744, 745
단체협약 효력 830, 831
당의 독재 99
「당의 유일사상체계 확립의 10대 원칙」 450
대공황 111, 236
대공황과 노동법 140, 695
대교협의 '학원 안정을 위한 의견서' 532
대교협의 '학원 안정화 대책' 531
대교협의 변신 508, 509
대교협 평가 무용론 608
대구대 373, 374
대구대학 389, 390

대구문리과대학 300, 389
대구문리과전문학원 390
대구사범 363
대덕연구단지 427
「대도시 인구집중 방지대책」 446
대부의 법적 특권 206
대의명분 191, 192
대의제 민주주의 107, 113
대의제형 거버넌스 240
대일청구권 자금 395, 426, 427
대학입시제도의 변화 477
대자보와 마당극 469
대정 민주주의 230, 282
대졸자 취업시장 활황 438
대통령 직선제 쟁취 투쟁 505
대표교섭노조제 824
대표자 독단 단체협약 체결 가능 831
대표자 집회 244
대학과 노사협의회의 긍정적 역할 910
대학관 291
대학 교과과정 운영지침 422
대학교수직 19, 220, 221, 222, 223
「대학교원자격기준」 321
대학교육 만족도 저하 1188, 1189
대학교육 상품시장화 587
대학교육의 보편화와 수익자부담원칙의 모순 657
「대학교육의 전망과 65학년도 대학정원 조정방안」 380
대학기본역량진단평가의 지표 변경과 문제점 606
대학 기업화의 유혹 662
대학 기율부 328
대학노조 782
대학도시 447
대학 동창회 명부 작성 의무화 377
「대학령」 271
대학망국론 321, 325, 329, 340, 1185
「대학법」의 부재 855
대학 사유화와 신자유주의 597
대학 사유화의 지표 663
대학생 교복 328
대학생은 대학자치의 주체 914
대학생 증가와 학생운동 규모의 증대 505
「대학설립·운영규정」 581
「대학설립·운영규정」의 문제점 581, 582
대학설립계획승인심사제 578
대학설립신청요건예고제 579
대학설립준칙주의(준칙주의) 256, 340, 495, 577, 844
대학설립준칙주의의 문제점 584, 585
대학설립철차 578
「대학설치기준령」 322, 323, 355, 359, 381, 403, 414, 418, 578, 479, 581, 894
대학신문 창간 526, 527
대학에 대한 공정과 공공성 기대 662
대학에 대한 기대 과잉 1190
대학에 대한 사회의 냉담 1185

대학에 대한 이중적 시각 1189
대학에 대한 재벌의 영향 593, 594, 595, 596
대학역량진단평가 257
대학원 중심대학과 학부제 640
대학원 확충 목적 432
대학의 공공재적 성격 663
대학의 목적 308
대학의 유일한 의지처 598
대학의 자유 391, 899
대학의 주인 226, 240
대학의 품격이 발전의 동력 662, 663
대학이 잃어버린 시간 519
대학인문역량강화사업(CORE) 642
대학입시가 대학 발전의 원동력 20
대학입시제도의 졸속 변경 474
대학입학연합고사 320, 322, 361, 477
대학입학예비고사제(예비고사) 383, 384
대학입학자격국가고시제 361
「대학자율화 세부실천계획」 511
대학자율화위원회 590
「대학자주화선언」 460
대학의 자치권과 공공성 368
대학재무위원회 492, 493, 533, 534
대학 재정 운영의 실상 655
대학 정비원칙 352
대학정신 333
대학 정원 적정 논란 435, 436
대학정책연구소 515
대학정책학회 515

대학정책 핵심은 정원 조정 380
대학종합평가와 학부제 603
대학종합평가의 문제점 499, 500
대학종합평가인정제(종합평가) 498
대학직원노조 설립 508
대학진학 동기 443
대학 최대의 노동자군은 교수 813
대학특성화사업(CK) 642
대학평가와 동아시아의 반응 607, 608, 609, 610
대학평가인정제도 494
대학평의원회 511, 840, 842
「대학학생정원령」 375, 433, 435
대학 행정시스템에 관한 평가 부재 617, 618
대학 행정에서 경영으로 593
대한교련의 유신·신군부 지지 868
대한교원노동조합총연합회(교조) 336, 337, 338, 973
대한교육연합회(대한교련) 337, 338, 366, 508, 509, 528, 868, 874
대한독립촉성노동총연맹(대한노총) 720, 721, 722, 723, 724, 725, 766, 783, 784
대헌장 204
대형대학 위주 재편과 서열화의 심화 585
덕정 210
덕치 188
데라코야 216
데모의 시대 370

도덕과 법 58
도道 32, 36
도시 빈민 105, 331
「도제에 관한 법률」 77
「도제의 건강 및 도덕법」 135
독서유해론 102
독서층 형성 232
'독일 국민에게 고함' 265
독일 사법학 129
독일사회주의노동자당 139
독일의 「사업장조직법」 689, 810, 811, 814, 910
독일의 「사업장평의회법」 157
독일제국의 성립 139
독일 통일 267, 523
독점자본주의와 제1차대전 695
동경제국대학(동경제대) 270, 271, 272
동문학 273
동아리 해산 455
동의대 사태 526
동일계열 무시험검정제 323
동일노동 동일임금 659, 719, 735, 919
두산 중앙대 운영 결과 597
두산그룹의 중앙대 인수 596
등가교환 89
등가교환의 원칙 83
등록금 297
등록금 난맥상 324, 325
등록금 동결과 대학생 1인당 교육비 감소 648
등록금 문제의 정치화 661

등록금 부담 주체 논란 657, 658
등록금의 적립금 전용 552
등록금 인상률 346, 379, 403, 473
등록금 인상률 결정권 541
등록금 인하 334, 346
등록금 자율화 395, 512, 541, 542
등록금 자율화의 노림수 545, 656
등록금 전액 무상정책 756
뜨거운 감자가 된 반값등록금 650
러시아혁명 98, 104, 145, 717, 917
런던 왕립학회 234
레클람문고 230
로고스 35, 36, 37, 41, 43
로마노프 왕조 95
로마법 40, 67, 68, 131, 151, 202
뤼미에르 54
「르 사프리에법」 136
『리바이어던』 46, 47
「마그나카르타」 204
마녀사냥 58
만물의 영장 121
만민법 40, 54
만세개태평 209
만인에 의한 만인의 투쟁 46
맞춤형 국가장학금 지원사업 642
매뉴팩처 91
매매계약서 48
매킨지의 대학 컨설팅 596
맹목적 애국주의 96
「메이플라워 서약」 204
명륜전문학교 285

명예교수제 359
명예권 127
「모릴법」235, 236, 242
목표가 된 경쟁 184
무관심으로 포장된 무기력과 잠재된 분노 1199
무노동수익 142
무뎌져 있는 민주주의에 대한 각성 793
무리한 교수평가제도 794
무죄추정의 원칙 202
묵가 176
문교부 장관의 문교정책 자평 380
문교부에 대한 불신과 부정입학 376
「문교재단 소유농지 특별보상법」306
문명에 의한 인간의 타락 86
문신형 207
문재인 정부의 「사립학교법」 개정 의지 535
문치주의 211
문화자본 23
문화 충격 756
물가상승률 378, 431, 473
물권법 75, 91
미국경제원조실시기구USOM 314
미국 교육이론의 지배 318
미국대외협력처FOA 314
미국 대학교수 수 238
미국대학교수협회AAUP 243
미국 대학 기업화의 모방 239
미국 대학생 수 237

미국 대학 수 236
미국대학연합AAU 236
미국 대학원 모델 수용 436
미국 대학의 강점 238
미국 대학의 기업화 238, 239, 662
미국 대학의 대중화 236, 432
미국 「독립선언문」117, 118, 120
미국 박사학위 소지자 독과점 618
미국식 기본 학제 도입 288
미국 유학 붐 317
미국 유학생 318
『미국의 민주주의』109
미국정부의 지원과 불간섭 235, 238, 241
미군정의 대학 승격과 인가 방침 289
미네소타 대학 421, 426, 619
미네소타 프로젝트 426
미덕의 정치 118
미증유의 참화 97
민립대학 278, 279, 284, 285, 301
민법 67, 68, 202
민법의 3대 원칙 68
민족국가 42, 226, 723
민족의 학교 275
민족적 민주주의 장례식 372
민족주의 111, 265, 277, 326, 349, 465, 717
민족주의적 군사혁명 371
민주교육추진전국교사협의회(전교협) 508, 868
민주노총 조직의 한계 742

민주당의 3+1 보편적 복지정책 652
민주적 거버넌스 없는 자율화 590, 591
민주적 공화국 111
민주정 101, 265, 277, 326, 349, 465, 717, 105, 106, 107, 108, 109, 110, 112, 113
민주주의 72, 98, 106, 107, 108, 109, 110, 111, 112, 113, 146, 153, 157, 245, 285, 327, 450, 451, 453, 459, 467, 515, 519, 523, 574, 598, 703, 704, 747, 768, 770, 793, 820, 838
민주주의 운동 110, 114
민주주의의 취약성 111
민주주의 이론 112
민주주의자 없는 민주주의의 한계 703, 992
민주평등사회를 위한 전국교수연구자협의회(민교협) 514
민주화를 위한 전국교수협의회(민교협) 514
민주화 이후의 시장논리 593, 594
민중의 집과 공원 997
바이마르 공화국 111, 992
바이마르의 선물 698
「바이마르헌법」 74, 134, 142, 158, 174, 692, 699, 700
박사학위 과다 배출 641
박정희 근대화론의 연장선 575
박정희 정권의 노동정책 기조 726, 727, 728, 729
박종철 고문치사 사건 507
반값 등록금과 대학 실정 655
반값 등록금 과제 655, 642
반값 등록금 내용 652, 653
반값 등록금 도입 과정 650, 652
반값 등록금의 요인 656, 657
반값 등록금의 진화 655, 656
반값 등록금의 효과 654, 655
반값등록금 해결 과제 660, 661
반공적 민주주의 326
반공주의 327, 699, 719
반독재민주화투쟁전국학생연합 502
「반마키아벨리론」 63
반사적 이익 765
「반사회주의법」 740
반전·평화운동 96
반정 197
반조합계약 804, 805, 1076
방어전쟁 94
배석자 829, 1020
배재학당 276
「배치사정기준표」(「배치표」) 476
백과전서파 59
백지 답안 사건 102
백행의 근본 196
밴드웨건 재화 435
「버지니아 권리장전」 116
법감정 129, 201, 203
법과 정의 60
법률상 이익 765

법률제정권 151
법실증주의 71
법원法源 130, 151, 697, 820, 852
『법의 정신』 64
법의 지배 43, 62, 109, 113
법의 통합·혁신 기능 712
법익 주체 91
법인과 대학의 분리 491
법인 기여 253
법인法印 49
법인의 자율과 대학의 자율 533
법인 인가 기준 303, 304
법인 재산권과 대학 공공성 368
법인의 재산 증가 388
법인전입금 교비 대납과 문제점 572, 573
법인전입금 구성 571
법인전입금 기여도 상위권 대학 571
법인전입금 부담액 상위권 대학 571
법인전입금 총액 572
법적단체와 임의단체 840
법적 모순 841, 858, 1046
법적 이상 84
법적 정의 33, 43, 200, 694, 1070
법치 187, 201, 204, 206, 754
법치국가 66, 702, 854, 995
법학적 인간 194
베를린대학 226, 240, 265, 267, 269
베스트팔렌 모델 750
베스트팔렌조약 42, 46
베이비붐 세대의 성장 436, 470

베트남 유학생 급증 요인 625
별과생 293
병영집체훈련 454, 468
보결생 348, 386
보성전문학교 285, 287
보수와 진보 사이 1195
보유권 79
보이텔스바흐협약의 원칙 994, 995
보이텔스바흐협약의 유래 993, 994
보편률 81, 82
보편신 천天 35
보편적인 노조 형태로 오인 776
보호관세 140
보호권 78
복수의 뿌리 196, 197
복수의 의무 185, 196
복수노조 금지 776
복수전공제 415, 417, 420, 421
복지개선 710
복지국가 111, 140, 146, 692, 711, 762
복지요구 권리 74
복지자본주의 756
본고사 예비고사 반영률 383
본교섭 개시 828
볼셰비키 95, 99
봉건적 거버넌스 21
봉건제도 78, 79, 202
부가가치세 431
부국강병 57, 269
부당노동행위 802, 803, 831
부당노동행위 처벌 803, 804, 805

부동산 105, 106, 183, 469, 490, 493, 524, 559, 578
부령 293, 375, 549, 816
부르주아 39, 55, 56, 61, 62, 63, 66, 79, 100, 110, 113, 127, 130, 133, 145, 228, 691, 693, 695
부르주아의 자유 695
부마사태 467
부속병원회계 549, 552
부실한 대학 업무 매뉴얼 771
부전공제 417, 420, 421, 424, 614
부정입학 실태 385, 386
부정 축재자 재산 환수 768
부총장제 242
북진통일론 328
분권형 노동조합 791
분쟁모델과 조정모델 820
분쟁예방과 분쟁진압 706
분투정신 113
불멸의 국가 39
불법노조의 기준 826
불성론 122
불이익취급 804, 805, 1076
불필요한 분쟁 706, 811
불효 196
비공식적 타협 해결 837
비교섭사항 829, 831, 1029
비상계엄 372, 398, 468
비영리법인의 공공성 의무 368
비정규교수노조 782
비정규직 문제의 시작 732
비정년트랙 교수노조 797
비정년트랙 교수 양산 요인 658, 659
사관학교 349
사교련의 구조개혁평가 개선 요구사항 605
사농공상과 사상공농 180
사리 196
사립대연맹 782
사립대 인사규정 345
사립대 평균 교육비 환원율 566
사립대학 교수 신분의 모순된 법조항 884
「사립대학법」 220, 370, 646, 855, 856
사립대학의 과도한 비중 301, 340, 646, 866
사립대학 적립금 변화 554, 555
「사립대학 정비기준」 354
사립학교교직원연금공단 460
「사립학교규칙」 276, 277, 893
「사립학교령」 271, 275, 893
「사립학교법」 제정 목적과 특성 366, 894
「사립학교법」 60여 차례 개정 895
「사립학교법」과 교권 898
「사립학교법」과 특성화사업 646
「사립학교법」 논란 조항 367, 368
「사립학교법」에 대한 정부 태도 533
「사립학교법」 제39차 개정과 재개정 251, 252, 253, 254, 255, 896
사립학교의 특수성 369, 896, 897

사범대학 신설 481
사범대학 폐과 353, 355
사법私法 40, 67, 129, 131, 151, 152, 155, 156, 202, 368, 688, 697, 764, 765, 858, 880, 894
사법살인 453
사법의 3대 원칙 131
사법적 자유 72
사보타주 757
사실상의 거짓말 강요 644, 645
사업주와 노동자의 공동결정권 810, 910
사용자의 보고 의무 사항 812
사용자의 부당노동행위 1076
사유재산 51, 52, 84, 85, 87, 133, 252, 253, 255, 368, 370, 573, 645, 646, 751, 896, 899
사유재와 공공재로서의 양면성 533
사이버대학 대학원 설립 633
사이버대학 설립 632, 633
사인방 102
사자의 몫 144
사적 경제권의 경제 공동체 이양 694
사적 자치 83, 129, 688, 693, 883
사적소유권 절대의 원칙 68
사적자치의 원칙(계약의 자유) 68
사적 조정과 중재 832
「사학기관 재무·회계규칙에 대한 특례규칙」 548
「사학기관재무회계규칙」 548, 549
「사학법인법」 370, 646

사학법인에 관한 법 369, 889
사학법인연합회 253, 778, 896, 899
사학법인의 불안정한 지배구조 664
사학에 대한 공인과 보상 369
「사학운영기본시책」 491
사학위주 기형 성장 302, 303, 340
사학의 공유재적 성격 768
사학의 자유 990
사학특감 384, 387, 388
사형집행권 198
사회개혁적 조합주의 784
사회계약 46, 47, 49, 50, 51, 60, 65, 70, 85, 687
사회계약론 46, 50, 60, 109
사회계약설 62
사회국가 146, 147, 148, 153
사회권의 정의 685
사회권적 기본권 74. 158
사회민주주의 99, 139, 154, 326, 699, 736, 742
사회법 23, 131, 145, 146, 147, 151, 152, 368, 688, 693, 695, 739, 1192
사회변혁 84, 93, 731, 785, 786
사회보장시스템 148
사회보험 137, 138, 140, 686
사회부 노동국 165
사회 49
사회의 병영화 396, 397
사회적 개념으로서의 인간 688
사회적 국가 689, 715
사회적 대화 733, 838, 943

찾아보기 1251

사회적 실존 154
사회적 의사 156
사회적 인격 질서 154
사회적 통제 696
사회적 합의주의 740
사회적 행복 117
사회주의 국가 연수 620
「사회주의자진압법」 138, 139
사회책임투자원칙 246
사회통합적 성장 방식 733
사회혁명 93, 105
산별노조 692, 717, 719, 726, 774, 775, 776, 777, 782, 786, 791, 801, 1004, 1089
산별노조의 장점 778, 779
산별노조의 단점 780, 781
산업대학 486, 487, 583
산업민주주의 158
산업별 노동조합 774, 1010
산업사회시대의 국가대학 267
산업사회 인간화 기획 714
산업연계교육 활성화 선도대학사업PRIME 642
산업인력 양성 423
산업학사 488
산업혁명 76, 79, 94, 97, 104, 105, 171, 266, 593, 602, 714, 834, 1198
산업혁명기 노동환경 91, 104
산학협력 고도화 지원사업LINC+ 642
삼민주의 105

삼성 성균관대 인수 595
상견례 828
상동相同 176
상시적 구조조정과 대학의 무기력화 598
상식이성 193
상아탑 24, 223, 224, 593, 1189
상하관계에서 대등관계로 839
상학과 431
상호부조 136, 137, 711
상호약탈적 성과급적 연봉제 794, 795
새마을운동 397, 455
생민입명 209
생산요소 89, 176, 748
생존권 74, 84, 141, 142, 143, 156, 685, 696, 761, 762, 920, 921, 948, 1194
생존권과 복지국가원리 762
생존권에서 자기결정권으로 761
생존권 투쟁에서 인권 확대로 920
서구의 계약적 결합 732
서리봉건 187
「서명」 208
서명과 날인의 효과 830
서열화 방지의 유일한 대책 566
서열화와 대학 진학의 효용성 1187, 1188
서울 12개 대형 사립대학 재정 점유 비율 558, 559
서울과학기술대학교 280, 487

서울대의 삼성자산운용 위탁 557
서울대학 284
「서울대학교 설치령」 401
「서울대학교 시설확충 특별회계법」 401
「서울대학교 종합화 10개년계획」 401
서울 미국문화원 농성 502
서울소재대학교수회연합회(서교련) 515, 609, 787
서울 소재 대학의 지방 이전 계획 446, 447, 448
서울시내 대학 정원 확대 479
선거법 개정 110
선량한 관리자의 주의 765
선언적 내용으로 개념 모호 874
선의적 행동 803
선착 효과 180
선택과목체제 242
설립자 2세, 3세 총장 248
설립헌장 241
성공적인 사회운동의 공통점 1193, 1194
성균관 273, 274, 277
성명권 127
성선설 122
성장제일주의 761
성진본정부두조합 716
세계경영 중심국가 576
세계교원단체협약 776
세계교육포럼 935
세계교직단체연합회WCOTP 934

세계대학총장회의 619
「세계인권선언」 70, 450, 864
세계 최고의 대학진학률 589
세계화와 노동환경 752, 753, 754
세브란스의학전문학교 285
세속주의 61
소득분배 통계 부재 728
소득분위와 학자금 지원구간 655
소득연계형 등록금부담 완화정책 653
소득연계형 장학금 653
소련의 해체 99, 547
소베트이 157
소비에트 연방 96, 157, 175
소송대리인 202
소송절차법 202
소유권 48, 50, 51, 52, 68, 78, 79, 83, 84, 85, 87, 89, 105, 129, 131, 148, 152, 154, 195, 305, 687, 691, 1198
소학교 277
소학교 교원 363
속기사 배치 829
속물적 교양주의 231
수도권문제심의위원회 446
수도권 인구 억제 정책 437
「수도권정비법」 448
수도권 정원 자율화 584, 585
수력사회 38
수신제가 210
수원대 등록금 환불 소송 556
수익자부담원칙 20, 346, 347, 381, 47

3, 541, 556, 650, 657, 660, 1189
수험생의 대학 구매량 증대 577
숙명여자전문학교 285
숭대시보 526
숭실전문학교 285
숭실학교 대학부 219, 276
슈진명저문고 230
스타투스 33
스토아학파 35, 36, 37, 172
시간강사 345, 403, 411
시간강사료 345
시국사건 458, 462
시국선언 331, 506, 513
시민사회의 부재와 유럽의 법제 703
시민공화주의 113
시민권의 발전 685
시민법 40, 127, 128, 135, 145, 149, 153, 202, 691, 692, 693, 694, 695, 713
시민사회 23, 56, 61, 62, 66. 88, 105, 114, 116, 127, 128, 129, 457, 523, 703, 714, 1194, 1195
시민사회영역의 자율성 714
시민성과 공정성 1194
시민의 대학 269
시민혁명 56, 73, 84, 91, 92, 97, 110, 522
시민혁명 3대 요소 62
시행규칙 816
시행령 816

시혜적 보호 입법 135
시혜적 보상 897
식민지 노동 차별 716
식민지 노동 환경 716
식민지대학 278, 281
신경제 749
신군부 470, 474, 477, 479, 491, 533, 730, 731, 768, 895
신노사관계 구상 732
신뢰자본와 대학평가 609
신민 210
신분 상승 18, 77, 180, 181, 231, 295, 303, 1189
「신빈민구제법」 78
신상 비공개 원칙 801
신의성실의 원칙 185, 693, 739
신의칙 53, 830
신입생 명단 관보게재 376
신자유주의 523, 545, 553, 575, 577, 581, 586, 593, 597, 600, 601, 602, 603, 607, 646, 732, 742, 750, 751, 752, 758, 783, 794, 835, 920, 947, 1192
신자유주의가 노동법 개정 동력 947
신자유주의와 공공영역 601, 602
신자유주의와 대학평가 603
신자유주의와 민간교도소 602
신자유주의의 본질과 허구 600, 601
신정법 53
신지식인론 457
신체적 자유 72

신학대학 통합 356
신한공사 305
실리적 조합주의 784, 785
실업고등전문학교 365
실정법 40, 41, 43, 63, 66, 70, 155, 167, 188
실질적 자유 688, 691
『실태조사보고서』 주요 내용 402, 403, 404, 405
실태조사의 의의 400, 401, 559
실험대학 사업 내용 418, 419, 420
실험대학 사업 목적 421, 422
실험대학 선정 420, 421
실험대학 평가 422, 423, 424, 425
실험대학평가와 대학역량진단평가의 공통점 610, 611, 612, 613, 614, 615, 616, 617, 618
교육 재원 배분 왜곡 648
심각한 조교 의존 771
쌍방 계약 78, 202
아고라 113
아동노동 78, 135, 716, 925, 926
「아동노동금지법」 78
아동수명 93
아름다운 시절 98
아메리카대륙 발견 41
아샤 33
아세안 유학생 증가 요인 625, 626
아우크스부르크 화의 42
아테네 108, 112
아테네 시민공화주의 113

아테네의 노동관 172
안식년 345
압축성장 24
액체사회 751
야간대학 293, 356, 390, 472
야간통행금지 396
양극화의 심화 733
양보정책 140, 947
양성평등 68, 440
「양심선언문」 453
양학 216
어용교수 458, 459, 468, 4691
어용노조 508, 725, 741, 778, 825, 826
언더우드 학당 273
「언론윤리위원회법」 373, 374, 497
언론자유 469
언어의 헤게모니 182
에덴동산 관리계약 170
엘리트 100, 223, 227, 237, 263, 271, 279, 288, 302, 312, 315, 317, 318, 329, 334, 400, 485, 600, 632
여성공학인재양성사업(WE-UP) 642
여학생회 334
『역경』 34, 191
역대 대학입시제도의 변화 477
역사의 종언 523, 749
연결고리 형성 1198
연구·교육·지도 459
연구소 개설 433

연구중심대학 236, 237, 238, 242, 26
    6, 428, 613, 641
연대활동 778, 1092
연민 85, 103
섭외부총장제 신설 554
연세대 한국어학당 626
연희대학교 289, 290
연희전문학교 279, 285, 287
열녀 197
열악한 고등교육 환경 639
영국 Open University 485
영국의 인구 증가 77
영리형 대학 237
영원법 36
영토국가 38
예규 816
예금 금리 379
『예기』 191, 206
예불하서인 206
예비교섭 828
개혁실패와 재정지원 부족 424
예산회계 549
예일대학 242
예정조화 80, 90, 92, 116
예치 187, 188, 189, 190, 191, 192, 200,
    201, 206
오바마의 노조 가입 권유 769, 770
오복 119
옥스퍼드 감성 228
옥스퍼드 대학 619
옥황상제 38

온-오프라인 공동 석사학위 개설 634
온-오프라인 교차 수강 634
『올리버 트위스트』 78
왕권신수설 47
왕좌와 제단 111
외국인 유학생 유치 확대 종합방안 6
    20
외환위기 24, 540, 596, 601, 732, 733,
    741, 753, 920, 938, 974, 975
외환위기와 「교원노조법」 975
요람에서 무덤까지 702
우골탑 385
우리 노동법의 성격 703
「우리의 교육지표」 465
우의마의 소동 723
우주 31, 32, 33, 34, 35, 36, 37, 38, 4
    1, 43, 58, 163, 191, 192
우환의식 1200
원광대 교수노조 설립 789
원금보존적립금 550
원산학사 273
원시자본 133
원자력연구소 426
월가의 잘못 750
월남 패망 398
위기의 본질 21, 750
위기의 상시화 750
위수령 371, 373, 396, 398, 424, 452,
    725
위임민주주의의 폐단 575, 991
유가사상 44

유니언숍 735
유럽 주요국 파업 손실 947
830
유사 기업별 노조 728
유엔한국민사지원단UNCACK의 권고 724
해외유학생 우대와 대학원 636, 637
일본의 유학생 정책 268
유학생 정책 개선 626, 627
육영공원 273
융합학문 631, 661
「을묘사직소」 211, 212
의료보험 140, 460
의무교육 264, 265, 266, 381, 657, 862, 1091
의사 절대주의 83
이경숙 총장 성공 사례 554
이공계 287, 312, 355, 357, 382, 394, 395, 425, 426, 427, 428, 429, 432, 433, 434, 437, 438, 471, 472, 473, 558, 640, 643
이공학개인기초연구사업 642
이념 경쟁 17
이승만 대통령 우상화 329
이데올로기 해체 749
『이사공정』 268
이사장과 이사 자격 342
이사회 235, 241, 242, 243, 244, 247, 248, 249, 250, 252, 254, 298, 300, 368, 377, 390, 391, 492, 510, 514, 533, 541, 664, 896

이성 35, 36, 37, 40, 41, 43, 46, 50, 53, 54, 55, 57, 61, 62, 66, 70, 73, 81, 83, 85, 86, 87, 121, 122, 146, 170, 226, 333, 457, 690, 854, 996
이성법 41
이성의 빛 55
이성적 존재 40
이신론 56, 64
이와나미문고 230
이와나미서점 230
이와나미신서 230
이와쿠라사절단 268
이익균점권 699, 24, 726, 766, 767
이익분배균점권 698
이중지배 190
이중 혁명 104
이한열 사망 507
이향 17
이화여대의 대외협력처 신설 554
이화여자대학교 290
이화여자전문학교 285
이화학당 276
인간개조 232, 361, 894
「인간과 시민의 권리선언」 54, 204
인간법 91, 821
『인간 불평등 기원론』 85
인간은 하나의 폴리스 737
인간의 기획력 81
인간의 존엄dignity 117
인간적 도야 252

인간 존엄성 70, 120, 121, 122, 123, 124, 125, 126, 127, 450, 691, 696, 705, 713, 853, 854, 860, 864, 921, 995, 1194
인격과 존엄 123
인격권 52, 83, 126
인격발현권 123
인격법 152
인권 보호 및 차별개선 710
인력수급 전망의 불확실성 643
인문사회기초연구사업 642
인민 48, 54, 107, 109, 111, 114, 116, 117, 132, 175, 284
인민혁명당 373, 453
인사권과 재정권 귀속 문제 492, 532, 778
인정人情 79, 196, 200, 217, 588
인지상정 199
인치의 합리화 192
인클로저운동 76
인하공과대학 322
일과전공 221
일민주의 326
「일반노조법」과 「교원노조법」의 차등 1013, 1014, 1015
일반적 구속력 1040, 1041
일방적 지배 839, 993, 1045
일본 교수 수 222
일본의 공동체적 결합 732
일부일처제 202

일터란 급여 이상의 곳 769
임금노동 89, 756, 1192
임금인상 413, 710, 741, 745, 761, 825
임상교수 560, 798
임시초등교원양성소 364
「임시특례법」 354, 355, 358, 362, 364, 366, 491, 493, 894
임시행정수도 건설 446, 447
임의적립금 550, 551
임의중재와 강제중재 1059
입법 형성의 자유 영역 701
입시비리의 구조적 문제 537
입시학원의 발언권 476
입시 해걸이 현상 476
입신양명 214, 274
입신출세 213, 224, 228, 230, 231
입학사정관제 501
입헌국가 52
자기검열과 합리화 517
자기결정권 69, 125, 128, 686, 760
자기 기획력 강화 630
자기책임의 원칙(과실책임주의) 68
자립적 인간 128
자본과의 야합 741
『자본주의, 사회주의, 그리고 민주주의』 112
자본주의 발전의 경로 105
자살자 처벌 64
자연권 51, 62, 70, 117, 118, 119, 132, 141, 854
자연법 36, 40, 41, 42, 43, 50, 53, 54,

56, 59, 63, 65, 66, 67, 68, 69, 70, 71, 84, 141, 188
자연 상태 46, 50, 53, 60, 86
자연적 정의 33
자유 36, 47, 50, 51, 54, 56, 60, 61, 65, 66, 68, 69, 70, 71, 72, 73, 76, 79, 80, 81, 82, 83, 84, 87, 89, 90, 91, 92, 93, 109, 110, 113, 114, 116, 117, 118, 120, 123, 124, 126, 127, 128, 129, 131, 135, 136, 138, 146, 150, 151, 154, 156, 157, 168, 172, 174, 204, 224, 233, 268, 284, 285, 333, 390, 451, 461, 507, 517, 523, 581, 590, 687, 690, 693, 700, 701, 702, 703, 719, 730, 740, 753, 760, 767, 837, 848, 855, 864, 883, 918, 984, 1200
자유경쟁 687
자유경제 140
자유계약 79, 80, 83, 89, 92, 131, 147, 148, 149, 154
자유교과 227
자유교섭 149, 150
자유교양대회 232
자유교육 992
자유권 52, 70, 71, 72, 73, 74, 84, 85, 117, 141, 145, 689, 698, 708, 760, 762, 989, 1092
자유권으로의 노동권 700
자유권적 기본권 74

자유노동 51, 79
자유노동계약 130, 695
자유노동자 76
자유노조 153, 502
자유당 722, 723, 973
자유무역 600, 939
자유민 77
자유민주 412
자유민주제 123, 853
자유민주주의 523, 838, 862
자유방임 60, 73, 83, 90, 92, 129, 140, 697, 894, 1196
자유설립주의 775
자유시장 73, 83, 577
자유와 평등 703, 717
자유의사 60, 61, 92, 128, 154, 686, 692, 760
자유의 일반원칙 702
자유의지 121, 171, 688
자유인 172, 173
자유주의 52, 61, 90, 105, 114, 128, 132, 140, 141, 147, 150, 151, 268, 601, 691, 731, 995, 1195
자유형 65
자율을 빙자한 간접 통제 497
자율지표 신설 499, 605, 606
자주적 복지향상 711
자치주의 원리 821, 822
자치활동 214
잘살아보세 183
잠재적 저항력 820

잠정합의서 830
장관 명의 입학허가통지서 377
『장기종합교육계획(안)』 393, 400, 412
장기종합교육계획심의회 393, 400
장인정신 163
재건 265, 288, 312, 314, 316, 319, 321, 327, 378
재건학생회 451
재난장학금 656
「재무회계 특례규칙」 548, 549, 550, 551
재벌과 명문사학의 연대 595, 598
재벌은 사학법인의 스승 598
재산권 50, 84
1980년 재수생 수와 비율 470, 471, 472
「재수생종합대책」 470, 471
재일교포 유학생 간첩단사건 453
재임용제도 463, 763, 764, 765
재정지표 착시현상 558
재학생 3만 명 대형대학 출현 584
재해보상 140, 144, 817, 922
쟁의금지에 관한 헌재 결정문 1045, 1046
적과 동지 100
적극적 노동관 171
적립금 1위 대학의 1인당 교육비 557
적립금에 대한 부정적 인식 요인 556
적립금 투자와 손실 551
「전고국조례」 273

전공체제 혁신의 방향 614, 615
『전국고등교육기관 실태조사 연구보고서』 400
전국교수노동조합(전교노) 782, 786, 796, 797
전국교직원노동조합 출범(전교조) 528, 529, 530, 796
전교조 대응 대체 입법 528, 874
전국국공립대학교수회연합회(국교련) 245, 515, 792
전국노동조합협의회(전국노협) 723
전국대학생대표자협의회(전대협) 507
전국민주노동자연맹(전민노련) 730
전국민주노동조합총연맹(민주노총) 782
전국민주청년학생총연맹(민청학련) 453
전국사립대학연합회 322
「전국산업부흥법」 140
전국학생총연합(전학련) 502
전기대학 384
전기대학 전환 475
1981년 전대미문의 입시혼란 475
전두환 정권 제적 학생 수 516
전문가 패널 소집 939, 940
전문대학 309
전문대학교수단연합회 336
전문대학으로 일원화 365
전문대학 증원 471
전문부 290, 292
「전문학교규칙」 278, 279

전문학무국 274
전시 국제법 202
전시 노동자 94, 95
전시동원체제 164
전시연합대학 311
전시학생증 312
전임강사 291, 344, 345, 352, 358, 411, 462, 534
전임자제도 1010, 1011
전제정 64
전체주의 국가 147
전태일 분신 사건과 영향 729
전태일 평가 729, 730
전투적 조합주의 785, 786
전환불황 753
전후 대학생 수 증가 319, 320
절대주의 63, 66, 67, 105
대학 점심시간의 폐지 456
정교수의 노조 가입 807, 808
정교일치 190
정권 정당성과 경제성장 741
정권합법화 62
정규직 이익대표 734
정당의 보수성 706, 707
정당한 권위의 손상 516
정리법 사회 196, 200, 201
정리해고 732
정명 191
정보의 공유 772
정부·재벌의 연대와 유착 786
정부 ILO에 피소 776

정부와 재벌동맹 702
정부의 1,412명 부정입학 공개 539
정부 사업 모델의 획일성 611
정부의 생색내기 정책 649, 650
정신노동 176
정신적 자유 72
정언명령 81, 122
정원 미달사태 585
정원식 총리서리 사건 530
정원 초과 입학 323, 374, 375
정찰제 판결 462
정책 사냥꾼 258
정체 107
정치적 동물 72, 120, 737, 738
정치적 자유 72, 119, 988, 989, 990, 993
정치적 중립의 허구 737, 738, 739
정치혐오 조장은 민주주의의 적 739
정치활동의 자유 983
정치활동 금지에 관한 사교조의 헌법 소원 제기 848
제1차 기술진흥 5개년 계획 426
제1차대전 전사상자 94
제1차대전과 총력전 94
「제1차 대학정비안」 351, 352
제1차 석유파동 399, 431, 752
제2경제론 449
「제2차 대학정비안」 353, 354
제2차 석유파동 399, 43
제2캠퍼스 건설 447, 448
제3신분 62

제3자 개입금지 776
「제국대학관제」 272
「제국대학령」 270, 271, 272
「제대군인원호법」 236, 243
제헌헌법의 경제질서 698
조교노조 799, 808, 836
조교수 221, 271, 291, 358
조교의 교직원 신분 799
조국 근대화 183, 349
조상신 제帝 34, 35
「조선교육령」 276, 277, 279, 285, 893
조선교육심의회 289, 864
조선교육연합회(조교련) 868
조선교육위원회 289
조선교육자협회 336
조선노동공제회 717
조선노동조합전국평의회(전평) 719, 720, 721, 722, 775
조선대 법인 534
조선대학설립동지회 301
조선의 왕 39
조선일보의 QS평가 보도 6091
조선제국대학 280
「조선총독부 관제」 244
『조선총독부통계연보』 297
조정기간 832, 1053
조정담당 공익위원 자격 164, 1065
조정성립율 1054
조정의 효력 1055
조합비 791, 801, 802, 828, 1040

조합원 수 계산 828
조합원 차별 금지 797
조합주의 운동 744
족벌체제 250, 468, 491, 534
족보 181, 182
존엄과 기본권 125
존엄과 인격 124
존엄의 구성요소 124, 125
존엄의 본질 121
졸업식 집단 퇴장 500
졸업학점 308, 417, 419, 422, 485, 488
졸정제의 문제점 478, 479
졸정제와 정원 증가 505
졸정제의 졸속 도입 477
졸정제의 후유증 422, 433, 480
종교개혁 39, 41, 42. 144
종교의 자유 255
종교전쟁 42, 52
종대안 297, 300
종리 271
종립사학 255
종속노동 153, 154, 155, 166
종속현상 92
종신노역형 65
종합과학기술심의회 427
종합적 학생복지로의 전환 656
죄형균형론 65
죄형법정주의 65
주권국가 42, 46
『주례』 189
주민등록증 397

준칙주의 논리 584, 585
준칙주의 부실조장 587, 588
준칙주의와 수도권 증원 584, 585
준칙주의와 신설대학 584
준칙주의와 정원 미달 585
준칙주의와 정원 증가 588
중국사회과학원 103
중국 유학생 급증 요인 620, 621
중동 건설 399, 471, 592
중등교원 이직률과 수급 상황 481, 482
중세대학 220, 263
중소기업 508, 734, 735, 920
중소기업 위주 국가 735
중소기업취업연계장학금 653
중앙공업연구소 426
중앙교육연구소 412
중앙노동위원회 783, 832
중앙대 법인 부도 510
중앙일보 평가 목적 608
중앙일보 평가의 문제점 608, 609
중앙정보부 371, 453, 458, 464, 465, 729
중우정치 108
중일전쟁 17, 218, 219, 223, 280, 283, 286, 302
중재재정 707, 708, 727, 833
중층적 교섭 777
중화학공업 266, 399, 429, 431, 467, 516
지구 온난화 77

지니계수 728
지도교수제 456
「지방교육양여금관리특별회계법」 490
지방노동위원회 832
지배개입금지 803, 804, 805, 1076
지배복종계약 54
지배층의 원형 형성 719
지식노동자 주도사회 748
지식정보화사회 593, 607, 630, 632, 713, 747, 748, 749
지역연합을 통한 사업 방식 645
지역인재장학금 655
지적 문명 175
직권중재 규정 707, 708
직선 총장 사퇴 압력 527
경찰 노동권 제한 근거 859
질풍노도운동 57
집단이기주의 762, 920
집단이성상실기 102
집단인격 713
집단적 자기 결정 148
집단적 자유 74, 692, 756
집단적 자유주의 사상 150
집단주의 노동법이론 150
집단주의적 노동자 834
집단지성 22, 515, 631, 773, 1195
집성촌 195
징집연기 312, 313
차티스트 운동 304
참정권 72, 97, 108, 110, 111, 114, 685, 991

창립총회 800
창부형 64
창조자본 133
책임과 권리의 불균형 858
책임 민주주의 114
천도 34
천명天命 34, 36, 37, 40, 45, 191
천부적 권한 62
천인합일 31
천자 34
천지입심 209
천하의식 40
철인 211
청강생 293, 375, 376, 385, 386, 387, 435, 473, 493
청구권 보상 372
청구대학 390
체용론 192, 193
초국적 금융자본 749, 750
초국적 기업 19, 183, 713, 1185
초급대학 308, 309, 314, 352, 354, 356, 361, 364, 365, 381, 405
초등교원 직업 안정성 364, 481
초등교원 초과 양성 및 적체 364
초등교육 보편화의 영향 434
초중고생을 위한 서구의 정치교육 994, 995, 996
총교육비 381, 558, 560
총동원 94, 145, 349, 1193
총력안보체제 398
총력전 94, 111, 145, 327

총리령 816
총리總理 271
총장 간선제 250, 793
총장 독임제 245, 246
총장선출제 244, 245, 250, 661, 663, 896
총장 임명제 249
총장 재임기간 249, 250
총장직 대물림 249
총장 272
총학장의 자격 342, 343
최다 미국 유학집단 348
최대다수, 최대행복 65
최저 생활임금 보장 919
추종형 세계화 576
축소의 시대 24
출세주의 213
충근계약 152
취업규칙 152, 762, 806, 817
취업규칙과 관행 818
취업규칙 변경시 동의 의무 819
취업규칙 신고사항 817
취업규칙 신고와 게시 818, 819
취업규칙 작성 및 변경권 819
취업률의 책임소재 1187
「치안유지법」 704
친민 188, 210, 211
친절한 노조 530, 791
친족공동체 17
친족 이사 351, 387
카네기위원회 237

카라한선언 98
칸트의 형식적 자유 702, 703
커크패트릭 독트린 470
코러스 프로그램 661
코스모스 33
콘라드 아데나워 재단 997
쿠데타의 시대 349
타율적 노정관계 733
탄력근무 732
탈리오의 법칙 185
태평양전쟁 17, 223, 302
테일러주의 146, 755
테크노크라트 457
토지개혁 305
토지개혁과 사학 설립 306, 307
『통치론』 116
특성화 공과대학 육성사업 429
특수대학원 432, 433, 434, 565, 635, 641
「특수범죄 처벌에 관한 특별법」 338
특수성과 자주성의 모순 898
파견근무 732
파시즘 98, 112, 992
파업 137, 149, 153, 508, 708, 717, 719, 721, 722, 732, 735, 736, 774, 785, 929, 947
파업은 노동자의 학교 785
판관 포청천 198
판사 재임용제도 461
팔랑쥬 133
편입학 절차 투명화 493

평가교수단 457
평가시스템의 문제 616, 617
평가제도 도입 417
평가지표의 과거지향성 618
평균지권 105
평등권 72, 686, 693
평생교육 256, 485, 494, 631, 632, 633, 863
평의원회 308, 335, 514
평화의무 156, 911
폐교에 관한 담론 844, 845, 846, 847
폐쇄성은 집단주의 병폐 836
「폐질 및 노년보험법」 140
포스텍 대학평의원회 429
포에두스 203
포위된 섬 100
폴리페서 457, 458
표준어 보급 67
프라이버시 보호 763
프랑스대혁명 56, 61, 62, 69, 76, 87, 98, 104, 105, 109, 685, 749, 853
프로이센 57, 63, 66, 105, 135, 139, 226, 264, 265, 266, 270
프롤레타리아 독재 99
프리드리히 에버트 재단 997
플랫폼 노동자 745
피와 살, 뼈로 포장된 상품 91
필라델피아 선언 713, 918, 925
필수공익사업 범위 707, 708, 930
필수서비스 개념 708

하버드 대학 새천년기금 554
하타라쿠働く 163, 164
학관 291
「학교경영재산기본령」 459, 461, 581
학교는 국가의 공기公器 368, 893
「학교법인 수익 기본 재산과 수익액의 기준」 367
「학교법인 정관준칙」 367
학교 설립 책임 주체 866
학교 정치교육의 필요성 990, 991
학교채 발행과 실패 594
학내민주화 390, 468
학내 분규와 전면 휴강 468, 469
학도호국단 326, 327, 333, 455, 502, 518
학무아문 274
학문과 예술의 자유 854, 898, 991
학문 관리가 대학경영 899
학문 단위 모집 417
학문의 본질 19
학문의 자유 19, 222, 242, 243, 266, 272, 368, 424, 466, 510, 515, 533, 856, 899, 934
학문적 권위 23, 222, 298, 594, 846
학문지상주의 224
학문후속세대를 위한 책무 808
학벌의 개방성 182
학부 274
학부교육 선진화 선도대학 지원사업ACE 642
학부위주 대학 홈페이지 640, 641

학사경고제 폐지 521
학사 및 석사학위등록제 375
학사학위국가고시제 362
학생 1인당 교육비 413, 429, 557, 558, 565, 566, 648
학생운동의 특수성 451
학생운동의 폭력성 530
학생지도기록부 458
학생회 333, 502
학생회 구성 5원칙 505
학술연구조성비 394
「학술진흥법」 489
학원모리배 329, 351
학원민주화운동 334
「학원보호법」 373
학원안정 4단계 방안 525
「학원안정법」 503, 504
학원의 자유 330, 337, 461
학원자율화추진위원회(학자추) 502
학장 272
학적보유병 313
「학제」 217, 268
학종과 수능 214, 258
한·EU FTA와 핵심협약 비준 823, 938, 939, 940
한국고용정보원 인력수급 전망 643
한국과학재단 427, 489
한국교수노동조합연맹(교수연맹) 791
한국교수협회 335
한국교원단체총연합회(한국교총) 253, 509, 534, 869, 876, 896

한국교원대학교 482
한국교총의 법적 근거 불비 867, 868
한국노동조합총연맹(한국노총) 508, 726, 727, 728, 743, 782, 783
한국 노사관계의 불안정성 732, 733
한국노총과 민주노총의 경쟁 784, 785
한국대학교육협의회(대교협) 497, 498, 500, 501, 509, 510, 531, 532
한국사립대학교수노동조합(사교조) 777, 788, 789, 791, 848, 869, 990
한국사립대학교수회연합회(사교련) 250, 257, 341, 514, 515, 553, 597, 605, 659, 787, 788, 789, 801, 856, 869
한국사립학교총연합회 366
한국사학재단연합회(재단연합회) 366, 510
한국사학진흥재단 606, 560, 661, 772
「한국연구재단법」 489
한국장학재단 651
한국폴리텍대학 487, 489
한국학술진흥재단NRF 489
한국형 노동회의소 744, 745, 746
한성사범학교 277, 363
한성외국어학교 277
한일국교정상화 372
한일협정 반대 시위 328, 371, 372
핵심협약 미 비준국 943

함무라비 법전 185
해석예규 817
해외의 교원 정치활동 제한 988, 989
「해외유학생규칙안」 267
핵심 커리큐럼제도 237
행복론 118, 119
행복추구권 72, 117, 118, 120, 760
행위규범 81, 803
「행정규제기본법」 590
행정규칙 816
행정해석 816, 817
향촌 자치권 186
향토예비군 397, 449
헌법 52, 70, 73, 84, 106, 118, 120, 123, 124, 125, 126, 127, 128, 134, 136, 174, 522, 685, 686, 689, 692, 698, 699, 701, 703, 704, 708, 724, 726, 758, 760, 766, 767, 815, 824, 841
헌법의 교육권 수록 1030, 1031
헌법의식 700
헌법재판소의 교직관 1045, 1046
헌법의 노동관계법 반영 685, 686
혁명적 노동조합주의 720
혁신의 플랫폼 771, 773
현고학생부군신위 225
혈연적 민주주의 326
협약체결권자 830
형벌권 64, 65, 602
형불상대부 206
형사책임 129

형식적 자유 687, 688, 691, 703
혜화전문학교 285
혼인법 202
「홍범14조」 273
홍익인간 326, 861, 864, 865
인류공영 326, 861, 864, 865
황하문명 37
획득권리 128

획일적 모델의 문제점 423, 611
후기대학 384, 475
후마니타스 칼리지 227
후원회 319
후원회비 297, 319, 324
훈령 816
훔볼트 모델 264, 269
희망사다리 장학금 653